UNE ANNÉE CULTURELLE AU DEVOIR

Une année culturelle au Devoir

1999-2000

Sous la direction de

Marie-Andrée Lamontagne

FIDES

En couverture: L'*Odyssée*, TNM, 2000 (photographie : © Yanick MacDonald).

Données de catalogage avant publication (Canada)
Vedette principale au titre :
Une année culturelle au Devoir
Comprend un index.
ISBN 2-7621-2291-0
1. Arts - 20e siècle - Québec (Province). 2. Québec (Province) - Vie intellectuelle -
20e siècle. 3. Arts dans la presse - Québec (Province) - Montréal.
I. Lamontagne, Marie-Andrée, 1958- . II. Devoir (Montréal, Québec).

NX513.A3Q8 2001   700'.9714'09049   C2001-940352-6

Dépôt légal: 2ᵉ trimestre 2001
Bibliothèque nationale du Québec
© Éditions Fides, 2001

Les Éditions Fides remercient le ministère du Patrimoine canadien du soutien qui leur est
accordé dans le cadre du Programme d'aide au développement de l'industrie de l'édition.
Les Éditions Fides remercient également le Conseil des Arts du Canada et la Société
de développement des entreprises culturelles du Québec (SODEC). Les Éditions Fides
bénéficient du Programme de crédit d'impôt pour l'édition de livres du Gouvernement
du Québec, géré par la SODEC.

IMPRIMÉ AU CANADA

La bataille de Waterloo

PAR MARIE-ANDRÉE LAMONTAGNE

Directrice des pages culturelles

L E JOURNAL, comme son nom l'indique, est doté d'une espérance de vie limitée. Pourquoi avoir voulu la prolonger en rassemblant le présent recueil de textes ? Sagement, n'aurait-il pas mieux valu admettre ce que les journalistes reconnaissent sans état d'âme dans leur pratique quotidienne : que l'éphémère est leur lot, que c'est ainsi, que tous ne peuvent s'y consacrer comme eux, mais qu'il faut bien que quelqu'un se charge de la tâche d'en rendre compte, puisque l'éphémère est lui aussi pourvu d'une signification, même si elle n'apparaît pas toujours d'emblée.

Il est certes nécessaire à une société d'avoir des penseurs, des savants, des maîtres, des conservateurs de musée, des théologiens, des philosophes, toutes personnes attachées à la longue durée, à la préservation, à la transmission et à la spéculation intellectuelle. Et avec eux des artistes, des écrivains, des musiciens, des chanteurs, des gens de théâtre, de danse, de scène, de chapiteau, de cinéma, de télévision et de radio, dont le rapport avec le temps est tout autre, plus grave et, partant, plus terrible, puisque toute œuvre aspire à la durée sans jamais être assurée de l'atteindre. Et aussi des lecteurs souverains, des cinéphiles, un public attentif, dans le noir, quand résonnent les trois coups au théâtre ou le *la* du premier violon, et qui ne soit pas toujours le public des soirs de première ou de gala. Un public qui tousse au concert, perplexe, distrait, séduit, choqué, dérouté. Qui aime les impressionnistes, ça c'est sûr, et Mozart ; mais qui apprend aussi, souhaitons-le, en partie grâce à la lecture quotidienne du *Devoir*, à aimer ce dont il n'est pas sûr du tout, à mieux comprendre pourquoi il devrait aimer, ou détester, ou ignorer ce qu'on lui met sous les yeux et dans les oreilles.

Et l'on n'aura rien dit de la politique, de l'économie, de la science, de l'environnement, de l'éducation, des faits divers, du sport. De tout cela qui va son chemin, imprévisible et vivant, qui a lieu là-bas, alors que vous êtes ici, de tout cela, donc, vaste et multiforme, ne faut-il pas que quelqu'un se tienne au bord pour en rendre compte ?

Stendhal a raconté à sa géniale façon la bataille de Waterloo, mais peut-être a-t-il manqué à ce grand niais de Fabrice de lire l'édition du soir du *Journal des armées* (dans une version non censurée, il va sans dire, c'est toute la difficulté aux armées) pour voir un peu plus clair dans ce qui s'était passé, ce matin-là, sur la plaine ? La grandeur du journaliste est là. Le journaliste n'est pas Stendhal, dont il a besoin, tout comme vous. Il se tient à ses côtés et prend des notes. Sa bataille à lui, c'est tout à l'heure qu'il devra la raconter et, encore fumante, la coucher sur les feuillets du journal. Aussi bien ouvrir les yeux pendant qu'elle se déroule et ne rien rater ! Or regarder, c'est déjà choisir. Et s'il est des règles qui régissent le regard journalistique et divers lieux pour accueillir toutes les nuances de son expression, la tâche n'a rien de servile : elle participe au mouvement de la vie, tout en étant susceptible d'en modifier le cours.

À quoi ressemble le condensé d'une année culturelle au *Devoir* qui est un peu le pari de ce livre ? D'abord à une dizaine de cartons remplis à ras bord d'articles, chroniques, éditoriaux, dossiers, portraits, critiques, entrefilets, chacun d'entre eux patiemment dépouillé par Pierre Destrempes qui fut le moine-documentaliste de cette idée lancée il y a un an et demi par l'éditeur Antoine Del Busso. Il n'a jamais été question de tout publier, bien sûr. Un tel livre — quelque 2 500 entrées — aurait été illisible, à peine manipulable. Car, avec la politique, la culture est le secteur de prédilection du *Devoir*, un motif de fierté, mais aussi le rappel entêtant des devoirs que s'est assignés ce journal il y a presque un siècle : si on fait vraiment « ce que doit », on doit toujours pouvoir faire mieux. Malgré les contraintes de temps, d'argent, d'espace, de vulgarisation qui sont leur lot, ceux qui écrivent dans *Le Devoir*, dans plusieurs cas appuyés par le précieux travail des photographes de presse, réussissent assez souvent à ne pas se borner uniquement à faire ce qu'ils peuvent, mais à offrir un peu

plus, ce qui rend sans doute le résultat si précieux pour les lecteurs.

Une fois les articles découpés, collés et classés selon les différentes catégories rappelant celles adoptées dans le fonctionnement quotidien des pages culturelles du journal, une première sélection a été faite pour ramener la banquise aux proportions d'un iceberg. Par la suite, un comité de quatre personnes fut chargé de ramener encore ce dernier à la pointe qui forme la matière du présent livre : 205 articles, qu'un dernier coup de hache réduisit au chiffre éditorialement raisonnable de 100.

Qui étaient ces personnes ? D'abord des lecteurs du journal, comme il se doit. À vrai dire, deux lectrices, appartenant à des milieux différents, pour la variété des points de vue, mais qui avaient en commun la curiosité intellectuelle et la culture générale indispensables pour mener à terme la tâche qui leur était confiée. Élisabeth Nardout-Lafarge enseigne la littérature à l'Université de Montréal et est, entre autres qualifications, une lectrice attentive et exigeante de la littérature québécoise, qu'elle a pratiquée à toutes les époques de son histoire, Canada français et Nouvelle-France y compris. Sylvie Drolet, qui est la directrice adjointe de l'école secondaire Paul-Gérin-Lajoie à Outremont, y a aussi pendant plusieurs années enseigné le latin avec bonheur. Pierre Destrempes, qui n'est pas un moine copiste mais un clerc pensant, qui avait arpenté la banquise en tous sens, l'avait découpée et mise dans les cartons et la savait, aussi bien dire, par cœur, s'est naturellement joint au groupe. Enfin, l'auteur de ces lignes qui, ayant veillé à la première sélection et à l'ultime (celle-ci avec Pierre Destrempes), et tenté de participer un peu à l'impulsion initiale de cette année

culturelle bornée entre le 1ᵉʳ septembre
1999 et le 31 août 2000, se devait d'être
présente pour d'évidentes raisons.

Alors le massacre put commencer,
puisqu'il fallait choisir. Selon quels critères l'avons-nous fait? Importance de
l'événement, qualité de l'article — synthèse, forme, point de vue —, équilibre
entre les différents sujets, les signatures,
les catégories culturelles, les yeux rivés,
pendant tout ce temps, sur le chiffre cruel
de 100 articles. Au fond, les dilemmes
auxquels sont confrontées quotidiennement les pages culturelles de ce journal
revenaient nous hanter; cette fois ils s'éta-
laient sur la table et il fallait encore une
fois trancher, puisque la nécessité de
constituer une anthologie nous refusait
l'éphémère, le doux sentiment d'éphémère que procure le journal quotidien.

À quoi ressemble la créature qui en a
résulté? Grâce aussi à la patience de Gilles
Paré et de Manon Derome, tous deux des
services documentaires du *Devoir*, et à celle
d'Anne-Saskia Barthe, l'éditrice de cet
ouvrage, le lecteur la tient maintenant
dans ses mains. À chacun de tirer des
conclusions qui ne pourront jamais être
définitives mais relever de sa subjectivité.

Sans doute pour compenser les inévi-
tables injustices propres au genre de l'anthologie et, plus sûrement, pour montrer
l'étendue de notre point de départ, nous
avions bien songé, un instant, à publier à
la fin de ce livre un relevé de tous les
articles à partir desquels s'était faite la

sélection. Mais l'ampleur de cette liste et
le déséquilibre qui en aurait résulté pour
l'ouvrage nous y ont fait renoncer. On lira
donc ce livre pour ce qu'il est: une pro-
menade dans un paysage culturel dont on
aura ramené quelques cailloux, conversations et fleurs, jamais l'entièreté du paysage; un retour en arrière sur ce qui nous
a paru, pour diverses raisons, les meilleurs moments d'une année culturelle
au *Devoir*, peut-être révélateurs, qui sait?
d'un état de la culture telle qu'elle se
donne à voir et à apprécier, au Québec, à
ce moment précis de son histoire, et qui
plus est à travers la lorgnette de ce journal. Du reste, à l'heure d'Internet, pourquoi s'encombrer de soixante pages d'une
liste fastidieuse quand la plupart des
articles qui paraissent dans *Le Devoir* sont
indexés par les soins de CD-ROM SNi (tél.:
514-278- 6060; www.cedrom-sni.qc.ca)?
Le lecteur désireux d'obtenir des préci-
sions pourra donc interroger avec profit
cette base de données, en même temps
que, pour les articles plus récents, se
reporter au site internet du journal
(www.ledevoir.com). Enfin, la sécheresse
et l'impartialité apparentes du relevé n'auraient pu faire oublier que la décision
d'écrire ces 2500 articles avait encore été,
à l'origine, le résultat d'un choix. En
somme, que la vie culturelle est bien plus
riche que ce que ce journal, qui s'efforce
pourtant de la suivre à la trace, aura pu en
médiatiser. Et c'est tant mieux. ∎

Anne Hébert (1916-2000) ▷ « La justesse inventée, créée par l'imagination, justesse du ton et justesse du mot, justesse du sentiment qui existe fortement en lui-même et du même coup se hausse au-dessus de lui-même, jusqu'à l'invention du monde. » (Gilles Marcotte)

Actualités culturelles

Hommage

Lumière de Jean-Louis Millette

PAR SOLANGE LÉVESQUE

Est-ce que je suis assez humain ? Plein d'humanisme ? Assez généreux ? Humble ? Il le faut ! Ce sont des questions qu'on devrait peut-être se poser avant chaque nouveau texte qu'on interprète au théâtre. Il faut être prêt à entrer dans une espèce d'impudeur. Revenir à la simplicité.

Jean-Louis Millette
Jeu n° 83, 1997

Comédien, il était homme, femme, enfant, des dizaines, des centaines de créatures puisqu'il arrivait à exprimer, à travers tous les personnages qu'il a joués, l'innombrable cri de l'animal humain, fait de mots, de rires, de pleurs, de silence, de feintes, de douleur, d'appels, de bégaiements et de toutes les nuances du regard.

« J'ai longtemps pensé que le métier de comédien se pratiquait surtout avec la bouche, confiait un jour Jean-Louis Millette à Paul Lefebvre, je sais maintenant qu'il se pratique d'abord avec l'oreille. » L'écoute de l'autre était à la source de son jeu.

« Chaque expérience nous apprend quelque chose », disait-il. Apprendre : telle était son attitude face au travail dont il abordait chaque étape avec une minutie légendaire. La grande disponibilité et la modestie sans faille qui marquent sa brillante trajectoire d'acteur ressortaient de plusieurs témoignages que lui ont rendus, dimanche dernier au TNM, sa nièce adorée, ses amis et ses collègues.

Libellule et dragon

Comme peu de comédiens peuvent le faire, il a circulé avec un égal bonheur des variétés à la scène classique, du bouffon au tragique, du téléroman au cinéma. On voudrait cerner ce qui caractérise le talent d'un acteur qui semblait pouvoir aborder tous les rôles ; qu'est-ce donc qui faisait la qualité, l'intensité de sa présence ? Son physique, d'abord, puissant, massif, déroutant et rassurant à la fois. Un corps auquel il savait donner le poids exact du rôle : léger, presque transparent dans le personnage de Louka, sorte de passeur des âmes dans *Les Bas-Fonds* de Gorki, sombre et opaque dans les monstres de *Décadence* de Steven Berkoff. Une voix modulée, qui sonnait juste. Ce don de condenser en lui tous les âges de la vie. Et cette capacité de puiser au réservoir de ce qu'il appelait ses deux mémoires : la mémoire sensorielle et la mémoire émotive ; lieux intimes de sa sensibilité où il pouvait trouver le matériel emmagasiné depuis sa naissance pour le mettre à profit dans l'élaboration de son personnage.

De manière métaphorique, il aimait en parler comme de ses « petits tiroirs ». Pour lui, le personnage n'arrivait pas prêt-à-porter en même temps que le texte ; il lui fallait d'abord pénétrer chaque mot, rejoindre son noyau d'émotion. Millette n'entrait pas dans la peau d'un personnage ; il le construisait détail par détail, mot par mot, silence par silence, respiration par respiration en lui prêtant son souffle et tout son corps jusqu'à devenir le Père des Six personnages en quête d'auteur de Pirandello ; Pozzo dans En attendant Godot et Clov dans Fin de partie de Beckett ; Philippe Couture dans L'Héritage, le chanoine Caron dans Montréal P.Q. et Manu Morency dans Bouscotte de Victor-Lévy Beaulieu qui lui a écrit des rôles télévisuels à sa mesure ; la Comtesse de Tilly dans Les Feluettes de Michel Marc Bouchard ; le roi Tartaglia dans L'Oiseau vert de Gozzi, Édouard dans La Maison suspendue de Michel Tremblay ; et ce bouleversant Gaston Talbot du Dragonfly of Chicoutimi de Larry Tremblay. Bien avant, il avait été croque-mort dans une série comique à la télé (Symphorien), faire-valoir dans des vaudevilles burlesques au Théâtre des Variétés et chat dans une pièce destinée aux enfants.

Profondeur clair-obscur

Ce que Brecht appelle « le peu à peu du personnage » et qu'il souhaite que le comédien ne cesse de rendre visible en jouant, une fois qu'il l'a découvert, à force de chercher, lors des répétitions, était toujours perceptible dans les interprétations de Millette. Il entrait sur scène ou apparaissait au petit écran, et le spectateur se trouvait d'emblée en présence d'un être vivant en devenir, avec son bagage d'histoire, sa complexité, un charme singulier, rébarbatif ou engageant, insolent ou inquiétant, qui véhiculait toujours sa part d'obscurité. Peut-être cela explique-t-il en partie pourquoi Paillasson, ce bouffon-enfant qui ne pense qu'à manger, a tant marqué les parents autant que leurs enfants. De Jean-Louis Millette émanait une lumière (« ce par quoi les choses sont éclairées [...], ce qui illumine l'esprit ») ; au sein de tous ses rôles, même les plus légers et les plus comiques, il savait toujours exprimer quelque facette du tragique de la condition humaine. Acteur lumineux parce qu'il acceptait d'explorer l'ombre. Celle que peut-être nous projetons sans la voir sur le mur de notre caverne. Cet art porte aussi le nom de poésie.

Un jour, j'interrogeais Yves Desgagnés, Janine Sutto et Paul Buissonneau au sujet de Millette. Desgagnés l'appelait plaisamment « monsieur Travail ». Il faisait remarquer : « Sa précision au travail n'a d'égale que son habileté exceptionnelle et sa disponibilité à être dirigé » ; il le considérait comme l'un des plus grands artistes de la scène au Québec. « À mes yeux, il représente la synthèse des cultures européenne et nord-américaine. » Desgagnés se disait toujours étonné de constater combien Jean-Louis était demeuré près de l'enfance, « comme si l'esprit d'enfance ne l'avait jamais quitté ». Sutto soulignait sa rigueur comme acteur et son humanité comme collègue. Buissonneau, qui lui a offert son premier engagement professionnel à La Roulotte, affirmait de son côté que « même dans des rôles ténus, Jean-Louis faisait des choix difficiles, apportait des propositions originales. Avant toute chose, il cherchait l'intériorité, aussi bien dans les rôles comiques que dans les rôles tragiques. Et tout cela, avec une grande sobriété !... » Buissonneau parlait d'« une réelle dominance sur le métier ».

Homme de cœur

Sur sa vie privée, Jean-Louis Millette a su conserver une délicate discrétion. Cette pudeur permettait aux personnages qu'il incarnait de se mouvoir dans un halo libre, de sorte que le spectateur pouvait librement projeter en eux tous ses fantasmes. Ceux qui ont eu la chance de le côtoyer de plus près évoquent sa douceur, son exquise courtoisie, sa fidélité dans ses relations affectives.

Apprendre, telle était son attitude face aux autres. L'écoute de l'autre était à la base de sa vie. Sur fond de grande solitude.

Avant d'entrer en scène, il avait un trac fou. À la fin des nombreuses pièces qu'il a jouées, il s'est incliné des centaines de fois pour saluer des milliers de spectateurs. Sa modestie n'avait rien d'une coquetterie ou d'une pose ; elle était authentique, vivifiante ; elle remettait les choses en perspective — et l'aidait peut-être à ne pas crouler sous la pression des attentes suscitées par son envergure exceptionnelle.

Dimanche dernier, au TNM, un millier de personnes adressaient, à leur tour, un dernier salut à un acteur qui a toujours eu pour son public la plus grande déférence. Comment parler au passé de « Saint-Jean-Louis », comédien et, contrairement au « Saint-Genet martyr » de Sartre, bon vivant démesuré ? Difficile de se rentrer dans la tête qu'il soit... qu'il ait tiré sa révérence. Il a tant donné ! Il laisse plusieurs films, des enregistrements sonores et visuels, et ce magnifique documentaire de Jean-Claude Coulbois qu'il a visionné le jour même où « la veine noire du destin » a fait éclater son cœur.

Le deuil sera nombreux. ■

▶ LIVRES | SAMEDI 23 OCTOBRE 1999 | D1

La librairie fout l'camp

Même au pays du prix unique du livre, la librairie vit des heures difficiles

PAR CHRISTIAN RIOUX[1]

JEAN-PAUL SARTRE a fréquenté ses rayons, Albert Camus y a bouquiné et Claude Lévi-Strauss s'y rendrait encore s'il n'avait pas 90 ans. Place de la Sorbonne, la librairie des Presses universitaires de France (PUF) sera bientôt remplacée par un vulgaire marchand de fripes. Une chaîne genre Kookaï et Benetton comme il y en a déjà des dizaines à Saint-Germain-des-Prés. Adieu, les 100 000 ouvrages qui s'entassaient pêle-mêle sur 450 m^2 où l'on pouvait dénicher des perles rares. Entre la

---

1. Correspondant du _Devoir_ à Paris.

Sorbonne et le lycée Saint-Louis, l'affaire semble donner le vertige au buste d'Auguste Comte qui contemple la vitrine un peu brouillonne de cette vénérable institution.

La disparition annoncée de la meilleure librairie de sciences sociales en France a été ressentie comme un tremblement de terre dans le petit monde du livre parisien. Comme le signe incontestable que tout ne va pas pour le mieux dans les librairies françaises.

Les bouquinistes des quais de la Seine et les librairies spécialisées du quartier latin offrent une image trompeuse de la réalité hexagonale. En France, la librairie indépendante, celle qui vend principalement du livre, est mal en point. Si bien que certains se demandent si ce que les Français aiment appeler le «modèle américain» de développement du marché ne serait pas aussi le modèle français.

Alors que les librairies indépendantes américaines n'occupent plus que 17 % du marché, leurs sœurs françaises n'en occuperaient guère plus : autour de 21 %. Et cela, malgré la protection que leur fournit la loi Lang, votée en 1981 à l'unanimité des parlementaires. Celle-ci limite à 5 % les rabais que peuvent consentir les grandes chaînes et les supermarchés sur les titres les plus populaires. Elle garantit aux petits libraires, qui restent les premiers vendeurs d'ouvrages à tirage limité, des profits qui peuvent servir à financer ces derniers.

«Sans la loi Lang, la situation serait catastrophique», explique Jérôme Lindon, président des Éditions de Minuit et de l'Association pour le développement des libraires de création (ADELC). Ce regroupement, qui rassemble plusieurs éditeurs (Gallimard, Seuil, Minuit, France-Loisir, etc.) et le ministère de la Culture, gère un fond de 2,5 millions de dollars. Depuis dix ans, il est venu en aide, sous forme d'investissements ou de participations, à 200 librairies indépendantes, dont la librairie Olivieri de Montréal.

Pour Jérôme Lindon, l'existence de chaînes françaises de qualité comme la FNAC s'explique justement par la concurrence que leur mènent les petites librairies.

«Sans elles, la loi du marché amènerait probablement les grands groupes à délaisser des titres moins populaires. Les libraires indépendants obligent la FNAC à maintenir un bon niveau.»

Le plus grand libraire de France s'appelle néanmoins Leclerc et possède des supermarchés dans presque toutes les villes du pays. Le dernier Barbara Cartland et le nouveau Paul-Loup Sulitzer y trônent entre un kilo de pommes de terre et le plus récent modèle d'aspirateur. Les «espaces culturels» des supermarchés Leclerc devraient passer de 26 à 85 d'ici 2005. La FNAC arrive deuxième avec 51 points de vente où le livre ne représente que le quart du chiffre d'affaires, entre les disques, les ordinateurs et les voyages. Elle prévoit ouvrir une trentaine de nouveaux magasins d'ici dix ans, dont une dizaine pour la jeunesse. Le troisième groupe est Hachette qui possède des maisons de la presse dans toutes les villes de France et a récemment acheté une petite chaîne de 12 librairies, Le Furet du Nord. La part de l'édition diminue dans le chiffre d'affaires de ce géant qui ouvre cinq nouveaux points de vente par année.

Globalement, les grandes surfaces et les chaînes de kiosques contrôlent donc 60 % du marché français. Dans tous ces lieux, le livre ne représente qu'une petite partie des ventes. Selon Olivier L'Hostis, secrétaire du Syndicat de la librairie française, il n'y aurait qu'environ 2000 commerces qui vivent principalement de la vente de livres. Bon nombre se regroupent au sein de petites chaînes spécialisées qui se partagent 10% du marché. On estime donc que les librairies traditionnelles ne contrôlent plus que 10% d'un marché de six milliards de dollars.

« Les Français regardent d'un œil inquiet ce qui se passe en Grande-Bretagne où l'on a levé, en 1995, le Net Book Agreement, négocié entre les éditeurs britanniques, qui régissait le prix du livre depuis 96 ans », dit-il. Sa suppression a fait chuter le prix des best-sellers, ce qui a eu pour effet de faire monter d'autant celui des ouvrages à petit tirage. Les libraires indépendants, qui contrôlaient 41% du marché en 1995, ont vu leur part fondre à 36% en deux ans, au profit des grandes surfaces qui se mènent une guerre féroce. Selon le magazine français *Livres-Hebdo*, cette guerre a même provoqué une augmentation globale des prix. *Publishing News*, une publication britannique, qualifiait ironiquement la libre fixation des prix de « *mutually assured destruction system* » (système de destruction mutuelle assurée). En ce qui concerne les livres universitaires, les éditeurs français réalisent aujourd'hui, toutes proportions gardées, des tirages supérieurs à ceux de leurs homologues britanniques ou américains.

Ironie du sort, la protection dont jouit le livre en Europe (seuls les pays scandinaves, la Belgique et la Grande-Bretagne ne réglementent pas les prix) a probablement permis aux grandes chaînes européennes (comme Bertelsmann) de racheter depuis quelques années les plus grands éditeurs américains (comme Random House). Malgré quelques menaces plutôt virtuelles venues de Bruxelles, il n'est pas sérieusement question en France

de lever ces protections. Leur abrogation provoquerait un véritable tollé, dit Olivier L'Hostis.

La principale menace en ce domaine ne viendra pas de Bruxelles mais du commerce électronique, expliquait l'ancien commissaire européen à la concurrence, Karel Van Miert. « Le problème va bientôt se poser d'une autre façon avec le commerce sur Internet », a-t-il écrit dans le journal *Les Échos*. « Aux États-Unis, vous pouvez acheter des ouvrages avec des rabais qui vont jusqu'à 40%. Si cela gagne l'Europe, qui arrêtera les livres à la frontière? »

Selon l'ancien commissaire européen qui avait tenté d'interdire les ententes entre pays européens sur le prix unique, la Belgique (où le prix fixe n'existe pas) publie deux fois plus de titres que l'Autriche (qui a un prix fixe). De même, dit-il, le prix unique n'a pas empêché la monopolisation de la distribution en France. Selon l'ex-commissaire, il faudrait au moins exempter du prix fixe les livres qui n'ont rien à voir avec la culture, comme les guides de jardinage ou de rénovation.

En France, où la vente en ligne ne représente pas 0,2% du marché, ce débat est à peine amorcé. Mais on ne voit pas pourquoi la croissance de 300% que connaît une librairie virtuelle comme Amazon.com aux États-Unis s'arrêterait aux frontières hexagonales. Déjà, le site belge Proxis allèche les lecteurs français avec des rabais allant jusqu'à 23%. La vente sur Internet pourrait faire très mal aux libraires qui vendent surtout des livres spécialisés.

Contrairement à l'opinion qui prévaut à Bruxelles, le rapport Cordier proposait récemment à la ministre de la Culture, Catherine Trautmann, une extension européenne du régime du prix unique et son application à la vente sur Internet. Au lieu d'examiner pourquoi la France est le cancre européen en informatique, le rapport réfléchissait au passage aux dangers de l'« hypolecture », qui créerait « un risque réel quant à la recherche du sens et de la vérité ».

En fait, le système français semble surtout favoriser les petits éditeurs. Alors que le chiffre d'affaires de l'industrie du livre est à peu près stable, le nombre de titres a plus que doublé depuis 1970, ce qui impose aux libraires une gestion de plus en plus complexe (entre 10 000 et 20 000 livres en moyenne) et un taux de rotation des ouvrages plus rapide. « Dès lors qu'on a quelques bons auteurs, il est beaucoup plus facile de fonder une maison d'édition que d'ouvrir une librairie », explique Jérôme Lindon.

L'autre surprise de ces dernières années, c'est l'augmentation des emprunts en bibliothèque (130 % en 16 ans). Les prêts des seules bibliothèques municipales équivalent à 60 % des ventes globales d'ouvrages non scolaires. C'est pourquoi les éditeurs français réclament l'application de la directive européenne de 1992 qui institue un droit obligatoire sur les prêts des nouveautés dans les bibliothèques, comme cela existe au Québec.

Enfin, il y a une forme de concentration à laquelle personne n'a encore jamais réfléchi. Le journal La Croix a calculé que la moitié des librairies de quartier françaises se trouvent dans la capitale et que 50 % des ventes de nouveautés sont même réalisées dans quatre arrondissements de la rive gauche (les Ve, VIe, VIIe et VIIIe). C'est probablement ce qu'on appelle la république des lettres, au centre de laquelle règne la statue d'Auguste Comte. Le modèle français, probablement... ■

▶ ÉDITORIAL | MARDI 26 OCTOBRE 1999 | A8

Une exception incertaine

PAR BERNARD DESCÔTEAUX

Le 30 novembre prochain commencera à Seattle une nouvelle ronde de négociations multilatérales sur la libéralisation des échanges commerciaux. Un enjeu majeur en sera, pour le Canada et le Québec, la reconnaissance du principe de la diversité culturelle.

L E CONCEPT de la diversité culturelle tombe sous le sens pour la très grande majorité des Québécois et bon nombre de Canadiens. Ce concept évoque la préser-

vation de notre identité, de notre langue et de notre culture, ce que l'on s'attache à faire depuis déjà plusieurs décennies par toutes sortes de mesures d'aide à la création et aux industries culturelles. Ce qui va de soi pour nous n'est cependant pas nécessairement évident pour les autres, notamment pour les Américains qui ne se gênent jamais pour contester ces politiques.

Le droit des pays à protéger leurs institutions culturelles est loin d'être acquis. Pour une majorité de pays membres de l'Organisation mondiale du commerce, l'idée de créer de nouvelles mesures protectionnistes, quelles qu'elles soient, choque l'esprit puisque l'objectif même de cette organisation est d'abolir les barrières à la libre circulation des biens et des services. À moins de cinq semaines de l'ouverture de la conférence de Seattle, il n'est d'ailleurs pas encore assuré que le sujet pourra être inscrit formellement à la déclaration d'ouverture de cette ronde de négociations tant la résistance est vive.

Le Canada est, avec la France, le fer de lance du petit groupe de pays partisans de la diversité culturelle. Son objectif à court terme est d'obtenir qu'il y ait dans cette déclaration d'ouverture une référence au principe de la diversité culturelle. Même vague, une telle référence donnerait une légitimité certaine aux revendications des pays qui veulent protéger leurs industries culturelles. La suite des choses en serait facilitée car il s'agira de négociations longues et complexes qui risqueront à tout moment de déraper. Il faut souhaiter que le lobby intense que mène ces jours-ci le Canada ait du succès.

La route qui attend les promoteurs de la diversité culturelle est bien plus longue qu'on peut le penser. La question a beau avoir été débattue ces dernières années dans de multiples forums internationaux, les acquis sont bien minces. Ainsi, «l'exception culturelle» dont on a beaucoup parlé n'a pas de portée réelle. Bien qu'elle soit inscrite à l'ALENA, cette «exception» n'a pu empêcher les États-Unis de faire déclarer nulle par l'OMC la politique canadienne de soutien aux magazines.

Dans les accords commerciaux multilatéraux, on ne retrouve d'ailleurs pas de référence comme telle au concept d'exemption, si ce n'est que le dernier accord sur les services laisse aux pays signataires la liberté de choisir les secteurs où seront libéralisés les services. C'est ce qui a permis à un certain nombre d'entre eux de ne pas «ouvrir» à la concurrence le domaine de l'audiovisuel, qui est à fort contenu culturel.

L'objectif que poursuit ultimement le Canada — auquel souscrit d'ailleurs le Québec — est de faire reconnaître spécifiquement le droit des pays d'adopter des mesures protectionnistes en matière culturelle. Cela constituerait une victoire immense qui ne prendrait cependant toute sa valeur qu'une fois définis les règles et les paramètres d'application de ce droit. Il y a là un mandat qui ne pourra être laissé à l'OMC, à moins d'être présomptueux au point de croire, comme l'a signalé le Québec, que cet organisme puisse mettre entre parenthèses sa mission première de libéralisation du commerce pour promouvoir la diversité culturelle.

Quand on sait que l'on pourra aborder au cours de cette ronde de négociations les règles relatives aux services, aux investissements, au commerce électronique et à la propriété intellectuelle, on comprend l'importance des enjeux. Les institutions culturelles canadiennes et québécoises ne résisteraient pas longtemps au rouleau compresseur américain si on ouvrait toute grande la porte aux investissements étrangers. Le risque est là et il est indéniablement très grand. Il s'agit de savoir si l'on veut l'accepter, ce que certains esprits qui n'ont en tête que la liberté de commercer seraient certainement disposés à faire. Sinon, les milieux culturels ont tout inté-rêt à se mobiliser dès maintenant car la route sera non seulement longue, elle sera aussi difficile et incertaine. ■

▶ LIVRES | SAMEDI 27 NOVEMBRE 1999 | D1

Le texte Roi

À l'ère de la machine, la suprématie des lettres.

PAR ANTOINE ROBITAILLE

Le lecture serait-elle en train de muter? Lors de chaque changement de supports (tablette, rouleau, codex, écran), c'est, dit-on, ce qui se produit. Notre rapport au savoir serait actuellement bouleversé par l'immixtion des puces, des ordinateurs et du numérique dans toutes les dimensions du traitement de l'information. Mais que gagnons-nous, que perdons-nous, dans cette révolution?

« JE NE SUIS PAS catastrophiste », affirme Christian Vandendorpe, qui publiait récemment au Boréal *Du papyrus à l'hypertexte, essai sur les mutations du texte et de la lecture.* Pour autant, le professeur au département de lettres françaises de l'Université d'Ottawa ne voit pas dans le plus récent avatar du texte, l'hypertexte, la réalisation de quelque utopie textuelle.

Difficile de classer Christian Vandendorpe, dans un débat où nous autres, journalistes, cédons souvent à la paresse qui consiste à opposer les cassandres de quelque « cyberapocalypse » aux utopistes du « nirvanet ». Ceux-là qui, en l'occurrence, pleurent la mort du livre — souvent annoncée, sans cesse différée: le dernier Salon du livre de Montréal l'a bien montré! — et ces autres, promettant des lendemains qui chantent grâce à l'hypertexte, grand libérateur des affres de la linéarité.

De ce point de vue, Christian Vandendorpe décevra les tenants des deux positions extrêmes avec cet ouvrage, au demeurant superbe. Toutes les leçons que tire l'auteur sur la lisibilité semblent y avoir été appliquées. La forme vient appuyer le fond pour relayer le message. Rédigé à l'origine sur un outil de création hypertextuelle, *Du papyrus à l'hypertexte* se présente ainsi sous la forme d'une succession de courts chapitres marqués par une grande érudition, tout en étant écrits dans une langue agréable et accessible.

À l'origine, l'auteur pensait publier ces textes sur la Toile. Mais parce que c'est encore par le truchement du livre que l'on peut mener cette réflexion auprès d'« un public vraiment large », il a choisi de les proposer à un éditeur après les avoir adaptés au support du papier.

Mais qu'est-ce que l'hypertexte ? Selon Vandendorpe, il s'agit d'une façon « de relier directement entre elles des informations diverses, d'ordre textuel ou non, situées ou non dans un même fichier [informatique], à l'aide de liens sous-jacents ». Autrement dit, c'est ce type de lecture que nous faisons spontanément sur un cédérom, un DVD ou sur la Toile, quand le fait de cliquer sur des mots soulignés nous fait nous déplacer d'un lien à l'autre, au gré de nos interrogations. La lecture en hypertexte serait donc tout sauf « linéaire ». Dans une logique linéaire, œil et esprit sont conscrits dans un ordre préétabli par un auteur qui vous mène finalement par le bout de la rétine.

Les critiques faites à la linéarité sont nombreuses et ne datent pas d'hier, puisqu'elles sont contemporaines de celles faites à l'autorité, dans les années 60. Les McLuhan et Derrida les avaient formulées à leur manière. « Linéarité » serait grosso modo une sorte de violence faite au lecteur. Voire à l'humain, si l'on en croit l'anthropologue Pierre Maranda, de l'Université Laval, selon qui la linéarité réduit nos potentialités en nous réduisant à une « bidimensionnalité » : l'avant et l'après.

Fort de l'observation de sociétés sans écriture, celui-ci prétend que les êtres humains traitent naturellement les informations selon un schéma parallèle : « On voit quelqu'un, on le sent, on peut le toucher, on l'entend, on peut le goûter ; nos perceptions sont en parallèle. Cependant, quand on pense comme une personne lettrée, on pense en séquence. » Pour Maranda, l'ordinateur permettra de redonner vie à la pensée multidimensionnelle ; c'est pourquoi il travaille au projet d'une encyclopédie hypermédia de l'Océanie avec une équipe internationale de chercheurs.

À bas les frontières

L'hypertexte ouvrirait des avenues de liberté. « L'écran informatique est une nouvelle machine à lire », estime Pierre Lévy, philosophe qui enseigne à l'Université du Québec à Trois-Rivières. Machine qui suppose des lecteurs plus actifs que ceux confrontés à l'imprimé, plus autonomes aussi. Selon Lévy, l'écrit sur écran, avec l'hypertexte et les réseaux, est désormais « un texte mobile, kaléïdoscopique, qui présente ses facettes, tourne, se plie et se déplie à volonté devant le lecteur ». Dans cette perspective, les frontières entre lecture et écriture sont de moins en moins nettes, en même temps que les deux subissent une mutation profonde.

Pour Christian Vandendorpe cependant, on a idéalisé les vertus de l'hypertexte, qui peut parfois se muer en un « zapping fou et superficiel ». Peut-être en a-t-on aussi exagéré la nouveauté. Les encyclopédies et les dictionnaires fonctionnent selon ce modèle depuis longtemps. Les manuels d'instruction aussi.

Mais cette logique propulsée par la technique en a fait rêver plusieurs. « On a vu au début des années 90, raconte Vandendorpe, des enthousiastes de l'hypertexte segmenter n'importe quel document pour l'adapter au nouveau média. »

Or, Vandendorpe n'hésite pas à dire que l'être humain souhaite parfois de la linéarité. « C'est souvent un plaisir de s'immerger dans un fil narratif au cinéma, dans un roman-fleuve. Ça nous rapproche des conteurs primitifs. Les nouvelles pistes non linéaires n'élimineront pas le reste. Il y a de la place pour les deux. » Souvent, insiste-t-il, les gens veulent savoir qu'ils sont guidés et désirent qu'on leur dise où ils se dirigent. « J'ai vu des jeunes se fâcher devant des cédérom éducatifs où aucune indication n'était donnée à l'utilisateur quant au cheminement qu'on pouvait y faire. »

Maître et lecteur

Reste que l'apparition et le développement de l'hypertexte coïncident avec une montée de l'individu. Le lecteur, souvent, refuse de se plier à un ordre extérieur à lui-même. Il veut être un sujet. Autant que possible, il veut participer au processus. On en veut pour preuve, avant même l'invention du Web, la popularité de phénomènes aussi divers que les jeux vidéo, la possibilité de recherches par mots clés et la prolifération des index permettant au lecteur d'aller droit au but. Dans la littérature jeunesse, on a même assisté à l'avènement, analysé par Vandendorpe, de ces « livres dont vous êtes le héros » où le lecteur joue un rôle dans le déroulement de l'histoire.

Quel avenir pour le livre et la lecture ? Serait-ce la « fin du livre » ? Pierre Lévy éclate de rire lorsqu'on évoque cette éventualité : « Le livre n'est qu'un support ! Ce qui m'importe c'est le texte. Or, moi, ce que j'observe, c'est un extraordinaire développement de la culture du texte. »

C'est souvent parce qu'on a confondu la « fin du livre » avec la « fin de l'imprimé » ou, pire, la « fin du texte » que le débat sur le sujet a été mal engagé dans les dernières décennies. « Depuis qu'ils disposent d'ordinateurs, les Américains produisent et consomment plus de papier imprimé que jamais », écrivait Robert Darnton dans *The New York Review of Books*, en mars dernier.

Permanence du codex

Par ailleurs, ce qui rend l'avenir difficile à prévoir en la matière, c'est l'infinie malléabilité de l'ordinateur, qui peut à toutes fins utiles revêtir la forme que l'on désire.

Or, le modèle dominant de la présentation du texte sur l'ordinateur c'est, de plus en plus... celui du livre. Selon Vandendorpe, « le modèle du codex [autrement dit le livre] est en train de coloniser l'informatique davantage que l'inverse ». Il fait remarquer que les logiciels Word et Acrobat imitent les formes du codex. Et sur Internet, on cherche à reproduire le plus parfaitement possible les éléments d'un livre normal : marges, colonnes, pages, tabulation, table des matières. Il serait donc possible que, dans les prochaines années, l'on clame : « Le livre est mort, vive le codex ! »

Et si cette propension à imiter le livre n'était redevable qu'à une vieille habitude appelée tôt ou tard à disparaître ? Nous serions en quelque sorte comme ces premiers lecteurs de codex qui ont eu, selon l'historien Roger Chartier, un mal fou à se détacher de la tradition du rouleau. Mais Vandendorpe insiste : la durabilité du codex ne reposera pas sur quelque atavisme culturel : « Le modèle du codex est un modèle très raffiné. » Il fut constamment amélioré pendant plus de cinq siècles et correspond finalement à une forme de présentation du texte qui répond aux exigences de tout lecteur humain. Raffinement qui se poursuit avec l'introduction d'outils informatiques.

Est-ce à dire qu'on lira demain sur écran ? Tout le monde le dit : cette pratique ne plaît pas beaucoup. Robert Darnton cite Bill Gates, chantre de l'informatique, qui le reconnaît : « Même moi, qui puis disposer d'écrans sophistiqués et coûteux et qui me flatte d'être un pionnier du Web lifestyle, j'imprime tout dossier dès qu'il dépasse les 4 ou 5 pages et j'aime prendre avec moi des tirages papier pour les annoter. La technologie a encore beaucoup d'obstacles à surmonter pour atteindre un tel degré de commodité. »

Christian Vandendorpe croit que l'on réussira un jour à inventer des livres à « encre électronique », qui combineront tous les avantages du codex traditionnel (portativité, présentation du texte sur deux pages) et de l'édition électronique. Ils seront plus légers que les livres actuels et on pourra y télécharger les textes.

Nulle guerre sans merci, par conséquent, entre l'électronique et le livre. Se dessine plutôt, au sens où l'entend Vandendorpe, une douce transition vers la coexistence et l'hybridation des supports. ■

▶ LES ACTUALITÉS | MERCREDI 29 DÉCEMBRE 1999 | A1

Salut, Charlie Brown

Après quelque 18 000 aventures parues en 21 langues dans 2600 journaux de 75 pays, Charles M. Schulz tire sa révérence.

PAR JUDITH LACHAPELLE

Événement rare dans le petit monde de la bande dessinée : le 4 janvier, la dernière aventure inédite de *Peanuts* sera publiée. Atteint du cancer du côlon, l'auteur Charles M. Schulz a décidé que la bande de Snoopy et Charlie Brown ne lui survivrait pas.

« POURQUOI les petites filles rousses sont si inaccessibles ? », se lamente un gamin au visage lunaire, désespérément amoureux de sa camarade de classe. Avec son éternel chandail orange à rayures noires et sa tête chauve, Charlie Brown est non seulement incapable d'adresser la parole à l'élue de son cœur, il n'a jamais réussi à botter le ballon de football que Lucy a l'amabilité (!) de tenir pour lui... Réussira-t-il à accomplir ces exploits à temps pour la chute du rideau ? Les fans retiennent leur souffle et Schulz sourit.

Cinquante ans après avoir vendu sa première bande dessinée à l'agence United Feature Syndicate — qui s'occupe toujours de vendre ses œuvres dans le monde entier —, Charles M. Schulz conçoit et dessine encore lui-même ses *strips* quotidiennes. « La majorité des cartoonistes, particulièrement ceux qui dessinent depuis longtemps, ont une bande de scénaristes, d'autres qui dessinent l'arrière-plan et, souvent, des gens qui font le travail artistique. Mais Sparky [surnom de Schulz] n'a jamais été comme ça », déclarait le bédéiste Mike Luckovich dans une entrevue à *Newsweek*.

En effet, sur la question du droit d'auteur, Schulz se compare davantage à Hergé, le père de Tintin, qu'à ses collègues américains et européens dont les Batman, Superman, Tarzan ou Spirou continuent de vivre sous une plume autre que celle de leur créateur.

Bien que la United Feature Syndicate n'ait jamais imposé d'autres collaborateurs à Schulz, celui-ci n'a pas moins subi les décisions arbitraires de son agence. À commencer par le nom de sa bédé, *Peanuts*, qu'il a toujours détesté. Schulz avait vendu en 1948 ses premiers dessins au *St. Paul Pioneer Press* sous le nom de *L'ill Folks*. Quand le journal a refusé de publier ses aventures plus d'une fois par semaine, Schulz les a proposées à l'agence américaine. Son passage à la United Feature Syndicate marque également le début de ses œuvres *strips*, ces courtes bédés de trois ou quatre cases qui paraissent dans les journaux.

À la signature de son contrat de cinq ans avec l'agence, Charles M. Schulz a célébré l'événement en s'offrant un bon steak grillé. Mais l'allégresse a été de courte durée. La United Feature Syndicate a choisi de changer le nom *L'ill Folks* pour des raisons juridiques — les noms *Little Folks* et *L'ill Abner* existaient déjà. Même si le nom *Peanuts* a plu aux journaux, Schulz considère encore aujourd'hui qu'il a une connotation « insignifiante », « sans importance ».

Le bédéiste aura cependant le dessus quand ses éditeurs lui suggéreront de mettre moins l'accent sur Snoopy ou se plaindront de l'apparition de Franklin, le copain noir de Charlie Brown. Bien que certains aient cru déceler un message politique en voyant Franklin et Charlie Brown dans la même école en 1960, Schulz affirme qu'il n'en était rien.

« Sparky » Schulz est né en 1922 à Minneapolis, au Minnesota. Ses études en dessin sont interrompues par la Deuxième Guerre mondiale, où le soldat Schulz prendra du galon jusqu'à devenir le chef d'une escadrille de mitrailleurs. À cette époque, il se réfugie dans les aventures de *Willie et Joe*, de Mauldin. Le jour du Souvenir de 1969, en mémoire de ces années passées au front, Snoopy ira prendre quelques *root beers* avec Bill Mauldin.

Schulz dit avoir été un enfant aussi « stupide » que Charlie Brown. « Ne revoyez-vous pas les frasques que vous faisiez quand vous étiez petits ? J'étais terrible à l'école, mais on ne m'en a jamais rien dit », déclarait-il à *Newsweek*. Pourtant, ses dessins mettent en scène des enfants et seulement des enfants. « J'ai toujours eu ce sentiment que les enfants sont prisonniers des terrains de jeu ou d'autres endroits et, dans l'idée de vous en sortir, vous devez apprendre à vous débrouiller. C'est difficile d'être un enfant. » L'écrivain Umberto Eco est allé plus loin en 1985 : « La poésie de ces enfants se révèle par le fait que nous trouvons en eux tous les problèmes, toutes les souffrances des adultes. » Des problèmes d'adultes à travers des yeux d'enfants. « Je sautais à la corde... tout allait bien... quand... je ne sais pas... tout à coup, ça m'a paru si futile ! », racontait la blonde Sally, la sœur de Charlie Brown.

Les aventures de *Peanuts* parlent d'espoir et d'amour, toujours l'amour. Sally aime Linus, son gentil papou qui lui préfère sa couverture de bébé. Lucy, entre deux consultations de psychologue, espère gagner le cœur de Schroeder, le pianiste dévoué à Beethoven. Peppermint Patty, celle que Marcie appelle « M'sieur », craque pour celui qu'elle appelle Chuck, qui lui n'a d'yeux que pour la petite fille rousse, dont on n'a jamais connu le nom. Schulz, lui aussi, est tombé amoureux d'une rousse du nom de Donna Johnson, qui en a épousé un autre parce que, raconte le bédéiste, sa mère l'avait convaincue qu'il ne pouvait gagner honorablement sa vie...

Et Snoopy ? Le célèbre beagle a fait ses débuts deux jours après Charlie Brown, le 4 octobre 1950, mais surpasse maintenant son maître en popularité. C'est en décembre 1958 qu'il est tombé pour la première fois du toit de sa niche où il a l'habitude de dormir et c'est à l'été 1965 qu'il a entrepris d'écrire son grand roman américain, où il n'a jamais pu aller plus loin que la première phrase. Snoopy est avant tout un rêveur, tantôt un as de l'aviation à la poursuite du Baron rouge, tantôt un chef scout traînant l'oiseau Woodstock et sa bande en expédition. « C'est l'artiste du groupe. Et bien qu'il soit tout à fait mythomane, il a une mythomanie "winner" », croit le bédéiste Jacques Hurtubise, auteur de *Sombre Vilain*. « Charlie Brown a quelque chose d'insupportable : on ne peut pas comprendre que quelqu'un puisse être si systématiquement malheureux et "loser"... »

Hurtubise dit avoir été inspiré par Schulz, ses dessins minimalistes (« Il a prouvé qu'on pouvait faire de la bédé sans savoir dessiner ! ») et ses dialogues percutants dans un univers restreint d'une banlieue américaine des années 50 qui a fini, selon lui, par user l'imagination de l'auteur.

Que peut-on espérer de la dernière de *Peanuts* ? Sur Internet, la majorité des fans semble vouloir que Charlie Brown réussisse, pour une fois, à botter le ballon ovale. Schulz lui-même a laissé entendre qu'il ne serait pas juste de priver son héros de ce plaisir. D'autres espèrent voir Charlie parler à la petite fille rousse, que les arbres cessent de manger ses cerfs-volants ou encore, comme Jacques Hurtubise, de le voir remporter une vraie victoire avec son équipe de baseball. La réponse sera publiée le 4 janvier, avant que la United Feature Syndicate entreprenne une rétrospective des aventures de *Peanuts* de 1974 à nos jours. Quant à Charles M. Schulz, il est d'avis que lorsque tout a été dit, l'une des plus grandes contributions que l'humain puisse faire est « de revenir à la maison et de rendre son chien heureux ». ∎

▶ IDÉES | SAMEDI 15 JANVIER 2000 | A11

On ne part pas

PAR JEAN LAROSE

SELON LES CHINOIS, inventeurs de la poudre, les pétards ont la vertu de chasser les démons. Au jour de l'An, tous les diables de l'enfer avaient apparemment rendez-vous sur la Terre. De Sydney à Honolulu, on a craché des geysers de feu pour exorciser la nuit et les ordinateurs. Je connais des gens très raisonnables qui, s'étant bien moqués du bogue appréhendé, ayant tourné en dérision la hantise millénariste de nos voisins du Sud, furent saisis d'une étrange inquiétude quelques jours

Actualités culturelles

avant la date fatidique. Même les cyniques et les boudeurs décidés à faire semblant de rien et à se coucher tôt ce soir-là avaient « juste hâte que ça soit fini et qu'on n'en parle plus », c'est tout dire. Impossible d'échapper au battage incantatoire et, l'imagination ayant horreur du vide, plus on annonçait le party du millénaire en martelant à tout propos le nombre magique, plus l'événement, réduit infiniment au passage instantané de la seconde zéro de l'heure zéro de l'année aux trois zéros, emplissait ce vide d'un mélange irréel de fête et d'angoisse — à moins que la fête ne fût justement de l'angoisse surmontée?

L'obsédante répétition de la venue de cet immense rien annonçait quoi? Le désir, sans doute, que ce ne fût pas rien, mais vraiment la fin. Et que désire-t-on quand on espère la fin du monde, tout à coup? La table rase, le grand recommencement, le vierge, le vivace et le bel oubli.

Tout à coup, rien

À minuit, il n'y eut vraiment tout à coup rien. C'est-à-dire tout à coup la même chose. Rien ne distinguait l'avant de l'après, le premier jour de l'an 2000 était tout simplement le lendemain du dernier jour de 1999. L'histoire, comme les vieilles histoires de nos vies, continuait. Regardez-les, regardez-vous, tous les mêmes têtes de frères humains qui se survivent, emportés dans la glissade du temps. La Fin qui devait remettre la pendule humaine à zéro manque au rendez-vous, il faut hériter du XXᵉ siècle. Comme s'il n'était pas fini! Oui, ça continue. Quoi? Philosophes et écrivains nous ont assez rebattu les oreilles avec toutes les « fins », fin de l'histoire, fin de la culture, fin de la religion, fin de la nature, la liste serait interminable. J'ai déjà cité cette phrase de Pierre Ouellet : « Ce n'est pas parce qu'un nouveau millénaire commence qu'on va cesser de tout achever. » Puisque la fin, comme l'a montré Claude Lévesque dans sa fameuse série radiophonique *Les Discours de la fin*, ça peut durer des siècles... La grande peur de l'an 2000, ce n'était peut-être que l'espoir d'en finir avec la fin.

Je pense aux films catastrophe dont Hollywood abreuve nos écrans depuis vingt ans. Tremblements de terre, éruptions volcaniques, accidents nucléaires, gratte-ciels en flammes, apocalypses terroristes, surgissements de lézards préhistoriques, invasions martiennes, crashs de jumbos, épidémies de nouvelles maladies, la hantise de l'an 2000 s'inscrit dans la série de tous les *Armageddon* dont l'humanité américaine (avez-vous vu les Néerlandais faire le décompte de minuit sur l'air de *Born in the USA*?) ne cesse d'adresser au ciel — je devrais dire à l'enfer — la requête pressante? Le désastre fait plaisir parce qu'il satisfait l'obscure aspiration d'en finir avec la mauvaise histoire, de répudier une fois pour toutes l'héritage impossible de l'humanité et de tout recommencer, comme l'Amérique effaçant l'Europe, sans avoir à hériter des problèmes d'avant... Ou comme dans *Independence Day*, où l'agression providentielle des extraterrestres qui détruit l'Amérique — et, accessoirement, le monde — débouche sur l'aube lustrale d'un 4 juillet mondialisé. Repartir à zéro, c'est le rêve planétaire emprunté par la planète au rêve américain. En finir un bon coup avec ce monde de villes invivables, de populations faméliques, de cultures en crise, de politique impuissante, de guerres démentes, d'économie ventre-à-terre, de travail exploité, d'écosystèmes en perdition. Étrange que les Américains soient les plus hantés par cet éden de l'histoire recommencée!

Le feu préféré à l'amour

Mais se relever de la ruine, renaître de ses cendres, la vieille fable du phénix cache toujours son vrai motif : pour se reproduire, on préfère le feu au geste d'amour. Finir dans les flammes, c'est la solution Lucifer, le pacte autodestructeur en haine de soi-même et des autres.

Il me semble parfois que, simplement, pour l'humanité, tout désastre vaut mieux que d'avoir à réfléchir aux raisons pour lesquelles l'histoire s'est déroulée comme elle l'a fait. Rilke parle à mon cœur quand il écrit : « Est-il possible qu'on n'ait encore rien vu, rien su, rien dit qui soit réel et important ? Est-il possible qu'on ait eu des millénaires pour regarder, pour réfléchir, pour enregistrer et qu'on ait laissé passer ces millénaires comme une récréation dans une école pendant laquelle on mange sa tartine et une pomme ? Oui, c'est possible. » Cela ressemble à nos vies, qui cahotent banalement de démons en pétards. On ne part pas (Rimbaud), on ne recommence jamais, la table rase n'est pas une possibilité humaine, ce n'est peut-être même pas une possibilité de la vie.

L'expérience qui ne se transmet pas, qui ne se réfléchit pas dans la suite du temps, se dégrade en fantôme inapaisé. Dieu est mort, pas le Diable, disait Malraux. Dieu, pour un incroyant mal à l'aise avec le paganisme triomphant (nous sommes de plus en plus nombreux dans ce cas), ce pourrait être le devoir d'hériter, d'inventer la vie en tenant fidèlement compte de la leçon du temps passé. L'impossible. ■

▶ LES ACTUALITÉS | LUNDI 24 JANVIER 2000 | A4

Anne Hébert (1916-2000)

Anne Hébert ou l'invention de la justesse

PAR GILLES MARCOTTE

J E RELISAIS, pour une explication de texte, un poème d'Anne Hébert que j'avais choisi presque par hasard, en feuilletant le recueil. Ce n'était pas un des plus connus, des plus célèbres. On pense aussitôt, lorsqu'on veut parler de la poésie d'Anne Hébert, à tel poème bien connu, *Le Tombeau des rois* ou encore cette *Fille maigre* qui ne sort pas de la mémoire lorsqu'on l'a lu ou entendu une seule fois. Le poème que j'avais choisi était beaucoup plus discret. Il s'intitule *Un bruit de soie* et ne raconte pas, comme beaucoup de poèmes d'Anne Hébert, une expérience de dénuement ou de lutte pour la survie mais, très évidemment, très clairement, de façon très concrète et sensuelle, une expérience amoureuse. Je lisais, vers après vers, lentement, ce texte d'une extrême beauté, et je suis tombé, à la fin de la page, sur deux lignes qui disaient très exactement la raison de mon enchantement : « Sa douceur que j'invente pour dormir — dit la narratrice à propos du cœur de l'amant — Je l'imagine si juste que je défaille. »

L'invention, oui, l'imagination. Mais aussi, surtout, la justesse inventée, créée par l'imagination, justesse du ton et justesse du mot, justesse du sentiment qui existe fortement en lui-même et du même coup se hausse au-dessus de lui-même, jusqu'à l'invention du monde.

Toute œuvre littéraire vraie repose sur un paradoxe. Anne Hébert, ou l'invention de la justesse.

C'était en 1953. Anne Hébert ne nous était pas inconnue, certes, même si nous avions un peu oublié qu'elle avait publié en 1942 un premier recueil de poèmes, *Les Songes en équilibre*, proches parents de ceux de son cousin Saint-Denys Garneau. Mais il y avait eu, trois ans auparavant, l'événement du *Torrent*, cette grande fable qui, dans une prose infailliblement rythmée, faisait chanter une détresse et une volonté de libération en lesquelles nous avions été nombreux à nous reconnaître. Et c'était bien la même volonté, la même forte, impitoyable volonté que nous retrouvions dans le verbe à la fois « austère » — l'adjectif est du préfacier, le poète Pierre Emmanuel — et fascinant, d'une beauté noire, du *Tombeau des rois*.

Je ne sais pas si l'on mesure bien la somme de courage qui se dépense dans chacune des pages de ce livre, et qui amène à la lumière tant de sombre et splendide matière. Ce livre n'était pas triste. Il brillait d'une résolution qui répondait à un appel de la vie, pour la signataire du poème mais aussi bien, et Anne Hébert le croyait fermement, pour toute une collectivité, la nôtre, indiscutablement la nôtre. Anne Hébert n'a pas écrit pour nous charmer, au sens faible du mot, pour nous

divertir. Son œuvre entière est une œuvre de libération, une œuvre de salut.

Quand elle est partie pour Paris, où elle devait vivre de nombreuses années, elle répondait au même appel. Elle savait que, pour remplir le contrat qu'elle avait conclu avec elle-même, avec la langue, avec les siens, elle devait s'arracher à ce premier pays — son « premier jardin », dira-t-elle plus tard —, qu'elle ne pouvait l'écrire en profondeur, dans sa grandeur possible, qu'en s'en éloignant. On peut penser que ses romans majeurs, *Kamouraska*, *Les Enfants du sabbat*, *Les Fous de Bassan*, n'auraient pas pu être conçus et écrits ici, tout près des réalités qu'ils évoquent. La littérature, Anne Hébert le savait, ne fait reconnaître que si elle transforme, elle travaille, elle invente le réel ; elle ne crée le proche qu'à partir du lointain. C'est là une des grandes leçons que nous donne son œuvre.

Elle nous dit aussi que la langue française, dans laquelle elle a voulu s'immerger en quelque sorte lorsqu'elle s'est installée à Paris, fait partie non seulement de notre héritage mais de notre être même. Je sais que les libertés de la langue populaire, dans certaines œuvres d'ici, ne l'effrayaient pas. Elle, n'en avait pas besoin. La langue qu'elle avait reçue de sa famille, qu'elle partageait avec Saint-Denys Garneau et quelques autres amis, lui suffisait.

Je ne veux pas conclure de moi-même. Je lis, dans la courte préface qu'Anne Hébert a donnée à son dernier livre de poèmes, *Le jour n'a d'égal que la nuit* : « La ferveur ne suffit pas, il faut la patience quotidienne de celui qui attend et qui cherche, et le silence et l'espoir, sans cesse ranimé, au bord du désespoir, afin que la parole surgisse, intacte et fraîche, juste et vigoureuse. Et alors vient la joie. »

Pour cette joie, Anne Hébert, merci. ∎

Une grande bibliothèque

PAR PAULE DES RIVIÈRES

Deux hôpitaux, un palais des congrès amélioré, une grande bibliothèque et, qui sait, un stade. D'ici quelques années, Montréal aura un nouveau visage et il est réjouissant de penser que la culture, trop souvent oubliée, aura son espace. Cela étant dit, la route menant à l'ouverture de la Grande Bibliothèque du Québec (GBQ) est encore longue et non dénuée d'écueils.

ENCORE TRAUMATISÉE par le désastre du Stade olympique, une partie de la population estime que la construction d'une grande bibliothèque publique constitue une dépense inutile. Un éléphant blanc. Pourquoi, disent plusieurs, ne pas d'abord consolider les réseaux des bibliothèques municipales et scolaires, premier arrêt naturel des enfants qui n'iront pas à la Grande Bibliothèque s'ils n'ont pas d'abord pris de bonnes habitudes ? Cela est vrai. Mais il est inutile de mettre en opposition la Grande Bibliothèque avec les petites. Les études montrent au contraire que l'existence d'une bibliothèque centrale, moderne et accessible, exerce un attrait qui déteint jusque dans les petits établissements. L'édifice principal devient un phare dont la lumière rejaillit sur les bibliothèques plus modestes, surtout si, comme il est prévu, il permet le branchement informatique de l'ensemble du réseau documentaire québécois.

En fait, le retard du Québec en ce domaine, autant en matière de taux de fréquentation que de taux d'emprunt d'ouvrages, est tel qu'il faudrait travailler sur tous les fronts à la fois, celui du bateau amiral et celui des édifices de quartier.

L'engouement pour les bibliothèques n'a pas encore atteint le Québec et il est temps d'y voir !

Présentement, le quart seulement des Montréalais fréquentent les bibliothèques, comparativement à 69 % des citoyens à Toronto et 73 % à Vancouver. Les prêts n'atteignent même pas cinq livres par année par habitant à Montréal, comparativement à 13 à Toronto et 15 à Vancouver. Une honte ! Le premier défi de la nouvelle directrice de la Grande Bibliothèque du Québec sera d'en faire un lieu accessible à un large public et de prendre tous les moyens pour ce faire.

Pour l'instant, les énergies de sa présidente, Lise Bissonnette, sont tournées vers la construction de l'édifice. Ce dernier prendra l'espace actuellement occupé par le Palais du commerce, à l'angle du boulevard de Maisonneuve et de la rue Berri, dans un Quartier latin qui a bien besoin d'être revampé. Ayant écarté la Société immobilière du Québec, au terme d'un sourde bataille qui a retardé le début des appels d'offres, Mme Bissonnette a lancé un concours international qui conduira au choix d'un projet architectural en juillet prochain. Cette étape est maintenant bien enclenchée et tous les espoirs sont permis, si l'on considère les experts auxquels Mme Bissonnette a fait appel pour constituer le jury.

Mais, on le sait, pour que la GBQ soit un succès, il faudra bien plus qu'une enveloppe bien conçue. Il faudra surtout que puissent y loger des collections de qualité, ainsi rendues accessibles. Le transfert des collections de la Bibliothèque centrale de Montréal vers la nouvelle entité fait toujours l'objet de discussions avec la Ville, tout comme est encore en discussion la nature de la participation financière de Montréal au budget de fonctionnement de la GBQ.

La GBQ doit recevoir un million de livres et quatre millions de documents au total (livres, cédéroms, logiciels, vidéocassettes, etc.). C'est considérable. Il n'est donc pas trop tôt pour élaborer une politique d'achats, voire acquérir des collections qui ne seront peut-être plus disponibles lorsque la GBQ ouvrira ses portes dans trois ans. Il faut également accorder une attention particulière à l'équipe qui travaillera rue Berri, quelque 280 employés, dont une partie proviendra de l'actuelle Bibliothèque nationale et de la Bibliothèque centrale de Montréal. Les fusions de syndicats et de groupes ne sont jamais chose facile ; surtout, il faut s'assurer que le personnel, facteur clé du succès du projet, possède la formation adéquate afin de guider le public dans ce nouveau lieu. Le manque de formation du personnel ou le simple manque de personnel minent actuellement les bibliothèques, municipales et scolaires. On ne le dira jamais assez, c'est une chose que de déambuler sans but dans une bibliothèque, c'en est une autre que d'y trouver ce qu'on cherche. En bref, de jouir des trésors qui s'y cachent.

Le dernier défi de cette GBQ est relié à son coût. Au lendemain d'une difficile lutte contre le déficit, les contribuables n'apprécieraient pas que les coûts de construction établis à 90 millions de dollars soient dépassés, même de quelques millions. Pour le reste, ce projet mérite notre appui. ■

▶ LES ARTS | SAMEDI 29 JANVIER 2000 | B9

Industrie

L'étranglement du goulot

Il y aura d'innombrables pièces dans l'immense maison Warner-EMI, mais une seule porte de sortie.

PAR SYLVAIN CORMIER

C'EST la nouvelle de l'heure dans le domaine de la p'tite toune : Time Warner, moins de deux semaines après avoir été avalé par le fournisseur d'accès America Online, gobe à son tour la multinationale du disque EMI, sa kyrielle de compagnies affiliées et son catalogue épais comme le bottin de Londres

(Beatles, Stones, Sinatra et autres Spice Girls). Grosse affaire (20 milliards de dollars), grosses conséquences : l'industrie du disque aura dorénavant ses grosses pattes velues bien écartillées sur le Web, là où, comme chacun sait, l'avenir de la musique se télécharge plus vite que son ombre. Il y aura aussi, moins évidents, des effets plus pernicieux au niveau du choix de disques offerts au grand public par les voies anciennes : les disquaires et les médias traditionnels. De mon petit bout de la lorgnette, c'est le champ de vision qui se rétrécit.

Vous l'ai-je déjà expliqué ? Voilà comment je procède quand les enveloppes des compagnies de disques déboulent de mon casier. Je déballe, puis échantillonne les albums reçus. Tous. Cela prend un certain temps, surtout en haute saison (automne, printemps). De la trentaine, la quarantaine, voire la cinquantaine de nouveautés, rééditions, compilations ou bandes sonores, j'en privilégie dix, qui me suivent partout cette semaine-là, dans le lecteur compact de la Sunfire. De cette dizaine, deux ou trois auront droit à la recension dans Le Devoir de la fin de semaine suivante, à commencer par les parutions québécoises, prioritaires.

Calculez le ratio. Deux sur quarante, trois sur cinquante ? Injuste sort, considérant ce que chaque artiste a extirpé de sang et de sueur, des années durant, pour distiller sa p'tite galette digitale. Un sentiment d'injustice qui s'accentue lorsqu'on sait le nombre de disques produits en regard des disques reçus : l'étranglement du goulot, en effet, n'a pas lieu qu'à mon bout. Chaque multinationale du disque ne m'envoie que ses élus. Ses « priorités » de la semaine. À savoir les disques d'artistes majeurs et consacrés, ou alors les disques de nouveaux venus sur lesquels on mise gros. Les autres, ceux qui n'ont pas droit à

l'envoi automatique aux médias, n'apparaissent que dans les listes de nouveautés : il m'arrive d'en relever un, à cause d'un article lu dans quelque revue britannique ou américaine, et de le commander à la succursale de la multi. Mes genres préférés — rock de racines, surf, lounge — ne font pas souvent partie des priorités.

Qui plus est, ces listes ne sont pas exhaustives. Les multinationales, en effet, ne sont pas des lieux de développement artistique, mais des pieuvres, dont les ventouses au bout des tentacules agrippent des tas de petites bêtes : les compagnies de disques dites indépendantes. C'est dans ces petits pots que se fabriquent les onguents, les meilleurs comme les pires : la multinationale choisit, selon ses propres critères, les meilleurs. Lesquels deviennent, après plusieurs tris et mille meetings, les quelques priorités de la semaine.

Tamisage plus serré

Avec EMI et ses tas de petits pots jetés dans la grosse marmite Warner, c'est une nouvelle rationalisation bouillonnante des priorités que l'on peut envisager. Les sources s'additionneront, et le tamisage sera deux fois plus serré : à la fin du processus, deux fois moins de priorités de la semaine aboutiront dans mon casier. Et chez les disquaires. Et chez les gens. Cela se passera de plus en plus comme à la radio : on choisira ce qu'on aime écouter à partir d'une liste de plus en plus courte, déterminée par des sondages élaguant la liste précédente.

On peut aussi redouter que l'invasion d'une telle multinationale dans l'aire de jeu d'Internet réduira significativement la donne : fions-nous aux nouveaux empereurs d'America Online, tout sera fait pour que les priorités de la semaine soient les mêmes en ligne et hors ligne. L'auto-

Actualités culturelles

promotion sur le Net, ultime voie d'accès pour des milliers de petits groupes en quête des 15 minutes réglementaires de gloire prévues par Warhol, risque fort de ressembler à une joute de pêche où des tas de petites lignes entremêlées se disputeront la mare pendant que Warner-EMI, dans l'océan d'America Online, attrapera les gros poissons. Seuls à pouvoir franchir le goulot.

Il n'y a pas si longtemps, ma tournée de paroisse, à chaque début de saison, prenait un temps fou : les relationnistes étaient aussi nombreux que les compagnies, et chacun poussait ses poulains. J'étais submergé. Parfois, je m'en plaignais. Voilà qu'on me simplifie la vie. Après avoir causé aux gens d'Audiogram, de Musi-Art et des autres indépendantes québécoises, je n'aurai plus que quatre interlocuteurs pour le reste du monde : les représentants de Warner-EMI, Universal (qui bouffa PolyGram l'an dernier), Sony et BMG. C'est curieux : je m'en plains encore plus. ∎

▶ LES ACTUALITÉS | SAMEDI 5 FÉVRIER 2000 | A8

Une page importante de l'histoire théâtrale québécoise est tournée :

Le rideau tombe sur le Théâtre des Variétés

Gilles Latulippe l'avait acheté pour Olivier Guimond en 1967.

PAR CAROLINE MONTPETIT

L E THÉÂTRE DES VARIÉTÉS ferme ses portes. Ce théâtre de la rue Papineau, qui présentait des comédies et des variétés depuis 1967, et devant lequel ont défilé des autobus et des autobus de spectateurs venant de l'extérieur de Montréal, appartient à Gilles Latulippe, qui a acheté il y a 33 ans cette ancienne église évangélique transformée en cinéma.

C'est la difficulté de trouver une relève à cette forme de théâtre burlesque, en plus de la mort récente de deux piliers de l'établissement, qui ont précipité cette décision. En effet, Michel Legault, anciennement directeur-général du théâtre, est décédé cet été, ainsi que John Kelly, responsable des ateliers de décors et de costumes, mort subitement il y a trois semaines.

D'autre part, Olivier Latulippe, fils de Gilles, ne semble pas très intéressé à prendre la relève de la gestion du théâtre, bien qu'il en assume présentement la direction générale, ajoute la directrice de la billetterie du Théâtre des Variétés, Micheline Ruiz.

Rentable

Rentable, le Théâtre des Variétés a tout de même survécu 33 ans, sans subventions, sous la gouverne de Gilles Latulippe. Il semble d'ailleurs que le comédien et homme de théâtre ait déjà reçu des offres d'achat pour assurer sa pérennité.

«Nous avons plusieurs étages de décors et de costumes», ajoute Mme Ruiz, précisant que les ateliers de décors et de costumes font partie des activités du théâtre depuis son ouverture.

«L'année dernière, Gilles voulait donner une autre direction au Théâtre des Variétés, raconte pour sa part Janine Sutto, qui a assuré récemment la mise en scène d'un Feydeau, rue Papineau. On a donc fait l'essai de monter un Feydeau, _Le Système ribaldien._»

Mais changer la vocation d'un théâtre demande des années, et Feydeau était «très, très loin» des habitudes du public régulier du théâtre des variétés, amateur de comédies burlesques signées Gilles Latulippe.

C'est pour Olivier Guimond, qu'il admirait, que Gilles Latulippe a décidé d'acheter ce théâtre en 1967.

On y jouait alors une sorte de burlesque improvisé, issu du vaudeville, commente la comédienne, Suzanne Langlois, qui est montée sur les planches du Théâtre des Variétés durant 25 ans. «Ensuite, on y a joué des pièces écrites», dit-elle. Cette forme de théâtre, prisée par les Juliette Pétry, Rose Ouellette (La Poune) et Manda Parent, est tranquillement tombée en désuétude.

«Il n'y a pas de relève [pour ce genre de comédie], ils sont tous morts», disait hier Micheline Ruiz.

Les monologues

Selon Janine Sutto, ce sont les monologues humoristiques, très courus par le public québécois, qui ont remplacé le théâtre burlesque au Québec, et cela depuis «une bonne quinzaine d'années».

«Cela m'a fait un coup, d'apprendre cette nouvelle, mais cela ne m'a pas tellement étonnée», dit-elle d'ailleurs.

Récemment, Gilles Latulippe, qui écrivait plusieurs des pièces présentées dans son théâtre, et qui choisissait les comédiens, avait tenté de varier la programmation.

«C'était très lourd pour lui» d'assumer seul la direction du théâtre, ajoute Mme Sutto. Présentement, une revue intitulée _Nostalgie_, présentée par les productions Apollon, tient l'affiche du théâtre de la rue Papineau. Suivront, en guise d'adieu, «La course au mariage», une pièce écrite par Gilles Latulippe, il y a 25 ans, en l'honneur de Georges Guétary, et «Les Crooners». La fermeture du théâtre est prévue en mai. ∎

Actualités culturelles

Dédé Fortin, des Colocs, trouvé mort

PAR SYLVAIN CORMIER

Fin abrupte et insupportable d'une vie pleine de musique et d'amitié pour le chanteur-guitariste-cinéaste des Colocs. Souvenirs en vrac du plus beau fou de la chanson québécoise.

ÇA SE PASSE toujours de la même façon. Tout croche. D'abord le téléphone. Quelqu'un de la télé. J'ai oublié qui. « Accepteriez-vous de nous parler de Dédé Fortin ? » Oui, bien sûr. À propos du spectacle-bénéfice qu'il doit donner en juin avec Richard Desjardins, Abbittibbi et Mario Peluso, annoncé hier matin en conférence de presse au Spectrum ? « Vous ne savez pas ? On l'aurait trouvé mort chez lui, au milieu de l'après-midi, rue Rachel. Poignardé ou suicidé, on ne sait pas encore. » Silence. Silence de mort. Incrédulité, déni, tout ce que vous voulez. Je ne veux rien savoir. Dédé mort ? Pas question.

Les mots passent et repassent, de plus en plus absurdes. Purs phonèmes dénués de leur sens insupportable. Dédé-trouvé-mort-à-38-ans. C'est fou, je n'arrête pas de penser à Patrick Esposito Di Napoli, l'harmoniciste des Colocs, fauché par le sida en 1994, à la belle fête de musique faite à Pat au salon funéraire par les Colocs tout le temps de l'exposition du corps, la bière offerte à l'entrée, la célébration de la vie et la douleur de la perte en même temps. C'était infiniment triste, infiniment noble. Infiniment Dédé.

Mais là, c'est trop. Dédé trouvé mort. Je ne veux rien connaître des détails. Je ne veux pas qu'on dise qu'il était déprimé ces derniers temps, comme si ça expliquait tout. Je veux de la musique. Par réflexe, j'ai été chercher les disques des Colocs dans la discothèque. J'écoute *Dédé*, la première chanson si formidablement joyeuse du premier album de 1993, et je suis submergé de tristesse et de vie en même temps. Dédé était si résolument vivant qu'il m'épuisait. Un gros paquet d'énergie, une éruption de lave en fusion qu'il canalisait comme il pouvait, en créant le plus vite et le plus intensément possible des chansons et des clips et des films et des décors (il avait débuté comme réalisateur) et en jouant le plus souvent possible sur scène en s'y défonçant invariablement.

Dédé sur scène. Ça me revient en vrac. J'étais là la première fois, au tout premier show des Colocs — qui en étaient vraiment à l'époque : tout le monde vivait dans le même immense loft quasi désaffecté —, c'était au Festival international de rock de Montréal, en 1990, au Tallulah, en haut du Lola's Paradise, boulevard Saint-Laurent. Première partie de Cha Cha Da Vinci. Autre colocataire du loft. Déjà, ce soir-là, les Colocs avaient brassé la place, même si la place était aux trois quarts vide. Rockabilly et rhythm 'n' blues en québé-

cois dans le texte. Dédé avait dansé des cla-
quettes en plus de chanter. Je n'avais jamais
rien vu ni entendu de tel. Indélébile.

Après, ça se mêle dans ma tête. Je revois
les Colocs à la Salle Bleue, aux Franco-
Folies de La Rochelle. Chauffe Dédé! Il y
avait Mara Tremblay dans le groupe à ce
moment-là. Et Mononc' Serge à la basse.
Bien avant que ces deux-là songent à des
disques en solo. Je revois les Colocs à ma
première entrevue avec le groupe, dans le
grand loft. C'était bizarre, pour Dédé, le
vedettariat déclenché par le succès de *Julie*,
premier extrait radio du premier album
(qui nous donna aussi les inoubliables *La
Rue principale*, *Passe-moé la puck*, *Mauvais
caractère*, *Maudit qu'le monde est beau*). Les
séances de questions-réponses, c'était
trop étrange. Jaser, d'accord. On avait
jasé. « Je ne sais pas encore comment faire
de la promo », avait-il lâché en rigolant en
coin. Il n'apprit jamais. Rappelez-vous ses
laïus de remerciements au gala de
l'ADISQ. Scandaleusement réjouissant de
naturel. C'était ça, André « Dédé » Fortin :
le naturel le plus fou au monde.

Je revois cette fabuleuse série de shows
au Club Soda, avec films et invités et des
cuivres qui pétaient le feu. Je revois les
Colocs à l'ancien Café Campus, jouant du
Nino Ferrer et *Le Pouding à l'arsenic*, la
chouette chanson du film *Astérix et Cléo-
pâtre*. Et d'autres shows encore, au Spectrum, au Corona l'an dernier, encore un
méchant party. C'était encore les Colocs
qui, au soir de la défaite référendaire du
OUI en 1995, jouèrent une marche
funèbre de La Nouvelle-Orléans au Med-
ley, quartier général de la jeunesse pour le
OUI, avant de relancer le party de plus
belle. J'ai dû voir Dédé en show quinze
fois. Quinze fois qui auraient pu être la
dernière tellement il ne savait pas compter
les rappels.

Je repense au miracle du dernier album,
Dehors novembre (plus de 100 000 exemplaires vendus), un disque dur et vrai, où
Dédé abordait de front des sujets insup-
portables : la solitude, la maladie, la mort.
J'entends l'extraordinaire phrasé de *Tassez-
vous de d'là*, le succès de l'été 1998, où la
langue québécoise parvenait à coller au
reggae et au raggamuffin. Talent foison-
nant. Inspiration sans limite. Tout un courant de rock québécois doit tant aux libertés prises par les Dédé et les Colocs, des
Frères à ch'val à Fred Fortin à Mara à
Daniel Boucher.

Vous voulez un peu de bio, j'imagine ?
J'ai retrouvé ça dans un vieux communiqué : « Né en 1962 sur une ferme de rang,
près du petit village de Saint-Thomas-
Didyme, au bout du Saguenay-Lac-Saint-
Jean. Dixième d'une famille de onze
enfants. Le père, et plusieurs des frères,
travaillaient dans le bois. » Ma douce
aimée vient de là. Saint-Thomas-Didyme.
C'est en haut de Normandin, la ville dé-
crite dans *La Rue principale*. Là-bas, ils sont
atterrés, bien sûr. Les Colocs devaient
jouer le 24 juin pour le 75e anniversaire
du village. Une fois, le groupe avait installé ses amplis au Lac-à-Jim, un camp de
plein air au milieu des mouches noires.
Tout le canton avait célébré le héros local.
C'était émouvant, avait raconté Dédé. Et
un peu ironique : lui n'avait rien eu de plus
pressé que de rallier la grande ville,
comme la plupart des jeunes dans la
région.

Silence. Je pense aux gens qui l'aiment
et qui l'ont connu de bien plus près que
moi. Les Colocs, c'était une famille élar-
gie, l'amitié incarnée. Je pense aux gars
du groupe actuel, Mike Sawatsky, André
Vanderbiest, aux anciens Colocs
Mononc'Serge, Jimmy Bourgoing, Mara.
Je serrerais bien dans mes bras la rela-

Actualités culturelles

tionniste du groupe, Lise Raymond, à laquelle Dédé dédia un gros « french » en plein gala de l'ADISQ. Je pense aux frères, au père Alfred et à la mère Gisèle. Bon, encore le téléphone. Au *Devoir*, tout le monde se joint à moi et envoie ses meilleures pensées à tous les proches de Dédé. Dites-vous qu'il va falloir le célébrer, lui aussi. En musique. Dédé, lui, jammera avec son vieux Pat en attendant. Salut Dédé. ■

▶ CULTURE | MARDI 4 JUILLET 2000 | B6

Mort d'un drôle de pistolet

Le comédien Luc Durand emporté par un cancer foudroyant.

PAR STÉPHANE BAILLARGEON

IL A MARCHÉ sur la tête avec cette « sacrée galoche » de Sol. Il disait « Isabelle comme du miel » en flattant les mains de sa belle qui lui redonnait du « Gobelet comme du lait » en battant des paupières. En incarnant le pôle le plus romantique du duo de « drôles de pistolets » *Sol et Gobelet*, Luc Durand a marqué l'imaginaire des Québécois francophones devenus parents ou enfants dans les années soixante, période faste et folle des émissions jeunesse de la télé de Radio-Canada.

Mais voilà, comme la vie est absurde, Luc Durand est mort foudroyé à 64 ans par un cancer. Le comédien polyvalent, aussi à l'aise chez Molière que chez Jean-Pierre Ronfard, a été fauché hier matin, à Montréal. Il a été Gobelet, comme Jean-Louis Millette était Paillasson. Et les deux seront partis en moins d'une année, l'autre figure centrale de *La Boîte à surprise* ayant disparu l'automne dernier.

La méchanceté du sort a aussi voulu que M. Durand décède le jour de la première des *Jumeaux vénitiens*, production qu'il avait abandonnée il y a quelques mois, après la première séance de lecture, alors que les signes de sa maladie commençaient à se manifester. « Il m'a expliqué qu'il avait appris son texte mais qu'il avait de la difficulté à se le remémorer », confiait hier Denise Filiatrault, metteure en scène du Goldoni lancé hier au Théâtre Saint-Denis. « Ensuite, il n'a pas pu se présenter à la première répétition et nous avons appris qu'il était hospitalisé. » Luc Durand a finalement été remplacé par le comédien Roger La Rue. Avant la levée du rideau hier soir, Mme Filiatrault devait rendre hommage au camarade disparu et lui dédier la représentation.

On ne voyait plus guère à la scène depuis quelques années ce comédien puissant marqué au fer rouge par son rôle de clown dans l'émission *Sol et Gobelet*.

Mais il faut traîner de vieux souvenirs en noir et blanc pour se rappeler qu'avant Gobelet, Sol a formé duo avec Bim (Louis de Santis, en 1958), puis Bouton (Yvon Dufour). Luc Durand prit le relais au milieu de ces années soixante, alors que la télévision d'État ouvrait ses studios à toute une joyeuse bande de comédiens — dont Marcel Sabourin, André Montmorency, Roland Lepage et Kim Yarochevskaya — pour amorcer ce qui est encore perçu comme la plus glorieuse période d'émissions pour enfants. Entre 1968 et 1972, Marc Favreau et Luc Durand ont enfanté 62 épisodes de leur propre série, dans le cadre de La Boîte à surprise, devenue « une émission couleurs de Radio Canada ». Les deux complices en ondes se relayaient à l'écriture.

La magie délicieuse et délirante de l'émission n'avait d'égale que le charme irrésistible de ses personnages. La scène abstraite, sans murs, perdue dans l'obscurité infinie — avec une fenêtre suspendue, une baignoire à pattes, une grande armoire à malices et du pain tranché... —, donnait un ton vaguement beckettien à cette aventure autant métaphysique qu'humoristique.

Vêtu de haillons, joujou de l'infortune, Sol-le-clochard incarnait le pôle pessimiste et gaffeur de cet univers, le clown rouge de la tradition quoi, évoluant sur une voie parallèle de la déraison. Gobelet, son vis-à-vis, avait emprunté sa culotte et son justaucorps aux vieilles gravures du roi Henri IV — oui, bien sûr, mais lequel des Henri IV aurait demandé Pirandello ? Clown blanc, il conservait son optimisme et une certaine part de bon sens. Toutefois, en cherchant constamment à forcer le destin, le colérique sympathique ne réussissait le plus souvent qu'à révéler l'absurdité du monde. En même temps, sa bouche lippue, son sourcil surélevé et

les larmes qu'il se crayonnait sous les yeux faisaient de Gobelet un éternel romantique, le Roméo de la belle Isabelle (Suzanne Lévesque), l'autre folie de ce ménage à trois au logis de l'esprit, la dernière roue d'une formidable mécanique onirique.

En fait, Sol et Gobelet n'était pas vraiment conçue pour les enfants, et les adultes manifestaient beaucoup d'intérêt pour la farce complexe. « On n'a jamais cherché à faire des émissions pour enfants, a d'ailleurs déjà expliqué Gobelet-Durand. On a préféré se rapprocher de Buster Keaton plutôt que du zézayage enfantin. Par exemple, à un moment de ma vie où j'avais tendance à faire porter le blâme aux autres, j'ai traduit ce problème en situant Sol et Gobelet lors du réveil dans un lit. Comme le tableau devant nous était croche, plutôt que de le remettre à sa place, on a scié les pieds du lit pour qu'en le voyant, il nous apparaisse droit. » L'influence du duo s'est fait sentir sur d'autres personnages absurdes destinés aux adultes, Ding et Dong par exemple et toute la ménagerie de La P'tite Vie de Claude Meunier. Quand les plus vieux voient Moman raser sa dinde, ils se rappellent que Sol conservait la sienne vivante, dans le frigo...

Ce personnage, né avant l'émission, a survécu à sa disparition en continuant à soliloquer sur la dinguerie de ce côté-ci du miroir. Luc Durand, lui, n'a pas cherché à transporter Gobelet de l'écran à la scène, préférant retourner à ses premières amours théâtrales, tout en prêtant sa voix chaude à d'innombrables narrations publicitaires ou documentaires, et dans l'industrie du doublage, évidemment.

Au théâtre, après la création de la pièce au début des années 80, il a incarné avec brio et à plusieurs reprises le Signor Nicia de La Mandragore de Jean-Pierre Ronfard. Il

Actualités culturelles

a porté solidement des Molière, notamment un *Avare*, qu'il avait lui-même dirigé il y a quelques années. En 1997, pour une de ses dernières apparitions professionnelles, il donnait la réplique à Françoise Faucher, dans *Une tache sur la lune*, au Quat'sous, une fantaisie absurde de Marie-Line Laplante que n'aurait pas reniée son *alter ego* clownesque. «Je ne peux pas m'empêcher de dire qu'aujourd'hui ce cher Luc est allé faire une tache sur la lune, dit Mme Faucher, interviewée hier après-midi. Il était cultivé, intelligent.

Il avait la répartie vive et brillante. C'était un camarade extrêmement agréable à fréquenter, même s'il pouvait avoir un caractère un peu prompt, surtout envers la bêtise et l'incompétence. Il avait surtout un goût immodéré pour la vie. Il aimait jardiner autant que jouer. Il aimait les bons vins comme les bons livres.»

Luc Durand laisse notamment dans le deuil le comédien Antoine Durand, son fils. Les détails concernant les obsèques du disparu seront communiqués ultérieurement. ■

▶ ACTUALITÉS | LUNDI 17 JUILLET 2000 | A1

Le rideau tombe sur Rigoletto

La mort subite du baryton montréalais Louis Quilico secoue le monde de l'opéra.

PAR FRANÇOIS TOUSIGNANT

IL NE ROULERA plus jamais sa bosse, le bouffon difforme Rigoletto. Non plus qu'il ne pleurera sur scène ni ne rira dans la vie. Louis Quilico, l'un des plus célèbres barytons de ce siècle, la personnification même de Rigoletto, s'est subitement éteint, samedi, à Toronto. Le sort est parfois tragique ; sur scène, plus de 500 fois, en Rigoletto, il a découvert sa fille poignardée dans un sac, presque à son instigation. Cette fois, cet homme bourré de santé et de joie de vivre, a été emporté par la grande faucheuse ; un stupide caillot sanguin atteint le cœur à la suite d'une banale intervention chirurgicale au genou.

Louis Quilico naît dans un magasin de bicyclettes de Montréal en 1925. Presque par hasard, on lui trouve une voix alors qu'il est choriste à l'église Saint-Jacques. Alors le jeune homme travaille. La chance lui sourit : il rencontre une accompagnatrice, Lina Pizzolongo dont il tombera follement amoureux — ce sera sa première épouse — et qui va l'inciter à aller étudier à l'Académie Sainte-Cécile, à Rome. La piqûre du bel canto ne guérira plus.

De retour au pays, ce sont les petits boulots. Émissions de variétés télévisées par-ci, de radio par-là, et quelques rôles à l'Opera Guild de Montréal lui font prendre de l'assurance. Boursier du Conseil des arts du Canada, il se rend à Londres en 1960. Il fait alors ses débuts à l'imposant Covent Garden (Germont, dans *La Traviata*) et pas aux côtés de n'importe qui : Joan Sutherland elle-même, au pinacle de sa gloire.

Le succès, doublé de détermination, ouvre à sa formidable voix les portes des temples de l'art lyrique. Ainsi, on l'entend partout, « de Paris jusques à Rome » comme le dit l'adage, en passant par l'Opéra de Vienne, le Bolchoï de Moscou et le Teatro Colón de Buenos Aires. Son talent est applaudi sur les plus grandes scènes.

Sa voix égale, puissante et au timbre si riche, il la met au service de bien des rôles. Si le chant est bon, rien ne lui répugne. Il chante Mozart, Berg, Verdi bien sûr, Moussorgski, Stravinski... On l'entend à Leningrad, Budapest, Palerme, et aussi Montréal et Toronto. L'Expo 67 sera l'occasion de le voir ici chanter Iago dans l'*Otello*, de Verdi, aux côtés de Jon Vickers et Teresa Stratas. Telle est, à cette époque, la grandeur du chant canadien.

On passe trop souvent sous silence son engagement pour ses contemporains. Pourtant, il fut le premier à tenir le rôle de Wozzeck lors de *L'Heure du concert*, sur les ondes de Radio-Canada. Il a aussi créé l'oratorio *Pacem in terris* et l'opéra *La Mère coupable*, tous deux de Darius Milhaud.

Cette activité européenne et canadienne ne l'empêche pas de lorgner du côté des États-Unis. En 1955, il remporte le concours Metropolitan Opera Auditions on the Air, un concours radiophonique qui ouvrait bien des portes. On l'engage alors au New York City Opera. Ce n'est qu'en 1972 qu'il montera sur les planches de l'autre maison de cette ville, le célèbre MET. Presque un coup de chance. Il remplace au pied levé un baryton, tombé malade, dans le rôle de Golaud (*Pelléas et Mélisande*, de Debussy). S'ensuivent ses débuts officiels et le lancement de sa réputation

d'incontournable baryton verdien. Ce chant-là, il lui colle à la peau et ses pairs sur ces planches s'appelleront Pavarotti, Domingo, Tebaldi, Horne...

Malgré la variété des personnages joués, celui du bouffon de cour Rigoletto, de l'opéra du même nom de Verdi, va littéralement et implacablement s'emparer de lui. Plus de 500 fois dans sa carrière il va incarner ce bouffon Triboulet hugolien servi à la sauce italienne, allant y dénicher une profondeur aussi horrible qu'émouvante. Le personnage le hante au point que, bien des metteurs en scène vous le diront, il était impossible de diriger Louis Quilico ; il fallait le suivre, se soumettre à la force de sa vision.

Il fallait le voir lors du chœur initial de cet opéra ; dominant tout et tous par la puissance et l'intensité de sa projection dramatique, il accaparait toute l'attention. Il fallait l'entendre fulminer l'air de rage *Cortigianni, vil razza...*, le voir jouir de vengeance verte quand il organisait l'assassinat, et pleurer de désespoir quand il se rendait compte que c'était sa chère enfant qui avait été sacrifiée.

On l'appelait Monsieur Rigoletto. Le sobriquet est joli, mais rend si peu compte de la réalité. Pas de « Monsieur » dans son jeu ; uniquement du Rigoletto. Un grand chanteur, un grand acteur, un être aussi acharné que son personnage, sans ses travers naturellement.

Ses étudiants vous le diront, tant ceux qu'il a eus à l'Université McGill qu'à celle de Toronto. Ils vous parleront de son rire sonore. Et ses collègues vous feront découvrir un autre Quilico. Je traduis librement ces propos que le baryton américain Thomas Hampson tint sur lui : « GÉNÉREUX — de voix, certes, mais de manière plus importante de cœur et d'esprit, de compassion, de dévouement et d'effort. »

Le monde des chanteurs vient de perdre celui qu'il nomme, à l'écart du public, un des précurseurs du baryton moderne, qui inspirait autant l'amitié que le respect. Malgré la démence parfois hypocrite de son double scénique — Rigoletto —, il savait, à l'instar du côté secret du personnage, être homme aimant qui adorait faire partager non seulement ce qu'il avait appris, mais ce qu'il avait compris.

Des honneurs, il en a reçu. Docteur *Honoris causa* de l'Université du Québec, Compagnon de l'Ordre du Canada, médaillé du Conseil Canadien de la musique ; et il venait de recevoir, bouillant de vivacité, le Prix du Gouverneur général pour les arts de la scène… Les acceptant tous humblement, cela lui a permis de toujours aller plus loin.

Abruptement, le rideau est tombé sur le dernier acte d'une respectable carrière. Le plus beau dans le monde du spectacle n'est pas l'impression du moment ; on s'attache davantage à celle que l'on garde dans sa mémoire. Mort, Louis Quilico : pas dans le cœur de tous ceux qui l'ont vu en scène, qui eurent le privilège de travailler avec lui, ou la chance de le côtoyer. ∎

▶ ÉDITORIAL | MARDI 1ᵉʳ AOÛT 2000 | A6

Le prix de la convergence

PAR JEAN-ROBERT SANSFAÇON

On s'attendait à tout, mais pas à ça ! L'acquisition par la société albertaine CanWest Global Communications de la plus grande partie des journaux en langue anglaise, des magazines et des entreprises d'Internet appartenant à Conrad Black, est à l'opposé de ce qui était souhaité par le Canada anglais. Cette transaction, si elle aboutit dans sa forme actuelle, permettra de croire qu'il n'y a désormais plus de limites au droit de propriété des médias au Canada.

CANWEST Global Communications est peu connue des francophones, mais elle n'en possède pas moins l'une des chaînes de télévision les plus populaires au pays, Global Television Network, avec des stations dans chacune des dix villes importantes dont Toronto, Vancouver et Montréal. Elle est aussi propriétaire de stations de radio et de télévision en Australie, en Nouvelle-Zélande et en Irlande, de sociétés de production et de distribution de films et d'émissions de télévision ainsi que d'une des plus importantes agences de publicité au pays, CanVideo Television Sales.

CanWest est aussi active dans la télévision par câble où elle est même copropriétaire avec le *Globe and Mail*, son nouveau concurrent, de la station spécialisée ROB-

TV (pour _Report On Business_, nom du réputé supplément financier du _Globe_).

En achetant pour 3,5 milliards treize quotidiens majeurs appartenant à Hollinger, dont _The Gazette_, 130 autres quotidiens et hebdomadaires et 50 % du _National Post_, CanWest Global devient non seulement le plus grand éditeur de journaux au pays, mais il rend légitime et normale la propriété croisée des médias à l'échelle du pays. À Montréal par exemple, Global possédera le seul quotidien anglophone et l'une des trois stations de télévision dans cette langue. Loin du retour à la diversité dont plusieurs s'étaient plu à rêver, la vente des journaux Hollinger à CanWest reconduit la situation de forte concentration de la presse quotidienne et l'accentue avec l'ajout d'un réseau de stations de télévision dans chaque grande ville. Presse écrite, télévision et Internet d'un océan à l'autre, qui dit mieux pour négocier une entrevue exclusive ou la vente d'une minute de publicité aux heures de forte écoute ? De là à prétendre qu'il y aura des économies et qu'il en résultera une meilleure information, il n'y a qu'un pas que les expériences des dernières années ne permettent précisément pas de franchir.

Pour les dirigeants de CanWest Global comme pour une fraction significative des nouveaux financiers des réseaux de communication, l'information est un « contenu » au même titre que n'importe quel autre produit distribué par le « tuyau ». C'est ce contenu qu'on vient d'acheter et qu'il faut maintenant emballer pour le distribuer. Le nouveau propriétaire des journaux Hollinger ne connaît rien aux journaux ? Qu'à cela ne tienne : d'ici deux ans, il assure pouvoir économiser entre 50 et 150 millions annuellement. Pas très rassurant pour les artisans de la presse de qui Conrad Black a déjà tiré beaucoup,

notamment pour financer cet élégant gouffre financier qu'est le _National Post_.

Si dans l'ensemble, cette transaction modifie peu le portrait des journaux quotidiens au Canada anglais, elle nous enseigne deux choses : d'abord, que les fameuses économies d'échelle qui devraient découler de la concentration sont à peu près inexistantes comme l'histoire récente de Black nous le prouve, et ne peuvent pas justifier la concentration ; ensuite, que nos gouvernements sont dépassés par la réalité et n'ont aucune idée de ce qu'il faudrait faire pour protéger l'intérêt public menacé.

Bien sûr, le CRTC sera appelé à étudier la question sous l'angle de la propriété croisée des stations de télévision et des journaux. De même, le Bureau de la concurrence devra aussi donner son accord. Mais devant l'ampleur de la transaction, il faut craindre que ces organismes de contrôle ne succombent au fatalisme ambiant. Si tel est le cas, on pourra se demander ce qui se passera le jour où le même groupe Can-West voudra poursuivre sur sa lancée et acquérir une autre chaîne de journaux ou de télévision au pays ?

Avec l'annonce faite hier, la concentration de la presse dont les implications sont bien plus larges que la seule concentration des groupes financiers impliqués, vient de franchir allégrement la frontière des genres à l'échelle de tout un pays. Sous prétexte de « convergence », ce concept très nouveau millénaire, on voudrait nous convaincre que tout est désormais sur la table en matière de contrôle de l'information. Manque de courage ou fatalisme de la part de nos dirigeants ? Pourtant, n'a-t-on pas interdit la fusion des banques au nom du droit des PME à un accès étendu aux services financiers ? Ne pourrait-on pas trouver le même courage en matière d'information ? ■

Jacques Grenier - Le Devoir

Guy Mauffette ▷ L'animateur qui a inventé la « radio-couleur »
a toujours traité la radio comme du cinéma ou de la télévision.

Télévision, radio et Internet

L'autre petit écran

*La diffusion d'émissions de télévision exclusivement tournées
pour Internet pourrait modifier considérablement les habitudes d'écoute.*

PAR PAUL CAUCHON

Fini la multiplication des chaînes spécialisées : l'avenir de la télévision « thématique » se joue sur Internet. Et d'ici trois ans, on trouvera sur Internet plein d'émissions qui rejoindront des publics très ciblés à un coût moindre que les émissions actuellement produites par les grands réseaux. Vous mettez en doute d'une telle prédiction ? Jacques Rosselin, lui, n'en doute pas.

JACQUES ROSSELIN n'est pas le premier venu. Fondateur du prestigieux magazine *Courrier international* en 1990, il créait il y a deux ans une nouvelle entreprise, Canal Web, qui diffuse depuis janvier dernier des émissions de télévision exclusives sur Internet. Comment cela fonctionne ? Très simple. Dès que vous arrivez sur le site Internet de Canal Web, un petit téléviseur virtuel apparaît, avec une liste d'émissions. On vous propose des rendez-vous en direct à tel jour et à telle heure mais, si vous n'êtes pas au poste à l'heure exacte, pas de problème : vous cliquez sur le nom de l'émission et vous la visionnez en différé au moment désiré.

Pour visionner, il faut aussi télécharger le petit logiciel RealPlayer, déjà largement utilisé sur l'ensemble du réseau Internet pour visionner des vidéos.

Canal Web est une des principales têtes d'affiche de cette toute nouvelle tendance : la diffusion d'émissions de télévision exclusivement tournées pour Internet. On ne parle pas ici de tous ces sites de réseaux de télévision connus qui rediffusent leurs propres émissions sur Internet, ou encore qui proposent sur Internet un contenu supplémentaire en appui aux émissions existantes.

On parle plutôt de contenus totalement nouveaux, non disponibles ailleurs, des émissions complètes d'une demi-heure ou d'une heure produites la plupart du temps par de jeunes allumés qui utilisent des caméras ultra-légères, ou par des institutions qui veulent approfondir leur propos et mieux le faire connaître.

Plusieurs entreprises commencent à explorer ce secteur mais, pour le moment, deux semblent agir comme leaders : Canal Web à Paris et Pseudo à New York.

Canal Web propose actuellement 60 émissions différentes et l'ensemble du site reçoit 120 000 visiteurs par mois, en provenance de toute la Francophonie. L'émission-vedette s'appelle *Diagonale* : il s'agit d'une émission consacrée aux échecs, avec information et entrevues, qui

46

rejoint environ 4000 personnes chaque semaine. Mais on y trouve aussi une émission sur les vins de Bordeaux (!), sur la finance, sur les jeux vidéo, sur la musique latine.

Pseudo produit pour sa part une soixantaine d'émissions regroupées dans une dizaine de « chaînes » thématiques. En se promenant sur le site Internet de Pseudo, on va de surprise en surprise : on y trouve une chaîne sur la musique hip hop, une sur l'espace (avec des émissions provenant du Space Center de Houston), une consacrée aux relations amoureuses (avec, par exemple, un talk-show ironique sur le sexe animé par de jeunes journalistes), et une autre consacrée à des performances artistiques d'avant-garde ou à des films d'auteurs multidisciplinaires qui entremêlent poésie, musique, vidéo et dessins animés.

Certaines émissions de Canal Web sont produites en collaboration avec différents organismes, dont *Le Monde diplomatique*. Autre exemple : l'organisme Reporters sans frontières vient tout juste de créer sa propre émission, qui sera diffusée chaque mercredi à 10 h et qui traitera de l'actualité de la presse dans le monde et des atteintes à la liberté d'information.

En tant qu'entreprise, Canal Web agit également comme prestataire de services pour la FNAC, qui possède son propre site Internet. Canal Web filme des débats avec des écrivains, des dessinateurs, des cinéastes, des philosophes, présentés en public dans les magasins de la FNAC et rediffusés tels quels sur Internet (plutôt que de parler d'« émission », il faudrait peut-être parler ici de simple « captation »).

Le 22 septembre, ce site connaîtra d'ailleurs la consécration en diffusant une entrevue publique en direct du réalisateur George Lucas pour le lancement en France du dernier *Star Wars* !

Pourquoi Jacques Rosselin s'est-il lancé dans une telle aventure ? Après avoir vendu *Courrier international* à de nouveaux investisseurs, il a tenté de mettre sur pied quelques autres projets de presse qui n'ont pas fonctionné. En visite chez Joshua Harris, le patron de Pseudo, il a craqué pour cette nouvelle idée : la télévision sur le net.

Au bout d'un an de travail, il était arrivé à convaincre différents investisseurs qui lui avaient déjà fait confiance et qui ont versé au total quelque dix millions de francs pour le départ de Canal Web. Le site Internet commençait à diffuser des émissions en janvier et ce mois-ci, on débutera la vente de publicité.

Pour Rosselin, la télévision conventionnelle « est obligée de rassembler le maximum de personnes avec des produits coûteux, et souvent elle doit niveler par le bas parce qu'elle s'adresse au plus grand nombre, explique-t-il au *Devoir*. Je crois que le modèle économique le plus viable dans les prochaines années sera plutôt de produire une émission à moindre coût en ciblant très exactement son public. Les annonceurs payeront exactement pour le public réellement rejoint. »

Selon lui, l'émission *Diagonale* est d'ailleurs typique des caractéristiques de la télévision sur Internet : « Une communauté de gens très dispersée du point de vue géographique, mais avec des intérêts très concentrés. Aucun grand réseau de télévision ne peut produire une telle émission, de la même façon qu'aucun grand réseau ne produit avec *Le Monde diplomatique*. »

Pseudo tient exactement le même langage. Ce site Internet a été créé en 1997 par Joshua Harris, dirigeant de la firme de recherche Jupiter Communications, qui avait d'abord créé du contenu pour Prodigy avant de lancer une radio sur Internet.

Pseudo définit son public cible comme un public plus branché que la moyenne, plus « alternatif », s'intéressant moins à la télévision traditionnelle. Pseudo fait également valoir que non seulement ses émissions sont de vraies émissions, mais qu'en plus, les internautes peuvent interagir en direct avec les responsables des émissions et se regrouper sous le modèle d'une communauté virtuelle.

Tant Pseudo que Canal Web se voient comme les véritables précurseurs de l'après-télévision spécialisée.

Aux États-Unis particulièrement, la multiplication des chaînes spécialisées à la télévision est telle que les câblodistributeurs ne savent plus où les loger. Avec le développement de la télévision numérique, qui permettra de mieux choisir à la pièce ses propres chaînes (au Québec, Vidéotron et Look TV ont déjà commencé depuis cet hiver à « vendre » les chaînes à la pièce au consommateur), un groupe comme Pseudo veut se positionner comme la seule vraie solution : visionner sur Internet la seule émission qui nous intéresse vraiment, à la pièce, à l'heure qui nous convient.

Évidemment, le développement de ce secteur demeure limité par les contraintes techniques. Si votre ordinateur est moins performant, la qualité visuelle des émissions actuellement diffusées sera bien médiocre, sans parler de l'engorgement général du réseau. Pseudo l'admet indirectement en déclarant que la demande pour des « expériences interactives » sera accélérée par l'amélioration de la bande passante.

Mais ces contraintes n'empêchent pas Canal Web de foncer : le groupe français prévoit offrir une centaine d'émissions d'ici Noël, dont certaines en anglais et en espagnol.

Une TV sur Toile ?

Pour le moment, la télévision exclusive sur Internet demeure au Québec une vue de l'esprit. Quelques spécialistes contactés par *Le Devoir* ne prévoient pas de développement dans ce domaine avant un an, faisant valoir qu'avant de populariser un tel produit, il faudrait d'abord améliorer la vitesse de connexion et de circulation des données sur Internet.

Mais quelques initiatives se préparent et Jacques Rosselin, de Canal Web, confirme avoir amorcé des discussions avec un « intervenant majeur », dit-il, du milieu québécois Internet afin de créer une télévision sur la Toile.

Il est certain que les situations du Québec et de la France sont différentes. Au Québec, le territoire est très bien câblé, et ce, depuis longtemps, ce qui a permis le développement de plusieurs chaînes spécialisées fortes à la télévision, alors qu'en France le taux de branchement au câble est beaucoup plus bas, le secteur de la télévision spécialisée y étant moins développé.

De façon générale, le potentiel de développement de la télévision sur Internet demeure imprécis.

D'un côté, il ne fait pas de doute que l'usage d'Internet dans les foyers a un effet sur la télévision. Cet été, la firme Nielsen diffusait d'ailleurs de nouvelles données indiquant qu'aux États-Unis, les ménages qui ont accès à Internet écoutent 13 % de moins de télévision (soit une heure de moins par jour) que les ménages non branchés. Ces ménages branchés sont donc des « proies » convoitées pour les nouvelles entreprises qui diffusent exclusivement sur Internet.

Mais d'un autre côté, le nombre de ménages non branchés demeure très élevé et la télévision conventionnelle n'est pas à la veille de s'éteindre. Selon le même

Télévision, radio et internet

sondage Nielsen, l'écoute de la télévision baisse de 17 % chez les ménages branchés entre 16 h 30 et 18 h, mais elle ne baisse que de 6 % en soirée aux heures de grande écoute : cette petite donnée indique que les grandes émissions de soirée qui ratissent large continuent à intéresser aussi le public qui délaisse la télévision pour Internet. ■

▶ Canal Web: www.canalweb.net
▶ FNAC Interactive :
  www.canalweb.net/cwsite/fnac
▶ Pseudo: www.pseudo.com

▶ LES ACTUALITÉS | MARDI 30 NOVEMBRE 1999 | A1

Portrait de famille

Qui sont les journalistes canadiens ?

PAR PAUL CAUCHON

Deux universitaires renommés, le Québécois Florian Sauvageau de l'Université Laval et l'Américain David Pritchard de l'Université du Wisconsin, livrent le résultat d'une vaste enquête sur une profession qui fascine ou irrite, celle des journalistes.

LE MYTHE : les journalistes francophones et les journalistes anglophones sont très différents. La réalité : ils travaillent de façon très semblable, leurs valeurs sont similaires... et la différence est plus grande entre les moins de 30 ans et les plus de 30 ans qu'entre les deux communautés linguistiques.

Florian Sauvageau et David Pritchard travaillent depuis trois ans à cette grande enquête, qui a été menée en mai 1996 auprès de 554 journalistes du pays, dont la représentativité est validée par la firme CROP.

Ces heureux élus ont répondu à un questionnaire de plus de 100 questions sur leur expérience, leurs valeurs, leurs comportements.

Selon les auteurs, on compte 12 000 journalistes à temps plein au Canada. Pour les fins de l'enquête furent considérés comme journalistes les salariés à temps plein des entreprises de presse. Trente pour cent de ces salariés proviennent des quotidiens, 27 % de la radio, 22 % de la télévision, 18 % des hebdomadaires et 3 % des «autres entreprises», magazines d'actualité et agences de presse. Les employés de Radio-Canada et de CBC représentaient 19 % du total.

Ont donc été exclus les pigistes, ce qui laisse présager une enquête possible d'un tout autre genre si quelqu'un avait le temps et l'énergie de la mener.

Ces journalistes salariés canadiens ce sont des hommes dans 72 % des cas, syndiqués dans 63 % des cas. Leur moyenne d'âge est d'environ 40 ans (36 ans dans les hebdomadaires mais 42 ans dans les quotidiens).

Leur salaire moyen est de 49 000 $ mais avec de grandes différences selon le média : 59 000 $ en télévision, 57 000 $ dans les quotidiens mais 30 000 $ dans les hebdomadaires.

Ce sont des Blancs dans une proportion de 97,7 %. En 1996 les minorités visibles et les Autochtones représentaient pourtant 14 % de la population du Canada.

Les journalistes ne sont pas des fanatiques des longues études universitaires, c'est connu : 46 % d'entre eux possèdent un baccalauréat, 9 % une maîtrise et « à peu près personne un doctorat », écrivent les auteurs.

Les résultats de cette enquête font l'objet d'un texte dense de 140 pages, farci de données statistiques, qui vient d'être publié aux Presses de l'Université Laval sous le titre *Les Journalistes canadiens : un portrait de fin de siècle*. On ne peut en livrer ici qu'une petite partie.

Interrogés sur leurs valeurs, les journalistes placent les préoccupations professionnelles comme le degré d'autonomie et les politiques rédactionnelles des entreprises en tête de liste, loin devant les préoccupations matérielles comme la sécurité d'emploi, le salaire et les possibilités d'avancement. Quant au « prestige » rattaché à la profession, c'est la valeur la moins privilégiée...

Interrogés aussi sur leur propre consommation journalistique, les journalistes nomment clairement Radio-Canada / CBC comme étant « la meilleure entreprise de presse au pays ». Cette donnée est d'autant plus frappante qu'elle ne correspond pas au choix de la population en général : les auteurs font remarquer qu'au moment de l'enquête CTV News attirait 50 % de téléspectateurs de plus que le téléjournal de CBC et que les nouvelles de TVA dépassaient celles de Radio-Canada.

Mais c'est ici, entre autres, que l'enquête met au jour une scission entre les journalistes « aînés » et ceux de moins de 30 ans. Car les jeunes journalistes ont moins tendance que les aînés à regarder Radio-Canada / CBC, ils sont moins portés à lire des journaux comme *The Globe and Mail* et *Le Devoir*, ils lisent moins *La Presse* et plus *Le Journal de Montréal* que leurs aînés, dans des proportions importantes. Leur salaire moyen est de 27 000 $ contre 54 600 $ chez les aînés. Ils sont syndiqués à 33 % contre 70 % chez les plus vieux (et on retrouve beaucoup de jeunes dans les hebdos, où le taux de syndicalisation est peu élevé). Et ces jeunes sont des femmes à 45 %, alors que celles-ci représentent 24 % des plus de 30 ans. La profession se féminise... mais ces jeunes femmes n'ont aucunement accès pour le moment aux postes bien payés et à ceux de direction.

Dans un ensemble de questions sur les comportements déontologiques, les auteurs constatent également que les jeunes accordent moins d'importance que les vieux au fait d'enquêter sur les grandes organisations publiques ou au fait de remettre en question les politiques publiques. Et ils sont un peu plus nombreux à vouloir « donner aux gens ordinaires la chance de s'exprimer ».

En fait cette différence entre jeunes et vieux est plus significative que les différences entre francophones et anglophones, ce qui va à l'encontre du mythe voulant que les journalistes anglophones soient plus objectifs et plus proches du style américain, alors que les franco-phones seraient plus proches de la presse d'opinion française.

Rien ne le prouve, constatent les auteurs. «Ce n'est pas leur conception du journalisme qui diffère, explique Florian Sauvageau. Cette perception vient plutôt, je crois, de ce que leurs médias s'adres-sent à des publics différents.»

L'enquête livre également des résultats surprenants à propos des choix éthiques délicats. Ainsi 66% des journalistes trou-vent «parfois justifiable» de recourir à des micros ou des caméras cachés (dont 87% des journalistes de télévision) ; 59% d'entre eux trouvent justifiable de «recréer une nouvelle avec des acteurs». Intéres-sant : 53% des francophones trouvent jus-tifiable de dévoiler des informations obte-nues en écoutant une conversation

d'autrui sur téléphone cellulaire, une pro-portion qui n'est que de 27% chez les anglophones.

Autre donnée surprenante : 39% des journalistes en général trouvent parfois justifiable de désobéir à une ordonnance de non-publication, comportement qui serait pourtant techniquement un crime.

Mais tous s'entendent massivement sur le fait que ce qui est surtout injustifiable, c'est de briser une promesse de confiden-tialité auprès d'un informateur. Ce qui devrait rassurer les sources d'information confidentielles préférées des médias ! ∎

▸ *Les Journalistes canadiens :*
un portrait de fin de siècle
Florian Sauvageau et David Pritchard,
Presses de l'Université Laval,
Québec, 2000, 144 pages.

▶ LES ARTS | SAMEDI 29 JANVIER 2000 | B1

L'âme de la radio

Autour de Guy Mauffette

PAR SOLANGE LÉVESQUE

Si vous croyez que je vais dire | Qui j'ose aimer | Je ne saurais pour un empire | Vous la nommer
Elle n'est ni brune ni blonde | Mais sachez-le | Il n'est pas une femme au monde | Que j'aime mieux

Guy Mauffette chante ces vers de *La Chanson de Fortunio* pour exprimer son amour de la radio, à laquelle son nom et sa carrière sont indissolublement liés. La radio, il l'a dans la peau. Quand la radio s'implante au Québec en 1922, Guy Mauffette n'est encore qu'un enfant, déjà si habile à raconter des histoires qu'à l'Académie Bourget les plus grands le hissent sur un pupitre pour mieux l'écouter. Dès 1936, à 21 ans, il devient l'un des pionniers de l'animation et de la réalisation radiophoniques. Dans une entrevue exclusive qu'il a bien voulu accorder au *Devoir*, il rappelle l'évolution de la radio à la lumière de son expérience et précise ce qu'il attend d'elle.

Dans le *NEW YORK TIMES* du 16 janvier dernier, Clea Simon se demandait ce qu'il adviendra de la radio maintenant que de plus en plus de stations sont absorbées par Internet et qu'une centaine de nouvelles stations y sont créées chaque mois. Selon Simon, la radio devra se remodeler, et sa survie tiendra à son rôle dans l'information locale. « À l'arrivée de la télévision, on a cru la radio en danger — comme le théâtre et le cinéma, d'ailleurs. Or la radio est toujours là, bien vivante », souligne Guy Mauffette, qui l'a vue évoluer et qui a largement contribué à son essor. « Je doute qu'on puisse remplacer la radio ; sa disparition serait une perte irréparable ! » En blague, ou parce qu'il est trop souvent déçu de la télé, il dira que « la télévision a un ventre ; la radio, une âme ».

De CRCM à CBF, Radio-Canada

À 17 ans, Guy Mauffette étudie l'interprétation chez Jeanne Maubourg, célèbre actrice et professeur. Son talent (très tôt salué par un premier prix) est remarqué par Fred Barry et Albert Duquesne, deux figures majeures du théâtre de l'époque qui cherchent du sang neuf pour le Stella (aujourd'hui le Rideau Vert) ; ils l'engagent. « C'est alors que j'ai connu Henri Deyglun, Henri Letondal et nombre d'acteurs que j'allais diriger par la suite. » Entre-temps, il joue également dans plusieurs émissions, dont *Le Curé de village*, de Robert Choquette, à CKAC, et *Les Maîtres de la musique*, à CRCM. Letondal y dirige et anime *L'Heure provinciale*, une série d'émissions éducatives et culturelles réputée. « Il m'offrait parfois de le remplacer ; un grand honneur pour moi », précise-t-il.

En 1936, il a 21 ans quand CRCM devient CBF, Radio-Canada. Comment Rooney Pelletier, directeur des programmes, et J.-J. Gagné, directeur musical, en sont-ils venus à confier la réalisation d'émissions importantes à un si jeune homme ? « Souvent, je critiquais la programmation, je gueulais ! avoue-t-il. M. Pelletier me dit : "Nous aidons votre jeune talent, mais en retour vous nous payez bien mal... à tort ou à raison, vous nous critiquez, et cela nous chagrine un peu. Sauriez-vous faire mieux que nous ? Aimeriez-vous être réalisateur ?" » Pelletier avait saisi, surtout, la sensibilité et l'imaginaire du comédien poète ; d'emblée, il lui fait confiance : « Vous avez également tout ce qu'il faut pour être un animateur radiophonique », ajouta-t-il. Mauffette a tenu 54 ans ! « Lors de ma toute première réalisation, j'avais à mettre en ondes le Quatuor Alouette, que dirigeait Oscar O'Brien. Une vraie chance ! C'était facile, j'avais peu à faire ; quand c'est beau, on a peu à faire ! » Il tient à souligner particulièrement l'apport de Rooney Pelletier. « C'est lui qui a donné le coup d'envoi à la radio. Il avait vraiment de l'idéal, de l'élégance et de la sensibilité. »

Par la suite, Guy Mauffette a conçu, animé et réalisé d'innombrables émissions, la plupart destinées au grand public, d'autres aux étudiants, aux femmes, aux petits enfants, touchant tous les domaines : l'histoire, la musique (opérette, symphonie, chanson), la poésie, la religion, l'humour, l'éducation, le théâtre, les variétés, les affaires publiques, la propagande de guerre, ainsi que des émissions de circonstance. Parallèlement, il a joué au théâtre dans les troupes importantes de l'époque, tourné pour le cinéma, animé des émissions de télé et publié des contes et des poèmes.

Au fil du temps, il a peaufiné un style fondé sur l'amour de la culture, la confiance et le respect envers les auditeurs, ainsi que sur une ouverture sur le monde. On n'en finirait pas d'énumérer ses séries ; mentionnons seulement *Radio*

Bigoudi (1955-57), une émission matinale destinée aux ménagères ; *Le Ciel par-dessus les toits* (1948-54), une série historique hebdomadaire de Guy Dufresne, et bien sûr l'inoubliable *Cabaret du soir qui penche* (1960-73). (Dans un article paru dans le numéro 7-8 de *Fréquence*, Renée Legris compare Guy Mauffette à Orson Welles.)

« Avec *Le Cabaret*…, j'avais atteint une vitesse de croisière ; je m'amusais », remarque son hôte, connu sous le nom de l'Oiseau de nuit. « Dans ma voiture ou en me promenant dans le studio, je trouvais en deux minutes matière à improviser un quart d'heure ! Tout tombait en place. Ce n'était pas toujours l'idéal, mais il y a eu de bonnes choses, ajoute-t-il modestement. Entre les auditeurs et moi, les ponts étaient solides ; je recevais une multitude de lettres — j'en reçois toujours ! » Il sait gré à Radio-Canada et à des directeurs comme Jean-Marie Beaudet de lui avoir accordé une liberté totale. « Ils ont même été indulgents ; je n'étais pas toujours de tout repos ! » admet-il en riant.

C'est en 1948, à *La Parade de la chansonnette française*, émission quotidienne diffusée de 11 h à 20 h à CKVL, qu'il a commencé à faire tourner la chanson. « Entre les chansons, l'annonceur "jappait" un message commercial, et ça repartait ! J'inventais des formules : "Je vais vous faire tourner Piaf", ou "la grande petite madame Piaf", un tas d'expressions qui sont devenues populaires. Tenez, j'ai encore les recommandations que Jack Tietolman, le directeur, m'avait adressées ! »

Tout inventer

En 1938, quand il a commencé à réaliser *Le Déserteur* de Claude-Henri Grignon, Mauffette avait déjà le souci du détail qui caractérisera son travail. « Pour qu'on entende l'hiver dans la voix, je demandais

aux interprètes de parler à travers un gros foulard ; ça donnait exactement la gueule carrée qu'on a quand il fait froid. J'avais découvert ça par hasard, dehors, avec ma propre voix. » Plus tard sont venus les bruits préenregistrés sur disque.

Quand François Bertrand présentait *Un homme et son péché*, autre radioroman de Grignon, Guy Mauffette faisait placer le micro sur la table d'harmonie « pour un bruit d'éternité », précise-t-il. « Quand un violon ou un piano jouait, je voulais que le son soit mis en ondes de façon si concrète qu'on puisse en faire le tour avec sa main. Je menais toutes sortes d'expériences d'harmonisation et d'orchestration avec les voix et le son. Le son, c'est un art. En art, le vérisme ne donne rien. »

Mauffette écoute les postes privés, mais il demeure fidèle aux deux chaînes de Radio-Canada. « Il s'y fait de très belles choses ; cependant, depuis que les journalistes et les spécialistes se sont emparés des ondes, le rêve a moins pignon sur rue. » À travers ses émissions, il s'est toujours battu contre ses principaux ennemis : l'habitude, les courants d'idées, les évidences, la MODE !

Aujourd'hui, il constate avec plaisir que la radio a fait des progrès. « Et c'est tant mieux ! Car si on n'est pas dépassé, on a manqué son coup ! » Mais il déplore qu'il y ait « trop de météo, de sport et de circulation ; trop de répétition. Des entrevues, des tables rondes et des reportages à l'infini. »

Ici Radio-couleur

Au début, les annonceurs parlaient de leur mieux, le plus correctement et le plus aimablement possible, « mais une grande timidité régnait », souligne Guy Mauffette, qui trouve que les animateurs improvisent plus facilement et jouissent maintenant d'un vocabulaire et d'une faconde assez riches. Au début des années 30, il incarnait Monsieur Sans-Gêne dans une émission du même titre. « Il m'arrivait de "frechanter" ! C'est là que j'ai commencé à m'adresser aux auditeurs d'une façon intimiste. » Le succès vint immédiatement ; son naturel et sa fantaisie gagnèrent le public. « Je racontais le Stella, la scène, les livres, mais pas d'une manière classique ni sur le ton d'une conférence ou d'un cours. J'ai peut-être été le premier à parler "n'importe comment", mais le mieux possible ! Je ne savais pas où j'allais, mais j'y allais avec foi ! Je m'adressais à une personne, en multitude. J'ignorais ce que je faisais, mais je le faisais de mon mieux. » Guy Mauffette ne savait pas lire la musique, mais il avait eu le privilège de connaître Schubert, Schumann, Chopin..., « de grandir dans un jardin de musique ». « Je parlais sans doute assez candidement de la musique, mais les auditeurs intelligents nous prêtent de l'esprit et de l'intelligence. J'essayais de la raconter comme une légende ; c'était chaud, comme une belle tartine de miel, et les gens en redemandaient. Je n'étais pas instruit, mais j'aimais les grands, témoigne-t-il, les vrais, les beaux : Balzac, Ravel, Beethoven, Tolstoï, Nelligan... »

Guy Mauffette a toujours traité la radio comme du cinéma ou de la télévision — il a d'ailleurs créé l'expression « radiocouleur ». Avec l'émission *L'Artiste chez lui*, par exemple, on pourrait dire qu'il a fait de la télévision à la radio, avant même que la télé n'existe ! « On entendait le ronron d'une caméra, les rumeurs de la ville, puis, doucement, la voix d'un violoncelle ; on découvre alors l'artiste qui répète son concert du lendemain. » Il allait même jusqu'à décorer son studio, faisait servir du café (interdit à l'époque, sauf quand on recevait un député). « Atmosphère », aurait dit Arletty.

Des idées, il en avait à profusion et il osait. « Au micro, je parlais au-dessus d'un puits, au milieu de la forêt, au bout du champ, devant la mer, devant l'infini, en tout cas. J'ai tout de suite saisi la radio. J'ai compris qu'il fallait parler sur le souffle. » Selon lui, la radio devrait être « du spectacle pour l'oreille ». Guy Mauffette a été le premier à parler « sur la musique », procédé depuis devenu courant.

Montrer ou faire voir

Enfin, Guy Mauffette trouve que les radioromans étaient souvent mieux faits pour la radio que les téléromans ne le sont pour la télé. « Vous dites "une maison" ; immédiatement, l'auditeur devient architecte, décorateur, paysagiste ; il devient un créateur, selon sa culture, son imaginaire, la richesse de ses racines. Au mieux, à la radio, on n'a pas seulement la météo, on a des climats ; on n'a pas seulement la circulation des voitures, on a celle des idées ! La radio libère l'imagination en lui laissant de la place. »

Parmi les émissions actuelles, Guy Mauffette apprécie particulièrement *D'un soleil à l'autre*, *Les Années-lumière*, *Les Affaires et la Vie*, *Par quatre chemins*. « Voilà des émissions-pays. Dans un autre style, Monique Giroux, Michel Desautels, Mira Cree, Élisabeth Gagnon, Jacques Languirand, Chantal Jolis, Joël Le Bigot, par exemple, savent peindre les ondes. Prenez Trenet, *Moi, j'aime le music-hall* : en trois minutes, il ressuscite tout un univers ! Chaplin réussit cela aussi. La chanson ne devrait pas être utilisée comme bouche-trou. »

Et s'il avait à faire de la radio maintenant? « Je serais pamphlétaire ! J'intitulerais mon programme : *Et maintenant, qu'est-ce qu'on*

Télévision, radio et internet

fait? Mais je ne me contenterais pas de critiquer, j'essaierais de proposer des solutions. L'idéal est difficile à atteindre mais... atteignable!»

Remerciements

«Si j'ai réussi à m'exprimer comme je l'ai fait dans mes meilleurs envols, c'est que j'avais sur mes ailes la poudre d'or de nombreux papillons... Toute ma vie, j'ai travaillé avec ces gens tellement merveilleux, aujourd'hui disparus, auxquels j'aimerais rendre hommage : Jan Squire, Judith Jasmin, Robert Choquette, ma sœur Estelle, Claude-Henri Grignon, le père Émile Legault, Félix Leclerc, Guy Dufresne, Pierre Perreault, Fernand Seguin, Hubert Aquin, Ambroise Lafortune et tant d'autres dont je n'oublie ni l'âme ni le nom.»

Guy Mauffette ■

▶ LES ACTUALITÉS | JEUDI 16 MARS 2000 | A1

Un homme en colère

Daniel Pinard déclare la guerre à l'homophobie ambiante.

PAR LOUISE LEDUC

Brisant quarante ans de silence, Daniel Pinard est actuellement sur toutes les tribunes. Pour parler de son homosexualité? Par nécessité. Parce que si son orientation sexuelle ne devrait pas être d'intérêt public, elle lui permet maintenant de sonner la charge contre tous les pseudo-humoristes de l'école de *Piment fort* abonnés au harcèlement moral.

UNE SORTIE du placard? Si peu. Dans ses chroniques dans *Le Devoir* comme dans ses émissions à la télévision, Daniel Pinard n'a pas manqué, ces dernières années, d'assaisonner ses recettes de blagues révélatrices. En faisant de lui sa nouvelle proie, *Piment fort* n'a donc rien dévoilé qu'il tentait de cacher. «Pour les gens, ce ne saurait être un choc d'apprendre que je suis gay. Le choc, ce sera de savoir que Pinard, qui est toujours en train de rire et de s'amuser, est en colère.»

En colère contre Normand Brathwaite, en colère contre *Piment fort*, contre Avanti, contre son concepteur Jean Bissonnette, contre ses scripteurs, contre TVA qui diffuse l'émission. En colère contre ceux qui ne comptent pas parmi les souffre-douleur de choix de ces émissions mais qui se taisent.

En colère, et blessé. Par une attaque personnelle survenue au cours de l'émission *Piment fort* au début de mars — il suffira de savoir qu'il s'agissait d'un jeu puéril d'associations où on demandait le point commun entre trois personnalités publiques en disant que «la réponse est la tapetterie» —, attaque à laquelle Daniel Pinard s'attendait. Mieux, il l'attendait, pour enfin sortir de ses gonds. «Je m'attendais, quand on finirait par me viser, à ce que ça ne me fasse rien, d'autant que je comptais sur cette attaque pour me donner le courage de parler. Or ça m'a blessé de façon souveraine.» Et pourtant, à 57 ans, Daniel Pinard a entendu son lot de blagues de mauvais goût et de remarques désobligeantes, telles : «Je croyais que c'étaient seulement les petits vieux, dans les cinémas, qui...»

Daniel Pinard, rencontré en plein tourbillon médiatique dans sa désormais célèbre cuisine, reconnaît qu'il a fait sa sortie un peu pour lui, «pour protéger ma santé mentale et morale», mais surtout en tant que citoyen. «Freud avait bien tort de dire qu'il fallait parler allongé sur le divan. C'est debout qu'il faut parler.» Il parle franchement «d'assassinat moral» et pose la question tout haut : «Ceux sur lesquels on s'acharne tout le temps, que leur reproche-t-on? D'exister? Veut-on qu'ils se tirent une balle dans la tête?»

Des tueries dans les écoles à celle d'Ottawa, où un homme a tiré sur quatre collègues de travail le 6 avril 1999, il devient évident que les moqueries tournent parfois au drame. «À l'enquête du coroner sur la tuerie d'Ottawa, on a fait valoir que cet homme a été harcelé de façon ininterrompue. On se moquait de lui, de son isolement, l'accentuant encore, au point où on l'a carrément rendu fou, au point de l'amener à tuer certains de ses tortionnaires puis à se suicider. Le plus outrageant de l'affaire, c'est que, dans les médias, après le témoignage de sa mère, on s'est étonné qu'elle ne manifeste pas de tristesse envers les parents des vic-

times. Ne faudrait-il pas s'étonner, plutôt, que les collègues de cet homme n'aient pas été élevés convenablement, qu'on ne leur ait pas appris que l'on ne se grandit pas en écrasant les autres?»

La colère de Daniel Pinard a encore été amplifiée quand il a appris que l'émission *Piment fort* allait revenir en ondes l'an prochain. Pire, «le cancer se métastase. Ces mêmes scripteurs qui chient sur la population depuis sept ou huit ans ont maintenant pondu *Les Mecs comiques*, mettant en vedette "le fif, le jeune et le macho". On y a entre autres affirmé : "Un singe, c'est pas un gars pis c'est pas une fille. Un singe, c'est un fif. La preuve, c'est que ce sont les singes qui ont répandu le sida."» Ha ha ha.

Qu'on ne s'y méprenne pas : Daniel Pinard n'entend en rien lever l'étendard pour voler à la défense des gays. Il n'aime pas se battre dans les ruelles ni jouer les fantassins, pas plus qu'il ne participe aux parades de fierté gay. «J'en ai marre de la réduction à la sexualité. Il faut arrêter de penser que la sexualité des gens détermine le contenu total de leur vie. La sexualité que je vis fait partie de moi, sans plus.»

Daniel Pinard ne parle pas davantage au nom des victimes de cet acharnement moral qui, «si elles répliquent, se font taxer de manquer d'humour et qui, si elles se taisent, sont condamnées par leur silence».

Non, c'est à titre de citoyen outré, tout simplement, que le chef monte aux barricades. «Je m'attends plutôt, de tous ceux qui n'ont pas été visés et qui se sont tus, à ce qu'ils se lèvent enfin en sachant que parmi leurs proches se trouvent sans doute des gens que ce genre de propos peut blesser. Je voudrais aussi que les politiciens assument leur leadership moral. De l'Église, je n'espère rien. Les excuses "urbi et orbi" du pape, je me les mets là

Télévision, radio et internet

où l'on sait en me rappelant l'origine de ce lourd héritage envers les gays pour avoir trop entendu les propos haineux des curés du haut de leur chaire. » Allant plus loin encore, Daniel Pinard soutient que *Piment fort* est la métaphore du Québec tout entier. «Que Brathwaite puisse traîner les gens dans la boue et s'excuser parfois du bout des lèvres avec un sourire vainqueur, c'est la preuve qu'on vit vraiment dans une société de "pea-soups" et que cette humiliation identitaire finit par faire des petits. Au pays des nègres blancs, c'est Brathwaite qui triomphe.»

Les limites de l'humour

Daniel Pinard soutient n'avoir rien contre l'humour ou l'exagération de certains traits et ne voudrait pour rien au monde que l'on censure caricaturistes et humoristes. «Des blagues sur l'homosexualité, j'en fais moi-même, et je m'accuse même d'en avoir fait, de fort mauvais goût, dans le cadre de mon émission, pour ne pas confondre mes téléspectatrices [sur son orientation]. Je veux simplement que le harcèlement systématique contre certaines personnes cesse, que l'on arrête de stigmatiser des classes entières, de parler des b.s., des tapettes et des grosses.» Autre type d'acharnement sur des groupes entiers qui le dégoûte, Pinard, indépendantiste, évoquera en passant le mépris ambiant envers le Canada, «que l'on affiche sans arrêt» par l'entremise, notamment, «de la grosse vache à Sheila Copps ou par les taquineries contre les Torontois qui baiseraient mal. Je dirais à ceux qui prônent l'indépendance qu'une des conditions gagnantes serait peut-être l'élimination du mépris.» En ce qui a trait aux émissions qui se veulent humoristiques, Daniel Pinard raconte aussi que les attaques contre les lesbiennes l'ont blessé «triplement». «Qu'un hétéro s'en

prenne à une "tapette" pour rire de sa "tapetterie", pour se rassurer dans son état de mâle, à la rigueur, je comprends. Mais le coup des lesbiennes, cette misogynie déguisée, je ne la prends pas. Les féministes ont crié si fort que même ces émissions se gardent bien de rire des femmes directement. On les attaque donc de façon détournée en s'en prenant aux blondes aux gros seins et aux lesbiennes.»

L'ennui, cependant, c'est que ces émissions sont regardées... «Qu'on ne vienne pas blâmer ceux qui écoutent la merde qu'on leur offre mais ceux qui la chient: les animateurs, leurs invités, leurs producteurs, leur télédiffuseur. Les jeunes écoutent cette émission parce qu'on la leur offre. S'il y avait une émission où on s'arrachait les yeux et où on se lançait de la merde à pleins seaux, eh bien, ils la regarderaient!»

Les voies de la guérison

Depuis cette entrevue accordée il y a quelques semaines aux *Francs-Tireurs*, Daniel Pinard n'a jamais aussi bien dormi et ne craint absolument pas de conséquences négatives sur sa carrière. C'est en homme libre, libéré, qu'il parle, et «qu'importe si l'on me traite de suceux, de tapette, d'enculé. Je m'en fous. Une des conditions qui empêchent d'en être mortellement blessé, c'est de se tenir debout.» Et d'intenter des poursuites contre *Piment fort*? «Pas nécessairement. Le recours aux tribunaux, je le vois comme le signe d'une fragilité sociale insupportable.» Là où l'on s'étonne, cependant, c'est quand Daniel Pinard affirme sans détour qu'il prendrait vite une pilule pour devenir hétéro si une telle pilule existait. Comment les jeunes homosexuels dans la vingtaine, dont on dit qu'ils sont de 13 à 14 fois plus susceptibles de se suicider que leurs pairs hétérosexuels, recevront-ils cette affirmation?

Si la société, un jour, ne faisait plus aucun cas de l'homosexualité et que les moqueries cessaient, serait-elle encore difficile à assumer? «Je citerai ici mon ami Jean-Louis Millette qui m'a sauvé du suicide quand j'avais dix-sept ans. Toute sa vie, et encore quelque temps avant sa mort, il m'a répété: "Je ne m'habitue pas." Moi non plus, je ne m'habitue pas. Je ne m'habitue pas à ne pas être maître de mes désirs.» ∎

▶ L'AGENDA │ SAMEDI 29 AVRIL 2000 │ 19

La télévision

Le chaos du réel

PAR MARIE-ANDRÉE LAMONTAGNE

É TIEMBLE, EN 1962, présente au public français *Les Frères Karamazov* en édition de poche: «On discute et l'on discutera toujours sur la valeur ou non du style de Dostoïevski. Pressé par la misère, accablé de dettes, souvent il écrit fort mal. Je connais plus d'un Russe, et cultivé, qui regrette qu'un génie pareil n'ait pas eu le don naturel ou le talent acquis. Consolons-nous par l'idée que les stylistes perdent beaucoup lorsqu'on les lit en traduction, mais que les romanciers qui n'écrivent que médiocrement y gagnent parfois beaucoup.»

Dostoïevski, piètre styliste? Dans un pays où l'on a pu déclarer, avec raison, que le style, c'est l'homme, le jugement sonne comme une double condamnation. Ce n'est pas l'avis d'André Markovicz, qui depuis 1990 s'est attelé à la tâche colossale de retraduire l'œuvre tout aussi colossale du maître russe, dont les premières traductions en français ont paru dès 1880, soit un an avant sa mort. Mercredi soir, à

Télé-Québec, c'est l'occasion de découvrir, pour ceux qui l'auraient raté l'année dernière au Festival international des films d'art de Montréal, le documentaire instructif qu'a consacré Anne-Marie Rocher à ce traducteur hors du commun. Alliant sensibilité et volonté de comprendre, *André Markovicz: la voix du traducteur* invite du coup à pénétrer dans le monde solitaire, ingrat, mais combien passionnant de la traduction.

En la matière, la tradition française a pratiqué l'assimilation avec constance, attitude qui s'explique sans doute pour des raisons historiques, mais dont Markovicz ne peut se satisfaire au nom de la vérité du texte. Ses prédécesseurs ont si bien francisé Dostoïevski qu'il n'est plus le Dostoïevski que lisent les Russes. La syntaxe est disciplinée, le rythme assagi, les phrases polies et, surtout, l'oralité et le caractère émotif qui caractérisent cette prose dans la langue originale ont disparu.

C'est que, explique Alexis Nouss, professeur au département de traduction de l'Université de Montréal et qui prépare un essai sur le traducteur iconoclaste, chaque époque a cherché et trouvé dans Dostoïevski ce qui correspondait à ses préoccupations et dont la traduction s'est faite l'écho. Pour la nôtre, le génie de Markovicz aura été d'« approcher le chaos du réel ».

Si la langue française est suffisamment riche et souple pour tout traduire, y compris le chaos, les critères esthétiques de la littérature française ont été jusqu'à présent un obstacle, ajoute Markovicz, car ils ne correspondent pas à ceux de Dostoïevski. La répétition de motifs, le renversement de perspective résultant d'un dialogue avec les maîtres (sublime chez Pouchkine, l'amour devient ici sordide) sont autant de signes qui confortent le traducteur dans son idée qu'un roman comme Les Frères Karamazov est aussi un poème.

Le tête-à-tête Dostoïevski-Markovicz aura duré dix ans et chacun peut en savourer les fruits audacieux chez Actes Sud, dans la collection « Babel ». Entre-temps, l'infatigable traducteur s'est attelé à Tchekhov, cette fois assisté de sa compagne Françoise Morvan, Bretonne affirmée, angliciste réputée (traductrice d'Eugene O'Neill et de John Millington Synge) et auteur d'une dizaine d'ouvrages sur la culture populaire bretonne.

La voix du traducteur fait donc entendre aussi la voix d'un couple, ou si l'on veut d'un authentique compagnonnage intellectuel et affectif. Sans Françoise Morvan, sans sa grand-mère bretonne, sans sa connaissance de la nature et sans sa famille française enracinée sur plusieurs généra-

tions, le fils d'immigrés russes arrivé en France à l'âge de sept ans n'aurait pas pu traduire Tchekhov en lui donnant, reconnaît-il, toute la patine nécessaire.

Et qu'on ne se méprenne pas : cette entreprise de traduction n'a pas pour but de tirer vers soi l'étranger en le faisant coïncider avec quelque vis-à-vis culturel ou stylistique de la langue d'accueil, de proposer, en somme, une version bretonnante de La Cerisaie ou des Îles Aran. Bien au contraire. Mais le parti pris qui consiste à laisser au texte toute son étrangeté ne peut que révéler certaines correspondances. Le paria Skolvan, héros maudit d'un vieil air breton qui parle de péché et de rédemption, une fois traduit en russe et depuis peu en langue micmaque (le couple Markovicz / Morvan a noué des liens fructueux avec les Autochtones lors de son passage au Québec), fait remonter à la surface le substrat orthodoxe de la légende celte qui fait de Skolvan un frère lointain des Karamazov.

Du reste, de la Russie à la Bretagne, il n'y a qu'un pas. Sur l'initiative du couple de traducteurs, des poèmes d'Akhmatova ont été traduits en breton et publiés en édition bilingue. Le grand poète russe d'origine tchouvache, Guennadi Aïgui, a fait le voyage jusqu'à Rennes pour y rencontrer de nouveaux lecteurs. Ce sont de frêles passerelles de cette sorte qui gardent les individus des dérives régionalistes, préservent la diversité du monde, nourrissent l'esprit, font taire les banquiers. ■

► *André Markovicz : la voix du traducteur*
Réalisation : Anne-Marie Rocher
Télé-Québec, mercredi 3 mai 2000, 22 h.

La télé culturelle

PAR PAULE DES RIVIÈRES

Dans six jours, le Conseil de la radiodiffusion et des télécommunications canadiennes (CRTC) entendra les plaidoyers de deux concurrents qui convoitent une licence visant à mettre sur pied une chaîne culturelle de langue française. Deux consortiums, deux visions s'affrontent.

AVANT MÊME que ne débutent, le 27 juin, les audiences devant le CRTC, l'attribution (éventuelle) d'une chaîne culturelle francophone a déjà pris les proportions d'une saga. Après avoir été écartée une première fois, en 1994, avec son projet de chaîne culturelle bilingue, présenté conjointement avec CBC, la Société Radio-Canada récidivait en 1998 en s'associant, cette fois, à BCE et à la chaîne européenne Arte. Mais le CRTC n'avait pas mis la culture au menu, ayant préféré des chaînes «répondant à tous les goûts de la famille». De vives protestations s'ensuivirent, au point où le gouvernement fédéral demanda au CRTC de revoir sa décision. D'où les audiences de mardi prochain, qui sont réservées à la culture. Or, cette fois, le groupe de Radio-Canada — qui s'est non seulement allié BCE et Arte mais également Télé-Québec et Spectra — n'est plus seul dans la sphère culturelle : un partenariat formé par CHUM, qui exploite déjà la chaîne culturelle canadienne anglaise Bravo! et Astral, est également sur les rangs. La chaîne serait dirigée par l'équipe de Musique Plus et son directeur, Pierre Marchand.

Dans une surprenante enfilade de clichés, ce dernier envoyait récemment quelques taloches à son concurrent en répétant que «Radio-Canada coûte cher, c'est lourd et c'est lent». M. Marchand ajoutait que si la SRC faisait de la télé de façon traditionnelle, dépassée, son groupe, lui, parlait le langage télévisuel de l'an 2000. Voilà qui est de bonne guerre, d'autant plus qu'au seul chapitre des coûts, le consortium de Radio-Canada pourrait coûter jusqu'à 0,80 $, contre 0,49 $ pour le Rendez-vous des artistes (RVA), encore que tout dépende dans quel bouquet de chaînes atterrira le projet culturel. Les deux groupes devront entre autres préciser où iront ces revenus et quelle part sera réinvestie dans la production.

Là où l'argument de RVA est plus séduisant, c'est lorsqu'il fait valoir qu'il paie déjà des taxes pour que Télé-Québec et Radio-Canada lui présentent des émissions culturelles. Dans cette optique, fait-il valoir, le CRTC doit privilégier un projet complémentaire.

Il est indéniable que Télé-Québec est, à maints égards, une télévision spécialisée en culture. Quant à Radio-Canada, on pourrait lui rappeler qu'elle n'a pas trop bien rempli sa mission culturelle au cours des dernières années, coincée, il est vrai, par des subventions décroissantes et l

60

Télévision, radio et internet

dictature des cotes d'écoute réclamées par les annonceurs.

L'un et l'autre projet promettent de faire une place à la vie culturelle des régions québécoises et des régions canadiennes. En prime, le projet de Radio-Canada s'engage à présenter des émissions européennes de grande qualité, à commencer par les documentaires thématiques de la chaîne Arte. Et, comme le demandait le CRTC, cette vitrine européenne en terre canadienne sera accompagnée d'une fenêtre canadienne en sol européen. Ces ententes ne sont à négliger ni pour les téléspectateurs canadiens ni pour les producteurs et artistes désireux de rayonner par-delà l'Amérique.

Il faudra écouter attentivement les présentations de l'un et l'autre groupe devant le CRTC. Le groupe de CHUM devra convaincre les commissaires que le programme de la chaîne culturelle francophone destinée aux Québécois (surtout) ne sera pas préparé à Toronto. Il serait non seulement ironique mais inacceptable que la culture francophone ait son siège social à Toronto (même si la chaîne était installée dans les locaux de Musique Plus).

Le CRTC devra aussi s'interroger sur la nature de la culture qu'il veut encourager. Par le passé, l'organisme a souvent rejeté des projets qui lui semblaient trop « élitistes ». Mais cet angle d'approche comporte un écueil : il ne faudrait pas qu'il serve à mettre de côté des projets de qualité, tout simplement parce qu'on veut faire plaisir au plus grand nombre. De plus, le CRTC devra mettre de côté ses préjugés en faveur du secteur privé, de manière à juger chaque projet selon son vrai mérite. ∎

▶ LES ARTS | SAMEDI 22 JUILLET 2000 | C4

Plateau de tournage

Armistead Maupin : le réel imaginé

PAR MARTIN BILODEAU

Écrivain mythique dans le monde anglo-saxon, l'Américain Armistead Maupin, 56 ans, sept romans derrière lui et un devant, vient tout juste de prendre contact avec la francophonie. Une équipe québécoise tourne à Saint-Hubert une série télé tirée d'un de ses plus grands succès.

Parus dans la collection 10 / 18, les deux premiers tomes de ses six lumineuses *Chroniques de San Francisco* (*Tales of the City*, Harper Collins) connaissent depuis le printemps un beau succès de librairie. Sa présence à Montréal, pour participer au tournage de la télésérie *Further Tales of the City*, du nom du troisième volet de la série, confirme du reste un sentiment partagé par plusieurs, à savoir qu'Armistead Maupin est parmi nous et que ses chroniques, qu'il avait rêvées universelles et rassembleuses, le sont enfin devenues.

Envers et contre le pressentiment des éditeurs français, qui ont mis 20 ans à reconnaître son travail. Or toute traduction française passe par cette industrie qu'Armistead Maupin, rencontré la semaine dernière sur le plateau de Further Tales of the City, qualifie d'hermétique. « Pour qu'ils traduisent un roman, il faut que celui-ci ait fait ses preuves et soit conforme à toutes sortes de critères. Or ce qui m'étonne, c'est de voir que la plupart des journalistes français qui ont parlé des Chroniques se demandaient pourquoi elles avaient mis autant de temps à se rendre à eux. »

Sans doute que l'adaptation télévisuelle des premiers volets a renouvelé l'engouement pour l'œuvre de Maupin, bien que la carrière télé des Chroniques ne soit pas non plus de tout repos. Le lobby conservateur, effarouché par la franchise des mœurs dépeintes dans la première série (scènes de couchette, joints qui circulent, etc.), n'a-t-il pas eu raison de l'ouverture d'esprit de la chaîne publique américaine PBS, qui n'a pas avalisé l'adaptation du second roman malgré les records d'audience que Tales of the City a connus sur ses ondes ? Maupin n'a-t-il pas ensuite galéré pour trouver une chaîne et une maison de production prête à courir le risque ?

Diffusé en 1997, More Tales of the City, réalisé par le Québécois Pierre Gang (Sous-Sol) et produit par Les Productions La Fête, a si bien marché que la chaîne payante Showtime a réclamé que Further Tales of the City, le plus survolté, surréaliste et bondissant des six romans (on y croise Rock Hudson et Jim Jones), soit mis en chantier, qui plus est par la même équipe

montréalaise, déménagée depuis peu sous la bannière des Productions Bleu Blanc Rouge, membre de l'Équipe Spectra. Avec Suzanne Girard à la production et Gang de nouveau à la mise en scène, la série de 10,7 millions de dollars, presque entièrement tournée au Québec, devrait voir le jour en juin 2001 sur Showtime, puis sur Showcase, en septembre de la même année.

Chaque projet d'adaptation émane de la volonté de Maupin de prolonger la vie de ce qu'il appelle le scrap-book de sa vie. « Je ne suis pas idiot, et j'ai observé les changements culturels au cours des dernières décennies, aussi je sais que les écrivains dont les œuvres sont portées à l'écran sont ceux qui survivent. Dans le monde moderne, c'est par la télévision que les histoires rejoignent le public. »

Du coup, on a reproché à l'écrivain de vivre sur sa gloire ancienne. Après tout, le dernier tome des Chroniques (Sure of You — D'un bord à l'autre) date de 1989, et la parution de Maybe the Moon, son dernier roman, tragicomédie sur une naine à Hollywood, remonte à 1992. Ainsi, alors qu'on le croyait allergique à la page blanche, voici que Maupin s'apprête à lancer un nouveau roman, au terme de huit années d'exil au fond de lui-même.

L'illusion et la vérité

Huit années marquées par la détresse amoureuse, l'isolement, bref, par une série d'incidents muets qui, manifestement, ont fourni la matière première de The Night Listener, roman-canular et fausse autobiographie, qui nous fait pénétrer le petit monde de Gabriel Noone, auteur san-franciscain d'un populaire feuilleton radiophonique. Le lecteur entre dans sa vie à l'heure où, récemment séparé de son conjoint, il entre dans celle d'un garçon

Télévision, radio et internet

extraordinaire, survivant d'un réseau pédophile, qui se raconte dans un mémoire avec une franchise et une clarté qui le foudroient. Le jeune Peter, 13 ans, sidéen à l'article de la mort isolé dans quelque patelin du Midwest, est un grand admirateur de Gabriel Noone. La réciprocité immédiate de ce sentiment incite ce dernier à entrer en contact avec lui, par le truchement du téléphone. Au fil des conversations nocturnes, Noone se livre à l'enfant, dans l'espérance inavouée d'une prochaine rencontre, dont Donna, mère adoptive de Peter, sabote tous les élans. Un jour, le doute, semé dans sa tête par son ex-conjoint, s'installe jusqu'au vertige : et si, en effet, Peter et Donna, dont les voix se ressemblent, étaient en réalité une seule et même personne?

Roman sur l'illusion de la vérité et les pièges du réel, avec pour principaux moteurs d'imaginaire la radio et le téléphone, *The Night Listener* cache sa complexité sous une batterie de jeux d'affect et de miroirs. *Alter ego* à peine déguisé de l'écrivain, Noone raconte au lecteur son aventure extraordinaire, jusqu'à ce qu'il perde lui-même le contrôle de son récit et devienne l'instrument d'un narrateur dont il cherchera à percer la véritable identité. Car dans cette identité réside, croit-il, sa propre vérité d'écrivain.

«Où se trouve la vérité lorsqu'on vit de son imaginaire?», se demandait-il au moment de notre rencontre dans les studios de cinéma de Saint-Hubert, où les similitudes entre sa vie et celle de son personnage ont immédiatement monopolisé la conversation. «Ce serait très dangereux d'essayer de départager ce qui est inventé de ce qui est vécu. Un écrivain, après tout, se réserve le droit de mentir, c'est d'ailleurs le sujet de mon roman. La fiction, c'est une accumulation de petits

mensonges destinés à mettre au jour une vérité plus large.»

Sympathique, direct, quoique méfiant par nature, Armistead Maupin se décrit comme un «real Southerner» malgré l'exil californien et se dit enclin à la vanité (du fait de ce même exil?). Né à Washington d'une mère anglaise et d'un père descendant d'un général huguenot venu s'établir sur la côte virginienne au XVIIᵉ siècle (d'où le patronyme), il a grandi à Raleigh, petite ville de la Caroline du Nord, et fait ses classes comme reporter pour l'agence Associated Press, avant de se mettre à alimenter en feuilletons le *Pacific Sun*, un quotidien de San Francisco, où il s'est établi lorsqu'il a compris que son homosexualité pouvait être vécue et pas seulement rêvée. C'est pour ce journal qu'il crée les personnages de Michael Tolliver et Mary Ann Singleton, jeunes San-Franciscains d'adoption, à l'occasion d'un feuilleton de six épisodes qui attire alors l'attention du rédacteur en chef du *San Francisco Chronicle*, lequel l'invite à tenir «*forever*» une chronique quotidienne. Une invitation qu'il accepte sans imaginer que de ses 800 mots par jour allait naître une tapisserie vivante, aux charmes de laquelle des centaines de milliers de lecteurs succomberaient au fil des ans, et ferait du 28 Barbary Lane, où Anna Madrigal loge sa famille d'«orphelins» et fait pousser sa mari, le symbole d'une époque qu'il a contribué à idéaliser.

L'irruption du sida

Si les deux premiers volets de sa série ont paru successivement, à une année d'intervalle, les suivants se sont échelonnés de façon moins compulsive au cours de la décennie 80, *Babycakes*, le quatrième, soulignant l'arrivée du sida. Par conséquent, le soleil de San Francisco brille moins fort dans la seconde moitié des Chroniques. Et, du coup, dans la vie d'Armistead Maupin, devenu avec le temps et le deuil un des plus importants porte-parole de la cause, avec son partenaire Terry Anderson.

C'est d'ailleurs sa rupture avec ce dernier qui a servi de catalyseur à The Night Listener, histoire dont il avait déjà mûri les péripéties. « C'est très réconfortant, pour l'écrivain, de voir qu'un drame de sa vie peut le rapprocher de l'art. » Ce qui ne contredit en rien le sentiment de Maupin, qui se décrit avant tout comme un amuseur (« entertainer ») : « Je n'appartiens pas à cette école du modernisme à la mode, selon laquelle l'art consiste à enfiler des paragraphes insondables. Mon travail consiste plutôt à injecter à mes lecteurs une dose renouvelée d'adrénaline. »

Et, chemin faisant, à tenter de trouver sa voix et sa place, Noone questionnant son degré d'appartenance au monde littéraire, lui qui y est entré par « la porte de service ». « La plupart des écrivains que je connais pensent être des imposteurs et considèrent leurs pairs comme de vrais écrivains. Paradoxalement, cette insécurité devient souvent le moteur de la création. En essayant de projeter dans un roman ses pensées et ses tourments, l'écrivain parvient à créer l'ordre dans un monde qui est souvent chaotique et qui lui renvoie une image d'usurpateur. Je crois qu'au fond d'eux-mêmes, les raconteurs d'histoires, moi le premier, ont pour but de donner de l'ordre, de l'harmonie et un sens à leur propre vie. »

L'ordre, dans les romans d'Armistead Maupin, prend souvent la forme d'une avalanche de dialogues, dont les longs segments sont cimentés par de brefs passages narrés. « J'entends des voix dans ma tête depuis mon enfance, et lorsque vient le temps d'écrire, ce sont ces voix qui se bousculent sur le papier », confie celui qui écrit au mieux deux pages par jour, souvent une seule, passant au paragraphe suivant seulement lorsque le précédent est achevé. « Je veux que chaque paragraphe possède sa petite musique. »

De cette musique, souvent accrocheuse, naissent des couleurs et des sentiments dont chaque personnage porte la gamme. « Je me suis rendu compte, en écrivant Tales of the City, que plus les personnages se révélaient, plus les lecteurs s'identifiaient à eux. Parce qu'ils venaient soudain valider, par les mots, des sentiments qu'eux-mêmes éprouvaient. » Il était grand temps que les francophones soient invités à partager tout ce bonheur. ∎

▸ *Tales of the City* (six volumes) —
The Night Listener
Armistead Maupin
Éditions Harper Collins.

Chroniques de San Francisco et Nouvelles Chroniques de San Francisco
Armistead Maupin
Christian Bourgois, collection 10 / 18.

Autres Chroniques de San Francisco : Baby cakes, D'un bord à l'autre, Bye-Bye, Barbary Lane et Maybe the Moon
Armistead Maupin
Éditions du Passage du Marais.

▶ LES ACTUALITÉS | VENDREDI 25 AOÛT 2000 | A1

Perspectives

Une métaphore de l'Amérique du moment

PAR PAUL CAUCHON

Survivor, l'émission phénomène de l'été aux États-Unis, qui a été suivie par bon nombre de Québécois, a sûrement fait tomber une nouvelle barrière en matière de divertissement télévisuel. Entre autres par sa formule hybride : un jeu qui se voulait également un drame humain, sorte de métaphore du comportement dans une société fermée sur elle-même.

SEIZE PARTICIPANTS réunis sur une île (pas si déserte que ça puisqu'ils étaient suivis pas à pas par une équipe de télévision) devaient apprendre à survivre en tentant de coordonner leurs efforts. Dire que les téléspectateurs se sont passionnés pour l'histoire est faible : la dernière émission de *Survivor* faisait cette semaine la manchette des journaux américains et canadiens-anglais et plus de 400 sites Internet ont été consacrés au phénomène. Selon les derniers chiffres disponibles, plus de 50 millions de téléspectateurs ont suivi la finale de deux heures mercredi soir, après 13 semaines d'un suspense qui a changé l'industrie de la télévision, puisque jamais une émission estivale n'avait rassemblé un tel auditoire.

À chaque émission, les participants devaient tenir un « conseil tribal » pour éliminer l'un des leurs en votant son expulsion. Pour compliquer l'affaire, le vote était précédé d'une épreuve dont le gagnant remportait une immunité temporaire, ne pouvant être expulsé ce soir-là.

L'enjeu : le dernier survivant du groupe initial remportait un million de dollars. Question inévitable donc, qui a largement contribué au succès du produit : jusqu'où êtes-vous prêts à aller pour remporter un million ? Les participants de *Survivor*, eux, ont été prêts à mentir, à créer des alliances entre eux et à les renier, à manger des larves, à se couvrir de boue et de ridicule devant des millions d'auditeurs. Une étonnante illustration de la loi du plus fort et de la lutte pour la survie, que nous avons regardée avec un mélange de fascination et de répulsion, le tout agissant comme une drogue sur le téléspectateur moyen. Ce n'était pas un *reality show* car ce n'était pas la vie normale qui se déroulait sous nos yeux. Il existait en effet un enjeu financier considérable qui orientait les comportements.

En ce sens, la finale de mercredi soir a été exemplaire. Les deux derniers concurrents devaient affronter un jury formé d'anciens survivants qui devait les départager. Dans son discours final, Kelly, jeune fille de 23 ans, sportive au tempérament inquiet, a fait appel à la véracité des sentiments et à l'empathie.

Richard, 39 ans, conseiller en gestion plutôt calme et froid, qualifié de machiavélique par les médias américains et détesté par bon nombre de téléspectateurs, a tenu un autre discours : tout ceci n'est qu'un jeu, dit-il, j'ai voulu le jouer jusqu'au bout, toutes mes actions n'étaient dirigées contre personne mais plutôt orientées vers la réussite du jeu. C'est Richard qui a survécu et empoché le million, bien sûr (pour la petite histoire, l'homme travaille auprès des entreprises comme animateur de groupe et spécialiste de la gestion de conflits) !

Tant mieux pour ce nouveau millionnaire qui a su comprendre la nature vénale de cette émission et qui a tout fait pour atteindre son but. La solidarité et l'amitié ne comptent plus, il y a un million à gagner. On peut préférer l'entraide et l'affection dans la vie, bien sûr, il *faut* préférer l'entraide et l'affection, mais il

faut reconnaître que *Survivor* a proposé un fort suspense et a représenté une grande métaphore du capitalisme brut, de l'appât du gain, de l'individualisme forcené et de l'idée que n'importe quel *nobody* peut devenir millionnaire. Une métaphore de l'Amérique, quoi.

Le téléspectateur a pu y assouvir son voyeurisme tout en commentant jusqu'à plus soif les comportements de gens qui, en principe, pourraient être ses voisins. Devant un tel succès, il faut s'attendre dans les prochaines années à des constructions dramatiques toujours plus élaborées où les participants auront à se dévoiler toujours plus. Il n'y a rien de nouveau au sens où c'est toujours le même fameux 15 minutes de célébrité prédit par Andy Warhol dans les années 60, mais en même temps la mise en scène est de plus en plus sophistiquée. Car il faut crier de plus en plus fort pour faire entendre sa voix dans l'univers médiatique saturé. ■

Anna Thomson ▷ L'actrice de la marge, désormais vouée œuvres indépendantes, est la muse d'Amos Kollek dans *Sue Lost in Manhattan*.

Cinéma

Louis Bélanger au FFM

La nécrophilie qui fait vivre

PAR ODILE TREMBLAY

Il a apporté un coup d'air frais avec son premier long métrage de fiction présenté en compétition au FFM. Le Québécois Louis Bélanger livrait hier un thriller psychologique, *Post Mortem*, venu démontrer que faibles moyens financiers ne riment pas toujours avec œuvre inaboutie.

Ç A FAIT toujours plaisir de voir apparaître un nouveau talent dans le ciel parfois brouillé du cinéma québécois, une figure intéressante qui surgit avec une vision et une écriture dynamiques, des idées originales. Louis Bélanger, dont le thriller psychologique *Post Mortem* était présenté en compétition hier, est un peu celui par qui l'air frais s'engouffre. À 35 ans, il a pour lui le talent, sait raconter, faire jouer sa caméra. Il porte des promesses dans son sac. Nouveau venu? Pas vraiment, puisque ce Québécois originaire de Beauport a beaucoup travaillé au sein de la Coop Vidéo de Montréal, à laquelle il ne cesse de rendre hommage. On lui doit, à quatre mains avec Denys Chouinard, des moyens métrages comme *Le Soleil et ses traces* et *Les Quatorze Définitions de la pluie*. À sa feuille de route : des courts métrages aussi, des documentaires, des scénarios et une cinéphilie dévorante, nourrie à une longue fréquentation de la Cinémathèque.

Il est de l'école de la débrouillardise, Louis Bélanger. Quand on pond un long métrage avec seulement 900 000 $ et cinq semaines de tournage, nul doute, il faut savoir improviser. Très peu de prises, beaucoup de discussions préalables avec les comédiens, des techniques empruntées tantôt à la vidéo, tantôt au documentaire, et voilà ! « Ce film est un petit miracle, dit-il aujourd'hui. Oui, on peut faire du cinéma avec de faibles moyens, mais... pas toujours. Mon prochain long métrage se déroulera au cours des années 70 et commandera une reconstitution d'époque. Il lui faudra nécessairement plus d'argent. *Post Mortem* ne peut servir d'exemple universel. »

Post Mortem est né comme bien des films (et comme force romans) de la lecture d'un fait divers. Source d'inspiration infinie que les étrangetés de la vie résumées en quelques lignes dans un journal. En Roumanie, un employé de la morgue, violant une jeune morte, l'avait ressuscitée, et la mère de la victime refusait de porter plainte, contente, tout compte fait, de voir sa fille revenir d'outre-tombe, fût-ce de manière peu catholique. « Je ne m'intéressais pas à l'événement comme tel, précise Louis Bélanger, mais à tout ce qui pouvait s'y rattacher. À quoi pouvait ressembler la vie de cette fille-là ? Il me semblait qu'on franchissait, avec cette histoire, la barrière entre le bien et le mal. Cet homme-là lui avait fait du bien en faisant le mal. C'est ce qui me fascinait. »

Sur ce noyau, il a imaginé tout un monde, Louis Bélanger, et ses personnages ont pris forme. Pas question pour lui de dépeindre la jeune femme de son film en pure victime. Sa Linda allait être un être double, mère dévouée le jour, détrousseuse de ces messieurs qui la suivent dans une alcôve le soir. « J'aime les gens qui ont des zones troubles, précise-t-il. Ma première lectrice, c'est ma blonde, qui a beaucoup bamboché et m'a aidé à nourrir le personnage. Je voulais que les gens éprouvent de la sympathie pour mes héros. »

Il a travaillé ce film comme un puzzle, refusant de commencer avec la scène de nécrophilie, offrant une œuvre en trois actes, qui débute par le récit linéaire de la double vie de Linda, enchaînant sur le profil de Ghislain, modifiant les teintes. « Le ton de la troisième partie fut long à trouver, encore que culminer sur une banale histoire d'amour entre les deux protagonistes ne m'apparaissait pas intéressant. Il fallait offrir une fin ouverte. »

« Ayant travaillé sur le scénario du film de Robert Morin, *Requiem pour un beau sans-cœur*, j'ai voulu montrer des réalités subjectives, des événements vécus différemment par chaque personnage. Il n'existe pas de repères sociaux pour l'acte nécrophile que les deux héros ont vécu ensemble. Toutes les réactions devenaient alors possibles. Bien sûr, les ficelles sont grosses à avaler, sur un strict plan médical. Il faut aborder le film à un autre niveau. »

N'empêche que Louis Bélanger s'est longuement documenté sur les pratiques nécrophiles, passant un été à lire à propos de la noire question. « Ces gens-là éprouvent une certaine douceur au contact de la mort, même quand ça ne débouche pas sur une pratique sexuelle. »

Il ne croit pas aux longues recherches en distribution. Allant beaucoup au théâtre, Bélanger voit ses personnages dans les comédiens sur scène. Sylvie Moreau, il ne l'avait jamais regardée au petit écran, dans *Jasmine*, mais l'a dénichée lors d'un spectacle de la Ligue nationale d'improvisation, où son énergie lui a fait dire : « C'est elle. » Quant à Gabriel Arcand, qui campe dans *Post Mortem* cet homme introverti communiquant avec les cadavres de la morgue où il travaille, il s'imposait pour le rôle. « Arcand a reçu le scénario et m'a rappelé le même jour pour accepter. » La seule recherche intensive qu'il a faite a été pour le personnage de la petite fille. « Il fallait qu'elle comprenne tout très vite car je ne pouvais pas me permettre de retourner les scènes. Et Sylvie, avec son expérience de l'impro, laissait la jeune Sarah aller, la ramenait dans l'histoire. Je voulais qu'on sente vibrer la vie entre elles. »

« Les trois volets du film sont réalisés différemment, poursuit-il. En brossant le portrait de Linda, on utilisait souvent la caméra à l'épaule, des éclairages plus durs, plus vivants. Pour camper le monde de Ghislain [Gabriel Arcand], j'ai privilégié des mouvements de dolly, au diapason du personnage, montrant son univers sans lumière, sans plantes ni animaux domestiques, avec des photos de bluesmans morts sur les murs. »

À ceux qui s'interrogent sur l'absence de détails témoignant du passé de Ghislain, il répond que le choix de supprimer les flash-backs s'est fait au montage : « J'avais tourné une scène sur son enfance. Quelque chose de très lourd, avec une mère morte, un père aveugle au comportement aberrant. Mais trop d'explications gâtaient la sauce. »

Louis Bélanger a mis le premier pied dans le monde du long métrage mais s'apprête à récidiver. Son enfance auprès d'un père qui dirigeait une station-service de Limoilou, il veut la faire revivre, à travers le regard d'un jeune garçon de 17 ans au cours des années 70. « À côtoyer les gens qui venaient placoter avec mon père, j'ai appris davantage sur la vie dans cette station-service qu'à l'école. » Louis voit bien que le plus difficile à atteindre dans son travail actuel de scénariste est de s'éloigner de lui-même, de renoncer à la pure autobiographie pour plonger vraiment au cœur de sa prochaine œuvre de fiction. ■

▶ LES ACTUALITÉS | SAMEDI 11 SEPTEMBRE 1999 | A1

Le Festival international du film de Toronto, c'est parti !

La course d'Atom Egoyan, en tranches de vingt minutes

Un événement devenu « au moins aussi américain que canadien ».

PAR MARTIN BILODEAU

C'était la cohue, jeudi soir, alors que tout le jet-set torontois, en tenue de soirée, s'est fait montrer le chemin de la ruelle par les manifestants de la Coalition ontarienne contre la pauvreté qui, voyant dans cette foire des vanités hyper-médiatisée une occasion trop rare de se faire entendre, ont bloqué l'accès du Roy Thompson Hall, où l'on s'apprêtait à débobiner le nouveau psychodrame d'Atom Egoyan, *Felicia's Journey*.

Trop fou, trop grand, trop tout, le Festival de Toronto ? Demandez à Atom Egoyan, l'enfant chéri du festival, dont tous les films, depuis le premier (*Family Viewing*, en 1984), y ont été programmés. Sans se douter de la couleur controversée que prendrait la soirée qu'il attendait avec impatience, le cinéaste a passé la journée de jeudi à rencontrer les journalistes, un par un, en tranches de vingt minutes, pour discuter de son *Felicia's Journey*, une œuvre difficile et inégale. Quand il s'est assis devant moi, en fin de journée, le moteur tournait dans l'huile chaude et les réponses, dûment répétées, fusaient comme des balles.

« Ça m'étonne toujours de voir à quel point le festival a grossi, à quel point il est important pour le lancement en salle du film », raconte Egoyan, visiblement fébrile en ce jour de première. Les principaux décideurs de sa compagnie de distribution américaine assistaient à la représentation afin de déterminer, à partir des réactions de la salle, quelle stratégie promotionnelle adopter en vue de la sortie américaine du film, en novembre prochain.

« La première fois que je suis venu présenter un de mes films à Toronto, c'était très décontracté ; aujourd'hui, c'est presque l'équivalent de Cannes, la pression est aussi grande. C'est bizarre parce que je viens de Toronto, je me sens donc à l'aise au festival, mais toute la question des gros distributeurs américains qui viennent ici pour lancer leurs films fait en sorte que l'événement est gonflé à bloc et qu'il est devenu au moins aussi américain que canadien. »

Une dualité qu'il assume jusque dans son film, coproduit par la compagnie canadienne Alliance Atlantis et Icon Entertainment, maison de production créée en 1990 par Mel Gibson. « Ma carrière est très liée au Festival de Toronto, et ses organisateurs partagent sans doute mon sentiment », pense le cinéaste, qui ne craint pas le ressentiment de ses compatriotes en raison de son « passage au Sud ». « Toute mon équipe, des caméramans jusqu'au compositeur, est celle avec qui j'ai travaillé sur mes précédents films. Bien que le film ait été tourné en Irlande et au Royaume-Uni, ce qui apparaît à l'écran relève exclusivement du savoir-faire canadien. »

L'affection qui unit Atom Egoyan et le Festival de Toronto remonte à loin, alors que l'aspirant cinéaste, dûment accrédité par son journal étudiant, venait y passer ses journées, rêvant d'y revenir en portant le chapeau de cinéaste, avec un court métrage sous le bras. Il en a fait du chemin depuis. Et comme le souligne le comédien anglais Bob Hoskins, qui tient le rôle principal du film, celui d'un homme à l'Œdipe déréglé, Egoyan est « tellement brillant qu'il sait choisir, parmi ses erreurs, lesquelles il veut garder et lesquelles il veut couper au montage ».

Comme c'est souvent le cas dans les films d'Egoyan (dans *Speaking Parts* et *Exotica*, notamment), le nœud de l'intrigue repose sur le rapport symbiotique, ici intimidé et fasciné, entre deux personnages de différentes générations. Enceinte des œuvres d'un jeune homme parti rejoindre les rangs de l'armée britannique, Felicia (Elaine Cassidy) entreprend de le retrouver. Sur sa route, elle fait la rencontre de Hilditch (Hoskins), un quinquagénaire énigmatique qui vit plongé dans le souvenir de sa mère (Arsinée Khanjian), une chef cuisinière vedette de la télé dans les années 50, dont il reproduit chaque soir un repas gastronomique en suivant le protocole sur son petit écran. « Je me suis toujours intéressé à savoir comment les gens portent en eux leur histoire et quelle obligation chacun se sent de la transmettre. Felicia vient d'un pays, l'Irlande, où son histoire était communiquée oralement, et elle débarque chez cet Anglais complètement coupé du monde, dont le seul rapport extérieur se fait à travers un rituel inventé, qui lui donne l'illusion que sa mère le regarde. »

Hélas, l'approche cérébrale d'Egoyan, qui faisait la qualité de *The Sweet Hereafter*, une œuvre froide et structurellement complexe, dessert le propos de *Felicia's Journey*. Egoyan superpose les niveaux de lecture, accentue les symboles, sans toutefois parvenir à aérer une intrigue qui étouffe ses non-dits et nous égare dans les ramifications de la conscience de ses personnages. Avec pour résultat un film brillant mais sans élan, comme un Hitchcock inhibé.

La foire

C'est devenu un euphémisme que d'affirmer que le Festival international du film de Toronto est un événement d'importance sur la scène cinématographique mondiale. Toronto, c'est rien de moins qu'une gigantesque foire, fébrile, animée et surpeuplée, placée sous le contrôle joyeux d'une équipe qui établit son organigramme à l'horizontale et divise la programmation en son milieu : à droite le cinéma international et à gauche les films anglo-saxons.

Ainsi, des 319 longs métrages présentés au cours de cette édition, 73 sont américains, 52 sont canadiens (anglais), 28 viennent du Royaume-Uni, et deux représentent l'Australie, pour un total de 155. À l'intérieur de cette portion très courte de la programmation, on retrouve certains des plus alléchants morceaux de la rentrée américaine, dont les derniers Ang Lee (_Ride With the Devil_), Lawrence Kasdan (_Mumford_), Wayne Wang (_Anywhere but Here_) et Woody Allen (_Sweet and Sundown_).

Sur l'autre rive, la quantité de productions internationales, dont plusieurs ont été primées dans d'autres festivals, rappelle à ceux qui s'en souviennent la vieille nomenclature du « Festival of Festivals », indiquant que la sélection repique le meilleur d'ailleurs. Aussi verra-t-on ce week-end le très attendu _Rosetta_, des frères Dardenne, Palme d'or à Cannes — qu'on n'a pas vu au FFM —, ainsi que _Mifune_, film du Danois Soren Kragh-Jacobsen, marqué du sceau Dogma 95 et qui avait fait bonne impression à Berlin.

Splendor

Présenté devant une salle comble par le programmateur de la section Contemporary World Cinema, _Splendor_, nouveau-né du très surestimé Gregg Arraki (_The Living End_) racontant les démêlés d'un ménage à trois, présente au moins l'avantage de rompre avec les derniers films du cinéaste en proposant une esthétique moins tapageuse et un regard enfin porté sur des personnages plus substantiels. La facture à la mode, hyper-colorée et nettement moins « trash » que celle à laquelle Arraki nous avait habitués, décore ce qui s'avère, malgré un scénario bancal, un amusant « screwball » inspiré du cinéma comique de Leo McCarey et de Preston Sturges. ∎

▶ LES ACTUALITÉS | SAMEDI 4 DÉCEMBRE 1999 | A1

Perspectives

Censurer les critiques?

PAR CHRISTIAN RIOUX

Le torchon brûle entre les critiques et les cinéastes français. Les critiques devraient-ils être tenus de défendre leur production nationale?

COMME L'URSS, la France a eu jusque dans les années 60 un ministre de l'Information. Celui-ci avait pour fonction officielle de passer au crible le bulletin de nouvelles quotidien de la télévision et de «virer» les journalistes qui ne faisaient pas l'affaire. Heureusement, le pays de la Déclaration des droits de l'homme s'est ressaisi et s'est depuis débarrassé des bureaux de censure. Mais les vieux réflexes resurgissent, parfois dans les lieux les plus inattendus.

Ainsi des cinéastes français ont-ils suggéré récemment que l'on interdise les critiques cinématographiques négatives durant la première semaine de sortie d'un film. Va pour les critiques positives, les compliments, les louanges ou les simples «plugs». Mais pas pour les autres.

L'État réglemente bien la superficie des épiceries, la longueur de la baguette, la distribution de la presse, la fabrication du chocolat et la date des soldes après Noël. Pourquoi pas la critique? Or, pour distinguer les critiques négatives des positives, il faudrait un bureau de censure. Les cinéastes en colère n'avaient pas songé à toutes les conséquences de leur proposition.

L'histoire qui défraie la manchette sans relâche depuis un mois a commencé par une lettre de Patrice Leconte. Le réalisateur de *Ridicule* se disait «effaré de l'attitude de la critique vis-à-vis du cinéma français. Certains papiers, qui ressemblent à autant d'assassinats prémédités, me font froid dans le dos. Comme si leurs auteurs s'étaient donné le mot pour tuer le cinéma français commercial, populaire, grand public.»

En 24 heures, une partie des milieux culturels a repris le cri de Leconte. Le premier ministre Lionel Jospin a même reçu le cinéaste. Pris à partie, le quotidien *Libération* a interviewé Leconte, qui dénonça de nouveau la «violence inacceptable» d'une critique «qui fonctionne sur des *a priori* et la mauvaise foi». La preuve: «Depuis la rentrée, tous les films français se sont cassé la gueule.»

Le 4 novembre, une vingtaine de réalisateurs, dont Bertrand Tavernier, Claude Lelouch, Alain Corneau, Gérard Oury et Claude Berri, se vident le cœur. Ils décident de distribuer un texte dans toutes les salles de cinéma. La lettre sera signée des cinéastes qui le veulent. Sauf que *Libération* et *Le Monde* les prennent de vitesse et publient le texte avant même qu'une signature y ait été apposée.

Son inspirateur, Bertrand Tavernier, dit ne pas approuver la revendication qui s'y trouve («pas de critiques négatives avant le premier week-end qui suit la sortie d'un film»). Il suggère plutôt: «Aucun texte défavorable, fielleux ou destructeur ne doit paraître avant la sortie d'un film.» Nuance! Du _Nouvel Observateur_ aux _Inrockuptibles_, le tollé est unanime. Cette semaine encore, le critique de _Libération_ accusait Bertrand Tavernier d'utiliser des méthodes de droite, ce qui dans le petit milieu du cinéma est la pire des injures.

La critique nuit-elle vraiment au cinéma grand public? Le cinéma français reste pourtant le seul d'Occident à faire concurrence à Hollywood et à occuper 30% de son propre marché national. Si l'automne a été morne, c'est peut-être parce que l'année précédente avait été parmi les meilleures. La presse a beau avoir massacré l'adaptation cinématographique d'_Astérix le Gaulois_ produit par Claude Berri, cela n'a pas empêché son producteur d'en faire l'un des plus grands succès populaires du cinéma français de tous les temps. La sortie de _Jeanne d'Arc_, de Luc Besson, pourrait d'ailleurs changer radicalement le portrait de l'année.

Si la presse a été unanime à rejeter la proposition de censure des cinéastes, plusieurs ont le sentiment qu'ils ont mis le doigt sur une tendance. Cela pourrait s'appeler «la formule qui tue». Les cinéastes citent des phrases aussi assassines que «chronique d'une merde annoncée» et «au lion les crétins». Certaines comédiennes ont été qualifiées de «vache suisse au bord de la ménopause» ou de «bandante comme un bidon de Régilait» (un lait de régime). Dans le genre compliment, on trouve aussi un comédien qualifié de «gros cul». Les titres sont parfois de la même eau: «Pourquoi le cinéma français est-il nul?», «Le Nord produisait des betteraves. Il produit maintenant des navets.»

«Peu d'hommes politiques ont été attaqués avec la même férocité», disent les cinéastes. Reste à savoir si les critiques attaquent les comédiens ou les personnages qu'ils incarnent. Tout se passe pourtant comme si l'enflure verbale cherchait à contrebalancer la montée en puissance des innombrables «shows de plug» qui envahissent aussi bien les émissions de variétés que les magazines culturels.

Comme pour se dédouaner, la télévision française donne ces temps-ci dans la critique-minute. On ne compte plus les présentatrices qui règlent en quelques figures de style le sort de films portés à bout de bras pendant des années. Étrangement, les cinéastes ne se sont pas intéressés à ce phénomène, qui a un impact beaucoup plus large et est en voie de transformer la critique en simple commentaire subjectif.

Thierry Ardisson, la nouvelle coqueluche de France 2, réunit chaque soir quatre critiques à qui il demande d'exécuter ou d'encenser les productions de la semaine. Pas moyen de faire autrement en 90 secondes. Mises par écrit, chacune de ces critiques ne feraient pas un paragraphe.

Fallait-il s'en prendre à la critique pour dénoncer le fait que le sort d'un film se joue en quelques jours? Le marché français est, de ce point de vue, implacable. L'avenir d'un long métrage sorti le mercredi est déjà joué le vendredi. Il n'est pas rare qu'un film qui n'atteint pas les résultats escomptés soit retiré de l'affiche après quelques jours. On a beau se consoler en se disant que ces films auront généralement droit à une seconde vie, puisque des milliers de personnes pourront les louer sur cassette ou les voir sur une chaîne culturelle comme Arte, il en faut plus pour calmer un réalisateur en colère.

Ce que déplore Patrice Leconte pourrait s'appliquer au monde du livre. Les bouquins n'ont souvent qu'une semaine ou deux pour séduire les lecteurs avant d'être mis en tablette puis envoyés au pilon. La critique littéraire y serait-elle pour quelque chose ?

Les cinéastes qui poussent les hauts cris produisent souvent des films grand public sans pour autant avoir les moyens de réaliser de très grandes productions. Ils en ont contre un marché où les productions moyennes ont de plus en plus de difficulté à exister entre les écrans géants et les cinéclubs. Un marché dont l'essentiel des spectateurs est aujourd'hui à la télévision. Critiques ou pas, muflerie ou pas, le cri de Leconte rata sa cible. Il reste celui d'un artiste dépité devant un art en plein bouleversement. ■

▶ LES ARTS | SAMEDI 15 JANVIER 2000 | B5

Le cinéma et le cancer

Entrevue avec Solveig Anspach, réalisatrice du film Haut les cœurs.

PAR MARTIN BILODEAU

L'union n'est pas nouvelle. Partie de sa propre histoire, la Française Solveig Anspach remet les compteurs à zéro dans *Haut les cœurs*, un film vibrant et sans pathos porté par Karin Viard, une actrice décidément majeure.

UNE SÉRIE de numéros pour la joindre, un rendez-vous téléphonique reporté, et puis mon magnétophone — mûr pour la poubelle — qui n'a enregistré que quelques bribes de notre longue conversation. Décidément, le rendez-vous avec Solveig Anspach, réalisatrice du superbe *Haut les cœurs*, qui gagne l'écran d'Ex-Centris ce week-end, n'a pas été chose facile.

Or, ces obstacles sont bien dérisoires à côté de l'épreuve odysséenne que le film raconte, épreuve vécue par la documentariste qui a senti, du coup, le besoin, la nécessité, de la raconter sur le mode de la fiction. Emma (Karin Viard), musicienne, est enceinte et heureuse de l'être ; Simon (Laurent Lucas), son conjoint encore aux études, ne se réjouit pas de la nouvelle. Puis, un examen médical révèle à Emma l'inimaginable : elle est atteinte d'un cancer du sein de stade avancé. Le film retrace son combat, à la fois pour poursuivre une grossesse, que son premier médecin lui recommandait d'interrompre, et pour survivre et élever son enfant auprès de Simon. « L'enfant donne un sens à sa bagarre et circonscrit le lieu géographique où celle-ci se joue », explique la cinéaste d'origine islandaise, qui a puisé dans ce combat pour la vie, qu'elle a livré il y a quatre ans, la matière, la force et l'obligation de rester pour le raconter.

« Je ne faisais pas de cinéma de fiction parce que souvent je trouve qu'elle manque de sens. Au fond de moi-même, je crois que je devais avoir peur, parce qu'en fiction on est plus exposé, du fait des entrées, des budgets, etc. Après avoir traversé cette épreuve et vu que la vie ne tient qu'à un fil, ces peurs n'avaient plus de prise sur moi. »

De l'intérieur

C'est sur son lit d'hôpital, isolée dans une chambre stérile, que Solveig Anspach a commencé à coucher sur papier ses impressions et ses sentiments, lequel processus avait pour premier objectif de maintenir son rapport avec le réel, jusqu'à ce qu'un éclair la traverse : « Peut-être que cette histoire pourrait intéresser quelqu'un d'autre que moi », s'est-elle dit, constatant du coup que pareil sujet n'avait jamais été traité de l'intérieur. « On n'était jamais entré au cœur des traitements, au cœur du corps de la personne à qui ça arrive. Or, si le cinéma se nourrit de la vie, le contraire est aussi vrai », maintient la cinéaste qui, malgré la pression qu'exerçait cette histoire sur elle, tenait avant tout à faire un film de fiction.

« J'avais envie de créer un espace de fiction où les spectateurs pourraient s'inscrire, que cet espace permette leur identification aux personnages, qu'ils vivent dans la peau d'Emma et de Simon, et reçoivent l'information médicale en même temps qu'eux. »

Avec tous les mélos qui ont plu sur le cinéma, l'idée d'Anspach consistait également à s'en distinguer, d'amener la maladie et le combat qu'elle entraîne sur un autre terrain : « Le danger, c'est le pathos. Il faut qu'on reste dans la bagarre. C'est aussi ce qui fait d'Emma un vrai personnage de cinéma », renchérit la cinéaste, qui n'a cependant pas cherché à convertir le processus en thérapie à ciel ouvert (« Il y a des lieux pour ça »). Elle désirait plutôt aborder, de façon personnelle, le tabou de la mort et la contradiction de la vie qui s'immisce en même temps que la maladie dans le corps transformé en champ de bataille.

Du reste, Solveig Anspach ne tient pas à associer trop directement son film au milieu médical, bien que déjà, de ce côté, son *Haut les cœurs* ait été entendu et bien accueilli : « Je voulais avant tout que le film retrace sans la trahir cette expérience, qui est très douloureuse, en faisant en sorte toutefois que le film soit regardable pour des gens dans les salles de cinéma. » Cette double allégeance, la cinéaste l'a admirablement respectée, secondée dans ses efforts par une actrice formidable, Karin Viard, belle au-dedans comme au-dehors, qui refuse la mort et se déchaîne contre l'ennemi avec un courage et un humour qui laissent sans voix.

Enfin, ceux qui reprochent à la cinéaste d'avoir abandonné son personnage (et les spectateurs avec lui) dans la lumière d'une chambre stérile, entre la vie et la mort, se réjouiront toutefois d'apprendre que Solveig Anspach est bien vivante et que sa victoire se mesure à ce splendide et bouleversant *Haut les cœurs*. « L'important, ce n'est pas la fin, c'est le parcours. » ∎

Cinéma

Hommage à Robert Bresson à la Cinémathèque

L'inclassable cinéaste de l'essentiel

PAR ODILE TREMBLAY

EN DÉCEMBRE dernier s'éteignait, quasi centenaire (il était né en 1901), le cinéaste français Robert Bresson. Maître d'un septième art qu'il vécut comme une ascèse, en puriste, avec une morale quasi janséniste, il brille comme un phare avec son immortel cinéma de concision. Ses scénarios furent autant de radiographies implacables d'enchaînements d'actions, suite de destins mis rigoureusement en scène dans un art considéré par lui comme du théâtre photographié.

Or voici que la Cinémathèque québécoise lui consacre une importante rétrospective. L'intégrale de son œuvre y sera projetée du 18 avril au 3 mai. Treize films (dont il n'existe pour certains que de très mauvaises copies) courant sur quarante années, de 1943 à 1983. Il a peu tourné, Bresson, cherchant à ne produire que la substantifique moelle, exigeant de ses acteurs (des non-professionnels) la voix blanche et atone, la distanciation, chassant comme vulgaires et inopportuns les émotions appuyées, les étreintes gluantes, les dialogues fleuris, la psychologie qui s'étale et s'explique. Avec lui, tout se réduit à l'essentiel et seulement à l'essentiel. Rien à couper, rien à rajouter. Son cinéma en fut un de chirurgien armé d'un bistouri dans le silence, l'austérité et la concentration. Quand l'âge et les ennuis de santé le rattrapèrent, il se coupa du monde, plus secret que jamais, confondu avec l'icône morale qu'il représente au cinéma.

«Les films de Bresson, disait André Bazin, ne répondent ni à la psychologie ni à la dramaturgie habituelles, mais se présentent comme de véritables météorites, hors cinéma.»

L'épure

Peintre au départ, il a fait ses débuts dans le moyen métrage, mais ses premiers «vrais films», forts littéraires, furent servis par des scénaristes de haut vol : *Les Anges du péché* en 1943 orchestrait des dialogues de Jean Giraudoux, et le second, en 1945, *Les Dames du bois de Boulogne*, ceux de Jean Cocteau.

Son *Journal d'un curé de campagne* en 1950, adapté du roman de Bernanos, révélait déjà la couleur qui sera sa marque, ce ton neutre, cette dramatisation dont il s'éloigne peu à peu.

Son chef-d'œuvre le plus achevé fut en 1959 *Pickpocket*, où il se fit enfin scénariste. Un homme (Martin Lassalle) y entreprend de devenir voleur pour échapper aux lois, et en prison, éloigné de la femme qu'il aimait, la redécouvre. Mais c'est l'écriture, l'épure du film, qui en fait l'œuvre maîtresse bressonienne, avec une logique des plans enchaînés qui crée le rythme parfait. Nul vide, nulle redite, une figure centrale presque archétypale où le pickpocket devient emblématique de tout homme. La chirurgie sans traces ni cicatrices, le cinéma qui transcende sa propre technologie et atteint de nouvelles rives de grâce.

Trois ans plus tôt, il avait mis au monde _Un condamné à mort s'est échappé_ (qui rafla le prix de la réalisation à Cannes), une œuvre presque d'égale maîtrise, portée par un humanisme, un espoir qui sera absent des derniers films de Bresson, devenu par la suite si noir et désenchanté. Dans cette mécanique d'une évasion, où les instruments de la délivrance sont patiemment ciselés, avec le visage parlant et transparent de l'acteur, Bresson livre un hymne bouleversant à la liberté.

Mais le cinéma de Bresson, ce sont aussi et plus souvent des œuvres tristes et poignantes par l'anatomie des destinées tragiques captées, comme le furent _Au hasard Balthazar_ en 1966 et _Mouchette_ l'année suivante. Ces deux films sont jumeaux dans leur lente remontée d'existences brisées qui ne trouveront leur moment de rédemption que dans la mort. _Au hasard Balthazar_ raconte une vie d'âne (mais l'âne et l'humain sont traités chez Bresson sur le même pied), une vie scandée par les propriétaires successifs, généralement mauvais, avares ou voyous. Un de ces voyous débauchera d'ailleurs une belle jeune fille (Anne Wiazemsky), alors que sa famille sombrera dans l'abîme.

Mouchette, de son côté, est l'épure d'une tragédie, avec cette jeune fille, presque enfant, sauvageonne, rejetée, raillée partout, bientôt violée par un braconnier, trahie par tous. Cinéma social qui radiographie un milieu pauvre et pourri, comme le faisait _Au hasard Balthazar_, ne laissant que la mort au bout, celle qui lave, celle qui soulage, le cinéma de Bresson, malgré ou à cause de l'atonie de ces visages inexpressifs et de ces mécaniques impla-

cables, dégage une émotion qui émerge des destins malheureux mis en scène.

Le Bresson désespéré est celui aussi de _L'Argent_, son dernier film, réalisé en 1983. Nulle rédemption possible, si ce n'est lors du dénouement dans l'aveu des crimes, dans cette œuvre clinique qui explore les rouages d'une débandade, montre la corruption par l'argent, devenu emblème du mal. Comment de faux billets refilés par un fils de famille mal pris modifieront le destin d'un honnête photographe, passé du vol au meurtre, le film nous le démontrera par A plus B jusqu'au malaise du spectateur, que ne vient distraire aucune scène accessoire, aucun plan de répit.

La plupart de ses acteurs, que le cinéaste « cassait » afin de les extirper de la gangue de leur personnalité, ne joueront plus après le passage de la comète Bresson (il les dissuadait de faire carrière au cinéma). Quelques interprètes y parviendront malgré tout, telle Dominique Sanda, qu'il avait mise en scène dans _Une femme douce_, ou Anne Wiazemsky, lancée par lui dans _Au hasard Balthazar_. D'autres, François Leterrier, le courageux héros d'_Un condamné à mort s'est échappé_, Florence Delay, la Pucelle du _Procès de Jeanne d'Arc_, ou Martin Lassalle, le voleur de _Pickpocket_, y trouveront à la fois leur moment de gloire et leur chant du cygne.

On survit mal à Bresson. Après lui le déluge. Inclassable et inclassé, il demeure seul sur son île cinématographique, comme une sorte de prêtre du cinéma, avec son perfectionnisme, ses plans nets, son style inimitable parce qu'issu d'une vision intérieure, d'un mysticisme noir qui atteint parfois le sublime. ∎

▶ **Rétrospective Robert Bresson**
À Montréal, à la Cinémathèque québécoise, du 18 avril au 3 mai 2000.

Cinéma

▶ CULTURE | MARDI 23 MAI 2000 | B8

Festival du film de Cannes

Un palmarès consensuel

Palme d'or à Lars von Trier pour Dancer in the Dark.
Besson ne crée ni remous ni surprises sur la Croisette.

PAR ODILE TREMBLAY

CANNES — Luc Besson n'aura pas fait hurler la galerie dimanche soir, comme Cronenberg y parvint avec le palmarès précédent. Même la remise de prix fut sans histoires, évacuée à la vitesse de l'éclair. Cherchait-on à éviter tout incident diplomatique? Apparemment, oui. Nulle Sophie Marceau pour s'empêtrer dans son discours. Catherine Deneuve remit la palme, vite fait bien fait, à un cinéaste qui l'avait mise elle-même en scène dans le film primé.

En décernant à Lars von Trier pour sa comédie musicale *Dancer in the Dark* dimanche soir la palme d'or, et à son actrice, la chanteuse islandaise Björk, le prix d'interprétation féminine, Besson et son jury ne faisaient, en somme, qu'avaliser la rumeur générale qui les portaient gagnants. Aucune polémique à l'horizon, nulle révolte en vue dans les chaumières. *Dancer in the Dark* parut à certains (j'en suis) beaucoup moins achevé que *Breaking the Waves*, mais la palme venait sans doute couronner aussi sa carrière et une sixième présence à Cannes pour le cinéaste danois.

Il s'agit du premier et du dernier film auquel participera Björk. Celle-ci, aux côtés du réalisateur, accepta, contre toute attente, de rencontrer la presse après la remise des trophées et annonça son intention de renoncer au cinéma pour se consacrer exclusivement à la chanson. La conclusion de ce tournage houleux qui opposa violemment le cinéaste et son interprète, se terminait dimanche sur une consécration. *Le happy end.*

Ce palmarès modéré, consensuel, donnait à juste titre sa forte place à l'Asie (puissante en compétition cette année), oubliait la France (sans vraies étincelles), mais non l'Amérique si sourcilleuse dans ses rapports avec Cannes. Prix de scénario pour le décapant *Nurse Betty* de Neil Labute. Ouf! Les États-Unis ont leur morceau.

D'entrée de jeu, Luc Besson était venu dire à quel point le cru était bon, les choix difficiles et tint à féliciter tous les coureurs de la compétition. Le lauréat du grand prix du jury fut *Devils on the Door Step (Guizi Lai Le)* du Chinois Jiang Wen, une œuvre à l'humour tatiesque brillamment réalisée en noir et blanc, sur fond de dernière guerre et de conflit Chine-Japon, interdite en sa patrie. Mais le prix améliorera-t-il son sort? Le cinéaste avouait en douter. Quant au laurier d'interprétation masculine, il vint couronner la performance tout en nuances de Tony Leung Chiu-Wai dans le merveilleux *In the Mood for Love* du Chinois Wong Kar-Wai. Ce film présenté en fin de parcours rafla aussi le grand prix technique de la CST mais eût, de l'avis général, mérité davantage. Une catégorie spéciale fut créée, sur le flanc de l'interprétation, afin d'offrir à l'ensemble de la distribution de *La Noce* tendre et burlesque du Russe Pavel Lounguine (mêlant professionnels et habitants d'une petite ville) une mention d'acteurs.

À côté du volcan von Trier, l'Asie s'est bel et bien taillé la part du lion dimanche puisque le Taïwanais Edward Yang a reçu le prix de réalisation pour *Yi Yi*, une œuvre contemporaine de questionnements et de fragilité.

Plus étonnant : ce double prix du jury à l'Iranienne Samira Makhmalbaf pour son *Tableau noir*, parfois saisissant mais un brin confus, et au Suédois Roy Andersson pour *Chansons du deuxième étage*, un film amusant de surréalisme absurde, mais beaucoup moins percutant que certains grands oubliés du palmarès.

Hélas ! le lancinant *Eureka* du Japonais Aoyama Shinji (qui reçut le prix de la critique internationale et le prix œcuménique) fut boudé par le jury. *Infidèle* de Liv Ullmann, dont l'actrice principale, Lena Enore, avait livré une mémorable prestation et se vit préférer Björk, dut repartir bredouille. Idem pour le délicieux film coréen *Chunhyang*, rentré les mains vides. Mais dans l'ensemble, plusieurs films honorables se sont vu décorés, dont la palme d'or du court métrage à une œuvre impressionniste de qualité, *Anino*, du Philippin Raymond Red. Luc Besson n'a pas livré de palmarès choc ou révoltant. Il fut beaucoup plus sage que fou, et assez diplomate, somme toute. Ce palmarès est de ceux qui ne font pas de vagues. Tout pour plaire à la direction du festival, laquelle n'en menait pas large après les choix vertement contestés de l'an dernier. Elle doit dormir tranquille à l'heure qu'il est.

Dimanche soir, pendant que le chic public de la projection de gala regardait *Stardom* de notre Denys Arcand national servi en clôture, les journalistes n'en avaient que pour Björk dans sa belle robe rayée et pour Lars von Trier. Étrange duo, tendu, lourd d'affres partagées, venu nous répéter à quel point le tournage fut éprouvant pour eux deux. *Dancer in the Dark* engloutit plus de 50 millions de dollars US dans son aventure houleuse interrompue maintes fois par une Björk qui avouait hier que le cinéma, ce n'est décidément pas son truc. « Je me sentais comme un poisson hors de l'eau. Trop de mots, pas assez de chansons. J'ai mis longtemps à émerger de cette souffrance-là. Même en visionnant le film pour la première fois, je n'avais d'écoute que pour la trame sonore conçue par moi. Cela m'a pris deux ans pour faire la musique, alors que le film fut tourné en quatre mois. » Il fallait les voir se dire mutuellement sans trop se regarder : « Je t'aime davantage que tu ne le penses », pour saisir à quel point ils devaient douter des sentiments l'un de l'autre. Quant à von Trier, quoique heureux de tenir sa palme (qui lui avait échappé pour *Breaking the Waves*), lui si phobique, détestant les voyages, nous lança comme un enfant malheureux : « Je veux rentrer à la maison. À Cannes, on me loge dans un bel hôtel rempli de gens riches. Mais je ne suis pas certain d'aimer ça, la richesse, justement. » Ironie du soir, le prince de la Croisette n'affichait qu'une hâte : quitter au plus vite son palais doré. Le vrai *happy end* pour le misanthrope cinéaste danois se jouera loin du clinquant d'une Côte d'azur en folie, pas plus son truc que le cinéma pour Björk. ■

▶ 9 JUIN 2000 | B10

Anna de la marge

PAR ODILE TREMBLAY

ONTRÉAL, elle connaît, Anna Thomson. Son mari, un Canadien anglais, a étudié longtemps à McGill. L'an dernier, *Sue Lost in Manhattan* d'Amos Kollek qui lui donne la vedette, lui avait valu le prix d'interprétation au Festival du nouveau cinéma et des nouveaux médias. La voici de retour dans nos parages, accompagnant le même film qui sortait hier en salle, désormais brune aux cheveux courts, mais traînant cette étrangeté dans la dégaine et le regard qui perce l'écran, marraine de *Magnifico*, le mini-festival d'été qui roule à Ex-Centris. Elle dit qu'il pleut toujours chez nous. L'autre matin, miracle! Il faisait beau.

Actrice de la marge désormais vouée aux œuvres indépendantes, celles de Kollek dont elle est la muse, d'autres films aussi ayant connu un grand succès critique, tels *I Shot Andy Warhol* de Mary Harron, *Drunks* de Peter Cohn ou *Angela* de Rebecca Miller. Auparavant, Anna Thomson joua dans des productions à bien plus vaste déploiement. On l'a vue dans *Bird* de Clint Eastwood et dans son oscarisé *Unforgiven*. Elle était de la distribution de *Wall Street* d'Oliver Stone, de *Fatal Attraction* d'Adrian Lyne. Puis un jour, sur un tournage qui lui parut particulièrement factice (elle ne dira pas lequel), l'actrice s'est promis de se tourner désormais du côté des indépendants. « Jamais je n'ai eu de rôles plus intéressants qu'aux côtés d'Amos Kollek », dit-elle, aujourd'hui.

Kollek, cinéaste israélien bourré de talent, tourne beaucoup à New York, ville tentaculaire qui le fascine.

Un malheur

« Sue, c'est quelqu'un de coincée par sa morale et ses règles quand tout autour s'effondre, qui se retrouve sans argent, sans boulot et ne peut saisir les mains tendues. » Anna Thomson eut une tante qui ressemblait à Sue, belle, sensible, intelligente, mais aspirée par la destruction. Elle s'en est inspirée.

La comédienne déclare que tout dans la vie lui est venu par hasard, son métier d'abord. Un jour où elle livrait des costumes au théâtre au cours des années 70, le metteur en scène lui donna la pièce à lire et un rôle à répéter. Elle s'est retrouvée sur les planches sans l'avoir demandé, bientôt flanquée d'un agent. « Amos Kollek aussi m'est tombé dessus par hasard. Il m'avait vu au cinéma, arriva avec un scénario, disant : "Ce n'est pas vraiment un scénario. Ne le lisez pas si vous n'en avez pas envie, mais j'ai écrit le rôle en pensant à vous." » Elle l'a lu. C'était *Sue*, un personnage magnifique qui lui permettrait de déployer tous les registres possibles. Après *Sue* vint *Fiona* avec Kollek toujours, un film au budget encore plus minuscule que le précédent, puis son *Fast Food, Fast Women*, comédie fort réjouissante présentée en compétition au dernier festival de Cannes.

Anna Thomson parle un excellent français. Son père, un scénariste victime du maccarthysme, avait emmené sa famille vivre en France où ses parents devinrent designers de chaussures. Elle aime la France et celle-ci le lui rend bien. *Sue Lost in Manhattan* fait un malheur là-bas, à l'affiche à Paris depuis quinze mois. Tous les cinéphiles français ont vu le film. L'action se déroule à New York sur un climat de blues triste et de course vers l'abîme. Mais à New York, le film demeura en salle trois jours exactement. Kollek l'avait financé lui-même, un autre devant se charger de la publicité, l'a laissé en plan et il dut retirer les copies. Anna Thomson précise que la carrière de *Sue* est beaucoup tributaire de Piers Handling, à la tête du festival de Toronto, qui présenta le film à son rendez-vous, le poussa. C'est à Toronto qu'elle trouva un agent français pour *Sue*.

« Le cinéma indépendant de New York est bien mieux reçu en dehors de chez lui », précise l'actrice. Les Européens le considèrent comme le leur. D'ailleurs, c'est en France qu'elle a tourné l'année dernière *Gouttes d'eau sur pierres brûlantes* de François Ozon, adapté d'une pièce de Fassbinder (où elle incarne un transsexuel allemand). « Mais je suis si bien avec Kollek. On se comprend à demi-mot. Un quatrième projet collectif est sur la table, lequel se heurte aux éternels problèmes d'argent qui sont les siens. Je suis tellement plongée dans l'univers de Kollek que ça me rend non disponible pour les autres auditions, accompagnant ses films à Berlin, Cannes, Angers, Montréal, Rotterdam. Je crois qu'on est partis pour collaborer ensemble encore longtemps. » La muse a trouvé son poète. ∎

▶ LES ARTS | SAMEDI 10 JUIN 2000 | B1

Tourner en anglais au Québec

PAR ODILE TREMBLAY

Ils s'appellent Denys Arcand, Robert Lepage, Léa Pool, Claude Fournier, Bernar Hébert, Richard Roy. Point commun : ils tournent, viennent de tourner ou se préparent à le faire, un film en anglais. Exode de nos cinéastes vers la langue d'Hollywood ? Pas si simple. Tous vous diront conserver des projets en français dans leur besace. N'empêche... le gros marché international parle la langue d'Eastwood et il est bien tentant pour un réalisateur de sortir son nez de la petite mare franco-québécoise...

ÇA SE JOUE sur fond de confidences, de cris, de chuchotements. Depuis la fin mai à Lennoxville, dans une université Bishop maquillée en école privée anglophone, trois adolescentes vivent devant la caméra leurs pubères émois. Léa Pool s'active sur le plateau de *Lost and Delirious*, co-production Québec-Ontario scénarisée par Judith Thompson d'après le roman *The Wives of Bath* de Susan Swan. C'est la

Cinéma

toute première fois que la cinéaste de *La Femme de l'hôtel* verse dans le long métrage en langue anglaise. Jamais non plus auparavant elle n'avait travaillé sur un scénario signé entièrement par quelqu'un d'autre.

Et Léa Pool de s'avouer stimulée par l'aventure, sa routine secouée, plongeant dans l'univers d'autrui. Sa quête d'acteurs s'est jouée dans la cour de Los Angeles, de New York, de Toronto autant que de Montréal ; tous horizons grand ouverts. Le film donne la vedette à Jessica Paré (l'actrice du dernier film d'Arcand), à Piper Perabo, à Mischa Barton (qui jouait dans *The Sixth Sense*), à Graham Greene, l'acteur amérindien de *Dances With Wolves*.

Gros projet donc, né un peu dans la foulée du précédent film de Léa Pool, *Emporte-moi*, fort bien reçu aux festivals de Toronto et de New York. Les offres se sont alors faites pressantes pour porter à l'écran le livre de Swan. « Si je continue à miser sur le Québec et sur Paris, je plafonne, a-t-elle songé. De fait, Miramax, Sony Classic nous ont déjà approchés sur scénario pour la distribution de *Lost and Delirious*. En français, c'eût été impossible. » Tentant, ce bond à l'anglais, avantages sociaux en prime.

Robert Lepage, dont le *Possible Worlds* sortira sous peu, s'étonnait l'automne dernier de la vitesse à laquelle les fonds (4,3 millions de dollars) avaient été dégotés pour cette production quand tout traînait de la patte à l'heure de financer ses films en français. Soudain les partenaires internationaux se ruaient au portillon de *Possible Worlds*. Tiens ! Tiens ! V'là la visite.

« En anglais, on ne rencontre pas la même résistance, affirmait Lepage. Ne pas dire ces choses serait nous mentir à nous-mêmes. » Et toc ! Interviewé au dernier festival de Cannes où son film *Star-*

dom assurait la clôture, Arcand rappelait qu'Alliance, qui lui avait d'abord donné carte blanche pour scénariser le film de son choix, lui proposait quatre millions pour une œuvre en français... et de dix à douze s'il optait pour l'anglais. « Question de marché », précisait Arcand. *Stardom*, qui aborde le monde des médias et de la célébrité instantanée, est donc majoritairement en anglais. Distribution planétaire oblige.

Un mouvement international

Des cinéastes québécois francophones qui passent à l'anglais, il y en a toujours eu. Plus visibles apparaissent-ils aujourd'hui. Plusieurs ténors s'y mettent en même temps, des voix de la relève leur emboîtent le pas.

Miroitent devant leurs yeux de réelles facilités de cofinancement et de ventes à l'étranger en un univers de mondialisation où Hollywood règne en maître. Le danger, c'est de perdre nos meilleurs joueurs francophones dans l'océan de la langue de l'autre. Danger aussi de choisir des projets anglophones en balayant sous le tapis nos réalités nationales de la rue Panet...

Le mouvement est international. Si un Luc Besson est capable de tourner une *Jeanne d'Arc* dans la langue de Shakespeare en une douce France d'où l'héroïne bouta jadis les Anglois, tout apparaît possible sur cette planète hollywoodisée. Dans notre petit îlot francophone, plus aisément qu'ailleurs, hélas !

« Le commerce du cinéma à l'échelle mondiale se fait en anglais, précise Bernard Boucher de la SODEC. Les autres cinématographies se retrouvent en position défensive. Même à l'intérieur de l'Europe, la partie se corse. Il est devenu difficile de faire circuler un film français en

Allemagne par exemple. Le réseau d'exploitation des salles apparaît conçu pour le cinéma américain alors que la culture cinématographique des jeunes devient essentiellement hollywoodienne. »

Bien sûr, une institution comme la SODEC ne réserve que 20 % de ses crédits d'impôt aux films de langue anglaise au Québec. Pour l'heure, le règlement tient bon, mais à l'étranger, nos lois protectionnistes sont jugées trop rigides côté normes de cofinancement, de coproduction.

La ministre de la Culture, Agnès Maltais, annonçait en septembre dernier l'intention de réviser la politique du cinéma. On ignore encore de quel côté le vent soufflera lors d'une éventuelle réforme qui ne devrait, dixit le cabinet de la ministre, voir le jour qu'en décembre 2001. Plus de souplesse ? Moins de protectionnisme ? L'avenir le dira. Cela dit, la tendance mondiale est davantage aux agoras qu'aux châteaux forts...

Richard Roy (le cinéaste de *Caboose*) vient de terminer le tournage de *Café Olé*, comédie romantique en anglais. Il sautera bientôt sur celui de *Making the Grade*, un film de Noël, tous deux scénarisés par des anglophones. Depuis deux ans, Richard Roy possède un agent à Toronto. « C'est petit ici, explique-t-il. Quand tu tournes un film aux quatre, cinq ans, c'est beau. J'ai des projets en français, mais je dois vivre... Faut-il vraiment se résigner à tourner si peu ? Travailler en anglais, c'est aussi la possibilité d'être vu, distribué, non seulement en Amérique du Nord mais dans une grande partie de l'Europe, l'Allemagne, entre autres, qui achète avant tout des produits anglophones. Pourquoi Jutra et Mankievicz sont-ils allés travailler en leur temps à Toronto ? Ils avaient de la difficulté à tourner dans leur cour. »

Le pactole ?

Denys Arcand en est à sa seconde incursion cinématographique dans le film anglophone. Avant *Stardom*, il avait réalisé *Love and Human Remains*, expérience peu concluante, tant sa diffusion internationale se réduisit à peu de chose. Le pactole assuré, passer du « oui » au « yes » ? Voire ! En 1973, Claude Fournier réalisait *Alien Thunder*, campé dans l'Ouest canadien, flanqué d'un méga-budget et d'un Donald Sutherland à la proue. Il décrit aujourd'hui l'aventure comme le seul vrai flop de sa vie. « Ce n'est pas un gage de succès de tourner en anglais, précise le cinéaste de *Deux femmes en or*, mais on a quand même plus de chances de sortir à l'étranger. Le cinéma québécois s'est ghettoïsé et en subit les conséquences. Le seul marché qui permettrait de nous étendre est la France, devenue aussi impénétrable que les États-Unis. Je suis conscient de nos responsabilités vis à vis la langue française, mais faut-il nous enfermer sur nous-mêmes pour autant ? »

Cette année, Claude Fournier tournera en anglais *The Book of Eve* d'après un roman de Constance Beresford-Howe, l'histoire d'une vieille dame indigne qui refait sa vie, abandonne mari et chic résidence de Westmount pour atterrir dans l'est de la ville, avec choc des cultures au menu. L'usage de l'anglais a valu à Fournier une confortable avance de Lion's Gate, un partenariat de production avec l'Angleterre... et la perspective de donner la vedette à Julie Andrews (qui songerait sérieusement à accepter).

Dans nos frontières

Carte de visite potentielle pour l'étranger, le film en anglais, soit, mais pas nécessairement à l'intérieur des frontières canadiennes. Lorraine Richard, productrice du prochain Léa Pool, estime que, côté distribution d'un océan à l'autre, la langue de tournage ne change pas grand-chose à la vie d'un long métrage en son pays. «Même les films d'Atom Egoyan ont de la difficulté à s'imposer sur les grands écrans nationaux, alors...»

Le bond dans la langue de l'autre peut d'ailleurs compliquer la vie d'un cinéaste francophone chez lui. Il aura trouvé des partenaires étrangers, oui, mais se cassera souvent la tête en matière de financement maison. Pour obtenir des crédits d'impôt de la SODEC, il devra faire affaire notamment avec un bassin d'interprètes québécois. Or les comédiens anglophones ne sont tout compte fait pas si nombreux ici...

Bernar Hébert, le réalisateur de *La Nuit du déluge* se prépare à porter à l'écran *The Favorite Game*, film en anglais inspiré du roman de Leonard Cohen transplanté dans le Montréal d'aujourd'hui. Il s'arrache un brin les cheveux sur la distribution, n'a pas encore trouvé l'interprète principal de son film, poète alter ego de Cohen et le tournage doit commencer en août... «Plusieurs comédiens anglais de Montréal se sont exilés à Toronto. Et le cinéma poétique que je fais n'est pas nécessairement familier aux acteurs d'ici. Les productions commerciales ont sans doute plus de facilités que les miennes sur cet échiquier-là.»

«Au Canada anglais, ça ne les passionne pas que des cinéastes québécois jouent dans leurs plates-bandes d'auditoires, ajoute de son côté Claude Fournier. Quand j'ai tourné *Alien Thunder*, à Toronto, on n'appréciait pas trop...»

Pour l'heure, Téléfilm subventionne deux tiers de productions anglophones, un tiers de francophones. Situation qui fait régulièrement grincer les dents de l'autre solitude. Plusieurs voix à Toronto s'élèvent pour rappeler que le tiers en question n'est pas représentatif de la population du Québec, lequel devrait en toute justice recevoir moins. Si les cinéastes francophones se mettent à trop empiéter sur l'enveloppe anglaise en plus de la leur, les grognements pourraient s'accentuer dare-dare.

Quatorze pour cent du budget anglophone de l'enveloppe long métrage Téléfilm 2000-2001 (les fameux deux tiers) échut à des productions québécoises, toutes origines des cinéastes confondues, sans susciter de vagues jusqu'ici. «Les anglophones seraient mal venus dans un pays se targuant d'être biculturel de reprocher à Arcand un tournage anglais, estime le directeur de Téléfilm, François Macerola, mais si la proportion de nos cinéastes qui sautent la clôture augmentait de façon radicale, certains en prendraient sans doute ombrage... Pour l'instant, le règlement de la SODEC qui ne réserve que 20% de son financement à des productions anglophones est le meilleur garant de la vigueur de la cinématographie de langue française ici.» ■

Festival des films du monde

Le bal des débutants

PAR ANDRÉ LAVOIE

L ORSQU'ILS TRAVERSENT la foule des festivaliers pour aller présenter leur film, personne ne se retourne sur leur passage, et si par malheur Raoul Ruiz, Abbas Kiarostami ou Francesco Rosi sont dans les parages, ils deviennent carrément invisibles. Personne ne connaît leur nom, on ignore de quelle planète ils tombent et quel est cet objet cinématographique pas très bien identifié qu'ils viennent défendre.

Chaque année, au FFM, de jeunes réalisateurs espèrent secrètement se faire remarquer de tous avec leur premier long métrage. Pourtant, le plus souvent, ils se retrouvent noyés dans une programmation foisonnante où le pire et le meilleur cohabitent tandis que les journalistes s'arrachent les stars, une denrée de plus en plus rare à Montréal. Comment réussissent-ils à tirer leur épingle du jeu ? Éprouvent-ils une certaine frustration à être dans l'ombre des grands ? Connaissent-ils les règles pas toujours claires d'un festival de films ? Ne rêvent-ils que de gloire ou souhaitent-ils seulement la rencontre fortuite d'un distributeur qui voudra bien leur donner une chance ? Des cinéastes d'ici et d'ailleurs ont bien voulu nous faire partager leurs espoirs légitimes et quelques désirs secrets sur leur présence au FFM.

« Lorsque mon premier court métrage a été sélectionné au Festival de Toronto, je croyais que j'allais être la star du festival. Disons qu'il a fallu vite que je revienne les deux pieds sur terre. » C'est avec plus de modestie que Rosemary House arrive au FFM avec *Violet*, un premier long métrage de fiction après plusieurs courts métrages et documentaires. Elle se dit heureuse d'avoir été sélectionnée, adore les festivals pour rencontrer les gens de la profession (« Comme je travaille à Terre-Neuve, les contacts ne sont pas toujours faciles ») et ne se formalise pas trop de son relatif anonymat. Mary Sexton, sa productrice, abonde dans le même sens tout en étant consciente de la réalité des jeux de coulisses et de pouvoir : « Durant certaines soirées, des gens te parlent, tout en regardant par-dessus ton épaule pour voir s'il n'y aurait pas quelqu'un de plus connu ou de plus important... »

« C'est très évident qu'il existe une hiérarchie dans les festivals », souligne Yann Langevin, coréalisateur avec Richard Jean-Baptiste du documentaire *Guantanamera Boxe*, présenté ce soir ainsi que le 4 septembre au Parisien. « À la soirée d'ouverture au Théâtre Maisonneuve, je n'avais pas la meilleure place ! C'est tout de même un honneur que d'être dans une section en compagnie de cinéastes comme Chris

Marker et Peter Watkins. » Pour Richard Jean-Baptiste, le seul fait d'être au FFM constitue « une certaine forme de reconnaissance, même si on peut avoir l'impression d'être noyé dans la programmation. Le film sera présenté à la télévision, mais ça me semble important d'avoir un contact réel avec le public. »

Ce contact simple et direct avec les festivaliers, tous les cinéastes en rêvent. Sollicité de toutes parts, le public n'est pas toujours au rendez-vous. Légèrement déçu devant une salle clairsemée pour son film *Here's to Life!*, le réalisateur canadien Arne Olsen tentait de comprendre pourquoi les spectateurs n'étaient pas venus. Il ne blâme pas le Festival, « mais je crois que j'aurais dû m'occuper davantage de la promotion du film. Comme je suis totalement néophyte dans le milieu des festivals, mes attentes étaient peut-être trop élevées. »

Si Arne Olsen essaie de demeurer confiant (« Au Festival de Vancouver, je ne répéterai pas les mêmes erreurs »), d'autres voient leur passage au FFM comme des vacances. Ou presque. « Maintenant que mon film est terminé, c'est un pur plaisir de voyager partout à travers le monde pour le présenter », déclare Isabel Gardela, réalisatrice espagnole de la comédie *Tomandote*. « Je m'attends à tout : au succès, à l'échec... et même à l'indifférence. » Quant à la Française Caroline Vignal, qui a tourné *Les Autres Filles*, elle affiche un enthou-siasme modéré : « Dans les festivals, j'ai plutôt envie de me cacher mais, heureusement, j'éprouve de moins en moins d'appréhensions. Il faut dire qu'après la Semaine de la critique à Cannes, où c'était carrément le cirque, ce que je vis maintenant dans les festivals m'apparaît moins violent, plutôt bon enfant. »

Si certains préfèrent la discrétion, d'autres brûlent d'envie de rencontrer les festivaliers pour savoir ce qu'ils pensent de leur film, de connaître leurs réactions. Isabel Gardela ne se sent rassurée que lorsqu'elle entend les premiers rires. Lina Chamie, réalisatrice brésilienne plus proche de François Girard (elle adore *Trente-deux films brefs sur Glenn Gould* et admet s'en être inspirée pour son film) que de Glauber Rocha, signe une œuvre où la musique est la véritable vedette, *Tônica Dominante*. « Pour moi, un film n'existe que lorsqu'il y a rencontre avec le public, mais tu dois demeurer confiant et convaincu de la valeur de ton travail. Je considère que *Tônica Dominante* est un succès dans la mesure où il est très fidèle à mes intentions de départ. Les spectateurs penseront-ils la même chose ? C'est ce que les festivals de films me permettront de savoir avant sa sortie au Brésil l'an prochain. »

Les applaudissements et les tapes sur l'épaule, ça semble suffisant pour bon nombre de ces jeunes réalisateurs... du moins pour le moment. ∎

Liza Kovacs ▷ La danseuse a choisi des chorégraphes qu'elle aimait pour leurs qualités, leur audace, leur rigueur ou leur lyrisme.

Arts de la scène

Danse

Fragile Giselle

Ce qui aurait dû être bouleversant est resté ici plutôt terne.

PAR ANDRÉE MARTIN

O N NE COMPTE plus les succès obtenus par *Giselle* dans le monde entier. De Saint-Pétersbourg à Paris, en passant par New York, Londres et San Francisco, des milliers de spectateurs ont été transportés par le destin tragique de Giselle. Sur un livret de Théophile Gautier et Henri Vernoy de Saint-Georges — inspiré d'un poème d'Heinrich Heine —, ce chef-d'œuvre par excellence du ballet romantique raconte l'histoire de la jeune Giselle, morte de chagrin après avoir appris que son amour, le comte Albrecht, est déjà fiancé à Bathilde.

Si ce symbole du romantisme a fait couler larmes et encre depuis sa création à l'Opéra de Paris le 28 juin 1841, on ne peut pas en dire autant de la production présentée par les Grands Ballets canadiens ces jours-ci. Le manque de justesse technique et d'âme dans l'ensemble du ballet constituent des failles importantes devant lesquelles il est difficile de demeurer aveugle. Là où on s'attendait à un mélange de magie et de grandeur dramatique, on ne trouve qu'une suite de scènes et de variations chorégraphiques sans vie ni grandes nuances.

Le panache habituellement associé à *Giselle*, avec sa multitude d'images célèbres, du tutu blanc au cimetière mystérieux, était tout simplement absent de la production montréalaise. À un premier acte anecdotique et sans racine dramatique, a succédé un acte blanc très peu digne du ballet lui-même. Dans cette œuvre qui, mises à part quelques figures géométriques esthétiquement fortes créées par le déploiement gestuel de dizaines de ballerines au second acte, s'appuie presque entièrement sur la modulation des caractères psychologiques et dramatiques, il aurait fallu beaucoup plus d'investissement personnel, de finesse et de profondeur d'interprétation de la part des danseurs. Ce qui aurait dû être bouleversant est resté ici plutôt terne. Et pourtant. Presque tous les éléments étaient présents pour faire de ce ballet un moment inoubliable : l'étrange clair de lune, le va-et-vient sur scène, les alignements de ballerines en longs tutus blancs, le jeu constant des symétries, et surtout une Giselle troublante, sublime Evelyn Hart.

Artiste invitée par les GBC le temps de trois représentations, Evelyn Hart sauve cette production de l'échec. Avec une interprétation de Giselle digne des plus grandes ballerines, elle apporte un supplément de délicatesse, de subtilité et, au risque de tomber dans le cliché, de grâce,

Arts de la scène

qui fait toute la différence. Son abandon au rôle, son sens du théâtre et du drame, son naturel étonnant, son incroyable fluidité, et sa maîtrise des moindres détails techniques comme de la personnalité ambiguë de Giselle, demeurent un exemple pour le reste de la compagnie, loin d'être issue du même champ de compétence. En effet, le décalage entre la présence remarquable de Hart et la faiblesse manifeste du reste des danseurs demeurait malheureusement évident, voire dérangeant.

Dans cette absence de vision et de qualités véritables, on accusera en premier lieu le trop peu de temps accordé aux danseurs pour apprendre et maîtriser chacun des rôles. Mais encore, la nature même des GBC dont l'adhésion à la grande tra-dition classique — telle que vécue dans des compagnies comme le Kirov ou l'Opéra de Paris — n'a jamais constitué une force, beaucoup plus à leur place et à l'aise qu'ils sont dans les œuvres contemporaines. À quand une réelle et audacieuse orientation artistique pour cette compagnie montréalaise ? ∎

▸ *Giselle*
Chorégraphie : Ib Andersen, d'après Jean Corrali et Jules Perrot. Interprétation : Les Grands Ballets canadiens.
À Montréal, au Théâtre Denise-Pelletier, du 9 au 15 septembre 2000, le 22 septembre au Grand théâtre de Québec et les 17 et 18 novembre au Centre national des arts d'Ottawa.

▸ LES ARTS ‖ SAMEDI 25 SEPTEMBRE 1999 ‖ B3

L'Afrique au FIND

Une danse reliée aux pulsations mêmes de la terre

PAR JULIE BOUCHARD

Lorsque Mathilde Monnier décida de réaliser le rêve qu'elle nourrissait depuis longtemps, soit de travailler sur une tragédie avec des Africains, le regard occidental posé sur la danse africaine était encore empreint de préjugés. C'était en 1993 et la danse africaine sortait très peu des frontières de ce continent, aujourd'hui encore oublié de tous. Le Festival international de la nouvelle danse, qui a pour thème *Afrique aller / retour*, présente en ouverture l'œuvre que Mathilde Monnier a tirée de sa rencontre avec l'Afrique : *Pour Antigone*. Une œuvre marquante dans l'histoire de la danse africaine comme dans celle de Mathilde Monnier.

REVENIR à une danse pure, primitive, qui n'aurait existé que pour elle-même. C'était le point de départ qui a conduit Mathilde Monnier, après des années de danse et de chorégraphies, à se tourner vers l'Afrique. Elle avait passé son enfance au Maroc ; elle y est revenue à la recherche de nouveaux horizons, avec entre les mains une tragédie grecque, _Antigone_. Une façon d'amorcer le dialogue avec cette autre culture, cette autre partie du monde, croyait-elle. Aucun lien, en apparence, entre l'Afrique et la tragédie antique. Sauf que, pour Mathilde Monnier, il était à cette époque et reste encore évident. « L'Afrique aujourd'hui est une tragédie », nous disait-elle cette semaine au téléphone, de son domicile à Montpellier. « Surtout à cause du sida, mais aussi sur le plan politique. Le déséquilibre est de plus en plus grave. Même l'Afrique du Sud, même les pays qui ont l'air de s'en sortir sont décimés par le sida. Et on n'en parle pas. Tout le monde s'en fout. Il n'y a pas de mobilisation pour l'Afrique comme il y en a pour le Kosovo. Il y a pourtant des pays qui vont être décimés dans quelques décennies à cause du sida, première cause de maladie en Afrique. »

Pour Antigone n'est pas une danse métissée où danseurs africains et danseurs contemporains se laisseraient influencer l'un par l'autre, entremêlant leurs signes pour créer un langage hybride. _Pour Antigone_ est une rencontre entre deux cultures qui, chacune conservant ses propres références, s'entrechoquent en un même lieu. Ce qui est donné à voir, ce sont les différences entre deux imaginaires distincts, entre deux lectures d'un même mythe, d'une même histoire. En 1993, jamais une telle expérience n'avait encore été tentée et le projet de Mathilde Monnier, chorégraphe déjà reconnue en Europe comme

ici, soulevait un bien mince intérêt. On s'attendait à la voir revenir d'Afrique avec de beaux corps bien musclés et qui bougent bien. Mais rien de plus. Surtout pas avec des danseurs capables de se confronter à des danseurs contemporains. « Nous connaissons très mal la danse africaine. On estime trop souvent qu'elle est liée aux rituels ou au folklore. Ce n'est pas juste », disait Monnier en 1993. « La danse africaine est une danse pure, dépourvue d'enluminure. Il n'y a que la musique et la danse. C'est une danse pauvre. » Et c'est justement ce qu'elle cherchait : ressourcer sa pratique, retourner aux sources, arriver à une danse épurée de tous les effets qu'on lui ajoute pour créer un spectacle. Elle a présenté la danse africaine sur les scènes européennes comme un art à part entière. Jamais encore cela ne s'était fait. Et jamais encore la danse africaine et la danse contemporaine n'avaient été confrontées de cette façon l'une à l'autre. Ce fut un choc pour Mathilde Monnier. On dit que la danse contemporaine prend sa source dans le sol, contrairement à la danse classique qui cherche à s'en détacher, à s'élever au-dessus. Mais encore plus que les danseurs contemporains, les danseurs africains semblaient reliés aux pulsations même de la terre. « La différence est là, disait Mathilde Monnier au cours d'un entretien publié dans _Bongo-Bongo_, dans cette mise à distance de la terre, qu'on appelle élévation ou autrement, que pratique la danse contemporaine. »

Un tournant

« [_Pour Antigone_] ramène à l'époque où elle a été créée, dit aujourd'hui Mathilde Monnier. L'intérêt pour la danse africaine était alors très mince, beaucoup plus qu'aujourd'hui. Cette pièce a marqué un tour-

Arts de la scène

nant. Elle a permis d'ouvrir des portes. À l'époque, c'était une première coopération [avec la danse africaine] sur un thème frontal. Jamais cela ne s'était fait de cette façon. C'était une des premières fois. *Pour Antigone* fonda l'idée même d'une danse contemporaine en Afrique. Les gens s'attendaient à voir une danse mêlée, à mi-chemin entre les formes européennes et les formes africaines. Les esprits n'étaient pas encore prêts à recevoir la danse africaine d'aujourd'hui comme un art. Maintenant, on regarde la danse africaine autrement. *Pour Antigone* témoigne des années 80 et je crois qu'il est important de conserver des traces du passé. »

Grâce à cette expérience partagée avec Mathilde Monnier, une nouvelle compagnie de danse africaine a pris son envol : la Compagnie Salia nï Seydou, qui se produira également dans le cadre du FIND.

Pour Antigone a également marqué un tournant dans la carrière de Mathilde Monnier. Jamais plus elle n'a chorégraphié de la même façon. Après des années

de recherche sur la forme, elle a commencé un travail de déconstruction. « Ce que je fais aujourd'hui tient davantage de l'expérience que du spectacle. L'aventure plutôt que les résultats eux-mêmes m'intéresse. Au lieu d'être dans la recherche d'une forme, d'un style, d'une image, j'expose un processus. Et ça part toujours d'une expérience. » Pour *Antigone*, c'est l'expérience du désir. Du désir qui non seulement rencontre le monde et s'y confronte, mais ose l'affronter au nom d'une morale impossible à trahir. Cette pureté, on la retrouve dans cette phrase, extraite d'une entrevue que Mathilde Monnier donnait en 1994 : « Je suis dans un engagement personnel, je ne cherche pas à comprendre où ça va, je suis dans l'intranquillité... je veux descendre très loin dans le désordre intérieur. » ■

▶ *Pour Antigone*
Chorégraphie de Mathilde Monnier.
À Montréal, au Monument-National,
les 28 et 29 septembre 1999.

▶ CULTURE | VENDREDI 15 OCTOBRE 1999 | B11

Performance

Ambiances magnétiques

PAR BERNARD LAMARCHE

POUR SA NOUVELLE PERFORMANCE multimédia intitulée *La Mue de l'ange*, présentée mercredi soir en première mondiale, Isabelle Choinière n'a pas choisi de voies faciles. Rythmes ondulants, brusques changements de tableaux, vocabu-laire restreint d'une gestuelle lente et répétitive, absence volontaire de prouesses physiques malgré une chorégraphie soutenue, la pièce ne pèche pas par une panoplie d'effets prêts-à-porter. Au contraire, le spectacle qui se déplie selon un feuilleté sans fin œuvre en sourdine. On sort de la salle perplexe, mais la nouvelle mouture travaille en douce, s'incruste, porte fruits avec délai et suscite réflexion.

Selon l'approche tentaculaire qu'on lui connaît, Choinière réfracte son corps par la lumière et le son, alors que les capteurs qui la couvrent témoignent des mouvements de la chorégraphe et produisent et modulent le son et la luminosité. Des mugissements sourdent de toutes parts, des effets lumineux d'une rare subtilité et d'une grande beauté complètent le travail, scrutent et décortiquent le corps de Choinière, jusqu'à ce que celui-ci devienne indécidable.

L'hypnotisme des ondes sonores et lumineuses est volontairement rabattu par des changements abrupts et par les mitraillements du stroboscope qui nous assaille, nous plaçant constamment au bord de l'abîme. Dès que l'on devient à l'aise dans cet univers, la scénographie nous bouscule. Même la chorégraphe doit visiblement s'ajuster à ces rudes changements de tons. L'écran diaphane entourant la danseuse est à répétition criblé de courants organiques, quand il n'est pas bombardé de neige électronique (des effets peut-être trop exploités). Dans cet univers fragmenté, l'interaction entre la chorégraphe et l'environnement est subtilement palpable. Dans cette mise à nu, dans la mutation perpétuelle de cet ange qui n'a rien d'aérien, qui jamais ne décolle de la terre ferme, le corps même de Choinière porte des identités changeantes : robe de chair trouée de lumière, cyborg transgénique ou écorché d'une nouvelle ère. L'ange qui sort de sa chrysalide n'est pas aussitôt éclos que la lumière blanche qui le nimbe lui apporte de nouveaux stimuli.

Ces pulsations qui ne sont pas les siennes proviennent entre autres d'une autre chorégraphe, dans un lieu extérieur, elle aussi branchée sur des censeurs. Les deux sont reliées par le réseau Internet. Alors qu'il y aurait lieu de s'attendre à une interaction directe entre les deux corps, réel et virtuel — difficile de ne pas penser aux théâtres fantomatiques du duo Lemieux-Pilon —, il en va tout autrement. Dans ce ballet aveugle, un des enjeux consiste en la dispute d'espaces sonores et visuels que partagent les deux corps, faisant fi des distances au gré de vases communicants.

Les impulsions qu'émet ce double électronique s'ajoutent à celles de Choinière, se mêlent à elles et les parasitent. La présence et l'activité des corps font qu'ils communiquent sans réellement se rencontrer. Quand ils le font, alors les ondes s'entrechoquent et un feed-back rugissant se fait entendre. Une fois le réseau ouvert, l'intensité de la gestuelle des deux chorégraphes fait que celles-ci peuvent s'imposer l'une à l'autre, ce qui ajoute aux grincement des signaux, aux couches d'information, introduisant un aléatoire déstabilisant.

S'il y avait un reproche à faire à ce spectacle complexe encore à roder, ce serait le manque d'intensité dramatique de cette rencontre toujours reportée. On en vient parfois à penser à l'instrumentalité de cet appareillage technologique. Comme si la poésie — c'est un des buts de Choinière de l'établir — avait elle aussi raté le rendez-vous, mais — ce qui est encore plus troublant — seulement de peu. ∎

▶ *La Mue de l'ange*
Chorégraphie d'Isabelle Choinière.
À Montréal, au Théâtre Prospero,
les 15, 16, 21 et 22 octobre 1999.

Arts de la scène

▶ CULTURE | VENDREDI 22 OCTOBRE 1999 | B11

La dernière création de Robert Lepage à Paris

Une quincaillerie technologique

PAR CHRISTIAN RIOUX[1]

C'EST une salle partagée qui a accueilli la première parisienne de la nouvelle création du metteur en scène Robert Lepage. *Zulu Time* fait escale en banlieue parisienne avant Palerme et après avoir été vue pour la première fois à Zurich en août dernier. Ce cabaret technologique, qui n'atterrira au Québec que dans un an ou deux, se présente comme une série de numéros d'un cirque nouveau genre où la technique tient la première place.

Les spectateurs sont assis de part et d'autre d'une scène qui n'est en fait qu'une structure métallique sur laquelle montent et descendent des passerelles et où se déroulent des écrans au gré des numéros. La salle est survolée par d'inquiétantes bestioles en aluminium, sortes de R2D2 stylisés, régulièrement prises de tremblements sur des rythmes techno. Quelques-unes sont enfermées dans des cages, comme si elles étaient prêtes à bondir. La lumière des stroboscopes vient donner à tout cela une ambiance de party de polyvalente un soir d'Halloween.

Sur scène se succèdent des numéros d'acrobates et de contorsionnistes, des performances musicales et quelques projections vidéo. Ils sont séparés par des saynettes qui veulent décrire sur des airs de jazz la vie blasée et solitaire de ces citoyens du monde qui, comme Robert Lepage, sont toujours entre deux aéroports.

La thématique est celle de l'aviation et de son code international dont l'alphabet se décline au son d'Alpha, Bravo, Papa, Québec, Yankee, Zulu, etc. Zulu Time, c'est aussi le nom de l'heure universelle du méridien de Greenwich, comme nous le rappellent les horloges qui décorent le plateau.

Le metteur en scène avait visiblement ses fans dans la salle, qui ont offert trois rappels aux artistes mais pas de véritable ovation. D'autres spectateurs en ont profité pour se précipiter au plus vite vers la sortie. L'atmosphère sibérienne truffée de gadgets a de toute évidence plu aux premiers, alors que les seconds ne semblaient pas priser ce Meccano virtuel qui reste d'abord et avant tout un exercice de style.

Zulu Time offrait pourtant une occasion en or de réfléchir à l'effet des nouvelles technologies, au mysticisme qui les entoure, aux rites païens qu'elles provoquent et aux nouveaux modes de pensée qu'elles prétendent créer. Malheureusement, Lepage n'arrive jamais à se débarrasser de sa propre fascination adolescente pour le gadget, si bien qu'il ne parvient à aucun moment à nous faire sai-

---

1. Correspondant du *Devoir* à Paris.

sir ce que ces techniques omniprésentes viennent faire dans nos vies. Les scènes où les personnages muets affrontent leur solitude et leur sexualité ont la profondeur dramatique d'un épisode de téléroman, quand elles ne font pas sourire. Les quelques passages volontairement comiques semblent conçus pour un gala de clôture de Juste pour rire. Quant aux performances qui entrecoupent l'«histoire», elles pourraient être tirées d'_Inspecteur Gadget_. La musique techno que nous offrent Michel F. Côté et Diane Labrosse ainsi que les installations robotiques de Bill Vorn et Louis-Philippe Demers ne manquent pas d'intérêt, mais les amateurs de raves en ont vu d'autres, me disait un jeune spectateur à la sortie.

Ce n'est pas non plus la première fois qu'on introduit les arts du cirque dans le théâtre. Cela se fait depuis dix ans et certains en ont fait des chefs-d'œuvre. Même _Notre-Dame de Paris_ s'y est amusé l'an dernier. Ici, les acrobates n'arrivent à créer que quelques scènes percutantes dont l'effet retombe aussitôt que reprend le _soap_ télévisé que déroule Robert Lepage.

Que dit le metteur en scène au-delà des modes? Telle est la seule véritable question qu'arrive à susciter Robert Lepage. Après deux heures d'effets spéciaux, le spectateur cherche toujours la réponse pour se résoudre à conclure que le _wiz kid_ du théâtre québécois n'avait peut-être rien à dire. ■

▶ LES ARTS | SAMEDI 27 NOVEMBRE 1999 | B3

Théâtre

Dacia Maraini et le pouvoir des mots

Le TNM _met en scène_ Marie Stuart, _le drame de Schiller revu par la grande dramaturge italienne._

PAR HERVÉ GUAY

P LUSIEURS l'ignorent. Mais la notoriété de celle qui a écrit _Marie Stuart_, qui prend l'affiche au Théâtre du Nouveau Monde la semaine prochaine, est grande. En Italie, Dacia Maraini appartient au cercle restreint des grands écrivains de son temps. Avec Tabucchi et quelques autres, elle est devenue, au fil des ans, ce qu'ont été, dans le passé, les Elsa Morante, Pier Paolo Pasolini et autres Alberto

Moravia. Certains se rappellent peut-être d'ailleurs qu'elle a été la compagne du prolifique romancier. Leur relation a duré une bonne quinzaine d'années. Elle s'est étendue du milieu des années 60 à la fin des années 70.

Quand ils se sont rencontrés, elle débutait dans la carrière des lettres. Tel n'est plus le cas à présent. On vient même de lui octroyer le prestigieux prix Strega, l'équivalent du Goncourt. Encore qu'en règle générale, ce prix prenne le prétexte d'un ouvrage pour couronner une œuvre. L'auteure, dans la soixantaine, l'a remporté avec *Buio*, un recueil de nouvelles qui n'a pas encore été traduit en français.

Une cérémonie onirique

De son côté, Dacia Maraini ignore sûrement quels soins exquis le TNM a accordés aux deux reines de sa pièce. Elle ne sait sans doute pas que les actrices appelées à jouer ses héroïnes, Anne-Marie Cadieux et Pascale Montpetit, sont parmi les plus singulières de notre théâtre. Incidemment, elle ne pouvait rêver d'une metteure en scène plus consciencieuse que Brigitte Haentjens pour soulever les questions que pose son texte. Car, sous le tissu historique, se cache une cérémonie onirique, créée de toutes pièces.

Née en 1936, Dacia Maraini se fait connaître d'abord comme romancière. Elle se tourne vers le théâtre à la fin des années 60. Mais elle ne va pas qu'écrire pour le théâtre. À Rome, elle fera partie de deux compagnies. De plus, elle mettra en scène plusieurs pièces. Nous sommes en pleine révolution féministe quand, à la fin des années 70, on lui demande de «revisiter» la *Marie Stuart* de Schiller. Ce drame romantique met aux prises, on le sait, deux reines ennemies, la catholique Marie et Élisabeth, la protestante.

Devant cette pièce qu'elle juge parfaite, il est inutile de réécrire, croit-elle. Mieux vaut procéder autrement, opérer des choix. Elle concentre toute l'histoire sur les deux femmes mais en leur adjoignant une suivante chacune. Le principe est simple : qu'il y ait toujours une reine et une suivante sur la scène. Il en découle une réflexion sur le pouvoir, plus exactement sur les femmes et le pouvoir. Pour alimenter le face-à-face interviennent encore la lutte entre deux religions, les relations homme-femme, l'incidence de la famille et la maternité — en relation avec le pouvoir.

En fait, de l'œuvre du grand romantique allemand, Maraini retient principalement l'aversion qu'ont l'une pour l'autre Marie et Élisabeth. Pour elle cependant, la haine ne suffit pas à expliquer leurs rapports complexes. Elle entrevoit une relation possible. Elle métamorphose donc leur lien en une sorte d'amour-haine et s'arrange pour qu'elles se rencontrent ainsi que dans un rêve. À la fin, elles dansent même ensemble.

Des femmes et des mères

Dans ce drame, la question du mariage et celle de la maternité sont centrales. «Généralement, dit-elle, on voit la maternité comme une question naturelle. On la pense sous l'angle de la nature. Or la maternité est un produit historique. Ce qui m'a permis de reconstruire une période de l'histoire dans laquelle la maternité, même pour une reine, représente quelque chose de singulier. Dans ce cadre, l'enfant était presque toujours arraché à la mère. Jamais la mère ne donnait son lait à l'enfant. Même trois siècles plus tard, Madame Bovary n'allaitait pas son enfant. C'est une autre qui le fait.»

Il en va de même du mariage, dont on se sert alors pour déposséder la femme de son pouvoir. Aussi l'Élisabeth de sa pièce refuse-t-elle de se marier parce qu'elle ne veut pas perdre son autonomie. À l'époque, le mariage de même que la maternité sont des chausse-trappes, des pièges qui empêchent les femmes de conserver le pouvoir. Le plus bel exemple ? Tous ces hommes dans l'entourage des Stuarts qui essaient de s'emparer du pouvoir par mariage et maternité interposés.

Très compliqué s'avère en effet pour Maraini le rapport de la femme à son propre corps. « On a enseigné à la femme, dit-elle, à s'identifier, à s'exprimer seulement par le corps. On l'a amenée à prendre comme unique possibilité de communication le langage du corps. D'un côté, il y a là une richesse ; de l'autre, une pauvreté énorme étant donné que tout ce qui appartient à la pensée a été écarté du corps féminin. Alors quand une femme veut écrire ou s'exprimer par la pensée, elle se retrouve dans un corps qui lui fait obstacle, même s'il ne cesse pas d'être un trésor. Aujourd'hui encore, la culture de masse, la technologie poussent les femmes à s'exprimer par le corps ou la séduction. C'est une limitation très forte. »

Privée du pouvoir des mots, toute femme en sort diminuée. Sans doute parce que sa famille lui a inculqué l'amour de l'écriture, Dacia Maraini a su trouver les mots pour transmettre ce que veut dire le fait de n'avoir qu'un corps pour s'exprimer et être coupé de toute parole. Ce drame, elle le développe avec acuité dans un roman historique saisissant, _La Vie silencieuse de Marianna Ucrìa_, paru en français il y a quelques années chez Robert Laffont. Son héroïne surmonte ce handicap et en sort grandie.

Dans ce récit, inspiré par une ancêtre maternelle, Maraini reconstitue l'itinéraire d'une Sicilienne, noble, sourde-muette, que son père marie à un vieil oncle

alors qu'elle n'a que treize ans. À partir de deux détails historiques et d'un tableau où son aïeule est dépeinte, la romancière va composer une fresque grouillante de vie. Du coup, elle offre un exemple de femme qui arrive à s'aménager un espace de liberté en plein XVIIIᵉ siècle.

La culture qui rend libre

Cet idéal de liberté dans son temps, Dacia Maraini a voulu l'acquérir par l'écriture, dans la liberté de parole. Davantage que la liberté physique, elle a cherché la liberté culturelle. Ses parents étaient de son propre aveu de magnifiques exemples de liberté et de culture. Tous deux lisaient beaucoup, aimaient la musique. Sa mère était peintre, son père ethnologue. Vivant de peu, chez eux, la richesse culturelle suppléait au manque d'argent. La romancière les décrit comme des êtres généreux, laïques, respectueux de la différence. D'où, chez elle, la conviction fermement ancrée que les gens apprennent d'abord par l'exemple.

À cinq ans déjà, son père lui enseignait que les races n'existent pas, ajoutant que, s'il y avait différentes cultures, il n'y avait pas de races distinctes. Or, pendant la guerre, le travail du père amène la famille à vivre au Japon. En 1943, on enfermera même les Maraini dans un camp de concentration. Sous quel motif ? Ses parents refusent de reconnaître la République de Salo, où se sont repliés les fascistes italiens, alors alliés des Japonais. Après la bombe atomique, ils seront libérés par les Américains.

Autre fait marquant d'une vie bien remplie, la rencontre avec Moravia, qu'elle décrit comme la vitalité même. Joyeux, curieux, tourné vers l'avenir, intéressé à tout ce qui se passait ailleurs, adorant voyager. Comme écrivain, elle voit en lui un « grand architecte de la narration », un

Arts de la scène

nouvelliste stylé, à situer dans la grande tradition italienne du conte. La romancière dit qu'il respectait ses idées et son travail. Mieux, il n'a jamais été paternaliste. Hors norme dans une société aussi machiste que l'Italie. C'est ce qui leur a permis de vivre ensemble. Au début, la presse italienne a pu penser qu'il s'agissait, de la part de Maraini, d'une union « stratégique ». Mais les journalistes se sont vite rendu compte qu'elle n'allait pas s'éclipser au profit de Moravia.

De quelques convictions

Figure de proue du féminisme en Italie, au moment où ça comptait, se dit-elle encore féministe à présent? « Ça dépend de ce qu'on entend par féminisme, avance-t-elle. Si vous entendez une idéologie, un système. Comme idéologie, je crois que le féminisme est mort. Si vous entendez prendre le parti de la femme et de la justice, alors je suis féministe. »

Féministe, donc, et Sicilienne. Marquée, de son propre aveu, par l'expérience du baroque sicilien, même si son écriture n'est pas baroque au sens littéraire du terme. Ce qu'elle y aime? La propension du baroque à imbriquer les arts. Que l'architecture, la musique, le théâtre s'y déploient et y entretiennent des rapports très stricts. L'exigence rythmique du

baroque surtout. Toutes choses qui l'ont certes préparée à écrire pour le théâtre.

Influence aussi du silence sicilien. Un silence qui naît d'une histoire très dramatique. Tout à fait le genre de récit qui attire Dacia Maraini. Comme si elle voyait l'écrivain comme celui qui libère le plaisir en rompant le silence. Du théâtre, elle apprécie en outre que le passé y devienne soudainement si présent. Au TNM, deux reines du passé débattront donc de questions bien actuelles. Car le passé permet le plus souvent de parler du présent de façon détournée. Mais le public doit encore s'attendre à autre chose. Que l'on peut déduire de ce que l'auteure de *Marie Stuart* dit au sujet des gens de son île et de leur rapport au langage: « En Sicile, quand les mots arrivent, explique-t-elle, ils sont recherchés, ils sont cérémonieux. » Bel idéal dramatique que celui-là, dont notre époque aurait avantage à nous régaler plus souvent. ■

▶ *Marie Stuart*
De Dacia Maraini. Mise en scène:
Brigitte Haentjens. Avec Anne-Marie
Cadieux et Pascale Montpetit.
À Montréal, au TNM en novembre
et décembre 1999, reprise en janvier 2000,
puis tournée en province
jusqu'au 15 février 2000.

Théâtre

Homère triomphe au TNM

Dominic Champagne et Alexis Martin signent
une somptueuse métaphore de la vie

PAR SOLANGE LÉVESQUE

IL FAUT ÊTRE un peu fou pour entreprendre de porter L'Odyssée à la scène ; au moins un peu génial pour réussir. Œuvre fondatrice de toutes les littératures occidentales, ce vaste palais littéraire jeune de presque 3000 ans a été élaboré à travers la tradition orale jusqu'à ce qu'un poète nommé Homère vienne l'ordonner en vingt-quatre chants. Dominic Champagne et Alexis Martin ont transmué l'essentiel de cette foisonnante matière en dialogues étayés de passages narratifs. Respectueuse de l'esprit et de la poésie du texte original, leur adaptation met en scène une langue dynamique, brillante de sobriété. Cet audacieux spectacle tient donc merveilleusement la route, la route maritime et intime qui ramènera Ulysse vers son pays d'origine en l'exposant à des péripéties chargées d'enseignements.

L'Odyssée, c'est d'abord une histoire d'une inépuisable richesse, dont Martin et Champagne ont su dégager clairement la trame. Ulysse et ses compagnons ont vaincu les Troyens et rentrent chez eux après une vingtaine d'années d'absence. Le voyage sera semé d'embûches et d'épreuves qui raviront au héros tout son équipage. Seul survivant à la fin, Ulysse retrouve sa femme Pénélope qui l'a attendu et Télémaque, son fils qu'il n'a pas vu grandir. C'est aussi l'histoire d'une mémoire, de la recherche d'une vérité entremêlée de mensonges — l'histoire des tribulations de la vie et du retour aux sources vers lequel la maturité pousse tout adulte. Sur un autre plan, les malheurs d'Ulysse font écho aux tourments de l'humanité contemporaine, isolée de ses racines suite au développement pharamineux de l'industrie et à la prépondérance du matérialisme au cours du XXᵉ siècle, hésitant entre des valeurs traditionnelles (la terre, la famille, etc.) et d'autres qu'elle tente de promouvoir sans pourtant les définir et les activer.

Un plateau rectangulaire nu entouré d'eau figure les îles et les pays où Ulysse accoste. Au fond de la scène se dresse un mur vertical opaque ou transparent, selon l'éclairage, qui devient esquif chaque fois qu'Ulysse et ses compagnons prennent la mer. Munis de descendeurs qui leur permettent de défier la gravité, les acteurs debout sur la paroi verticale apparaissent soudain en contre-plongée, comme si le public survolait leur radeau qui tangue. Une porte s'ouvre dans le mur, et nous voilà devant la demeure de Pénélope, un

Arts de la scène

palais royal, la caverne du cyclope ou le cheval de Troie. Les images vidéo de Francis Laporte, les costumes de Linda Brunelle, la musique de Pierre Benoît et les éclairages de Michel Beaulieu, tous éléments parlants, opérants, ensorcelants, achèvent d'établir les climats et de préciser les lieux, composant des tableaux d'une grande force, sans l'esbroufe d'une technique frivole ni racolage. La scène qui se déroule aux Enfers, pour n'en citer qu'une, est bouleversante. Champagne ne perd jamais de vue le fil de son entreprise et s'en tient à une rigueur qui décuple la force du spectacle.

François Papineau incarne avec fougue et intériorité le personnage d'Ulysse qui préside cette folle équipée ; son plus grand rôle à ce jour. L'autre pivot du spectacle, c'est Laërte (Pierre Lebeau, en totale résonance avec son personnage), père du héros et, dans l'adaptation présente, orchestrateur du récit. À travers sa présence à tous égards remarquable, sa voix profonde et puissamment modulée, Lebeau donne à cette épopée des accents intemporels et une crédibilité sans faille. Habitant la scène du début à la fin, vin à la main, cigarette aux doigts, Laërte incarne au besoin certains personnages qu'il convoque dans son récit, parmi lesquels l'aède, Poséidon, le cyclope Polyphème, Tirésias. En Pénélope, Dominique Quesnel offre une interprétation magistrale ; elle prête à l'épouse fidèle une dignité dénuée de raideur (silhouette presque

japonaise, à certains moments), le feu retenu et l'intelligence qui caractérisent les grandes tragédiennes. Dans deux rôles contrastés : l'enjôleuse Circé et la vieille nourrice Euryclée, Sylvie Moreau révèle la mesure de son large spectre. Normand Helms et Henri Chassé cumulent également chacun deux rôles de manière très solide.

Ulysse rentré en ses foyers après 20 ans d'aventures et de combats, une autre odyssée commence, que le spectacle nous laisse imaginer. « C'est ton voyage qui est devenu ton pays », lui faisait finement remarquer Tirésias.

Cette adaptation doit être publiée, ce spectacle diffusé, et tous les étudiants devraient y assister ; car l'occasion leur est trop rarement offerte d'entrer en contact de cette manière avec une source majeure de la culture. ■

▶ *L'Odyssée*
D'après *L'Odyssée* d'Homère. Adaptation : Dominic Champagne et Alexis Martin.
Mise en scène : Dominic Champagne assisté de Julie Beauséjour.
Avec Pierre Lebeau, François Papineau, Sylvie Moreau, Jacinthe Laguë, Guillaume Chouinard, Normand Helms, Henri Chassé, Michel-André Cardin, Jean Robert Bourdage, Éric Forget, Dominique Quesnel et Julie Castonguay.
À Montréal, au TNM,
du 1er au 27 février 2000,
repris du 16 août au 9 septembre 2000.

De terre et de feu

Liza Kovacs

PAR JULIE BOUCHARD

Elle peut emprunter des formes précises ou échapper à toute règle, tenir un discours ou résister au langage. La danse, qui ne se définit jamais aussi bien que dans la diversité, est un jeu. Comme bien d'autres jeux inventés par les hommes, celui-ci parle de la terre, du ciel et de ce qui survient entre les deux. Langage pour une interprète et quatre chorégraphes.

LIZA KOVACS est une danseuse de ballet. Si elle avait suivi les règles du jeu en cours dans le monde du ballet, elle aurait fait carrière au sein d'une compagnie et aurait confié à d'autres la direction de sa carrière. Plutôt, elle s'est faite danseuse indépendante. Statut fréquent en danse contemporaine, trop rare en danse classique. Liza Kovacs voulait assumer ses propres choix, fixer ses horaires, choisir ses chemins. Édouard Lock le premier prit le risque de travailler avec elle. Risque ? En 1996, Liza Kovacs ouvrait avec un solo le nouveau spectacle de La La La Human Steps, 2. « Un moment mémorable dans l'histoire de la danse au Canada », écrivait Linda Howe-Beck, alors au *Mirror*, aujourd'hui à *The Gazette*. « Si je conserve une image du spectacle 2, souligne Hélène Blackburn, chorégraphe et directrice artistique de Cas Public, c'est le solo de Liza Kovacs en ouverture. » Il ne fallut qu'un solo, signé par Édouard Lock certes, mais un seul tout de même, pour que Liza Kovacs établisse sa réputation. Et se taille une place unique dans le monde de la danse à Montréal.

Il est rare de voir un danseur, un simple interprète occuper le haut de l'affiche et briller sous les projecteurs. Si l'élégance des interprètes est appréciée sur scène, les noms sont souvent oubliés à la sortie, et c'est le chorégraphe qui se voit attribuer les mérites ou les défauts d'une production. La danse est pourtant, comme le théâtre, un art d'interprétation. Danse-Cité, qui l'an passé a donné l'occasion à Wajdi Mouawad de signer sa première chorégraphie, offre à tout interprète depuis 1990 la possibilité de monter sur scène et de travailler avec des chorégraphes de son choix.

Liza Kovacs a fait le sien. Il correspondait à son désir d'explorer de nouveaux territoires. D'allonger le corps du danseur dans différentes directions. De voir ce qu'elle pouvait faire d'autre qu'elle ne connaissait déjà.

Elle a choisi des chorégraphes qu'elle aimait pour leurs qualités, leur audace, leur rigueur ou leur lyrisme : Benoît Lachambre, Dominique Porte, José Navas, Hélène Blackburn. Quatre chorégraphes qui habitent Montréal, mais qui sont tous de plus en plus appelés sur les scènes

Arts de la scène

extérieures. Surtout européennes. Quatre chorégraphes qui, réunis, permettent de prendre la mesure de l'ampleur et de la diversité des recherches menées aujourd'hui en danse contemporaine.

Hors des conventions

Liza Kovacs voulait rompre avec ses habitudes. Explorer d'autres territoires. Prendre des risques sans s'exposer à la déroute. Elle a confié à Benoît Lachambre la tâche de la désarçonner sans la perdre. Elle ne connaissait rien aux techniques alternatives privilégiées par Benoît Lachambre, tels le *releasing* ou l'improvisation. Benoît Lachambre, lui, a tout fait : de la danse classique à la danse contemporaine en passant par le ballet jazz, et même ce qui ne se définit pas habituellement à l'intérieur du monde de la danse. «Ce qui m'intéresse, c'est moins le style ou le langage de la danse que la liberté d'expression, la possibilité d'exprimer physiquement ce qu'on est.» Ceux qui ont vu *Délire Défait*, présenté l'an passé au Musée d'art contemporain de Montréal, savent que lorsque Benoît Lachambre exprime ce qu'il est, il déborde amplement les limites de sa seule existence. On a dit qu'il creusait son sillon dans la rébellion. On l'a qualifié de marginal. Pourtant, Benoît Lachambre est ancré dans le réel et n'a rien d'un excentrique.

Mais la danse, même moderne, même actuelle, a ses règles. Elles sont étroites. «Si tu décides de ne pas adopter le moule, on dit que tu es étrange... Tout le système est bâti sur des conventions... Tu dois te battre tout le temps contre elles.» Avec lui, Liza Kovacs a osé aborder d'autres rives. Pour elle, il a créé un solo de 10 minutes. En s'inspirant de la terre. Du sol sur lequel on marche. Du sol qui conserve en lui des traces de nos ancêtres. En cherchant le beau, il a exploré avec elle le primitif, l'an-

cestral, le cellulaire, l'osseux. Ils sont allés vers l'envers du monde, à l'opposé du quotidien de la danseuse.

La technique

Liza Kovacs aime le ballet pour sa rigueur, sa musicalité. Sa technique. Elle a choisi José Navas pour les mêmes raisons ; pour la clarté des mouvements, sa rigueur, sa technique irréprochable. José Navas croit à l'importance de bien maîtriser les techniques de base. «Je trouve toujours qu'un danseur qui possède une bonne technique a plus de liberté sur scène.» Il a voulu montrer la femme sur scène, celle qui a déjà 30 ans, et non seulement l'interprète. Il a créé un solo presque silencieux ; pour faire entendre sa respiration, la voir bouger. Un solo qui ne lui offre aucune structure stable et qu'elle devra s'amuser à recomposer chaque soir à sa guise. José Navas est né au Venezuela. Après des années de formation en danse classique et contemporaine à New York, il est venu s'établir à Montréal, en 1990. «Je crois que c'est le destin, dit-il en se moquant un peu de lui-même. Quelque chose me disait que je devais m'arrêter ici.» Qu'importe ce quelque chose, ici sa carrière a pris son envol jusqu'à prendre aujourd'hui une envergure internationale. «J'ai l'impression que la vie va me conduire ailleurs, mais d'une façon ou d'une autre, je garderai mon chez moi à Montréal. Nulle part ailleurs je n'ai autant le sentiment d'être chez moi.»

Lyrisme

Liza Kovacs souhaitait explorer d'autres avenues, mais ne voulait pas trop s'éloigner du ballet, qui reste sa référence. Son choix se porta aussi sur Hélène Blackburn, qui, comme elle, a reçu une formation en danse classique. Peu présente ces dernières années à Montréal, Hélène

Blackburn se produit régulièrement en Europe avec sa compagnie, Cas Public. Après des années d'exploration, elle a trouvé son propre langage chorégraphique, qui est résolument contemporain. Au début, Blackburn cherchait d'abord à illustrer des thèmes, souvent en puisant dans sa propre vie. Mais ce faisant, elle avait l'impression que la danse lui échappait. Avec *Suites furieuses*, créé en 1994, elle laissa la danse parler. En faisant le pari que l'histoire émergerait du mouvement. Pari gagné, dit-elle aujourd'hui. Sa danse est qualifiée de viscérale, de charnelle, d'explosive.

Hélène Blackburn parle doucement. Elle n'aime pas les conflits. «Je vais habituellement dans le sens des consignes que l'on me donne. Je m'efforce de repousser les limites, mais n'essaie pas de les contourner, comme d'autres peuvent faire.» Elle connaissait déjà Liza Kovacs, avait été frappée par la qualité de son interprétation. Plutôt que d'essayer de la casser, elle a travaillé à partir de ses forces. De sa solidité, de son équilibre. «De là, j'ai aimé suivre le déplacement d'énergie d'un point à l'autre dans son corps.» Une danse fluide, dénuée de conflits et de tension, en a résulté.

Une autre façon de bouger

Liza Kovacs a demandé à Dominique Porte de créer pour elle un quatrième solo de 10 minutes. Dominique Porte s'est d'abord fait connaître comme interprète. Elle a longtemps dansé pour Marie Chouinard. Et danse d'ailleurs encore aujourd'hui, surtout pour José Navas. On l'a comparée à Louise Lecavalier. Pour sa fougue. Sa force. Liza Kovacs lui disait avoir l'impression, en la regardant danser, de «voir danser une flamme». Elle se demandait si elle était capable d'en faire autant. Pour elle, Dominique Porte a créé un solo en s'inspirant du feu. Non pas celui qui brûle tout sur son passage, mais celui qui couve sous la surface des choses et n'est pas tout à fait visible. Est mystérieux. Comme les univers mis en scène par Enki Bilal. Mais Dominique Porte n'est pas bédéiste. Elle n'a pas cherché à recréer en images une histoire de son invention; elle n'a voulu que rendre l'idée du feu qui brûle et qu'on ne voit pas. Elle a créé un solo à la fois abstrait et émotif. Comme une courbe d'énergie. Quelque chose qui échappe à la raison, mais se laisse saisir par les sens. Quelque chose de simple et vivant. ■

▸ *Projet Kovacs*

Interprète : Liza Kovacs.
Chorégraphes : Hélène Blackburn,
Benoît Lachambre, José Navas,
Dominique Porte.
À Montréal, au Studio de l'Agora
de la danse, du 16 au 19
et du 24 au 26 février 2000.

Arts de la scène

Daniel Lemire

L'humoriste de la responsabilité

PAR STÉPHANE BAILLARGEON

Daniel Lemire retourne sur scène après deux ans de retraite volontaire. Depuis deux décennies, il porte l'humour et sa réputation bien au-dessus de la mêlée. Pour lui, le rire peut aussi être du sérieux, engagé. Pourquoi pas ? Et contrairement à trop de ses collègues, qu'il n'épargne d'ailleurs pas, cet humoriste sait où tracer la ligne jaune...

COMME L'HUMOUR, l'information est essentiellement une question de timing. L'idée est de raconter une bonne histoire, mais surtout de la conter au bon moment.

Justement. L'«affaire Pinard», ça vous dit quelque chose ? C'était il y a, quoi, à peu près cent ans. Daniel Pinard, un animateur de télé, a rencontré d'autres animateurs pour leur parler de la difficulté d'être homosexuel, aujourd'hui, encore. Le gay plutôt rigolo, mais très sérieux pour une fois, s'en est pris aux humoristes, à leurs «jokes de fifs». Le cuistot de Télé-Québec a haché menu l'émission de TVA, *Piment fort*, concentré pur jus de cancans. La sortie a été relayée, analysée et commentée par tous les médias, ou presque, pendant une dizaine de jours. Une bonne histoire...

Mais l'affaire Pinard a été vite remplacée par une autre. Ou s'est étouffée d'elle-même, c'est selon. Malheureusement, comme les blagues, l'information ne sert souvent qu'une seule fois, ou presque. Bing, bang. Au suivant.

«Je pense que cette histoire va emmener la fin d'un certain genre d'humour sale et bas de gamme», propose au contraire Daniel Lemire, humoriste surdoué, un des plus respectés au Québec avec Yvon Deschamps, Sol et quelques autres grands maîtres de la politesse du désespoir.

«Je crois que les gens qui pratiquent l'humour "cheap" vont de plus en plus sentir le tapis leur glisser sous les pieds. Leur genre se mord la queue. Après avoir ri du physique de quelqu'un ou de ses manières, il reste quoi ? Cette manière fait vite son temps. Et peut-être que la sortie de Daniel Pinard aura servi à accélérer l'évolution du cycle. Peut-être aussi que les humoristes ont manqué d'humour dans cette affaire. Les humoristes attaqués, de façon civilisée, auraient dû élever le débat, s'excuser si ça le méritait. Au lieu de ça, j'ai entendu des humoristes dire que leur job, c'est juste d'amuser. Ce n'est pas vrai qu'en parlant devant un million de personnes, on n'a pas de responsabilités. Sans éthique, l'humour n'a pas de sens. Sans ça, la vie n'a pas de sens. »

Et pan. Il est déchaîné, l'humoriste, à la veille de lancer son nouveau spectacle, au Théâtre Olympia, à compter du 4 avril.

Deux ans qu'il n'est pas monté sur scène. Il se repointe, et la providence, qui ne manque pas d'humour, lui donne la chance de se « ploguer » et en même temps de juger ce métier qu'il pratique avec bonheur, succès et talent depuis vingt ans.

Il ne se limite donc pas à une seule charge. Il observe ensuite l'étonnante force de pénétration du clabaudage, particulièrement à la radio MF, « humorisée » mur à mur. « Les gars ont deux heures par jour à remplir. Alors ils remplissent, ils appellent des gens à la maison ou au travail pour les niaiser. Je faisais ça quand j'avais douze ans. Et j'ai arrêté quand sont apparus les afficheurs... »

Il pense aussi que la production industrielle de comiques à l'École nationale de l'humour stimule l'homogénéisation autour d'un plus petit commun dénominateur : le cul, le petit vécu, les « jokes de blondes », la télé... « Les diplômés semblent trop souvent coulés dans le même moule alors que la base même de l'humour, c'est l'originalité. » La remarque a d'autant plus de poids que le _stand-up_ a passé la majeure partie de sa carrière dans l'empire du promoteur Gilbert Rozon. La rupture — « à l'amiable », précise-t-il — a été consommée récemment. Daniel Lemire fait maintenant partie de l'écurie de Mario Labbé, des disques Analekta. « Mais il ne faut pas mettre tout le monde dans le même bain », enchaîne-t-il du tac au tac.

Il semble même difficile de réduire les humoristes à une seule de leur production : Jean-Pierre Plante, scripteur de _Piment fort_, a participé à l'écriture du nouveau spectacle de Daniel Lemire... « C'est un peu délicat de parler de ça avec lui, dit alors son ami. Il se fait beaucoup de niaiseries, mais il se fait aussi d'excellentes choses au Québec », ajoute-t-il, en donnant l'exemple des caricaturistes des grands quotidiens, de Garnotte à Chapleau.

Lui-même donne itou de grandes leçons de qualité. Surtout, le bonhomme de 44 ans sait clairement où tracer la ligne jaune. « Moi, je ne m'intéresse pas au bitchage, aux attaques personnelles. Je pense que l'humour doit servir à faire rire, oui, mais aussi à mettre en relief certaines tendances, certains comportements, certaines idées. » Il a récemment terminé un scénario de long métrage traitant des fusions et de la mondialisation. « Sans tomber dans l'éditorial non plus, mon nouveau spectacle est quand même encore plus social, colle encore plus à l'actualité. »

Des preuves ? Le spectacle comprend, pêle-mêle, des numéros sur l'environnement, les vieux (le cynique gardien d'enfants, oncle Georges, s'est recyclé en gériatrie...), les compagnies de tabac, les gaffes des espions canadiens, l'échangisme, les réfugiés, les banques. Les banques ? L'idée de ce dernier numéro a germé après que Lemire a lu dans un journal que des clients américains avaient intenté et gagné un recours collectif contre leur institution hyperprofitable qui réduisait constamment les services. « Je ne suis pas Robin des Bois, avertit le grand comique. Au bout du compte, je ne porte pas trop de jugements et, surtout, je ne me considère pas au-dessus de la mêlée. »

Le canevas semble assez simple : le spectacle ouvre sur du pur _stand-up_, histoire de dégeler la salle. Ensuite, Lemire enchaîne 17 numéros, dans des décors virtuels, des projections en fait. Le spectacle a déjà été testé un soir devant public. L'exercice a au moins permis d'éliminer un numéro traitant de la mode, très à la mode. « Il y a maintenant beaucoup d'émissions à la télé où des designers et des couturiers sont présentés comme de grands penseurs. Me semble qu'ils dessinent juste des culottes... Mais bon, l'idée et la critique ne semblaient pas assez claires puisque le public ne riait pas. Faut dire que le personnage était un peu maniéré...

Le timing était peut-être mauvais, très très mauvais... » ■

▶ **Daniel Lemire à l'Olympia**
À Montréal, au Théâtre Olympia,
du 4 avril au 26 mai 2000.
Reprise du 3 octobre au 11 novembre 2000.

▶ LES ARTS | SAMEDI 15 AVRIL 2000 | B4

Théâtre

Électrisante Électre

Brigitte Haentjens monte Électre de Sophocle à l'Espace Go.

PAR STÉPHANE BAILLARGEON

Plutôt audacieuse, la programmation de fin de saison théâtrale. Le TNM propose *La Cerisaie*. Duceppe donne *La Chatte sur un toit brûlant*. Et maintenant, à compter du 18 avril, c'est à l'Espace Go de conclure la boucle 1999-2000 avec *Électre*, de Sophocle, dans une mise en scène de Brigitte Haentjens. Il est question de la douleur des hommes et des femmes, de leur bestialité sanguinaire et de leur soif de justice. Tout ce qu'il faut pour se préparer à l'été, quoi...

AUSSI BIEN le dire comme ça vient : je l'aime bien, Brigitte Haentjens. J'aime ce qu'elle fait au théâtre et j'aime l'entendre parler de ce qu'elle y fait. J'aime aussi beaucoup sa franchise par rapport à ce « beau milieu » qu'elle adore et qu'elle peut d'autant plus facilement se permettre de critiquer.

Cette fois, la petite montée de lait a surgi à la toute fin de l'entrevue. Tout d'un coup, sans avertissement, alors qu'elle devait expliquer quelle forme prendrait son prochain spectacle : « La culture, aujourd'hui, ça consiste à reproduire des formes connues et à les mettre en mar-

ché », a-t-elle annoncé en citant Claude Régy, metteur en scène français, dans une entrevue accordée récemment au magazine *Les Inrockuptibles*. Puis, comme d'habitude, Mme Haentjens a savouré l'effet produit en rigolant un brin.

« C'est réjouissant comme point de vue. Je partage ce qu'il dit sur bien des choses. Mais c'est un puriste, Claude Régy. Moi, je ne me sens pas en rupture par rapport au milieu. Je ne suis pas en rébellion contre les institutions ou les gens. Seulement, j'essaie autant que possible de travailler selon mes valeurs idéalistes, mes principes. J'ai aussi le désir de produire une forme inconnue de moi. C'est important que je ne reproduise pas éternellement la même mise en scène, que je me frotte à d'autres univers. »

Indeed. Après *Marie Stuart* de Dacia Maraini au TNM l'automne dernier, après *La Nuit juste avant les forêts* de Koltès, encore repris cette saison, avant *Malina*, d'après Ingeborg Bachmann, qu'elle créera enfin début septembre, à Montréal, plus d'un an après l'annulation forcée par des problèmes de droits d'auteur, Brigitte Haentjens s'attaque à *Électre* de Sophocle. Sauf erreur, la pièce n'a jamais été montée par une troupe québécoise — osera-t-on dire depuis sa création, il y a à peu près 25 siècles... La première montréalaise est programmée mercredi.

Il y a longtemps qu'elle rêve de monter cette pièce. Il y a quelques années, sous sa direction artistique, la Nouvelle Compagnie théâtrale avait laissé Alice Ronfard « initier un projet » qui a abouti à un spectacle inspiré du mythe d'Électre au Festival de théâtre des Amériques. Brigitte Haentjens s'est finalement décidée à proposer le Sophocle à l'Espace Go, il y a à peu près deux ans. Et il s'agit bien de l'*Électre* de Sophocle, pas l'héroïne qui apparaît chez Eschyle ou Euripide et encore moins les dérivés modernes inspirés au Français Giraudoux ou à l'Américain O'Neill.

« Le théâtre psychologique de Giraudoux ne m'intéresse vraiment pas. Et puis, j'avais envie d'aller au cœur du mythe, jusqu'à ses anciennes racines. Chez Euripide, c'est le personnage qui me semble inintéressant, et il est pratiquement absent chez Eschyle, où Oreste prend toute la place. Chez cet auteur, ce qui m'intéresserait, ce serait plutôt la totalité, tout le cycle de l'*Orestie*. J'aime au contraire la pureté dramaturgique, la simplicité d'expression de Sophocle, qui

se concentre vraiment sur la tragédie d'Électre. »

Quelle famille !

Fille d'Agamemnon et de Clytemnestre, sœur d'Oreste et d'Iphigénie, la jeune Électre va accomplir la vengeance du meurtre de son père en assistant Oreste dans l'assassinat de leur mère et du tyran usurpateur. Électre incarne la haine justicière, concentre la position insoutenable qui consiste à vouloir effacer un acte injustifiable par un autre.

La créatrice de *Je ne sais plus qui je suis*, sur la crise d'identité des femmes, aujourd'hui, ne peut s'empêcher d'interroger l'antique héroïne d'un point de vue féministe.

« Électre tue sa mère. C'est peut-être un désir secret de chaque fille de tuer sa mère, au moins symboliquement. Deux visions féminines du monde s'affrontent ici : Clytemnestre choisit d'enfanter ; Électre, à cause de la mort de son père, vit sans vie, coupée de toute sexualité. Mais sa mère rompt avec la tradition tandis qu'Électre obéit à l'ordre ancien. En termes modernes, on pourrait presque dire que Clytemnestre est davantage féministe qu'Électre. Bref, le paysage demeure très troublant. Ce n'est pas Antigone. La cause d'Électre n'est pas totalement juste. Elle prône un système masculin, archaïque. »

En même temps, l'héroïne sombre, noire, obscure révèle les tréfonds de l'humain, une part d'ombre de l'humanité. Le féminisme d'Haentjens est aussi un humanisme. « L'ordre dont se réclame Électre me renvoie forcément à la barbarie d'aujourd'hui, de l'Afrique aux Balkans. C'est l'éternel "œil pour œil, dent pour dent". C'est le système du meurtre et du sang, très troublant, très désespérant dans sa persistance. Le système qui

Arts de la scène

protège les assassins, garde au pouvoir les responsables des massacres. Au Sierra Leone, les responsables des mutilations d'enfants sont au pouvoir. Au moins, Électre a l'excuse de vouloir venger son père...»

Plutôt qu'à la vengeance, la mode semble plutôt au pardon. Le pape vient de formuler des demandes d'excuses pour les fautes commises par les catholiques depuis 2000 ans. La philosophe Hannah Arendt pensait que sans la possibilité de pardonner, la vie deviendrait un enfer quotidien. «La pièce de Sophocle se situe sur un autre plan, remarque alors sa metteure en scène. Elle permet de demander ce qu'est la barbarie, la monstruosité, où est la bête en chacun de nous. Notre société d'abondance — pour certains —, largement pacifiée, laisse quand même surgir des moments de folie meurtrière.»

Le public en pièce

Mme Haentjens ne s'habitue pas à vivre sereinement avec cette terrible matière. Avec sa troupe, elle y plonge comme dans un feu. «Je suis attirée par les grands brûlés», dit-elle des comédiens avec lesquels elle a choisi de travailler. Anne-Marie Cadieux, bien sûr, sa comédienne fétiche, son alter ego, qui était de *Marie Stuart*, qui sera de *Malina*. Il y aura aussi Marc Béland, un autre habitué chez Haentjens, et deux nouvelles compagnes d'armes, Anne Dorval et Andrée Lachapelle. «J'aime être entourée de personnes fortes, jamais serviles. J'aime être confrontée, sans agressivité. J'ai composé une équipe idéale, des gens que je connais très bien et des gens que je vais découvrir.» Les contraintes budgétaires et des choix assumés ont également permis de régler rapidement l'incontour-

nable question du chœur, incarné par une seule personne. Un chœur en solo, quoi. La manitou annonce aussi une scénographie, des costumes et une atmosphère musicale très épurés, ramenés à l'essentiel. «Je me demande parfois si je ne suis pas en train de reproduire une mise en scène classique», dit la dame plus habituée au répertoire du XXᵉ siècle. «Mais on n'échappe pas à ce problème. L'écriture de Sophocle, tu ne peux pas l'emmener n'importe où. On se sent très démuni face à un tel monument. Molière, tout ça, ça ne m'intéresse pas trop. Le musée du théâtre ne m'intéresse pas trop. Pour moi, les Grecs ne sont pas au musée : ils constituent la source originelle de l'art théâtral.»

On semble en effet bien loin des «formes connues» qu'il s'agirait de «mettre en marché». D'autant plus loin que Brigitte Haentjens, toujours franche, lance le plus sérieusement du monde qu'elle ne pense jamais au public quand elle monte un spectacle. «Sérieusement, répète-t-elle en toute fin d'entrevue. Je fais ce qui me plaît, ce que je sens. Et, sur le coup, je ne sais jamais exactement pourquoi je fais telle ou telle chose. L'éclaircissement vient après. Le succès ou l'échec publics aussi. Et puis, *Électre*, ce n'est pas du divertissement. C'est du théâtre...» ■

▶ *Électre*

De Sophocle, traduction de Jacques Lacarrière.
Mise en scène de Brigitte Haentjens.
Avec Marc Béland, Anne-Marie Cadieux, Anne Dorval, Andrée Lachapelle, Christiane Pasquin, Denis Graveraux, Gregory Hlady et Guy Trifiero.
À Montréal, à l'Espace Go, du 28 avril au 20 mai 2000.

Festival de danse de Montpellier

Ça bouge au sud !

PAR ANDRÉE MARTIN

De plus en plus, le Sud s'habille de poésie contemporaine pour montrer au Nord ce dont il est aujourd'hui constitué. La présentation de *Taagalà, le voyageur* de Salia nï Seydou, et les projets de création d'un centre de développement chorégraphique au Burkina Faso et de l'Agora - Cité européenne de la danse à Montpellier témoignent de la vitalité d'un courant d'échange chorégraphique Nord-Sud.

IL N'EST PAS impossible que le futur chorégraphique de la danse contemporaine nous vienne du Sud ; en bonne partie du moins. La présentation de *Taagalà, le voyageur*, nouvelle création de la compagnie Salia nï Seydou du Burkina Faso, mardi et mercredi derniers dans le cadre du Montpellier Danse, confirmait une fois de plus qu'il y a dans les pays africains — et que dire des pays de l'Asie comme de ceux de l'Amérique centrale et du Sud — un potentiel créatif et poétique énorme, méconnu d'une grande partie des pays industrialisés.

En effet, les regards du Nord se tournent encore très (trop) peu vers la contemporanéité du Sud. N'eût été de gens comme la chorégraphe Mathilde Monnier, qui, il y a plus de dix ans, s'est intéressée à l'Afrique au point d'y faire un séjour de création et d'y intégrer certains danseurs dans sa compagnie, cette manière d'être constamment tourné vers le Nord nous aurait fait perdre des moments fabuleux de l'histoire de la danse contemporaine, comme cette œuvre pour six danseurs, chaude et ronde,

qu'est *Taagalà, le voyageur.* Taagalà, c'est le voyageur éternel, celui qui est constamment en train de partir. C'est le Touareg, voyageur ancestral, le gitan, nomade aux visages multiples, l'artiste ou l'homme d'affaires, voyageurs modernes. C'est aussi le voyage intérieur, face à soi-même, tout comme le voyage imaginaire, que chacun réalise pour soi dans la solitude.

Mais *Taagalà*, c'est d'abord un morceau chorégraphique choisi où la danse, mélange sublime de tradition et de modernité, envoûte par sa manière d'embrasser l'espace et le temps, l'énergie qu'elle dégage, et l'incroyable densité des corps mis en scène. Même si cette œuvre fraîchement débarquée de Ouagadougou semble encore avoir besoin de quelques ajustements finaux, elle témoigne d'une finesse et d'une profondeur d'esprit considérable. Interprété par les chorégraphes eux-mêmes, Salia Sanou et Seydou Boro, de même que par Julie Dossavi, Ousseni Sako et les musiciens Amadou Dembelé et Dramane Diabaté, *Taagalà, le voyageur* demeure une œuvre unique qui a la très grande qualité de nous faire voyager au delà de nos propres frontières intérieures. Un voyage joyeux, tranquille, énergique et touchant, dont on ne peut qu'espérer qu'il fasse un jour escale à Montréal.

Initiatives à suivre

Ainsi, grâce à Mathilde Monnier, mais aussi à bien d'autres, comme Jean-Paul Montanari du Montpellier Danse et, plus près de nous, Zab Maboungou de la compagnie Nyata Nyata, Chantale Pontbriand, Diane Boucher et Dena Davida du Festival international de nouvelle danse — qui, lors de l'édition 1999, nous ont donné l'occasion de découvrir l'Afrique dansant sa contemporanéité —, le Nord prend de plus en plus le pouls du Sud chorégraphique. La présentation, à l'intérieur du Montpellier Danse 2000, d'un volet consacré à la création du Sud s'installe dans cette même ligne de pensée. Si, dans le cas de cette dernière initiative, les résultats ne se sont pas tous avérés heureux, cela n'empêche pas Jean-Paul Montanari de garder le cap sur le Sud dans les projets du futur Agora - Cité européenne de la danse, qui ouvrira progressivement ses portes à partir de l'an prochain.

En effet, conçu pour réunir dans un même lieu le Centre chorégraphique national de Montpellier L-R, les bureaux du Montpellier Danse, des studios de création, des logements pour les artistes, un centre de documentation sur la danse et une cafétéria, ce centre consacrera une partie de son énergie et de son budget à l'accueil d'artistes du Sud en résidence de création. Montpellier réaffirme ainsi son désir d'être une sorte de carrefour entre le Nord et le Sud. S'installant dans le prolongement naturel des activités, et du Centre chorégraphique national de Montpellier et du Montpellier Danse, le futur Agora - Cité européenne de la danse constituera un lieu unique en Europe, tant par la dimension de son travail touchant autant à la création qu'à la production et à la diffusion que par son aide aux artistes venus de pays où les moyens pour créer manquent cruellement. En ce sens, les Maisons de la danse de Lyon et de Stockholm, comme le Suzanne Dellal Centre à Tel-Aviv, n'en font pas autant.

Sur un terrain similaire, le projet de création d'un centre de développement chorégraphique à Ouagadougou, au Burkina Faso, vise à soutenir les artistes de la création chorégraphique contemporaine en Afrique, un domaine où tout reste à faire. Visiblement premier centre dans le genre dans toute l'Afrique, ce projet, qui a l'aval du gouvernement burkinabé — mais qui n'a pas encore le budget pour installer des infrastructures permanentes —, a été mis sur pied afin de donner des lieux à la danse contemporaine africaine ; des lieux qu'elle n'a assurément pas pour l'instant. Ce centre, un moyen direct de dynamiser la nouvelle danse en Afrique, notamment en favorisant les échanges entre pays africains et extra-continentaux, devrait indirectement profiter aux pays du Nord qui, comme Montréal l'an dernier, commencent doucement à se tourner vers l'Afrique. Un continent et un monde qui a beaucoup à offrir de sa vision, enracinée et fort poétique, du corps en mouvement, et dont *Taagalà, le voyageur* est un brillant exemple. ■

Perspectives

Le rideau se lève à Avignon

PAR CHRISTIAN RIOUX

Entre Denis Marleau et Pina Bausch, la cité des papes croule sous les manifestations culturelles.

A VIGNON en fait-elle trop en ce début de millénaire? Le rideau se lèvera ce soir dans la cour d'honneur du palais des Papes alors que la ville croule déjà sous les expositions et les manifestations culturelles. Que voulez-vous, ce n'est pas tous les jours l'an 2000!

Le rideau du Festival d'Avignon se lève donc ce soir dans ce qu'il faut dorénavant appeler une capitale culturelle européenne. Cela signifie qu'aux centaines de pièces de théâtre présentées dans les festivals *in* et *off* viennent s'ajouter cette année autant de manifestations destinées à célébrer rien de moins que «la beauté».

Heureusement, rien ne remplacera l'émotion d'un soir de première dans le cloître des Carmes ou la petite église des Célestins. Ici, pas besoin de longues démonstrations pour expliquer au quidam ce qu'est la beauté.

Le Festival d'Avignon a décidé de célébrer l'an 2000 en convoquant plusieurs de ses habitués, dont les Québécois Denis Marleau et Normand Chaurette, et en ouvrant toute grande sa porte aux productions d'Europe centrale.

Plus européenne que jamais, la programmation s'ouvre ce soir sur une chorégraphie de l'Allemande Pina Bausch, *Le*

Laveur de vitres, créée en 1997 à Hong-Kong au moment du retour de la ville dans le giron chinois. En octobre 1996, Pina Bausch passa trois mois à Hong-Kong où elle fut frappée par les laveurs de vitres qui admirent le monde dans des façades de verre à des hauteurs vertigineuses.

Mais Hong-Kong n'est qu'un prétexte pour poursuivre l'exploration des rapports entre hommes et femmes qui caractérise le travail du Tanztheater. La chorégraphe, qui arrive d'un long stage à Budapest, fait escale pour la troisième fois à Avignon avant de filer à Sydney pour l'inauguration des Jeux olympiques.

Après Wajdi Mouawad l'an dernier, est-ce un hasard si Avignon invite l'un des plus européens des metteurs en scène québécois, Denis Marleau? Le rendez-vous était pris depuis deux ans déjà, alors que Marleau avait ouvert le festival avec *Nathan le Sage* dans la cour du palais. En 1996, il avait présenté *Le Passage de l'Indiana* et *Maîtres anciens.*

Dans la salle Benoît XII, le grand manitou du théâtre Ubu créera demain une nouvelle pièce de Normand Chaurette, autre habitué du festival. *Le Petit Köchel* raconte l'histoire de deux musiciennes et deux musicologues qui prétendent chacune être la mère d'un enfant vivant au sous-sol, un enfant sacrifié à la passion de la musique.

Avec des noms comme Olivier Py, Philippe Caubère et Valère Novarina, tous présents cette année, Denis Marleau fait maintenant partie du club restreint des habitués.

Les enfants sacrifiés, égorgés même, sont aussi le sujet de la *Médée* d'Euripide qu'interprétera Isabelle Huppert dans la cour d'honneur. L'égérie de Claude Chabrol qui joue aussi Madame de Maintenon dans le récent *Saint-Cyr*, de Patricia Mazuy, s'attaque à une œuvre violente écrite en 431 avant Jésus-Christ. Isabelle Huppert a la tâche difficile de succéder à un autre comédien de Chabrol, l'étonnant Philippe Torreton, qui remplissait l'an dernier à lui seul la cour médiévale dans le rôle d'Henri V.

L'autre spectacle à grand déploiement de ce festival sera le ballet équestre du théâtre Zingaro, dirigé par le cavalier noir Bartabas. Depuis plus d'une dizaine d'années, cet habitué d'Avignon fait danser les chevaux comme des petits rats d'opéra. *Triptyk* s'inspire de la musique d'Igor Stravinski et de Pierre Boulez. Le spectacle intègre des artistes de kalaripayatt, un art martial du Kérala, au sud de l'Inde.

Le Festival d'Avignon pèche-t-il par conservatisme plutôt que par audace? Il est encore un peu tôt pour répondre à la question. Chose certaine, la nouvelle édition mise à la fois sur les habitués et les découvertes. Ces dernières viennent surtout de ce continent méconnu qu'est encore l'Europe centrale.

L'année 2000 est celle du lancement de Theorem, un vaste projet théâtral mis en place avec quatorze partenaires européens. Sous le titre *De la Baltique aux Balkans*, le programme rassemble dès cette année des metteurs en scène et des chorégraphes lettons, lituaniens, macédoniens, hongrois, polonais, roumains, bulgares, russes, slovènes, tchèques et yougoslaves.

Au menu, des textes de Gombrowicz, Tchekhov et Dostoïevski, ainsi que des créations d'auteurs parfaitement inconnus dans nos contrées. Parmi celles-ci, *Hotel Europa* s'annonce comme un spectacle-déambulation réalisé par des artistes de dix pays.

Le métissage sera aussi à l'honneur dans *Gilgamesh*, la première épopée jamais écrite dans l'histoire de l'humanité et traduite à partir des tablettes mésopotamiennes. Le spectacle sera interprété par des Syriens, des Américains et des Français.

Depuis deux ans, c'est une troupe italienne, Raffaello Sanzio, qui avait créé le scandale. La première fois, en interprétant une version complètement déglinguée et terriblement violente de *Jules César*. La seconde, en mettant littéralement en musique *Voyage au bout de la nuit* de Céline, sous les huées et les applaudissements de la salle.

La production de cette année s'annonce aussi délirante. Dans *Genesi*, Romeo Castellucci revient lui aussi au récit des origines. Il met en scène le premier livre du Pentateuque. Avec des techniques cinétiques, optiques et acoustiques, les Italiens évoquent l'origine du monde à laquelle se mêlent des références à Auschwitz.

En attendant les trois coups qui résonneront ce soir au coucher du soleil, la place de l'horloge n'est encore livrée qu'à quelques chanteurs itinérants que regardent des vacanciers précoces. L'industrie du festival a beau avoir ses hauts et ses bas, au moins le spectateur d'Avignon n'at-il pas trop l'impression d'assister à ces trop nombreux enchaînements hétéroclites de spectacles bricolés en vitesse pour attirer les touristes. Comme quoi, entre deux matchs de soccer, la France trouve encore le temps de s'intéresser au théâtre. ■

▶ LES ARTS | SAMEDI 15 JUILLET 2000 | C1

Cirque Éloize

Sur la corde raide

PAR FRANÇOIS TOUSIGNANT

Des Madelinots qui défient tout. Oublions l'histoire ; ce qui importe après tout, c'est le spectacle. Pour ça, le Cirque Éloize n'est pas en reste. Bien actifs, les 16 Madelinots qui l'ont fondé font des spectacles comme ils vivent : sur la corde raide.

CRÉÉ en 1993, le Cirque Éloize est unique dans le renouveau du monde du cirque. Issue d'une bande de joyeux drilles, la compagnie aime à réinventer le spectacle du cirque. On connaît l'engouement nouveau pour ce type de prestation depuis les premiers succès du Cirque du Soleil. C'est justement de là que vient cette troupe. Des amis des Îles-de-la-Madeleine vont prendre des cours de gymnastique à l'école du plus célèbre cirque québécois, le susnommé Cirque du Soleil. Attention : on a le coup de foudre. Pas pour continuer dans cette veine, davantage pour réinventer ce genre de « divertissement » selon sa propre et originale formule.

Dans l'univers du multimédia, à l'heure des lasers et des ordinateurs, les membres de la troupe cherchent autre chose, comme un retour à une spectacularité plus linéaire qui mise sur les prouesses humaines plus que sur les apports technologiques. La technique inspirée, voilà ce qui pourrait être le mot d'ordre du Cirque Éloize.

Et avec raison ! Sous leur emprise, le public revit les émotions des artistes d'autrefois qui se plaisaient à offrir à la fois sensations fortes extérieures et émotion artistique intérieure. Le Cirque Éloize, c'est en fait cela : l'illumination du plaisir de l'enfance telle que revisitée par des adultes qui cherchent en l'adulte l'enfant — et ils savent le trouver — tout en parlant en images poétiques que les enfants, jeunes et vieux, saisissent au premier coup d'œil (et premier coup de cœur).

L'imagination au pouvoir. On se souvient de ce slogan de Mai 68. Le Cirque Éloize ne l'a pas oublié non plus. On entre alors dans de nouvelles avenues et, à l'instar du Cirque du Soleil, la musique devient

Arts de la scène

chose importante, pour de vrai, complètement à l'opposé de ce que les Barnum & Bailey's pouvaient faire avec leur trois pistes.

À l'Amphithéâtre de Lanaudière cependant, pas de piste ; que faire alors ? Prendre les lieux d'assaut. Ça, c'est la spécialité de la troupe. Ce cirque, en fait, s'adapte à l'environnement où il se déploie. Furieusement communicateur, il épouse l'endroit et cherche toujours de nouvelles noces exaltantes avec son public.

Dans ce qui est attendu vendredi soir prochain à l'Amphithéâtre de Lanaudière à Joliette, il ne faut rien dire, sinon que le Cirque Éloize est « là ». Avec toutes ses pirouettes, ses contorsions, ses fulgurances de drapés (ceux qui ont déjà vu une prestation de cette troupe madelinote en savent quelque chose !) et ses surprises autant inattendues que magistrales qu'on connaît, la soirée de vendredi prochain, 21 juillet, risque d'être un moment fort de l'été. Dans le fond, on se risque à dire que le Cirque Éloize réinvente la danse ; pas dans le sens uniquement standard de la scène, mais aussi dans celui de l'utilisation de tout l'espace qui lui est consacré, sur les planches comme dans les airs. Voilà sa magie unique et intrigante.

On le dit parfois dans la mouvance du Cirque du Soleil. Pas vraiment. S'il en est né, le Cirque Éloize a sa personnalité propre, autrement plus intime, et qui use d'un langage poétique plus axé sur le corps et son déplacement que sur sa mise en scène dramatique. La féerie de ses images simples ne laisse nul spectateur insensible.

Ce qui est formidable dans le spectacle annoncé, c'est qu'encore une fois, tout cela sera fait avec de la musique en direct. L'électricité s'additionne et, dans ces conditions, la performance se fait plus nerveuse. Vous voulez savoir un secret ? Même si ces artistes peuvent préférer la trame sonore enregistrée qui leur permet de tout régler, ce côté *live* les stimule et les force à offrir ce qu'ils ont de meilleur.

La vie de cirque constitue une gageure de tous les instants, un pari sur l'exécution d'un numéro comme sur la vie. Pour arriver à une illumination certaine et un partage aussi certain. Voilà la force du Cirque Éloize qui, sans vaine prétention, cherche à toucher son public. Est-ce qu'il y réussit ? Je dirais : certes ; mais à vous d'en juger, vendredi soir prochain à Joliette, dans un espace que ces charmeurs de classe qui le composent adorent. ■

▶ **Cirque Éloize —**
Spectacle présenté dans le cadre
du festival de Lanaudière
À Joliette, à l'Amphithéâtre de Lanaudière, le 21 juillet 2000.

La Paresse ▷ Une installation performance du cinéaste
François Girard, qui met en scène le comédien Georges Molnar.

Arts visuels

Tableau mort et vivant

PAR STÉPHANE BAILLARGEON

LE MONSIEUR sur la photo a au moins cent ans, peut-être même mille ans. Il est de toutes les époques et de tous les temps puisqu'il incarne la paresse. Il est installé au Musée d'art contemporain de Montréal (MACM), depuis hier, dans une grande salle qu'on découvre à distance, à travers un cadre, comme s'il s'agissait d'un tableau. Il y restera, comme ça, à peu près toujours immobile, jusqu'au 24 octobre prochain. Six heures par jour (et même dix le mercredi), à ne rien faire, ou presque, à écouter pousser ses cheveux, à regarder le monde passer, à l'étudier, à le contempler. Ce captivant paresseux est un sage.

L'installation-performance intitulée *La Paresse*, tout simplement, a été concoctée par le cinéaste François Girard. Il a fait appel au comédien Georges Molnar, découvert ici dans la pièce *Les Âmes mortes*, de Gilles Maheu, mais aussi à Nancy Tobin, qui a créé un univers sonore envoûtant, et à une large équipe de huit concepteurs pour le décor.

François Girard est maintenant connu et reconnu pour ses films *Le Violon rouge*, *Thirty-two Short Films About Glenn Gould*, l'adaptation filmée du *Dortoir*, de Carbone 14. On oublie souvent que le jeune cinéaste a débuté sa carrière artistique avec quelques productions en arts visuels (surtout des vidéos), au début des années 80.

La nouvelle œuvre du MACM lui permet de renouer avec cette vieille passion personnelle et professionnelle. Girard a réalisé son travail riche et complexe, ensorcelant comme un feu qui crépite, dans le cadre d'une résidence, une habitude annuelle du musée. Le metteur en scène-cinéaste Robert Lepage a inauguré la série en 1995 avec son *Elseneur*, un *one man show* autour du *Hamlet* de Shakespeare.

« Après 0, j'avais envie de remettre mes pendules à l'heure, de revenir à zéro, expliquait hier François Girard, au moment de la visite de presse. La proposition du musée est tombée pile. Elle me permettait d'effectuer un retour aux origines, vers le vidéo, vers l'installation. »

Le cinéaste a également longuement expliqué le choix du thème de la paresse, récurrent dans l'histoire de l'art. Il a rappelé que ce péché capital a toujours été l'un des plus difficiles à saisir. Il a aussi souligné que sa propre proposition tente de s'éloigner de la tradition judéo-chrétienne. « J'ai moins voulu mettre l'accent sur la condamnation de la paresse, qui a des sources religieuses mais qui a été récupérée par l'idéologie capitaliste, que sur les impulsions fondamentales qui nous animent tous. »

Cette lecture a notamment été développée à la suite de conversations avec

Arts visuels

l'animateur de radio Jacques Languirand, un peu gourou, qui a suggéré d'établir un parallèle entre les sept péchés capitaux et les sept âges de la vie. Dans cette optique, la naissance correspond à la colère, l'enfance à la gourmandise, l'adolescence à la luxure, l'âge adulte à l'orgueil, la maturité à l'envie, la vieillesse à l'avarice, et la mort, qui est le dernier des âges, à la paresse. « Dans ce travail, tout s'articule donc autour de l'expérience humaine, du parcours d'une vie », explique encore Girard, qui a logiquement fait de son paresseux un vieillard « aux portes de la mort ».

L'artiste théorise davantage autour de son œuvre dans une publication accompagnant l'exposition. Ce petit catalogue reproduit en fait un entretien que François Girard a accordé à Louise Ismert, responsable des créations multimédias du MACM. ■

▶ *La Paresse*
Installation-performance
de François Girard.
Avec la participation de Georges Molnar.
Au Musée d'art contemporain de Montréal,
du 31 août au 24 octobre 2000.

▶ LES ARTS ❘ SAMEDI 4 SEPTEMBRE 1999 ❘ B1

Feinte à gauche

Le Mois de la photo.

PAR BERNARD LAMARCHE

Le dernier Mois de la photo à Montréal (MDM) avait étalé avec éclat les questions de la dématérialisation et de l'effritement de l'effet de réel dans les images photographiques. Contestant le vrai, flirtant avec l'impur, la manipulation participe de la suspension de la croyance en la photographie, ébranle tout rapport à l'image. D'un autre côté, les lieux communs disent combien la photographie redouble le réel, que le documentaire demeure le genre le plus naturel que la pratique puisse supporter, vu le peu de soupçon que soulève la photographie dans sa supposée reproduction du réel.

LE DOCUMENTAIRE élabore une archéologie du réel. Le monde évolue et se complexifie. Il est tout naturel, donc, que la photographie, qui capte les vérités du monde, change avec lui. Toutefois, l'affaire n'est pas si simple. Les points de vue sur le monde se raffinent également, se durcissent parfois et se diversifient de même. Au Québec, la photographie documentaire comme le docu-fiction sont largement liés à une cartographie de l'intime, pratique ici répandue depuis les années 70. Vu l'importance locale de cette mouvance particulière du genre, l'enjeu de la présentation par le Mois de la photo du volet « Le souci du document » est majeur.

Deux ans après s'être penché sur une modalité du rapport au réel tendu par les images manipulées, pour cette nouvelle édition, peut-on lire dans l'introduction au très beau catalogue publié aux Éditions Les 400 coups, rédigée par Marie-Josée Jean et Pierre Blache, tous deux codirecteurs du MDM, il est question de voir comment « la photographie documentaire superpose à la réalité documentée une opinion, une valeur, une émotion, une préoccupation, une sensibilité, ou tout autre chose enracinée dans l'expérience du photographe ».

Les glissements de la photo

L'histoire du thème a sa place au cœur de l'événement montréalais. En 1995, le MDM, alors âgé de quatre bougies, avait traité de cette épineuse question, avec l'exposition _Documents persistants_. La présentation tablait alors sur les effets de vérité dans des productions artistiques, s'interrogeant « quant à la nature documentaire de la photographie ». De souligner Marie-Josée Jean, « la question du document est toujours présente dans les réflexions sur la photographie. On sent ces dernières années, dans la photographie tout comme dans l'art contemporain, le retour de questionnements de nature sociale. Cela nous apparaît comme des circonstances intéressantes pour évaluer les nouvelles approches du documentaire ».

Cette année, il s'agit d'explorer la photographie comme document et d'éprouver les glissements conséquents à ce type d'approche, les regards obliques qui se posent sur elle. Ce sera, par exemple, la principale préoccupation de l'exposition _La Caméra dans l'ombre : la documentation photographique et le musée_, signée par Vid Ingelevics au Musée de Joliette, sur les différents statuts que la photographie adopte malgré elle dans les collections muséales, entre le cabinet d'estampes, comme œuvre à part entière, et les archives où elle sert de document.

Le regard porté sur le documentaire sera exploré par cette exposition, alors que le lien avec le réel sera rompu ailleurs. Au moins une exposition, celle de Joan Fontcuberta au Musée Redpath, se dressera comme une véritable construction de preuves. Le regard incrédule se posera sur des images qui présentent, documentent et prouvent l'existence d'étranges créatures terrestres.

La photographie ne sera pas uniquement présentée dans son acception _straight_. « Les nouvelles technologies seront également présentes », souligne Marie-Josée Jean. Faut-il en tenir pour preuve cette rétrospective, tenue à la Galerie du Mai, rue Jeanne-Mance, des œuvres de Bertien van Manen, préparée par Bas Vroege ? Le commissaire associé au Nederlands Foto Institut de Rotterdam couvrira 20 ans de travail de la photographe néerlandaise, mais à travers une approche singulière, expérimentale, prenant appui sur la projection des œuvres photographiques « dans une installation théâtrale ».

Le nœud de l'approche thématique est présenté au Marché Bonsecours avec quatre expositions — _L'Évocation, Habiter le présent, Moving Still_ (un solo de Donigan Cumming) et un projet spécial, d'une rare beauté, à même la coupole de l'édifice, par le Chilien Alfredo Jaar. Ce chapitre est doublé de la traditionnelle invitation lancée à un pays mis en vedette. À l'intérieur du volet thématique, les Pays-Bas sont à l'honneur. Des cinq expositions consacrées à cette nation, une seule exposition, à la galerie Skol où on présente trois jeunes artistes, ne fait pas partie du volet principal.

« On a lancé l'invitation au Foto Institut de travailler sur le document. L'exposition de Frits Gierstberg propose un projet sur le portrait, intitulé *Conditions humaines*. Lucie Bureau travaille sur la question des femmes photographes, une exposition historique. Chez les artistes de Gierstberg, il y a une incertitude qui ressort des portraits, dans la façon de documenter. Par exemple, Rineke Dijkstra a fait un projet sur les femmes qui viennent tout juste d'accoucher. On n'y présente pas la mère, heureuse, mais plutôt l'incertitude reliée à cette nouvelle situation, au corps. Il n'y va pas d'une représentation idéaliste. On peut y retrouver des échos de ce qui se fait au Québec, pour ce qui est de l'intimité, mais celle-ci s'étend à plusieurs couches du social, notamment chez les femmes photographes. Par exemple, elles documentent, selon une approche intimiste, le quotidien de la guerre, les enfants dans la rue et d'autres événements sociaux. »

Les effets du réel

Le programme du MDM est complété par un volet majoritairement constitué d'expositions organisées par le milieu montréalais. Plusieurs acteurs de la communauté ont répondu à l'appel. La Galerie de l'UQAM présentera les nouvelles recherches très « attendues » de Roberto Pellegrinuzzi. Il y érigera de larges fresques photographiques qui dissèquent selon une attitude scientifique les visages de ses modèles. Par saturation du visible et des effets du réel, par l'excès dans le souci de reproduction, cette nouvelle production de Pellegrinuzzi contribue paradoxalement à la dissolution des pouvoirs de l'image, en misant sur une surenchère étouffante de détails, en activant la métaphore du toucher par les nombreuses sutures de l'image. On pourra voir également les silhouettes-étalons de Denis Farley se tenir sur la place publique, près du Musée d'art contemporain. Des jeunes, comme Yan Giguère (Clark), des artistes plus aguerris comme Holly King (Musée des beaux-arts de Montréal), des plus connus, Bill Vazan (Bibliothèque publique de Côte-Saint-Luc), Stan Douglas et Charles Gagnon (Concordia), comme la très jeune relève dont fait partie Eliane Excoffier font également partie du vaste programme. Une exposition, *La Couleur du confort* (Vox) se penche d'ailleurs sur les pratiques émergentes.

Au total, plus d'une centaine d'artistes se partageront plus de 50 lieux de diffusion. Le projet le plus visible du MDM sera sans contredit le moins « photographique » du lot. Dans la coupole du Marché Bonsecours, chaque fois qu'un sans-abri passera le seuil de l'Accueil Bonneau et de la Maison du père, un éclair de lumière rouge animera le faîte de l'édifice. Ici, le documentaire sera réduit à quelques-uns de ses traits. Chaque fois que l'infortune de ces gens les conduira à ces refuges, les environs du Marché Bonsecours seront alertés. Les considérations sociales implicites au thème sont reconduites, l'alerte sera sonnée, alors que la dignité et l'intimité de ces gens de la rue seront préservées. Une autre manière, critique et en même temps poétique, de se soucier du document. ■

Vers le cybermusée

PAR STÉPHANE BAILLARGEON

Comme à peu près tout le monde, les musées négocient le virage technologique. Certains idéologues prophétisent un avenir radieux, mais les muséologues, gens pragmatiques, préfèrent le plus souvent utiliser les nouvelles technologies comme un outil de plus dans la panoplie des moyens au service de la conservation, de l'étude et de la diffusion des œuvres.

L E MUSÉE est un lieu de mémoire. Cette institution permet de conserver ce qui est collectivement jugé valable de l'être. Au Québec, près de neuf musées sur dix sont voués à la protection et à la diffusion de l'histoire, ne serait-ce que de l'histoire de l'art. N'empêche, cette vieille et vénérable institution sait aussi être de son temps, du nôtre, informatisé à souhait. À preuve, ces deuxièmes rencontres francophones «nouvelles technologies et institutions muséales» qui viennent de se terminer à Montréal. L'événement organisé en marge du congrès annuel de la Société des musées québécois (SMQ) a rassemblé plus de 400 participants, dont une bonne centaine venus de France, de Belgique et de quelques pays africains.

Les Premières rencontres ont eu lieu à Dijon, il y a deux ans. Les dernières seront présentées à Bruxelles, l'an prochain. «Les nouvelles technologies sont utilisées en muséographie mais servent aussi à informatiser les collections ou dans la gestion des établissements», résume Hélène Pagé, réélue présidente de la SMQ mercredi matin. «L'objectif central de la série est de poser des questions : à quoi servent les nouvelles technologies? Comment sont-elles utilisées ici et ailleurs

dans le monde? Quel futur nous préparent-elles?»

Un avenir aussi radieux que mille soleils, si on en croit le philosophe Pierre Lévy, professeur à l'Université du Québec à Trois-Rivières, invité à prononcer la conférence d'ouverture des Deuxièmes rencontres, mercredi midi. L'auteur de *Cyberculture* (Odile Jacob, 1997) a choisi comme thème «La culture à l'heure de la mondialisation et des réseaux». Un vaste sujet, éclairé d'un optimisme paradisiaque. Le zélateur à chaud des nouvelles technologies a expliqué aux muséologues que l'ordinateur allait favoriser une mutation de l'humanité tout autant que trois autres «objets anthropologiques» : le feu, l'outil et l'écriture. Il a proposé que tous les ordinateurs n'en forment qu'un seul et que cet ordinateur universel est en train de connecter tous les humains entre eux, de préparer l'avènement de la transparence de la conscience à elle-même. Il a envisagé le jour prochain où «cette sorte de système nerveux de l'humanité» va permettre «de voir partout, d'entendre tout» pour finalement devenir «la ville universelle, le marché universel, la bibliothèque universelle». Au secours, Armand Mattelart!

Arts visuels

En vérité, on vous le dit, le délire positif du futurologue a atteint son paroxysme quand Pierre Lévy a enfin abordé de front le problème de la place de l'institution (du « musée universel », évidemment) dans cette nouvelle Cité de Dieu — le philosophe a lui-même évoqué le point Oméga et la Noosphère chers au théologien Teilhard de Chardin. « Le musée est un lieu de mise en scène des formes, a expliqué le prophète du cybermonde. Les musées du futur vont peut-être s'organiser autour d'installations virtuelles progressivement accessibles par réseaux. Les musées vont exposer en ligne et vont exposer au fond au même endroit. » Pierre Lévy a même prédit que « dans quelques décennies » l'ordinateur permettrait « l'exposition de toutes les formes et de tous les rapports entre ces formes : tous les dinosaures, toutes les œuvres d'art, toutes les grandes batailles... »

Disons que certains membres de la docte assemblée sont demeurés sceptiques. Un muséologue a même parlé « d'extrapolations extravagantes ». « On trouvait intéressant d'avoir un philosophe qui a réfléchi sur la question des nouvelles technologies », commentait ensuite la présidente de la SMQ, qui reconnaissait tout de même que M. Lévy avait esquivé quelques problèmes fondamentaux, ne serait-ce que la question centrale de l'accès aux œuvres authentiques, à jamais impossible dans le monde virtuel. « Il ne connaît pas beaucoup la pratique muséale. L'objet sera toujours là et conservera son avantage, même si on en diffuse des copies. Les salles de spectacle peuvent diffuser les mêmes œuvres, mais le Musée acadien de Bonaventure n'a rien à voir avec le Musée McCord de Montréal. Chaque institution conservera toujours sa spécificité, j'en suis convaincue. »

Quelle réelle présence du virtuel ?

On range donc la disquette messianique et on poursuit dans une perspective plus pragmatique. Les Rencontres ont fait la preuve par dix et cent que les nouvelles technologies de l'information ont des effets concrets sur toutes les activités des musées. Un des quelque vingt grands ateliers portait sur leurs impacts en scénographie. Un autre expliquait comment les utiliser pour tenter de conquérir les jeunes publics. Un autre encore expliquait comment les artistes eux-mêmes peuvent exploiter l'art numérique pour créer une interaction entre leur œuvre et le visiteur. « Le changement est particulièrement important dans la gestion des collections », commente Michel Perron, directeur général de la Société des musées québécois et président des Rencontres 1999. « C'est la base du travail qui permet ensuite de remonter jusqu'à la mise en espace des œuvres. Mais il ne faut pas manquer le tournant. La muséologie québécoise est relativement d'avant-garde et il faut conserver cet avantage. »

La base de données Info-Muse existe depuis 1991 et un projet en cours mènera à la numérisation d'au moins 15 000 images. Un répertoire national, le réseau canadien d'information sur le patrimoine, recense des centaines de milliers d'œuvres et d'objets d'art. Le Musée des beaux-arts de Montréal, le Musée du Québec et le Musée d'art contemporain ont développé ensemble (artimage), un répertoire qui comptera plus de 20 000 œuvres, de l'Antiquité à nos jours.

Le Musée canadien des civilisations (MCC), à Hull, est le phare national dans ce domaine. Son site Web contient déjà 30 000 écrans d'information, le Cybermentor, des guides pédagogiques, une base de données imposante sur ses collections. Il a même produit un cédérom pour les enfants doublé d'un lien Internet. Il aide aussi des musées africains à numériser leurs collections.

Ce qui coûte bonbon, évidemment. D'autant plus que la technologie évolue rapidement et force des investissements récurrents pour passer, par exemple, du support vidéo (en différents formats d'ailleurs) au cédérom, au DVD et bientôt à Hermes sait quoi. Info-Muse a déjà englouti environ trois quarts de million. Le MCC investit des centaines de milliers de dollars chaque année dans ce nouveau secteur. «Justement, les rencontres s'adressent d'abord aux institutions de petite et moyenne taille pour leur donner de meilleurs outils et les encourager à partager leurs expertises et les coûts d'exploitation», dit alors Michel Perron.

L'Observatoire de la SMQ (*www.smq.qc.ca*), lancé jeudi matin au congrès, est dans cet esprit de collaboration. Le site est conçu comme un «centre de référence virtuel», regroupant des bases de données, des répertoires et des ressources documentaires. C'est aussi une agora, «un lieu de communication, d'échange et d'expérimentation». Le tout réel et virtuel a coûté environ 200 000 $.

Faut-il numériser?

Les Belges, les Français et les Africains étaient aux Rencontres pour bénéficier de ces exemples, mais aussi pour exposer leurs propres cas et finalement créer des échanges. «La différence assez connue entre les musées français et les musées d'ici, c'est le volume des collections», explique Philippe Guillet, directeur de l'Office de coopération et d'information muséographiques (OCIM) et observateur habitué des congrès de la SMQ. «Chez nous, comme un peu partout en Europe,

on subit le poids de la conservation. L'informatisation de ces montagnes d'œuvres semble une tâche quasi insurmontable.» Il cite alors le cas du Museum National, comptant 76 millions de lots de spécimens auxquels il faut rajouter les collections des autres musées d'histoire naturelle, pour un total d'environ 110 millions de lots. Comme chacun peut compter plusieurs objets, à lui seul, ce lot de lots himalayen compte probablement plus d'artéfacts que toutes les grandes collections nationales canadiennes, toutes disciplines confondues.

«Il faudra faire des choix», enchaîne le Belge Damien Watteyne du ministère de la Culture de la Communauté francophone Wallonie-Bruxelles, qui parle des «palettes» d'objets entreposées dans les chambres fortes des musées de son pays. «À Bruxelles, l'an prochain, nous allons organiser au moins deux ateliers autour de la question de l'informatisation des collections, alors qu'ici, au Québec, nos collègues ont déjà dépassé ce stade.»

Le Louvre a commencé à numériser ses collections en 1993, d'abord pour un usage interne, puis pour le grand public du Web, grâce au CyberLouvre, un espace où peuvent être consultées des bases de données. À la fin de 1997, 61 % des quelque 50 000 antiquités égyptiennes étaient reproduites virtuellement, mais aucune peinture. La photographie des toiles vient tout juste de commencer. Les conservateurs ont exigé qu'on les reproduise avec leurs cadres, ce qui a posé des problèmes techniques. Le Louvre a également développé des sites Internet et d'excellents cédéroms. En fait, la France est le leader incontesté des producteurs de cédéroms de la Francophonie.

L'an prochain, le ministère de la Culture de la France devrait consacrer envi-

Arts visuels

ron quatre millions de dollars à ses programmes sur la « société de l'information ». Paris et Ottawa ont signé un accord de coopération et d'échanges en matière muséale il y a près d'une décennie. Plus de 170 projets ont déjà été réalisés dans ce cadre. Par exemple ce site virtuel, La Nouvelle-France : ressources françaises (*www.culture.fr/culture/nllefce/fr/*), présenté en atelier jeudi dernier. Le site recense les collections d'archives et d'œuvres sur l'Amérique française de l'Ancien Régime conservées dans les institutions culturelles de l'Hexagone. On peut y découvrir des trésors méconnus, par exemple des peaux peintes amérindiennes, jamais reproduites en édition et rarement exposées. En juillet dernier, ce site a attiré 5400 internautes.

Comment exposer virtuellement ?

Les nouvelles technologies viennent également en aide dans les salles, les vraies. Les visiteurs sont maintenant habitués non seulement à la présentation d'œuvres des arts médiatiques (comme *La Paresse*, de François Girard, en ce moment au Musée d'art contemporain de Montréal), mais aussi à l'utilisation des techniques de pointe pour la présentation de collections plus traditionnelles. Un ordinateur peut donner des renseignements sur la vie quotidienne des Inuits. Une vidéo peut illustrer l'emploi d'un vieil outil. Les technologies de l'information sont même utilisées dans les parcs et les sentiers d'interprétation, par exemple au Jardin botanique de Montréal. La culture au service de la nature. Ça se défend.

Il y a tout de même des limites. Tout ne réussit pas. La Biosphère de l'île Sainte-Hélène, inaugurée il y a cinq ans, souhaitait utiliser au maximum des « bornes interactives », des écrans accompagnant la visite. Ces guichets automatiques ont vite montré leurs limites : les visiteurs n'y trouvaient pas leur compte pédagogique et réclamaient des guides en chair et en os. « Nous avions une vision très *high tech* », expliquait Marc Saint-Germain, conseiller principal en informatique du centre d'interprétation du Saint-Laurent. Comme quatre autres établissements muséaux de la métropole, la Biosphère recevait les congressistes mercredi après-midi, tout de suite après la conférence d'ouverture du congrès de Pierre Lévy. Après le virtuel, le réel... « On pensait que les choses pouvaient se faire toutes seules avec les ordinateurs. Cinq personnes devaient faire fonctionner le musée... »

La « machine à exposer » compte maintenant une douzaine d'animateurs, aidés bien sûr par une trentaine de bornes interactives qui ont coûté entre 25 000 et 40 000 $ chacune. « Nous étions visionnaires, mais nous étions aussi idéalistes au départ, conclut M. Saint-Germain. Je suis informaticien, mais je ne suis pas un vendeur de bornes. En même temps, je crois que mes collègues muséologues doivent apprendre à mieux maîtriser les nouvelles technologies, pour mieux les utiliser, pour mieux les aider à communiquer l'information. Il n'y a pas de miracle. C'est un outil. Un simple outil. » ∎

Formes

Sauver la face du patrimoine

La restauration de la façade du Théâtre Corona.

PAR CLAUDINE DÉOM

Vous êtes-vous promenés du côté de la rue Notre-Dame ces derniers temps ? Allez vite voir, car dans ce coin de la ville, à l'ombre du marché Atwater, une surprise vous attend.

La restauration du Théâtre Corona, dont la longue et trépidante histoire s'est échelonnée sur plusieurs années, s'est finalement achevée récemment avec les travaux de reconstruction de la façade du bâtiment. Ce dernier épisode — mais non le moindre — de la renaissance de l'ancien cinéma mérite qu'on s'y attarde un peu. Si, encore de nos jours, la conservation du patrimoine est (trop) souvent associée à des embûches nécessitant un surplus de temps et d'argent, pour les architectes de la façade, le travail à accomplir prenait plutôt les allures d'un défi qu'il fallait relever...

Pendant presque trois décennies, le Corona a sombré dans l'oubli. Après de longs moments d'incertitude quant à son avenir, l'immeuble patrimonial — tour à tour propriété de la Ville de Montréal, de la défunte société paramunicipale SIMPA et maintenant de l'Institut des arts de la scène — a rouvert ses portes l'année dernière et accueille dorénavant des spectacles sur scène. Au moment de l'inauguration de la salle, les grands pans de contreplaqué noir que l'on avait posés provisoirement en guise de façade lais-

saient entendre que tous les travaux n'étaient pas terminés. En effet, faisant suite à la démolition de sa devanture en 1997 — on invoquait alors de sérieux problèmes d'affaissement de la structure —, il était prévu que le Corona retrouve son visage d'antan. Ce fut d'ailleurs l'une des conditions pour l'octroi de la subvention d'un million de dollars du ministère de la Culture et des Communications du Québec et de la Ville de Montréal.

Les pièces du casse-tête

Les pièces de la moulure originale de céramique traçant le pourtour de l'immense arc en plein cintre, l'un des éléments les plus marquants de l'architecture du Corona, ont constitué le point de départ de la reconstruction de la devanture. Ayant été récupérés au moment de l'intervention de 1997, les morceaux de tuiles à motifs floraux avaient été remisés pêle-mêle à l'intérieur du théâtre. Aidés de photographies anciennes, les architectes ont reconstitué l'enchaînement original de la moulure, qui comptait au total plus de 78 modèles différents de pièces. « En réalité, ce fut un véritable travail de détective. Le motif original étant tracé sur une longueur de deux pièces, il fallait donc les identifier pour ensuite les jumeler. Retrouver l'ordre des pierres nous a demandé trois semaines de

Arts visuels

travail. Pour compliquer les choses, certains morceaux avaient été perdus ou étaient irrécupérables tant ils étaient abîmés», raconte Josette Michaud, architecte chez Beaupré et Michaud, la firme mandatée pour ravaler la façade. En guise de substitut, du grès pâle importé de l'Indiana a été utilisé, principalement en raison de sa couleur qui s'apparente aux pierres originales. Bien qu'il eût été possible de les remplacer — nos architectes avaient déjà repéré certaines sociétés américaines possédant une expertise dans la fabrication des moules reproduisant des motifs anciens ainsi que dans la cuisson des pièces —, les coûts inhérents à la reproduction des pièces manquantes surpassaient de loin les budgets alloués pour les travaux de la façade. Pour les mêmes raisons, les insertions de pierre ne reproduisent pas pleinement le motif d'origine.

Intégrer le neuf à l'ancien

Le parement de brique, quant à lui, a été entièrement refait. La maçonnerie d'origine (qui avait été enduite d'un crépi au cours des années 50, semble-t-il) n'a pu être récupérée en 1997. La reconstitution du motif avec ses petites croix d'origine, d'apparence simple, nécessita néanmoins de nombreux calculs de la part des architectes et des maçons. «En regardant les images anciennes, on s'est aperçu que la verrière et le motif se répondaient l'un et l'autre. Les croix sont placées en prolongement des axes dessinés par les poutres d'acier de la verrière. On comprend alors que la composition de la façade relève d'un travail précis et métré et que la disposition des éléments n'est pas fortuite», explique Mme Michaud. Pour la reconstitution de cette rigoureuse symétrie, une brique de couleur chamois — probablement la couleur d'origine, selon les conclusions de nos architectes-détectives

—, de dimensions particulières, se révéla nécessaire en raison du cadre contraignant que représentait la moulure de céramique. Différent de la brique rouge conventionnelle utilisée dans la plupart des chantiers, le format commandé (que l'on appelle dans le jargon du milieu le format Ontario) s'apparentait le mieux aux dimensions des briques d'origine.

Malgré toutes ces précautions, l'épaisseur du mortier entre chaque brique s'est révélé une préoccupation permanente pour les maçons au moment de la pose : «La difficulté, ce ne sont pas les petites croix», explique Gérard Labelle, maçon en chef œuvrant sur le chantier. «Le défi était d'abord de calculer juste pour s'assurer que l'arc soit symétrique. On ne disposait pas d'une grande marge d'erreur pour placer les morceaux de la moulure et les briques qui se trouvaient à l'intérieur de ce périmètre. Il fallait souvent descendre des échafaudages pour s'assurer que toutes les pièces étaient bien égales.»

Des choix qui s'imposent

La reconstruction de la façade du Corona marque un précédent dans le monde de la conservation du patrimoine à Montréal, même si ce n'est certes pas la première fois que des façades anciennes ont été démontées pour être ensuite reconstruites (la maison Cuvillier-Ostell dans le Vieux-Montréal en est d'ailleurs un exemple). L'absence de nombreux fragments de la devanture originale du théâtre — la marquise, notamment — ainsi que les transformations successives des vitrines du rez-de-chaussée au fil des années (selon les photographies anciennes, des changements seraient survenus dès 1923) n'ont pas incité une restauration à l'identique. De plus, il va sans dire que les sommes allouées pour la façade (la note finale s'élève à près d'un demi-million) ont exigé certains choix de la part du client et des architectes. «Il faut être réaliste et restaurer en fonction de l'usage que l'on veut faire [du bâtiment], du temps et de l'argent dont on dispose», défend Josette Michaud.

C'est ainsi que les contraintes budgétaires ont fait en sorte de reporter la réalisation de certains travaux, dont le remplacement des fenêtres et le nettoyage des pièces de la moulure. Aussi, des panneaux d'acier d'allure nettement plus contemporaine ont remplacé les morceaux d'entablement autrefois en céramique, qui comptaient parmi les plus endommagés. «Quand il s'agit de restaurer, tout est possible. Nous avons adopté le parti d'intervenir le plus honnêtement possible, si bien qu'aujourd'hui la façade du Corona présente à la fois des éléments anciens et contemporains. Ces choix auront sans doute contribué à prolonger la vie du théâtre, qui peut dorénavant être utilisé à des fins plus compatibles avec notre époque», ajoute-t-elle.

À ce que l'on voit, pragmatisme et conservation du patrimoine font bon ménage. Et pour finir le plat, il semblerait que la restauration soit une expérience qui mérite d'être vécue : «Bien sûr, pour nous, la restauration est plus coercitive sur le plan créatif puisque l'on doit œuvrer dans un environnement déjà construit. L'expérience est néanmoins très riche sur le plan intellectuel et émotionnel. Nous sommes fiers du travail réalisé», nous confie Mme Michaud.

Fait intéressant à noter, la restauration du Corona semble susciter déjà beaucoup de remous dans le sud-ouest de la ville. Des travaux de transformation de la vieille petite maison de brique rouge voisine du théâtre ont déjà commencé. On projette d'ouvrir un bistro et d'y aménager un jardin à l'arrière. Voilà une histoire de revitalisation de quartier que l'on suivra de très près et avec beaucoup d'intérêt. ∎

> **Regard en arrière**

La construction du Théâtre Corona remonte à 1912. À cette époque, la rue Notre-Dame est l'artère principale de l'ancienne ville ouvrière de Sainte-Cunégonde, dont le territoire est annexé à Montréal en 1905. On fréquentait alors le lieu, connu à l'origine comme le Théâtre Family, pour ses représentations de vaudevilles. Ce n'est qu'en 1923, à la suite d'un réaménagement de l'espace intérieur (dont la décoration est signée Emmanuel Briffa, célèbre décorateur de salles montréalaises), que le théâtre devient un cinéma et par la même occasion adopte un nouveau nom, le Corona.

L'architecture du théâtre, signée Cajetan Dufort (qui avait aussi réalisé les plans de l'hôtel de ville de Sainte-Cunégonde, bâtiment qui avoisine le Corona encore aujourd'hui), se distingue principalement par son arc de plein cintre mesurant tout près de 60 pieds de largeur, ainsi que par l'énorme baie vitrée qu'il dégage. La devanture de l'édifice se serait inspirée de celles des grandes salles américaines de la même époque, dont les formes ne sont d'ailleurs pas étrangères à l'architecture du grand architecte américain Louis Sullivan (plus particulièrement certaines de ses banques du Midwest, construites au tournant du siècle).

Acquis par la Ville de Montréal en 1967, le Corona sera pendant de nombreuses années un entrepôt pour le commerce voisin, la plomberie Noiseux. Ce n'est que vingt ans plus tard, en 1987, au moment d'une ouverture temporaire des lieux à l'occasion d'une exposition d'art contemporain, que renaît un certain intérêt pour le bâtiment.

134

▶ LES ARTS | SAMEDI 16 OCTOBRE 1999 | B1

New York choquée

Vous avez dit : de l'art ?

PAR ALEXANDRA SZACKA

Une exposition fort controversée vient d'ouvrir ses portes au Museum of Arts de Brooklyn, à New York, donnant lieu à un bras de fer sans précédent entre le maire de la ville, Rudolph Giuliani, les responsables du musée et une bonne partie du monde des arts de la métropole américaine.

NEW YORK — « Le contenu de cette exposition peut provoquer un choc, des vomissements, la confusion, la panique, l'euphorie et l'anxiété. » En publiant cette parodie d'avertissement médical, destinée à attirer le tout-Manhattan plutôt blasé, les responsables de l'exposition *Sensation* pensaient avoir tout prévu. C'était sans compter avec les sensibilités religieuses et morales du maire de New York, Rudolph Giuliani.

Avant même que l'exposition n'ouvre ses portes, le maire a lancé un ultimatum : si l'exposition a lieu comme prévu, le musée peut oublier sa subvention municipale de 7,2 millions de dollars US. D'autres menaces ont suivi au fil des conférences de presse quotidiennes. Qualifiant les œuvres exposées de « trucs malades », Giuliani a laissé entendre qu'il pourrait également expulser le musée de son édifice, propriété de la Ville, ou encore dissoudre son conseil d'administration.

Sans perdre de temps, la direction du Musée de Brooklyn a riposté en engageant l'avocat Floyd Abrams, grand spécialiste du Premier Amendement de la Constitution américaine qui protège la liberté d'expression. Après avoir intenté une poursuite en Cour fédérale contre le maire et la Ville de New York, le musée a ouvert l'exposition au public comme prévu, attirant une assistance record de presque 10 000 personnes dès le premier jour. La Ville a répondu du tac au tac en amenant elle aussi le musée devant le tribunal et en gelant le versement de la subvention, près d'un demi-million de dollars, dû pour le début d'octobre.

Beaucoup de bruit pour rien

Mais de quoi s'agit-il, exactement ? Qu'est-ce qui a pu choquer à ce point le bon maire d'une ville où la provocation et la transgression des tabous font partie du quotidien comme l'air qu'on respire ? Quatre-vingt-dix peintures, sculptures, photographies et installations sont l'œuvre d'une quarantaine de jeunes artistes britanniques. Leur point commun : elles font toutes partie de la collection privée du roi de la pub, Charles Saatchi, connu pour son goût de la provocation comme collectionneur mais aussi comme faiseur d'images. C'est lui qui, grâce à une campagne de publicité choc, a contribué à la victoire électorale de Margaret Thatcher en 1979.

Sensation n'en est pas à sa première apparition publique. Elle a déjà été montrée à l'Académie royale de Londres ainsi qu'à Berlin. Partout, elle a provoqué la controverse, mais nulle part la réaction des pouvoirs publics n'a été aussi radicale qu'à New York.

Il est vrai que l'avant-garde de l'art britannique n'y va pas de main morte. La sculpture intitulée *Zygotic Acceleration*, par exemple, œuvre des frères Chapman, présente une multitude de corps d'enfants soudés à la siamoise, nez en forme de pénis et bouches en forme d'anus. Immenses contenants remplis de formol qui enferment tantôt vache ou cochon sciés en tranches, tantôt requin ou agneau entiers, sont la marque de commerce de Damien Hirst, dont une exposition solo est prévue à New York pour cet automne. *Self*, l'œuvre de Marc Quinn, est en fait une reproduction de la tête de l'artiste, faite de son propre sang et gardée dans un contenant réfrigéré. Un peu plus loin, un immense portrait de la meurtrière d'enfants Myra Hindley est composé de centaines d'empreintes de petites mains innocentes.

Mais ce ne sont pas ces œuvres, dont le principal mérite est de provoquer (ou de faire réfléchir, c'est selon), qui ont eu un effet foudroyant sur l'imagination du maire Giuliani. L'objet de scandale porte un titre on ne peut plus innocent : *The Holy Virgin Mary*. Il est l'œuvre de l'artiste d'origine nigériane Chris Ofili. Ce tableau-collage représente une Vierge Marie noire. Le hic, c'est que son sein droit dénudé est fait d'une bouse d'éléphant séchée et que tout autour, telle une multitude de petits angelots, flottent des parties intimes de l'anatomie féminine découpées dans des revues pornographiques.

Cachez cette crotte que je ne saurais voir !
En bon catholique, Rudolph Giuliani s'est dit offensé par le tableau d'Ofili qui, pourtant, est un des plus beaux de cette exposition. L'artiste, lui-même catholique pratiquant, a eu beau affirmer que les excréments d'éléphant symbolisent le pouvoir et la fertilité en Afrique ; les angelots découpés dans les revues porno ont peut-être l'air tout à fait innocents (il faut vraiment savoir pour le voir), rien n'y fit. « C'est une campagne anticatholique, continue d'affirmer le maire. Un tel affront à la religion juive ou musulmane aurait été inacceptable. »

L'art de la politique ou la politique de l'art
Selon plusieurs observateurs, le prétexte est tellement mince qu'il doit y avoir d'autres motivations derrière l'indignation de Giuliani. Or c'est un secret de Polichinelle que le maire de New York se prépare à être candidat au poste de sénateur de l'État de New York aux prochaines élections. « Sa motivation est transparente. Il est à la recherche de voix dans le nord de l'État. Il y a beaucoup de gens qui sont catholiques. Ils sont démocrates normalement, mais conservateurs du point de vue de la moralité », affirme Craig Charney, politologue et sondeur à New York. Ce qui est suspect, selon Charney, c'est qu'il s'agit essentiellement d'une seule œuvre dont l'auteur est loin d'être un anticatholique notoire, en plus d'être un peintre reconnu, qui vient de recevoir une des principales distinctions dans le monde de la peinture en Grande-Bretagne, le prix Turner.

Le coup a-t-il été bien calculé politiquement ? Seule l'histoire le dira. En attendant, un sondage fait il y a quelques jours par le First Amendment Center démontre que 57 % des Américains estiment que le Musée de Brooklyn devrait

Arts visuels

avoir le droit de montrer l'exposition et 85 % considèrent que les gens en général devraient pouvoir visiter des musées qui exposent des œuvres offensantes pour certains.

Pourtant, les New-Yorkais n'en étant pas à une contradiction près, la popularité du maire Giuliani a augmenté au cours des deux dernières semaines contre l'autre candidat potentiel au poste de sénateur, Hillary Rodham Clinton. Cette dernière a d'ailleurs adopté un profil bas face à toute cette controverse. La first lady a défendu le Musée de Brooklyn, tout en affirmant qu'elle-même n'avait pas l'intention d'aller voir cette exposition qui lui semble choquante.

« Je ne comprends pas comment on peut juger une œuvre d'art sans la voir. Pour moi, c'est un anathème à mon métier », lance la critique d'art du Village Voice, Leslie Camhi, en admirant le tableau de Chris Ofili, qu'elle trouve très beau.

À mesure que le débat avance, les opinions se cristallisent et se diversifient. Aux États-Unis, où la liberté d'expression autant que la liberté artistique sont des fondements de l'identité nationale, il y a belle lurette que les « guerres culturelles », comme celle à laquelle on assiste aujourd'hui, se font sur le terrain du financement des arts plutôt que sur celui du droit à exposer ce qu'on veut.

Il y a dix ans, un débat houleux avait entouré l'exposition des œuvres du photographe américain Robert Mapplethorpe. Ses images d'un érotisme homosexuel explicite avaient provoqué l'ire de certains membres républicains du Congrès qui avaient jugé inacceptable qu'un tel artiste soit subventionné, ne serait-ce qu'en partie, par les fonds fédéraux. Le National Endowment for the Arts, qui avait octroyé 30 000 $ à l'exposition Mapplethorpe,

avait alors été violemment pris à partie. Les élus, Jessie Helms en tête, avaient exigé la fin du financement d'un art jugé obscène et indécent, allant aussi loin qu'exiger l'abolition pure et simple de l'agence elle-même.

Plusieurs années et plusieurs débats similaires plus tard, en juin 1998, la Cour suprême des États-Unis a émis à ce sujet un jugement de Salomon. Elle donne le feu vert au « test de décence », imposé par le Congrès depuis le début de la décennie dans le cadre du processus d'octroi de subventions fédérales, à condition que ledit test ait un caractère uniquement consultatif. L'invocation de la loi pour imposer une « pénalité sur les points de vue défavorisés » aurait pour effet de violer le fameux Premier Amendement, écrit la cour.

Voilà le contexte dans lequel arrive la décision du maire de New York concernant Sensation. Giuliani n'en a pas contre le fait que le Musée de Brooklyn expose telle ou telle œuvre. Il n'a tout simplement pas l'intention de financer à même les deniers publics un art qui, juge-t-il, est offensant pour plusieurs.

Que sont les artistes devenus ?

La première réaction du milieu des arts et de la liberté d'expression a été d'indignation, bien que non unanime. Par exemple, 22 seulement parmi la trentaine d'institutions artistiques de New York subventionnées par la Ville ont signé la lettre de protestation au maire Giuliani. Parmi les absents : des monuments de la vie culturelle de la métropole, tels le Carnegie Hall et le New York State Theater.

Mais les appuis sont venus d'aussi loin que d'Europe. « Les intolérables pressions exercées contre la belle et courageuse institution que vous dirigez constituent une grave atteinte à la liberté d'expression », écrit Jack Lang, président de la Commission des affaires étrangères de l'Assemblée nationale française dans une lettre que le directeur du Musée de Brooklyn, Arnold Lehman, montre fièrement lors de notre rencontre. Souriant et détendu, Lehman n'a rien de la victime d'une campagne d'intolérance orchestrée par un maire autoritaire et sans scrupules. En fait, il est content. « Je suis content. L'art a le profil haut aujourd'hui à New York. Les gens qui, normalement, ne parlent pas de l'art en débattent aujourd'hui. Ils admirent ou ils sont outrés, mais ils en parlent », constate-t-il.

Il a raison. Journaux, tribunes téléphoniques et débats télévisés à travers les États-Unis regorgent aujourd'hui de discussions sur l'art et la pertinence de le protéger, peu importe son contenu, par la sacro-sainte liberté d'expression.

Et là, surprise : des voix de plus en plus nombreuses, et parmi les plus prestigieuses, commencent à s'élever pour dénoncer une certaine expression artistique. « J'ai vu l'exposition et je pense que le roi est nu », écrit Philippe de Montebello, directeur du Metropolitan Museum of Art dans une lettre ouverte au *New York Times* la semaine dernière. « Je regrette, enchaîne-t-il, que le maire ait contribué à la notoriété d'artistes qui méritent de rester inconnus ou de tomber dans l'oubli. » Un pavé dans la mare. En osant dénoncer la piètre qualité artistique des œuvres que plusieurs tentaient de protéger contre le couperet de la censure, le très respecté directeur du Metropolitan Museum en a choqué plusieurs. Pourtant, il a tenu à souligner que l'art n'a pas à être jugé dans l'arène politique. « Je crois fermement en l'indépendance des musées, et même si je suis en désaccord avec certaines des expo-

sitions qu'ils présentent, je défendrai jusqu'à la mort leur droit de le faire », a-t-il dit en conclusion de sa lettre, paraphrasant Voltaire.

Mais voilà que d'autres observateurs de la scène artistique américaine ont été moins subtils. Camille Paglia, philosophe et polémiste américaine qui s'est rendue célèbre par sa défense de la pornographie, est tombée à bras raccourcis sur l'exposition de Brooklyn dans *The Guardian* de Londres. Dénonçant la « banqueroute et la stérilité de l'avant-garde qui s'accroche alors qu'elle s'est dégonflée il y a déjà 30 ans », Paglia déclare que « l'ère romantique des gestes subversifs est terminée ». Elle va jusqu'à applaudir à la position de Giuliani contre « l'establishment artistique arrogant et prétentieux qui a fait de l'art un objet de moqueries ».

Il est vrai qu'on a tendance à oublier que, jusqu'à tout récemment, les artistes étaient totalement intégrés à la société. Financées par de riches mécènes, des pharaons aux rois en passant par les familles puissantes comme les Médicis, leurs œuvres devaient refléter les valeurs de leurs patrons.

Ce n'est qu'à la fin du XVIIIe siècle que l'art commença à être « scandaleux ». *L'Amant de Lady Chatterley* de D. H. Lawrence, *Lolita* de Nabokov... le scandale n'est pas devenu tout à fait synonyme de l'art, mais plusieurs œuvres qui ont indigné à l'époque font aujourd'hui partie de la culture mondiale. Était-ce le corollaire de la démocratie naissante ? Cette époque serait-elle révolue ?

En visitant la grande rétrospective de l'art américain du XXe siècle au Musée Whitney de New York, on a plutôt tendance à croire que tout n'est qu'une question de temps et qu'il ne sert à rien de s'agiter sur le coup. La fameuse photo par

Andres Serrano (compagnon d'infortune de Mapplethorpe dans l'affaire des subventions controversées), *Piss Christ*, représentant le crucifix baignant dans l'urine de l'artiste, y figure en bonne place sans que ni le maire ni la Ligue catholique n'y prêtent attention. ■

▶ LES ARTS | SAMEDI 4 MARS 2000 | D7

Arts visuels

Icônes insolites

PAR BERNARD LAMARCHE

DÉCIDÉMENT, à La Centrale, cette saison, les choses tournent rondement. Après la peinture de Christine Major, séduisante et bien appuyée conceptuellement, la toute récente exposition d'Antonia Hirsch, artiste qui vit et travaille à Vancouver, respecte également ses promesses. Dans le cadre de cette manière très en vogue de solliciter le spectateur afin de programmer ses moindres gestes et déplacements dans la galerie, Hirsch propose, à l'heure d'une interactivité dont les vertus sont acclamées de partout, deux installations qui, à défaut d'être critiques devant ces deux phénomènes, les manient avec doigté et avec une finesse sur lesquels j'aurais tort de ne pas attirer votre attention.

La première œuvre, *Empire Line*, prend son envol, il faut le dire, à condition d'y mettre un peu de patience. Projetée sur un écran, une robe monumentale, de style Empire, entièrement confectionnée à partir de sachets de thé, attend le spectateur, placée là tel un artéfact de musée (à l'entrée de la galerie, la chose est offerte sous vitrine). Alors que l'apparence de cette robe se modifie au gré des superpositions de diapositives, évoquant les états de (dé)coloration des sachets de thé, une toute petite image attire l'attention au coin inférieur droit de cette grande icône. Comme avalée par cette figure qui la domine, la projection vidéo introduit une temporalité autre par l'insertion (comme à la télévision?) d'une vignette animée.

Cette infiltration de la vidéo dans l'image (presque) arrêtée de la projection aurait pu sembler plus affectée qu'elle ne l'est réellement. D'abord, la greffe introduit le caractère performatif de l'objet qu'on a sous les yeux. On voit un mannequin porter ladite robe et s'enfoncer dans des eaux claires et on contemple graduellement ce corps s'évanouir dans un nuage de volutes de couleur foncée. Certaines des images de cette bande sont magnifiques. Il en va d'un étrange rituel qui conjugue le thème de la purification à celui de la souillure (l'artiste est très explicite à ce sujet).

Par la référence à l'histoire du costume et au rite séculier du thé, l'exposition traite de la culture coloniale de l'empire britannique du xixᵉ siècle. À partir du thème du rituel, l'artiste dit travailler sur « la notion d'immersion culturelle ». On ne résistera pas à cette idée, ces sous-textes sont présents dans ce qui est montré ici.

Mais il y a plus. Une des dimensions importantes de cette œuvre provient de sa manière d'asservir subtilement le spectateur. Le caractère ritualiste de la pièce est rehaussé par sa manière de faire se déplacer ce dernier. Quelques minutes passées dans la galerie suffisent pour constater que, afin de mieux voir l'image dont la taille réduite exige que l'on s'en rapproche, plusieurs spectateurs finissent par s'agenouiller devant elle. Faisant disparaître toute méfiance envers les rituels anciens, selon un doute inhérent aux mœurs sociales actuelles, l'œuvre fait se recueillir les visiteurs devant elle et, qui plus est, les fait s'agenouiller, les entraînant dans une adoration de l'icône qui les surplombe. Ainsi, l'œuvre amène à faire un geste, à se conduire de telle façon qu'un culte est rendu à une image de la puissance colonisatrice. Fascinant : on pourrait continuer encore longtemps sur ce ton, l'œuvre est réellement tissée serré (sans jeu de mots).

Fluid Space

Une seconde installation est proposée par Hirsch, peut-être moins déterministe, bien qu'ici soient clairement opposés, par les titres des œuvres, la ligne structurante et l'espace plus ouvert. Sur deux écrans circulaires suspendus au plafond tels des miroirs de surveillance (on pense également à certains instruments de médecine), placés de part et d'autre de la salle selon un cadrage serré, Hirsch projette des images parfois oniriques, parfois surtout inquiétantes, des prises de vue sous l'eau. Dans la pénombre, comme avec _Empire Line_, _Fluid Space_ reprend au moins un des motifs de la pièce précédente : l'immersion. Tels des hublots, ces écrans créent autour d'eux des espaces qui font se sentir à l'étroit.

Peut-être l'aspect le moins réussi de l'œuvre, trop littéral dans son rendu de sonorités creuses et d'échos insondables, une bande sonore est diffusée dans l'espace, provenant de la fusion de mots prononcés en allemand et en anglais comme de sons marins ou dérivés de la respiration. Ce complément sonore a toutefois l'avantage de reconduire l'association d'idées déjà défendue par la pièce précédente, échafaudant par contre un lien sémantique entre l'immersion et la langue. C'est d'ailleurs ce dont parlent les deux propositions, des déchirements et des euphories de quiconque est baigné dans des cultures différentes de la sienne.

La seconde pièce de l'exposition procure de plus une expérience visuelle dont il ne faudrait pas nier le caractère trouble, sentiment essentiellement soutenu par la disposition des écrans qui fait dessiller les yeux (et de tous les espaces imaginaires créés par le thème abordé, à vous de choisir). En fait, tout pointe vers le caractère légèrement traumatique de toute expérience de déracinement volontaire qui, paradoxalement, entraîne à se mouvoir.

Une machine volante

Dans la petite salle de la galerie, des paramètres similaires à la pièce _Empire Line_, de Hirsch, sont repris dans la pièce de Larissa Fassler. Majestueuse, une sorte de prothèse mécanique est suspendue dans les airs : d'utopiques ailes de bois sans revêtement, le modèle archaïque d'une machine à voler. Une bande vidéo présente l'artiste au cours d'une performance, employant en vain ces ailes pour se soustraire à la gravité terrestre. L'affaire n'est pas dénuée de sens mais cet énième retour sur le fantasme de pouvoir voler comme les oiseaux, sur lequel Léonard de Vinci s'est longuement attardé, n'apporte que peu de chose à ce thème maintes fois exploité.

D'autant que les hasards de la programmation étant cruels à l'endroit de Fassler, on a encore très frais à la mémoire la pièce de Simone Jones de l'exposition *Machines festives*, en décembre, presque en tous points similaire. Cette proximité malheureuse causée par les aléas du calendrier rend encore plus évidente la redondance. *By Any Means* (le titre est bellement suave) n'est tout de même pas sans effets. La dérision — l'artiste parle plus volontiers d'«autosabotage» — qui résulte de cette action de battre des ailes jusqu'à épuisement parvient tout de même à raviver partiellement un thème quelque peu éculé. ∎

▸ *Empire Line — Fluid Space*
Antonia Hirsch.
Œuvres exposées à La Centrale,
du 19 février au 25 mars 2000.

▶ LES ARTS | SAMEDI 11 MARS 2000 | D7

Expositions

Les visages sans images de Dallaire

PAR BERNARD LAMARCHE

POUR LUI a été ressortie l'étiquette du «peintre maudit», autour de lui, il a été fait mention du «cas» Dallaire. Inaugurée l'été dernier au Musée du Québec qui organise cette nécessaire rétrospective, l'exposition des œuvres de Jean Dallaire ouvrait la semaine dernière au Musée des beaux-arts de Montréal. Certes, Jean Dallaire a été un peintre marginal. Mais pas au sens auquel veulent l'attacher les précédentes épithètes. De fait, Dallaire (Hull, 1916-Vence, 1965) aura été un peintre de la marge, en marge. Individualiste, indépendant, il n'a pas été des mouvements collectifs qui ont redéfini les arts plastiques québécois depuis la fin des années 40, il aura plutôt puisé dans plusieurs bassins de culture imagée, sans y trouver réellement d'images. Il ne mérite pas de se voir servir les plus éculés des lieux communs des vies d'artistes, qui voudraient pour chacun qu'il soit plus sombre, plus esseulé que les autres, plus dissocié de la société et encore plus trahi par elle. Il a certes connu une existence bousculée, mais de secousses qu'il a lui-même provoquées.

« Découvrez l'univers poétique et fascinant de Jean Dallaire », clame l'affiche qui invite à voir ces œuvres sur lesquelles les collectionneurs ont fait main basse rapidement. Justement, cette première rétrospective (depuis celle, en 1968, du Musée d'art contemporain de Montréal) et dont est responsable Michèle Grandbois, conservatrice de l'art moderne au Musée du Québec, permet d'obtenir un regard englobant sur cette production à maints égards réellement fascinante, permettant de débroussailler une lecture qui soit mieux fondée que celle qu'en donnait Guy Robert, dans _La Peinture au Québec depuis ses origines_.

Dans les pages de ce volume, Robert vantait du peintre « l'imagination délirante » et disait essentiellement qu'on ne peut rien dire de cette production, tellement elle est éclatée, diversifiée, atypique, bien qu'influencée par de nombreuses sources facilement repérables. En 1980, Robert consacrait également une monographie au peintre natif de Hull, qui le rapprochait d'une esthétique de la « panique », à la limite proche de la paranoïa cruelle d'un Artaud.

Bousculade

De fait, la carrière de Dallaire n'emprunte pas les sentiers battus. Formé à Hull et à Toronto, il débute sa carrière comme peintre religieux. Dans les années 30, à Paris, il élira comme lieu de recherches plastiques « l'exploration féconde des expressions modernes ». Ainsi, sa production résonnera du symbolisme, du cubisme et de l'expressionnisme, liste de styles à laquelle il n'est pas impensable d'ajouter, vu la palette expressive à laquelle Dallaire a souvent eu recours, le fauvisme. C'est dire la versatilité de cet artiste, qui, en 1938, tout juste avant son départ pour la France, produisait des autoportraits cubistes « étonnants d'audace pour le Canada ».

Par la suite, cette esthétique très particulière, proche du surréalisme à ses heures, tirant vers l'art naïf à d'autres, dont certains accents font penser à Paul Klee, à Miró — il produira même des pastiches de Dali —, mettra constamment à l'épreuve une connaissance solide du dessin.

Dallaire est semblable à Alfred Pellan dans la mesure où il aura assimilé rapidement plusieurs esthétiques pour en tirer une imagerie tout à fait personnelle, pour développer un imaginaire qu'il est tout seul à posséder. La facture de ses premiers dessins, dans l'exposition, est tournée vers celle des académiciens, et très rapidement, le peintre prolifique se détachera des enseignements trop restrictifs de cette école. Un des autres lieux communs autour de Dallaire, un de ceux qui collent à l'artiste sans éclairer son parcours, est celui voulant qu'il ait cultivé une grande liberté. Ses séjours en France, où il s'éteint d'ailleurs des causes de la maladie, contribueront à ce qu'ici il ne fasse pas école.

Un généreux créateur

Avec ses 130 dessins et tableaux, l'exposition permet de voir la ferveur avec laquelle Dallaire s'est attaché à la figure. Dans ses œuvres, même les plus tardives placées pour les besoins du découpage de l'exposition, sous la rubrique _La Figure éclatée_, Dallaire se rabat sur la figure toujours campée sur des fonds de scène troubles, un imaginaire qui situe ses personnages dans des mondes parfois délirants. Dallaire surprend dans chaque toile par le métier qu'il démontre. Symboliste (_La Danseuse et la Mort_, 1938), son fusain donne lieu à des textures feutrées. Même plus

Arts visuels

fidèle à la figure humaine, comme dans *Composition (Femme assise)* de 1955, Dallaire soigne le rendu des ombres et celui des textures qui s'éloignent de la banalité. Il pourra soutenir un dessin dont le tracé étonne, comme dans une série désignée comme des « abstractions », à la fin des années 50, et parvenir à d'éclatantes couleurs — il faut voir sur place son fameux et flamboyant *Coq licorne* (1952). Tout n'est pas égal dans le monde de Dallaire, mais il fait montre d'une grande générosité créatrice. À vrai dire, difficile d'en avoir contre cette mosaïque enlevée de styles et d'esthétiques, tellement à chaque coup Dallaire démontre sa volonté de se tenir à l'écart. Très instructif, très amusant aussi.

À lire également, ou à consulter, le très beau et très utile catalogue de l'exposition, signé par Michèle Grandbois qui étoffe tableau par tableau l'étude de cette œuvre, par Marie Carani qui replace Dallaire dans le développement de la modernité figurative au Québec et ailleurs, en plus de fournir une interprétation globale de cette œuvre dans le sens d'un théâtre iconoclaste, et par Michael Lachance, qui approfondit l'étude de la psychologie mise en forme pour les figures peintes par Dallaire, autour du thème du carnavalesque, dans une contribution aux fondements théoriques plus affirmés.

Œuvres tardives

En complément de programme, sachez que le Musée d'art de Mont-Saint-Hilaire présente également une exposition Dallaire, que nous n'avons pas encore eu l'occasion d'aller visiter. Jusqu'au 9 avril, ce sont les œuvres tardives du peintre qui sont en vedette. Exécutées dans les deux dernières années de sa vie, alors qu'il résidait en France, ces œuvres complètent une période dont la grande exposition est relativement plus avare. L'exposition comporte aussi des dessins inédits réalisés en 1957 lors d'un séjour de Dallaire à l'hôpital. Des effets personnels du peintre donnent en plus une touche intimiste à l'ensemble. ■

▸ **Jean Dallaire**
Rétrospective présentée au
Musée des beaux-arts de Montréal,
du 2 mars au 30 avril 2000.

▶ LES ARTS | SAMEDI 25 MARS 2000 | D12

Formes

Un nouveau collège : un premier grand cru

Le Cégep Gérald-Godin : une percée francophone dans l'ouest de l'île de Montréal.

PAR MICHÈLE PICARD

Inauguré au début du mois de mars par le ministre Legault, le maire de Sainte-Geneviève, le directeur du collège, les pères de Sainte-Croix, la mère de Gérald Godin, Louisa Godin et toute une pléiade d'invités, le premier cégep francophone de l'ouest de l'île de Montréal s'élève fièrement depuis quelques mois au bord de la rivière des Prairies, dans ce que certains voudraient bien voir devenir le « quartier latin » (!) de l'Ouest, dans la petite ville francophile de Sainte-Geneviève.

SUR UN SITE enchanteur, au bord d'une rivière, avec en arrière-plan l'île Bizard, une petite île et un monastère de style lombard avec cloître, tour et tourelle, le nouveau cégep ne pouvait que tirer profit du paysage, se refaire une beauté et proposer un ajout judicieux à l'ancien noviciat des pères de Sainte-Croix. Il s'agit là d'un geste d'éducation louable pour ce qui est de la conservation et du respect porté à l'histoire du village et d'un de ses bâtiments importants.

Dessiné au début des années 30 par l'architecte Lucien Parent, l'édifice ancien avait malheureusement subi l'outrage des ans. De plus, des démolitions et des modifications intérieures moins heureuses avaient laissé les lieux dans un état douteux. Néanmoins, le parti pris des architectes étant de conserver et de respecter le patrimoine ancien, le visiteur peut maintenant aisément repérer sur un même bâtiment les sources d'inspiration, les ajouts plus récents et les rénovations. Bien que le bâtiment soit construit selon le vocabulaire architectural d'un autre temps, sa structure est tout à fait moderne dans sa composition, le béton armé, et est par le fait même fort solide. On a donc décidé de conserver tout ce qui était récupérable. C'était beaucoup.

Le collège

Fondé en 1995, le collège a hérité du gouvernement le site actuel, propriété de l'État. Pour se loger, il a choisi de faire un appel d'offres aux architectes. Son choix s'est fait sur la base du dossier des consortiums et de l'élaboration sommaire du projet. Cinq finalistes ont été sélectionnés et convoqués en entrevue, pour un choix final qui s'est porté sur le consortium Saucier + Perrotte / Desnoyers Mercure architectes. Celui-ci fut triplement justifié par l'expérience de S + P dans la conception de maisons d'enseignement (Faculté de l'aménagement, École d'architecture de l'Université de Montréal) et de théâtres (Théâtre d'aujourd'hui et Usine C), de même que dans l'ajout à des édifices existants (Cinémathèque québécoise, Usine C).

L'enseignement étant la finalité du projet, l'équipe du collège a donc élaboré les programmes et les partenariats avec les industries, le service pour les entreprises et la collectivité (CAP). Aussi, en collaboration avec l'UQAM, le collège sert de Centre d'études universitaires pour desservir les étudiants de l'ouest de l'île. En outre, une nouvelle pédagogie axée sur la «Learning Revolution» prévoit des activités d'apprentissage à partir de regroupements de départements sur la base des programmes d'études et de comités de programmes. Tout un défi pour les concepteurs!

La vision

À l'approche du nouveau lieu de savoir, venant du cœur du village situé à l'ouest, c'est la présence du monastère, intact derrière le rideau de pins, qui surprend. On cherche le nouveau pavillon, et il apparaît doucement à travers la pinède. À l'inverse, vu de l'est, arrivant de la grande ville et des autoroutes, c'est le nouvel édifice qui domine, majestueusement tourné vers le futur et saluant l'ancêtre. Ici, l'équivalence du poids visuel est indéniable, même si cette mesure, incalculable mathématiquement, peut échapper au profane.

Site exigu malgré l'espace apparent, il a imposé son image, son paysage, sa rivière, son île et sa topologie particulière avec sa butte, colline qui émerge du côté est du cloître. De cette forme en devenir,

pierre en gestation comme le collège, enfoui dans l'imaginaire des architectes, jaillira le potentiel du site, l'implantation dictée par la situation de l'ancien, la morphologie et le paysage. Bien campé en retrait, respectant l'ancien, le «jeune» bâtiment déploie son volume multifacettes et son enveloppe projetée en aluminium anodisé accentuée par le dessin complexe et imaginatif des fenêtres conçues comme des strates géologiques.

Pas une n'offrira un regard morne aux étudiants avides de nouveautés, fenêtres bandeaux horizontaux aux formes et dimensions variables, dessinées pour apparaître dans le noir et diffusant le savoir. L'édifice, comme par un enchantement orchestré par les architectes, disparaîtra dans la nuit pour ne laisser apparaître que l'éclairage, aussi rayonnant que les connaissances acquises par les étudiants.

L'ancien et le moderne

Difficile d'imaginer toute l'infrastructure de la nouvelle partie enfouie sans visiter la salle Pauline-Julien, couronnée d'un belvédère, et le gymnase situé carrément sous terre, tous deux déployés sur l'axe nord-sud. Le toit du théâtre s'élevant en pente douce vers la rivière, le collège offre un site privilégié, un parc public, aux promeneurs du village et une vue imprenable sur la rivière. On y remarque à peine l'élévation continue, mais qui permet d'ouvrir le théâtre intérieur à configuration variable en un amphithéâtre extérieur (encore à compléter, sol gelé oblige). Génial: assister en plein air à une lecture de poèmes de Gérald Godin!

En façade, on pénètre dans le collège par la partie ancienne, centre géographique du complexe d'enseignement dans ce qui était la salle commune transformée en hall d'entrée ; à gauche se trouve le cloître restitué à sa fonction déambulatoire et de lieu de rencontres. La circulation se fait autour de celui-ci, lequel est complété par l'axe est-ouest qui traverse littéralement les deux bâtiments. Dans la partie noviciat, le plafond du couloir reprend la forme circulaire de la voûte ancienne en marquant la modernité de la nouvelle par une épaisseur soulignée par la couleur. Chaque trace, tracés et notes de l'histoire sera ainsi une source d'inspiration vers le respect et les transformations mineures du monastère.

La partie ancienne regroupe l'ensemble des services administratifs et techniques, répartis dans ce qui était les cellules de moines. Dans l'ancienne chapelle, la bibliothèque garde tous les éléments existants, vitraux, plafond aux poutres apparentes (de béton imitant le bois !). Une structure ajoutée sous forme de mezzanine augmente l'espace disponible pour les rayonnages, une autre recrée le tracé du chœur démoli il y a des lustres et l'escalier reconstruit visuellement la chaire autrefois utilisée. Une ambiance de recueillement bien agréable pour un lieu d'étude.

Côté contemporain, les étages sont occupés par les salles de cours, les laboratoires et, fait nouveau, par une salle commune à chacun des programmes, entourée des bureaux des professeurs et de locaux de travail — lieu de rencontres et d'échanges qui semble fort efficace pour resserrer les liens entre les étudiants qui se sentent entourés et encadrés. Entre les deux édifices, un lien, véritable passerelle dans la passerelle, joue l'ouverture sur l'ancien et les vues encadrées, la lumière fusant du toit comme des autres étages en retrait de la façade.

Le XXe siècle patrimonial rencontre ici le XXIe siècle créatif et innovateur, de façon élégante et avec respect. On ne peut qu'applaudir au travail des architectes et de leurs collaborateurs, directeurs, ébénistes, constructeurs et autres. Vive le Gérald-Godin ! ■

▶ Le Cégep Gérald-Godin a reçu le prix d'excellence de la revue _Canadian Architect_ pour 1999.

Regards obliques

Salle Sottsass + salon = Saucier + Perrotte
Les lieux de la couleur : exposition
au Centre canadien d'architecture
À l'inverse des expositions de projets, les architectes poursuivent leur travail sur la forme, la couleur et la perception. Véritable laboratoire, ces espaces maintes fois utilisés par d'autres créateurs québécois révèlent une vie colorée inconnue dans ces lieux illustres de l'architecture. Trois perceptions, un objet opalescent sculptural à observer, transformant l'espace, un lieu envahi par la lumière changeante émanant d'un immense panneau lumineux et un objet qui fait réaliser notre vision changeante de la lumière et de la couleur, au gré des déplacements et des mouvements. Les concepteurs invitent à voir et à revoir une nouvelle perspective de l'espace agissant comme réceptacle de la communication lumineuse et colorée. Difficiles à décrire mais ô combien fascinants sont les esquisses et les détails qui furent révélés en avant-première. ■

▶ Exposition présentée au CCA, du 30 mars au 2 juillet 2000.

Arts visuels

Grande Bibliothèque du Québec
Interrogé sur sa participation au concours international de la GBQ, l'architecte Gilles Saucier, appuyé par son associé André Perrotte, souligne « l'importance d'un tel concours pour la qualité de l'architecture au Québec, et l'ouverture et la couverture internationale que procure un tel événement ». L'équipe Saucier + Perrotte participera. ■

▶ ACTUALITÉS | LUNDI 17 AVRIL 2000 | A1

Perspectives

Les « sauvages » entrent au Louvre

PAR CHRISTIAN RIOUX

L'arrivée des arts « premiers » dans le plus prestigieux musée du monde réveille de vieilles querelles.

C'EST un peu comme si un guerrier mohawk avait fait irruption chez Maxim's avec son foulard sur la bouche et sa carabine en bandoulière. La bonne société parisienne ne s'en est pas encore tout à fait remise et quelques marquises se sont étouffées dans leur potage.

Cela se passait jeudi dernier sous la rutilante pyramide du Louvre alors que le président Jacques Chirac inaugurait les salles consacrées aux « arts premiers » qui ont été envahies dès ce week-end par des milliers de visiteurs. Les touristes japonais qui circulaient avec leur audioguide sur les oreilles n'y ont vu que du feu. Mais, au sein de l'élite culturelle française, l'affaire remue de vieilles querelles.

Trente ans après le Metropolitan Museum or Art de New York, le Louvre accueille les arts dits « premiers ». Cent dix-sept chefs-d'œuvre d'Afrique, d'Océanie et d'Amérique ont enfin droit de cité dans le plus prestigieux musée du monde. Juste en dessous de la salle qui accueille *La Joconde*!

Imaginez les déesses païennes du Vanuatu tenant tête aux plantureuses vierges de Botticelli. L'ogresse kwakiutl (de Colombie-Britannique) volant la vedette à la *Vénus de Milo*. Les crânes korwar (de Nouvelle-Guinée) à côté du *Christ en croix* du Greco. Ou les seins des femmes dogons (du Mali) narguant les rondeurs des baigneuses de Jean Auguste Dominique Ingres.

Pour en arriver là, il aura fallu des années de palabres et de polémiques. Même la gigantesque rénovation du Louvre lancée par François Mitterrand n'avait pas permis de dégager quelques mètres carrés pour les artistes inuits ou bantous confinés dans les réserves ethnographiques ou au Musée de l'homme.

« Arts premiers », « arts primitifs » ou « arts lointains » (loin de quoi ?), on ne sait plus quelle expression utiliser pour désigner ces collections et peut-être aussi notre embarras. « Le Louvre devrait les accueillir », avait écrit Apollinaire dès... 1909 ! Même les exhortations de Claude Lévi-Strauss et d'André Malraux n'y ont rien fait.

Pour forcer les portes de la vénérable institution, il aura fallu la détermination d'un collectionneur infatigable. En 1990, Jacques Kerchache publiait un manifeste intitulé *Pour que les chefs-d'œuvre du monde entier naissent libres et égaux.* Avec 150 personnalités, dont le président Léopold Senghor et le sculpteur Jean Tinguely, il dénonçait l'aveuglement quasi « colonial » des conservateurs et réclamait la création d'une huitième section du Louvre, consacrée aux arts « primitifs ».

Collectionneur lui aussi, Jacques Chirac créa une commission pour étudier la question. Un an plus tard, les sages proposèrent la construction d'un musée exclusivement consacré aux arts premiers pour la modique somme de 2,5 millions de dollars. Cette solution permettait de reconnaître l'immense contribution artistique des peuples d'Afrique, d'Asie et d'Amérique... sans mélanger les torchons et les serviettes. Histoire de mécontenter tout le monde, le président décida que ces peuplades oubliées valaient bien un musée et quelques salles du Louvre.

Depuis, la polémique oppose les ethnologues aux spécialistes de l'art, les partisans des arts premiers aux traditionalistes. Le leader d'extrême droite Jean-Marie Le Pen a même vu dans le nouveau musée « un choix de société » qui donne « des gages au lobby mondialiste ».

Plus sérieusement, personne ne savait cette semaine si les nouvelles salles du Louvre seraient une vitrine temporaire ou une création permanente. Jacques Kerchache parlait d'une « reconnaissance légitime dont la pérennité s'impose ». Le directeur du Louvre n'envisageait de son côté qu'une installation temporaire en attendant le nouveau musée. Bref, le Louvre ne veut pas des primitifs !

C'est Jacques Chirac en personne qui a dû trancher. Son discours d'inauguration évoquait un dispositif « permanent au cœur du plus grand musée du monde ». Se pourrait-il qu'un président de droite ait plus fait pour ébranler les conceptions traditionnelles de l'art qu'un président de gauche avec tous ses grands travaux ? Les peuples autochtones auront donc droit de cité au Louvre. Du moins, tant que Chirac sera président...

Contrairement à l'approche des ethnologues, l'installation que Jacques Kerchache a réalisée au Louvre veut faire apprécier ces œuvres pour leurs immenses qualités esthétiques. Pas besoin d'un cours d'ethnologie pour découvrir un Rembrandt. Pourquoi en irait-il autrement des masques congolais qui ont inspiré Picasso ou des motifs indonésiens qui ressemblent comme deux gouttes d'eau à ceux de Paul Klee ? Plusieurs pièces ont d'ailleurs été récupérées au Musée d'art moderne et au Musée Picasso.

La petite odeur de soufre qui plane sur les nouvelles salles du Louvre n'est pourtant pas près de s'évaporer. Cette semaine, le quotidien *Libération* accusait le Louvre d'avoir déboursé 2,5 millions de francs (environ 550 000 $) pour deux sculptures nok sorties en contrebande du Nigeria. Or la France a signé la Convention internationale de lutte contre le trafic des biens culturels. En échange des sculptures, le gouvernement français se serait engagé à financer et à protéger le patrimoine nigérien.

Claude Lévi-Strauss avait beau dire qu'« un peuple primitif n'est plus un peuple sans histoire », la guerre des arts premiers n'est pas pour autant terminée. ■

▶ LES ARTS | SAMEDI 17 JUIN 2000 | B7

Histoire d'un prix

Du mécénat considéré comme l'un des beaux-arts

De la difficulté de relier le monde des affaires à celui de l'art.

PAR MICHEL BÉLAIR

Il est toujours bon de se pencher sur l'existence d'un prix quand il franchit la barre des dix ans ou presque. Question de prendre le pouls du patient, d'évaluer sa condition générale. Il se trouve que Le Devoir a participé intimement, avant même sa création officielle, aux destinées du prix Arts-Affaires. Malgré ses nouvelles occupations à la Grande Bibliothèque, Lise Bissonnette est fort bien placée pour évaluer l'impact d'un prix dans lequel elle a investi beaucoup d'énergie.

C'EST une sorte de secret de Polichinelle : tout le monde sait que Lise Bissonnette, l'ancienne directrice du Devoir et maintenant maîtresse d'œuvre du chantier de la Grande Bibliothèque, a une grande passion pour la culture en général et l'art en particulier. Par ses écrits, ses interventions et ses prises de position, elle a souvent tenté de construire des ponts reliant la culture aux grands dossiers agitant la société québécoise. Son ancienne implication dans le prix Arts-Affaires en fait une observatrice privilégiée. Et c'est avec sa franchise habituelle qu'elle a bien voulu répondre à nos questions.

Rappelons d'abord que le prix Arts-Affaires avait été mis sur pied par la Ville de Montréal en collaboration avec Le Devoir et la Chambre de commerce en 1991. Comme l'explique Normand Biron du Service de la culture de la Ville de Montréal et responsable du prix : « Nous avons voulu reconnaître la contribution du milieu des affaires en tenant compte des différents niveaux d'intervention. C'est dans cet esprit que nous avons créé des catégories qui permettent de mettre en lumière l'implication autant des petites, moyennes et grandes entreprises sans pour autant mettre en compétition des sociétés avec des moyens financiers différents.»

De son côté, Lise Bissonnette pense toujours que ce prix remis tous les deux ans est une heureuse initiative. «C'est évidemment encore une très bonne idée. Mais il faut remarquer du même souffle que le climat a bien changé. Aujourd'hui, alors que les prix de toutes sortes se sont multipliés, la concurrence est féroce dans le monde de l'entreprise qui se voit sollicité de tous côtés. Il faut toutefois continuer à souligner le lien entre le secteur des arts et celui des affaires car le Québec accuse un sérieux retard par rapport au milieu anglophone dans lequel nous baignons. Même que, pour vous dire très franchement, je pense que le prix Arts-Affaires manque de visibilité. Et qu'il faut trouver le moyen de lui en donner plus.»

Mécénat et commandite

En général, Mme Bissonnette croit pourtant que les choses se sont légèrement améliorées depuis dix ans. «Le milieu des affaires est plus présent dans le secteur culturel, remarque-t-elle. Mais on ne peut pas s'empêcher de remarquer qu'il joue de façon très sécuritaire, sans prendre de risques. Il est facile de constater qu'en général les grandes entreprises ne subventionnent que les grandes institutions culturelles. C'est important et tout le monde s'en réjouit. Mais ce n'est pas sur elles qu'il faut compter pour donner un coup de pouce aux débutants qui en ont vraiment besoin.»

Si la présence du milieu des affaires s'est concrétisée dans le secteur artistique par l'apparition d'une pléthore de prix, elle continue néanmoins d'être déficiente et, en plus, de soulever l'épineuse question du mécénat par rapport à la commandite.

Pas de surprise ici : pour la majorité des entreprises subventionneuses, le mécénat prend de plus en plus les habits de la commandite. «C'est vrai. C'est un problème majeur, reprend Lise Bissonnette. Le mécénat se professionnalise, est devenu avec le temps synonyme de publicité déguisée ; les exemples ne manquent pas même si la situation n'est pas ici aussi critique qu'aux États-Unis où là on ne fait plus aucune distinction. Mais peu à peu, la tendance se fait sentir ici aussi. Des amis me racontaient par exemple qu'on évaluait auparavant un 2000 $ de participation à un petit logo de l'entreprise, mais que la visibilité exigée maintenant par les bailleurs de fonds a connu des bonds prodigieux. Et puis il y a eu l'affaire Mouawad au TNM et celle des autos de luxe dans les musées. Je ne vois pas, devant les protestations suscitées par de telles initiatives, comment un commanditaire peut penser s'en tirer avec une image positive. Aussi loin que l'on remonte dans le temps, le véritable mécénat repose et a toujours reposé sur le partage d'une vision, d'une passion, d'un objectif commun. Pas sur la visibilité avant tout. Mais heureusement, il y a des exceptions à la règle et le prix Arts-Affaires vient les souligner à chacune de ses éditions.»

Culture et culture d'entreprise

Normand Biron renchérit dans le même sens : «C'est essentiel de reconnaître le travail d'individus qui consacrent, de façon bénévole, du temps au développement de certains secteurs de la culture montréalaise. Et il faut noter que le savoir-faire des organismes culturels profite aux individus et aux entreprises partenaires.»

Ce n'est toutefois pas là une tendance lourde, notre observatrice le reconnaît. Bien au contraire : il est encore trop rare

Arts visuels

que culture d'entreprise soit synonyme de culture, tout court. Signe des temps, dans la plupart des entreprises le secteur des dons et de la commandite est habituellement administré par le département du marketing. Et lors de l'édition 1997-1998 du prix Arts-Affaires, on n'a pas pu décerner de récompense dans certaines catégories faute de concurrents.

Pour Lise Bissonnette, elle l'a répété souvent, il n'y a pas 36 000 solutions au problème : il faut commencer à changer les mentalités le plus tôt possible. Dès l'école publique, même. Et continuer par la suite en appliquant de plus en plus de pressions à tous les niveaux. « Aux HEC, par exemple, explique-t-elle, ou à l'École d'administration de l'UQAM, où les jeunes qui apprennent l'administration de la culture se retrouveront bientôt dans des postes clés, il faut que les programmes tentent d'inculquer la différence entre marketing et mécénat. Mais il est important aussi que cela se fasse sentir dans toute l'université, comme dans toutes les écoles. »

On le voit, il reste encore beaucoup de terrain à déblayer pour que le prix Arts-Affaires réussisse aussi à changer les mentalités tout autant qu'il encourage le maillage de deux secteurs d'activité affirmant notre différence. Mais comme le dirait Lise Bissonnette, c'est un défi intéressant. ■

Suzie Le Blanc interprète Poppée ▷ Les artistes canadiens du monde de l'opéra sont maintenant capables de produire des spectacles professionnels de haut niveau sans avoir à quêter à l'extérieur pour trouver des voix, des acteurs ou des idées de premier ordre.

Musique

Linda Bouchard : la musique de la vie

Malgré des préjugés ancrés, la créatrice québécoise croit vraiment que la composition peut se faire au féminin.

PAR FRANÇOIS TOUSIGNANT

Rares sont les femmes qui font carrière en composition. La Québécoise Linda Bouchard est de celles-là. On pourra entendre sa musique à l'Orchestre métropolitain cet automne, au Nouvel Ensemble moderne ce printemps, et un peu partout aux États-Unis. Portrait du parcours peu orthodoxe d'une femme dont le nom et l'œuvre s'imposent peu à peu partout.

LINDA BOUCHARD, compositeure ou compositrice ? « Hum, les deux ! Auparavant, je disais compositeure, maintenant je préfère compositrice. J'ai changé ! »

Du changement, il y en a eu beaucoup dans la vie de cette jeune créatrice québécoise. D'abord, native de Val-d'Or, elle démolit tout de suite le mythe de l'origine abitibienne. « Mes parents ont déménagé à Montréal alors que j'avais à peine trois mois ; je suis Montréalaise. » Un piano entre dans la maison et Linda est fascinée par la musique, sans pouvoir vraiment en faire. Ses premières leçons sont un désastre et elle abandonne rapidement.

C'est à l'école secondaire, puis au cégep, qu'elle tâtera de la flûte et de la guitare. Elle aime cela, trouvant ses premières passions avec le répertoire de chansons françaises ou américaines, puis envisageant de s'inscrire à un baccalauréat général en musique, « faute de mieux : je n'avais pas assez de technique pour aller en interprétation, ni de connaissance pour entrer aux programmes de composition ». Malgré les regrets adolescents, sa lucidité se montre. « Quand je suis arrivée à l'Université de Montréal, je me suis rendu compte que ma formation était chancelante : mauvaise lecture, et une sorte d'horreur de la discipline moulée, classique de formation. » Sous des conseils de professeurs aux vues plus larges, elle se retrouve donc au Bennington College, au Vermont, sous la direction de Henry Brandt. C'est le choc, décisif, alors qu'elle constate que, dans la multiplicité des styles et des langages, on peut tout faire en musique, « pourvu qu'on le fasse avec intelligence "musicale" ».

Dans cette atmosphère collégiale, elle se lance dans la composition, qui la fascine. C'est que la pédagogie est fascinante. Les étudiants de Brandt suivent leurs cours en groupe, chacun joue la musique de l'autre faite sous forme d'exercices hebdomadaires, et le tout est suivi de séances de critique et d'autocritique. Et il y a les concerts.

Musique

C'est à ce collège libéral vermontais qu'elle comprend comment les diverses époques peuvent et doivent se côtoyer. Scarlatti avec Stockhausen, Ligeti avec Brahms. Elle dit en retirer « un grand souffle de liberté, loin de tout cloisonnement, où la seule règle qui guide est la curiosité ». Cette manière de faire l'apprentissage d'un art reste l'expérience la plus importante de sa vie, celle de laquelle découlent toutes les autres. Dans ce foisonnement, déjà, on sent poindre son esthétique.

Parallèlement, elle se jette tout autant dans la pratique de ce qui est désormais son instrument : la flûte. « Je travaillais ma flûte comme une folle pour toujours arriver à rattraper le retard que je sentais en solfège. » Elle s'y accroche donc de toute son âme pour renforcer un sentiment d'insuffisance contre lequel elle luttera longtemps. « Mes collègues maîtrisaient déjà tout ce que j'avais à apprendre. »

L'école française de flûte est dominante ; alors, mettant un peu la composition en suspens, elle se rend en France. Elle est même admise au Conservatoire national supérieur de musique de Paris, notamment dans la classe de Jean-Pierre Rampal. Elle n'y est pas restée longtemps. « J'étouffais à Paris », et en plus, même si elle se donnait jusqu'à l'âge de 35 ans pour faire patienter la composition, cette voix sourdait de plus en plus urgente. « Un beau matin, je me suis retrouvée à un coin de rue dans New York. J'y venais pour deux mois, en stage, j'y suis restée douze ans. »

Elle se fait des contacts, pratique toutes sortes de petits boulots, même copiste, pour gagner quelques sous pendant ses études à la Manhattan School of Music, et elle prend plus au sérieux la direction d'orchestre.

La leçon new-yorkaise est plurielle, donc. D'abord, encore dans la variété. « Il n'y a pas "une" avant-garde là-bas, mais plusieurs ; chaque soir, on peut assister à des concerts de musique contemporaine tout à fait différents, avec des gens toujours nouveaux. » À l'affût d'aspects nouveaux, Linda Bouchard reconnaît avoir « mangé » de la musique au point où elle n'avait plus de vie personnelle en dehors de la musique.

Ceux qui ont passé au travers de ce genre d'épreuve vous le diront : faire une maîtrise, cela apporte de l'assurance. Linda Bouchard se lance peu à peu dans la direction d'orchestre, ayant trouvé du travail au St. Luke's Orchestra. Il est normal pour un compositeur de savoir diriger ne serait-ce que ses œuvres. Là, elle travaille aussi la musique des autres et la musique « classique ».

Elle s'y rend compte du pouvoir que donne le travail de chef d'orchestre, et y prend vraiment goût, trop même : « Où reste le temps pour la composition après les heures passées à l'étude des partitions, au travail et aux répétitions ? » Pendant ce temps, ses œuvres commencent à se répandre. Elle gagne des prix, se fait remarquer pour son cran et son énergie. Elle commence à avoir une « réputation ». Le sort va encore jouer.

C'est l'époque où les orchestres canadiens importent la charge de compositeur en résidence parmi leur personnel. Il s'agit, pour le directeur musical, de nommer un compositeur chargé de le conseiller dans le choix du répertoire contemporain joué par son orchestre et de le guider dans l'orientation des commandes. Il faut aussi aider aux répétitions de ce genre de répertoire, s'occuper d'une certaine paperasserie et organiser des rencontres et des ateliers, de nature pédagogique (dans les écoles, concerts en matinée) comme publique (les fameuses conférences pré-concerts portant souvent sur la musique d'aujourd'hui).

Linda Bouchard se fait offrir un tel poste par Trevor Pinnock à l'Orchestre du Centre national des arts (OCNA). Elle y œuvrera trois ans et en profite pour reprendre contact avec la vie et les milieux montréalais et canadien. Les commandes commencent à affluer et ses prises de position font parfois du bruit. Pour l'anecdote, l'homme de sa vie l'a suivie de Seattle à Montréal. Lorsqu'il doit se rendre sur la côte californienne pour le travail, Linda Bouchard ne se pose pas de questions.

Aujourd'hui, c'est à San Francisco qu'on la retrouve, « uniquement pour des raisons personnelles et familiales ».

L'insertion est plus difficile ; occupée par l'arrivée d'un premier enfant, moins disponible pour trotter comme elle en aime l'habitude, elle se console facilement. « J'ai beaucoup de commandes au Canada et je veux profiter au maximum de l'enfance de mon fils. C'est très important pour moi ; je suis une femme heureuse dans ma vie personnelle, c'est pour moi aussi important que ma musique. À celle-ci, j'ai déjà beaucoup donné, je ne m'en veux pas de passer plus de temps ailleurs pour des choses aussi importantes. »

La composition est-elle difficile pour une femme ? « Oui, c'est vrai, il y a encore bien des préjugés. Si les mouvements féministes radicaux comme le Women's Philharmonic sont importants, ils n'aident pas toujours la cause en se fermant à trop de bonnes choses. » Il y a pire. « Si la composition est encore un monde d'hommes, il reste infiniment plus difficile pour une femme d'acquérir quelque crédibilité et reconnaissance que ce soit en tant que chef d'orchestre, un métier

que j'adore. Le milieu, comme le public, a des réflexes biens ancrés. »

Elle qui écrit pour des formations classiques comme des ensembles spécialisés en musique contemporaine aime faire l'éloge de la différence. « Travailler avec le Quatuor Kronos, par exemple, c'est formidable ; non seulement les instrumentistes développent des méthodes de travail efficaces et rapides, en plus ils possèdent cette intelligence musicale et une compréhension des styles qui font saisir _de facto_ ce que dit la partition. Une création, pour le Kronos, c'est comme un quatuor classique qui joue du Mozart. » Sans cette fréquentation, les musiciens d'orchestre « demandent qu'on leur explique, qu'on prenne le temps de leur donner des exemples pour arriver à ce qui est souhaité ; c'est beaucoup plus long et beaucoup plus ardu ».

Où va Linda Bouchard ? « Je ne sais pas, ni ne veux le savoir. J'ai acquis assez d'expérience pour savoir que je ferai toujours de la musique et que, quoi qu'il arrive, je saurai bien me débrouiller. » Comme pour ses compositions, la vie de Linda Bouchard est toujours à inventer.

Écrire pour être jouée

Linda Bouchard n'y va pas par quatre chemins ; pour elle, il n'y a que deux sortes de musique : celle qui a quelque chose à dire et qui le dit, et l'autre, peu importe l'époque. Le moyen est secondaire. « Quand j'ai quelque chose à dire — très souvent, je dois l'admettre —, il faut que cela sorte, que je trouve un moyen de le noter, sans égard à un style défini. » Le style fait donc la femme ? « Oui, mais pas des bornes fixées et délimitées. »

Œuvrant dans tous les domaines, de l'arrangement de musique de ballet aux expériences multidisciplinaires, de la

Musique

musique solo à celle d'orchestre, si on lui demande de définir une constante dans sa foi en la composition, elle dit qu'«il faut trouver un moyen de dire ce qu'il faut de la manière la plus directe et efficace possible. Quand c'est dit, on passe ailleurs.» C'est pourquoi sa musique demande de l'attention; elle qui a horreur de la complaisance usera de mélange de styles pour créer l'opposition, pour éclaircir la direction. «Ma musique va quelque part», semblerait un credo justifié.

Sa foi reste intacte. «Chaque fois que j'ai été désarçonnée par la vie, la musique a été là, un concentré de vie, la plus belle métaphore de la vie; la musique, c'est aussi un prétexte à communiquer cette expérience de la vie.» De se savoir jouée de Montréal à Tokyo, de Los Angeles à Berlin, lui donne confiance. «Je sais que je vais continuer.» Son carnet de commande plein — «et je suis devenue très très sélective maintenant» —, elle croit vraiment que la composition peut se vivre au féminin. La différence, elle ne le sait guère : «Je veux être moi, ça me suffit. J'écris pour être jouée, être entendue, pas pour rester sur des tablettes; j'écris pour ne pas avoir peur de changer, de tenter de nouvelles expériences et même pour avoir du plaisir», dit-elle, toujours en insistant sur l'intelligence «musicale», son leitmotiv.

Artiste curieuse, personnalité forte, par sa seule intuition, Linda Bouchard sort des sentiers battus, en laissant d'autres en friche.

Questions d'esthétique

Linda Bouchard a une pensée nette sans être tranchée. Pas de dogmes autres que ceux de l'intelligence musicale et la capacité d'inventer des solutions à une demande créatrice. Si on lui parle des inflences, on entend une réponse bizarrement sage : «J'adore les influences. Pas pour m'en inspirer, mais pour y réagir.» La musique de Linda Bouchard peut donc se définir comme un éternel va-et-vient entre tout ce que la vie met à la disposition de son oreille.

Le matériau est important, l'idée primordiale et l'efficacité du résultat essentielles. Quand ces éléments sont en harmonie, une œuvre ne peut pas ne pas marcher, selon elle, même si elle peut être parfois difficile à approcher à une première écoute.

Sa musique est comme sa vie, pleine de retours, de rebondissements, voire de paradoxes. Sa grande qualité est souvent de sembler trop courte, Bouchard aimant se refuser le luxe du développement. Elle préfère la générosité d'idées à leur étalement. Dans ses cahiers, un projet d'opéra, tranquillement, mûrit, «pour le moment où je serai prête». Si on lui demande un mot, une expression pour se définir, sa seule réponse est un profond regard interrogateur. On imagine les œuvres à venir comme les éléments de réponse. ■

▶ **Linda Bouchard**
Pour des renseignements discographiques, contacter le Centre de musique canadienne, cmc_que@cam.org.

Dix questions pour une chanson

L'industrie du disque et du spectacle au Québec : état des lieux.

PAR SYLVAIN CORMIER

À la charnière de l'an 2000, l'industrie du disque et du spectacle est en plein remue-ménage : téléchargement par logiciel MP3, mondialisation, fragmentation à l'infini des marchés, vieillissement des structures et déclin des valeurs sûres. Il y a peu de réponses à l'horizon, rien que des questions. À l'occasion de l'annuel gala de l'ADISQ, diffusé ce dimanche en direct du Capitole de Québec, en voilà déjà dix pour lesquelles une agente de promotion, un distributeur, un patron de compagnie de disques et le président de l'ADISQ ont accepté de remuer les méninges et brasser la cabane. Résultat : un chorus à quatre voix qui chante les bienfaits du changement.

ALORS, ÇA BOUME ou ça pète ? Le téléchargement par logiciel MP3 va-t-il bouffer les profits du disque et laisser les compagnies de disques exsangues ? La radio commerciale est-elle aussi inécoutable qu'on le dit ? Le virage de l'an 2000 sera-t-il pris le pied sur le frein ou sur les chapeaux de roues ? C'est encore bon, ce qui se chante chez nous ? En termes moins crus, c'est en substance ce que *Le Devoir* a demandé à quelques joueurs majeurs de notre industrie du disque et du spectacle : Mario Lefebvre, directeur national de la distribution exclusive pour le groupe Sélect-Musicor-GAM ; André Di Cesare, président des Disques Star ; Lise Raymond, présidente de l'agence de promotion et de relations de presse Communications Lise Raymond ; Pierre Rodrigue, président élu de l'ADISQ.

1. L'état de l'industrie du disque et du spectacle : radieux, bon, stable, critique ?
« Compte tenu des circonstances, plutôt bon », résume Rodrigue. « Il y a de la vitalité autour de la table. Je regarde ce qui se passe chez Audiogram, chez Tacca, chez Cabot-Larivée-Champagne [les plus dynamiques des compagnies locales], il y a de belles choses. Mais c'est sûr que l'industrie est en pleine mutation. » Di Cesare, lui, parle d'un « état de renouveau », Lefebvre d'un « état de métamorphose ». Il précise : « Le côté business du show est en train de changer radicalement. La façon d'acheminer la musique aux consommateurs est appelée à être modifiée. » Seule Lise Raymond, fille de terrain, établit un constat moins résolument tourné vers l'avenir : « L'industrie du spectacle n'est pas des plus florissantes ! On connaît tous la difficulté de remplir une salle à Montréal. On a beau

faire tout le "booking" médiatique, on dirait que ça ne se rend pas jusqu'aux consommateurs! Les spectacles gratuits des différents festivals d'été n'aident pas, on le sait! En région, faire une tournée "full band" est très dispendieux, ce qui fait que nos diffuseurs préfèrent les spectacles d'humour.» La situation du disque, soutient-elle, n'est pas plus jojo. «Le disque? On ne sait jamais si on tient une bombe ou si le produit ira rejoindre la plupart des nouveautés à L'Échange. La viabilité du produit est dépendante de la radiodiffusion sur nos radios commerciales et de l'équipe qui entoure l'artiste: la règle de base est de croire au produit et de transmettre le tout au distributeur qui en a déjà plein les bras!»

2. Quels indicateurs encourageants ou décourageants observez-vous?

Lise Raymond constate avantageusement «l'ouverture de plus en plus grande du consommateur pour des styles musicaux de plus en plus variés (Lilison Di Kinara, Claire Pelletier)» tout en déplorant «le manque d'ouverture des radios commerciales». Le programmateur de radio est pour elle l'empêcheur par excellence: «As-tu déjà fait l'exercice de zapper dans l'auto? Tu tombes régulièrement sur la même chanson (plate!) en même temps dans deux stations différentes. C'est quasi pareil partout.» Rodrigue, lui, voit l'ennemi ailleurs: «Avant de se battre pour nos projets, il faut se battre contre l'uniformisation tant souhaitée par les Américains de la culture à travers le monde.»

3. Commentez l'assertion: «Une poignée d'artistes trône dans les 100 000 exemplaires et plus, tous les autres végètent dans les 5000 et moins.»

«C'est la culture du blockbuster», concède Di Cesare. «Le monde achète de plus en plus le disque que tout le monde achète.» Lefebvre renchérit: «On assiste depuis quatre ou cinq ans à l'explosion du phénomène du blockbuster. Il y a de moins en moins de place pour ce que j'appellerais le "middle class" en matière de vendeurs.» Di Cesare y reconnaît le même fossé qu'en économie: «Ce qui a disparu dans la société, c'est le milieu. On est rendus là dans le disque: quelques riches et ben des pauvres. C'est triste, parce que ça ne peut pas faire vivre les compagnies indépendantes. Tu ne peux pas faire tes frais avec 5000 disques, c'est pas vrai.» Raymond est encore plus alarmiste: «5000, c'est généreux! Je dirais qu'il est fréquent de clore un ou deux ans d'efforts sur un album avec moins de 1000 copies vendues!» Rodrigue relativise: «Notre chance, une chance que le Canada anglophone n'a pas, c'est qu'on a un star system qui se contrôle assez bien. Entre trois postes de télé, quatre quotidiens, sept stations de radio, ça va encore assez bien, monter une star.»

4. Le téléchargement par logiciel MP3: menace mortelle ou chance de renouvellement?

«Ni l'un ni l'autre», répond catégoriquement Rodrigue. «C'est un outil. C'est l'avenir dans la mesure où c'est régi et que les ayants-droit perçoivent de l'argent. J'ai confiance qu'on va trouver un équilibre qui permettra aux gens de continuer à produire de la musique et d'en vivre, mais la donne va changer. Il n'est pas évident que le compact va continuer de coûter 20 $. Sur 20 $, en ce moment, le collège producteur-interprète-auteur-compositeur-musiciens-éditeur reçoit à peu près 3,50 $. Le reste, le 16,50 $, se partage entre le rabais à la caisse, les "lost-leaders", la publicité, les détaillants, les sous-distributeurs, le distributeur, la maison de disques, le plan de pressage : l'avantage de la nouvelle technologie, c'est que le collège des créateurs va toucher plus et les autres moins.» Lefebvre, dont le patron, Archambault, vient de lancer un site Internet où des chansons s'achètent à la pièce, est également enthousiasmé par le téléchargement : « Ça constitue une extraordinaire occasion.» Di Cesare prévoit un déclin des albums et le retour du succès isolé : « On va revenir au "single", à la toune. Ce n'est peut-être pas une mauvaise chose : combien d'albums parus ces dernières années méritaient d'être faits?»

5. L'industrie du disque et du spectacle au Québec, avec ses relationnistes, ses spécialistes du pistage radio, ses programmateurs de radio tout-puissants, ses _focus groups_, est-elle devenue trop industrielle? Y a-t-il encore de la place pour les coups de cœur?

« Oui!», lâche Lise Raymond, brandissant son point d'exclamation comme un cri du cœur. « Mais il faut une soda de bonne équipe derrière l'artiste! Encore une fois, la radio commerciale est notre principal obstacle.» Di Cesare fait un constat plus dur encore : « Il y a de moins en moins de place. Il y a seulement la radio non commerciale dans laquelle il peut encore y avoir des coups de cœur. Les "focus groups" [échantillonnages d'auditoire à partir desquels les radios déterminent leurs choix], c'est se conter des histoires. Tu prends un "focus group", tu lui fais écouter quinze secondes d'une toune...

C'est aberrant.» Rodrigue résume le problème en une phrase clé : « Tout ce que je demande, c'est que la toune ait sa chance.»

6. La chanson québécoise peut-elle encore innover, étonner? Ou alors assiste-t-on au recyclage _ad nauseam_ d'une forme en voie d'épuisement?

« Regarde Leloup, Daniel Bélanger, Lhasa, Lilison Di Kinara », soumet Rodrigue. « Ce qui se fait aujourd'hui n'a rien à envier à ce qui se faisait il y a 25 ans.» Lefebvre a également sa liste d'épicerie : « Toute la nouvelle vague, les Daniel Boucher, Jean-François Fortier, Nicola Ciccone qui viennent d'arriver, et Mara Tremblay qui s'est démarquée l'an dernier, et Bran Van 3000 l'année d'avant : je trouve qu'en tant qu'industrie, on a fait un gros bout de chemin.» Di Cesare élargit le propos : « C'est la définition de la chanson québécoise qui change. La prochaine chanson de chez nous, elle va passer par une Brésilienne de Montréal qui va jouer avec un ti-cul du Lac-Saint-Jean.» Lise Raymond enfonce le clou : « C'est possible d'évoluer, mais il s'agit de ne pas embarquer dans le moule de la radio. Sinon, on sera toujours pris avec des banalités à la Lara Fabian, Bruno Pelletier et tous les autres qui se spécialisent dans la ballade sirupeuse.»

7. Comment la chanson québécoise peut-elle espérer rejoindre un public assailli de tous côtés par les musiques venues d'ailleurs, autrement qu'en maintenant des quotas?

Pour Rodrigue, pragmatique, il s'agit « d'être prêts quand, pour la première fois, un ado a un frisson pour un Leloup ou un Kevin. Il faut que les shows soient bons, que les albums tiennent la route. Qu'on

Musique

ait de quoi nourrir le fan naissant. » Di Cesare s'en remet à la fibre commune : « Les Québécois, tôt ou tard, aiment se faire chanter des chansons dans leur langue. » Lefebvre appuie : « Quand Kevin Parent chante *Maudite jalousie*, je pense qu'il n'y a pas un Québécois qui n'est pas rejoint. C'est pareil quand c'est du rap comme Muzion : ça parle directement. »

8. La radio commerciale, telle que pratiquée aujourd'hui, vous satisfait-elle ?

Lise Raymond monte aux barricades : « Non ! La compétition est féroce entre les stations, ce qui n'aide pas notre cause quand on arrive avec un produit un tant soit peu original. Personne n'ose bouger, tout le monde regarde ce que l'autre fait, et ton "single" poireaute ! On mise sur des hits et on les use à la corde. Tu as des radios qui jouent tellement "safe" que leur banque ne contient que 1000 chansons ! C'est pas beaucoup. » Rodrigue est d'accord mais plus résigné : « Fondamentalement, les programmateurs de radio travaillent pour un propriétaire dont le premier but est de vendre le temps commercial auquel il a droit dans une journée. Par définition, cette radio-là ne peut me satisfaire. » Lefebvre entrevoit

tout de même une issue : « Ce qu'il nous manque, c'est du "college radio" comme il y en a dans toutes les grandes villes américaines. Des radios véritablement alternatives. »

9. Programmateur d'un jour ?

Di Cesare : « Je ferais jouer ben du worldbeat. » Rodrigue : « Dans l'auto, j'écoute des CD : je me fais ma propre radio. » Lefebvre : « Je suis un vieux trippeux : je ferais de la radio comme il s'en faisait à CKVL FM au temps où tous les genres étaient mélangés. » Raymond : « De la musique de qualité ! »

10. Un souhait ?

Di Cesare revient à la charge : « Deux heures par jour de worldbeat à la radio. » Lefebvre y va d'un désir de reconnaissance : « Je pense qu'on a une industrie solide qui fait l'envie des Français et des Canadiens anglais : on ne le dit pas assez. » Rodrigue fait chorus : « Le public québécois est plus choyé qu'il pense et j'aimerais qu'on le reconnaisse. » Lise Raymond ne souhaite rien, sinon du temps, plongée dans la préparation du festival Coup de cœur francophone. « Je suis dans un méga-jus ! » Bon signe. ■

▶ LES ARTS | SAMEDI 13 NOVEMBRE 1999 | B1

Monique Leyrac :
sous le signe de l'exigence

Un bouquet de chansons sur un CD pour un portrait inédit de Félix Leclerc.

PAR SOLANGE LÉVESQUE

Dans les années 60-70, Monique Leyrac a été la première et la plus grande ambassadrice québécoise de la chanson francophone à l'étranger. Son vaste registre, la riche texture de sa voix, ses dons de comédienne et son répertoire éclectique ont fait d'elle une chanteuse incomparable dont les interprétations ne vieillissent pas. En 1977, elle avait créé un spectacle-portrait de Félix Leclerc. Un enregistrement inédit de ce spectacle sort maintenant en CD chez Analekta. Histoire d'un parcours, ou comment Monique est devenue Leyrac.

CEUX QUI ONT ASSISTÉ au spectacle que Monique Leyrac avait donné à la salle Wilfrid-Pelletier en 1964 avec les Swingle Singers se souviennent de la secousse provoquée par la chanson *Mon pays*, créée ce soir-là : le public, debout, en redemandait ; elle a dû la chanter trois fois ! L'année suivante, Monique Leyrac raflait tous les prix au festival de Sopot, en Pologne, avec la chanson de Gilles Vigneault, et obtenait également le prix d'interprétation pour *Chanson polonaise*. Peu après, autre premier prix à Ostende, en Belgique. Ces distinctions marquent le début d'une série de triomphes internationaux : Varsovie, New York, Moscou, Londres, Paris.

L'histoire de cette fille d'ouvrier née à Rosemont pourrait ressembler à un conte de fées ; en y regardant d'un peu plus près, on s'aperçoit que les fées n'y sont pour rien. Certes, une sensibilité vibrante, de nombreuses ressources vocales et un immense talent d'actrice ont favorisé Monique Leyrac ; mais l'artiste a surtout bâti sa carrière par un travail constant, une inflexible exigence envers elle-même et une fidélité sans faille à ses intuitions esthétiques.

Tandis que la Seconde Guerre mondiale s'achève en Europe, le travail reprend à Montréal, que la Crise avait appauvrie. Dans la paroisse Saint-François-Solano, une adolescente de 13 ans doit abandonner l'école pour tenir maison tandis que ses deux parents vont travailler. Avec sept frères et sœurs, les tâches ménagères ne manquent pas ; elle les accomplit en écoutant Tino Rossi et Lys Gauty à la radio. L'année suivante, elle s'engage dans une usine de pièces d'avion. Pour le moment, elle s'appelle Monique Tremblay, fréquente le cinéma avec ferveur et veut devenir actrice. Elle écrit à Jeanne Maubourg ; dès la première audition, l'illustre professeur d'art dramatique reconnaît ses dons.

Elle conseille à son élève de prendre un nom d'artiste et l'envoie bientôt passer une audition importante : la station de radio CKAC cherche une actrice pour *Le Chant de Bernadette*, pièce qui sera radiodiffusée au *Théâtre Lux*, son émission prestigieuse.

Parfaitement inconnue, Monique, qui a choisi le nom de Leyrac, décroche le premier rôle : Bernadette Soubirous. Guy Mauffette raconte que Mme Maubourg lui avait glissé à l'oreille, tandis que Monique jouait : « Tu vois, celle-là ? Elle ira loin !... » Elle ne croyait pas si bien dire.

Mais quelques émissions et radiothéâtres ne rapportent pas suffisamment ; Monique doit retourner en usine. Elle n'a pas renoncé aux cours de Mme Maubourg. À 16 ans, avec sa copine Denise Proulx, elle fréquente assidûment Le Faisan Doré, célèbre boîte de nuit où l'on chante. « Le Faisan Doré était immense, toujours comble. Parfois, vers deux heures du matin, ceux qui voulaient montaient spontanément sur scène ; raconte-t-elle ; un jour, j'y ai chanté une chanson. La chanteuse attitrée étant enceinte, le propriétaire cherchait une remplaçante. Il m'a proposé d'apprendre trois chansons pour le samedi suivant. »

Impressionné par son mini-récital, il l'engage pour trois mois. Ensuite, elle tournera dans le film *Les Lumières de ma ville*, où elle chante des chansons de Pierre Petel, ses premières chansons québécoises. Elle n'a pas 21 ans quand elle décide de partir pour Paris. « J'ai rencontré là-bas une autre façon d'aborder la chanson, explique-t-elle. Jusque-là, les bonnes chansons, c'était Trenet, Mireille, Jean Sablon. Je découvrais soudain Montand qui chantait Aragon et Prévert ; Juliette Gréco, les Frères Jacques et les Compagnons de la Chanson. C'est là que j'ai commencé à comprendre le véritable rôle d'un texte dans une chanson. » Cette année-là, elle travaille partout où elle peut, fait de la radio et va même chanter au Liban grâce à l'impresario de Piaf. Puis, elle revient au Québec.

À l'époque, il suffisait d'avoir chanté en France pour être reçu en grande pompe lorsqu'on rentrait. « Je suis donc passée en vedette, cette fois, au Faisan qui s'appelait désormais Le Montmartre », raconte Monique Leyrac. « Un jour, Guy Mauffette, avec qui j'avais déjà travaillé à Radio-Canada, a créé une série, *Les Chansons de Baptiste et Marianne*, où se mêlaient des chansons françaises et québécoises. Jacques Normand était Baptiste, et moi, Marianne. Guy sortait de ses tiroirs des chansons faites par des gens d'ici : Lionel Daunais [vous vous souvenez d'*Aglaé*?], Raymond Lévesque, Jacques Blanchet, qu'on chantait pendant l'émission. Je pouvais les chanter immédiatement sur la scène du Saint-Germain-des-Prés, la boîte de Jacques Normand. C'est ainsi que j'ai commencé à chanter des chansons québécoises et à me bâtir un répertoire. »

Au milieu des années 50, Monique Leyrac épouse Jean Dalmain et repart en France. Elle a une fille et continue de chanter et de jouer. Lorsque le couple revient au Québec quelques années plus tard, elle se joint à l'équipe du TNM. « Dans ma tête, j'étais d'abord et toujours une comédienne, remarque-t-elle, la chanson est venue se greffer par hasard et par besoin de gagner ma vie. J'ai donc joué plusieurs années au TNM. » Elle rappelle : « On travaillait dans le bonheur. Donner la réplique à Guy Hoffmann, par exemple, c'était merveilleux ! Si j'ai un regret, c'est de ne pas avoir incarné un personnage de Tchekhov, mon auteur préféré. » En 1961, toujours au TNM, Monique Leyrac interprête le rôle de Polly dans *L'Opéra de quat'sous* de Brecht et Weill. Elle y est si remarquable que Radio-Canada lui propose une émission d'une heure, mi-théâtre, mi-chansons. « Il me fallait trouver des chansons ; j'ai appelé Jean-Pierre Ferland, qui n'a pas donné suite ! J'ai alors appelé Léveillée ; il est venu immédiatement et m'a joué au piano des chansons qu'il faisait avec Vigneault. » Léveillée et Vigneault sont emballés. Cette collaboration donne un premier disque en 1963 : Monique Leyrac chante Vigneault-Léveillée. On sait ce que fut son immense succès.

À propos de répertoire

Monique Leyrac a toujours veillé à la qualité de ses chansons. « Après avoir joué Shakespeare, Molière, Feydeau, Brecht, j'étais difficile ! C'est alors que plusieurs séries télévisées m'ont permis d'affiner mon répertoire. » En 1964, à la télé de Radio-Canada, elle anime *Pleins Feux sur Monique Leyrac*, une émission hebdomadaire d'une heure où elle chante, danse et présente des invités. « Petit à petit, j'ai trouvé ce qui me convenait. Tout le monde me disait : "Ah ! Mais ta voix ! Ta voix !" — Ah bon ? ! Au début, je ne savais pas que j'avais une voix, explique-t-elle. Ensuite, j'ai voulu m'en servir ; je l'ai développée et je me suis rendu compte que c'était merveilleux de chanter ! Alors, je me suis amusée ; j'ai fait des chansons assez acrobatiques, des mélodies qui demandaient une ample tessiture. Insensiblement, j'étais devenue une chanteuse. »

Son seul guide : son goût personnel. « Je n'avais pas envie de m'ennuyer en chantant. Je n'aurais pas pu chanter souvent les mêmes chansons si elles ne m'avaient pas intéressée. *Mon pays* m'a suivie longtemps, mais j'avais là quelque chose à exprimer ! »

Leyrac ne s'est jamais enfermée dans une image ou confinée à un genre. « La diversité de mon répertoire m'a permis de m'amuser sans être obligée de me ressembler. » Compagnie de disques oblige, il lui est arrivé, avoue-t-elle, de chanter des pièces plus faciles, comme *Pour cet amour* ou *C'est toute une musique*. « Elles ont tout de même connu une grande popularité. Mais je me suis rapidement lassée de ce système. Je rue facilement dans les brancards et je préfère les choses non conventionnelles. »

Monique Leyrac, qui lit énormément, s'est toujours souciée de la qualité de la langue. « Je ne l'ai pas dit à l'époque, mais quand j'ai monté *Nelligan* en 1975, je voulais présenter ce jeune homme dans son contexte, en racontant son histoire pour montrer aux jeunes qu'on peut venir d'un milieu assez ordinaire et arriver à une maîtrise de la langue. Je tenais à le souligner à une époque où le langage commençait à se relâcher. » Cela la chagrine encore de voir la classe moyenne opter pour la facilité plutôt que pour l'exigence. « C'est terrible d'avoir entre les mains un outil d'une aussi grande perfection, que des générations ont mis des siècles à peaufiner, nous permettant d'exprimer notre pensée dans ses moindres nuances et de se contenter d'à-peu-près. »

La formule du spectacle-portrait, mi-théâtre, mi-chanson, est de son invention. « Dès le premier soir, *Nelligan* a fait salle comble au Patriote ! » Le spectacle a été repris par la suite, et le disque *Monique Leyrac chante Émile Nelligan* a suscité le même enthousiasme. De 1975 à 1995, entre des récitals, elle interprétera des pièces de théâtre solo : *Mademoiselle Marguerite* en 1975-76, *Divine Sarah* en 1990, *Sarah et la bête saison* en 1991 et 1995, et signera plusieurs spectacles thématiques, parmi

Musique

lesquels *Baudelaire* vers 1982, 1900 en 1983-84, *Nelligan* en 1985, *Paris, Berlin* en 1988, etc.

Leyrac chante Leclerc

Mieux que quiconque, Monique Leyrac a su faire ressortir la poésie de Leclerc. En 1977, elle avait créé (comme pour Nelligan) un spectacle-portrait qui lui était consacré. Gatien Roy, un technicien qui adorait entendre chanter Leyrac, avait alors tout enregistré et lui avait offert les cassettes, par gentillesse.

Des années plus tard, elle les a écoutées et a été saisie par la présence de sa voix. Au moment où elle a appris que le spectacle de Gina Bausson, *Monique avant Leyrac*, serait repris, elle a fait écouter les fameuses cassettes à Mario Labbé, directeur d'Analekta. Labbé a été conquis. «Dans un premier temps, il a nettoyé la bande pour effacer les bruits. Or ce que j'aime dans cet enregistrement, souligne Leyrac, c'est que ma voix s'y trouve entièrement, sans compression; en effaçant les petits bruits, on perd la présence qui suscite l'émotion.»

Après avoir comparé la bande originale et la bande retravaillée, Labbé était d'accord avec elle. «En fin de compte, on a conservé la bande originale, qui rend la magie et l'atmosphère du spectacle. C'est donc un CD inédit intitulé *Leyrac chante Leclerc* qui sortira cette semaine. C'est probablement ce que j'ai fait de mieux, commente-t-elle. J'étais alors en pleine possession de mes moyens et j'y donne ma pleine mesure sur tous les plans. Le disque me satisfait totalement.»

Leyrac a toujours beaucoup aimé Leclerc, «autant comme artiste que comme être humain», précise-t-elle. «Systématiquement, je chantais une de ses chansons dans mes concerts, et pas nécessairement celle que les gens attendaient!» Selon Leyrac, ce CD permettra aux gens de le redécouvrir maintenant qu'on parle moins de lui. «Il mérite d'être mieux connu. C'était vraiment un grand écrivain qu'on tenait un peu trop pour acquis. On entend toujours les mêmes chansons : *Le P'tit Bonheur* ou *Moi, mes souliers*. *La Gaspésie*, *Présence* et *La Danse la moins jolie*, par exemple, sont magnifiques!»

Jugez-en un peu :

«La danse la moins jolie / c'est la danse des fusils [...] / Pourtant les anges du ciel / échangeraient leurs deux ailes / pour porter nos têtes folles / danser notre farandole / et puis finir comme des chiens / j'y comprends rien rien rien.» ∎

▸ *Leyrac chante Leclerc*
Monique Leyrac
Analekta.

Tout Zachary

PAR SYLVAIN CORMIER

C'ÉTAIT pour ainsi dire prêt en février 1998. Depuis des mois déjà, dans la confrérie, nous attendions avec impatience l'anthologie de Zachary Richard que préparait Patrice Duchesne, l'homme des « projets spéciaux » chez Audiogram (responsable du récent coffret live de Daniel Bélanger, notamment). Mais bon, il se trouva que Zach avait le vent dans les voiles, que son merveilleux album, *Cap Enragé*, continuait de se multiplier et de fournir aux radios des extraits gagnants : on reporta donc *Travailler c'est trop dur* — le titre est demeuré — à la fin du cycle *Cap Enragé*. C'est-à-dire maintenant. Pas trop tôt, ai-je pensé en recevant le bel objet. Et puis, constatant qu'on avait ajouté deux titres — *L'arbre est dans ses feuilles* et *La Ballade de Jean Batailleur* — enregistrés lors du spectacle de Zach en trio de guitares acoustiques au dernier Festival de jazz de Montréal, j'ai été rasséréné. Pour faire une anthologie, l'attente est toujours une vertu.

Qu'obtenons-nous donc enfin ? Deux disques honnêtement remplis (deux heures treize minutes de musique) et finement dosés, échantillonnant un à un les albums parus depuis 1976, sauf *Cap Enragé*, 300 000 d'entre nous le possédant et le chérissant déjà. L'équilibre y est remarquablement maintenu entre les élues d'office — les *Réveille*, *Travailler c'est trop dur*, *L'arbre est dans ses feuilles* et autres *Migration* — et les choix du cœur : l'exquise *Madeline*, l'atmosphérique *Ballade de Beausoleil*, le slow collé serré *Un autre soir ennuyant*, l'épidermique *Con Todo De Meus Caraçao*, la poignante *Berceuse créole*, la tristement belle *Pauv'tit neg'*. Surtout, pour la première fois, les pans cadien, français et anglais de la carrière de Zachary sont liés, permettant de porter un regard bien plus conséquent sur l'œuvre de celui qui se décrit d'abord comme « un auteur-compositeur américain » : *Sunset on Louisiane* illumine d'autant *Ma Louisiane*.

Bel arbre

Qui plus est, chaque chanson bénéficie dans le livret d'un commentaire éclairant de Zach lui-même. Jugez de la pertinence du procédé par ce seul exemple, à propos de la tropicale *Vent d'été* : « L'été en Louisiane est une saison très éprouvante. La chaleur et l'humidité nous obligent à faire des arrangements avec le climat qui peuvent ressembler, pour ceux qui n'ont pas l'habitude, à quelque chose proche de la paresse. C'est surtout une grande sensualité. Avec cette chanson, je voulais évoquer cette chose qui me frottait comme une brise du Sud en plein juillet. » Après avoir lu ça, on n'écoute plus jamais la chanson sans avoir un peu plus chaud. Utilement, on peut aussi lire toutes les paroles des chansons.

Musique

Une bio fort instructive signée Laurent Saulnier, une discographie exhaustive (incluant le premier 45-tours de 1974, hélas absent de l'anthologie) et de belles photos complètent le livret, qui constitue en fait une version revue et améliorée du modèle créé par le directeur artistique Duchesne au temps de l'anthologie de Stephen Faulkner chez DisQuébec. On ne le dira jamais assez, c'est la quantité d'information et le souci du détail — constant chez Duchesne — qui donnent à de tels coffrets l'imprimatur de qualité supérieure : ainsi apprécie-t-on ici le gros plan de la porte de la Cadillac Eldorado de Zachary qui orne le livret (il faut ouvrir la porte pour entrer dedans), le recto-verso du boîtier en imitation d'affiche de cinéma, la reproduction en timbre-poste de chaque pochette de disque avec les numéros correspondants aux extraits choisis (permettant en un coup d'œil de se repérer), la lisibilité de textes pourtant imprimés en petits caractères et la beauté toute sobre du graphisme.

Tout sert les chansons, tout permet une meilleure compréhension de l'œuvre, tout est donné dans son juste contexte, tout induit une écoute à la fois sensible et intelligente : je n'en demande pas plus. Mais Zachary et son bel arbre de chansons n'en méritaient pas moins. ∎

▸ *Travailler c'est trop dur —*
Anthologie 1976-1999
Zachary Richard
Audiogram (Sélect).

▶ CULTURE | LUNDI 15 NOVEMBRE 1999 | B7

Attachez vos tuques!!!

Le multimédia vivant de Granular Synthesis tue et fait ressusciter.

PAR FRANÇOIS TOUSIGNANT

BEAUCOUP d'entre nous ont en mémoire ces caricatures d'antan où l'on reprochait à Beethoven, Berlioz, Wagner, Mahler ou Bartók de « faire trop de tapage » et d'assommer l'oreille. Un critique de mauvaise foi pourrait se contenter de faire la même chose avec le POL, de Granular Synthesis. Ce serait dommage.

S'il est en effet vrai que les oreilles furent absolument amenées à la limite du supportable en terme de décibels ; que le corps de l'auditoire assis directement sur le sol fut réduit en esclavage par le volume et l'intensité des fréquences utilisées ; que toute l'Usine C tremblait ; que les yeux furent saturés presque à la brûlure des images qui défilaient sur les sept écrans ; si tout cela est vrai, cela ne reste que surface. Dans la foulée de la musique « empoigné plutôt que séduit » (de

Beethoven à Stockhausen), Granular Synthesis a imaginé un chef-d'œuvre.

L'expérience multimédia se hisse à la hauteur des plus nobles ambitions du *Gesamtkunstwerk* (œuvre d'art totale) du romantisme. En deux longues déferlantes, on assiste, impuissant, à une musique et une vidéo si intenses que l'imagination en deçà de ce niveau-là paraît tiède.

La description s'avère ardue. Sur les écrans, on part du grain, comme un écran de télé vide ; de ce « rien » teinté différemment comme du vieux papier photo sur chacun des écrans, une forme va naître, celle du corps de Diamanda Galas. On croit en la répétition ? Non : la microphotographie est à l'œuvre (des photos de la respiration prise au millième de seconde et qui défilent ensuite selon la « normalité » du temps cinématographique). Grain de la peau, grain de l'écran, toujours pareil mais jamais le même, exactement comme le tube « vide » du téléviseur.

Parallèlement, bruit blanc dans les haut-parleurs. Là aussi, toujours la même chose toujours différente. Et une saturation des fréquences graves sur lesquelles des variations de phase vont créer des rythmes dont l'oscillation est aussi prévisible qu'aléatoire. Parfois écrans et haut-parleurs sont en synchronie, ailleurs ils avancent en totale indépendance. Là aussi un rythme se crée, lent comme dans une symphonie de Bruckner.

Une longue longue « section bleue » suit où le jeu se fait plus abstrait. C'est alors que l'étape initiatique suivante se déroule. Les yeux surimbibés d'images — ou plutôt de couleur intense —, les oreilles quasi anesthésiées par la puissance du son (c'est fort, à la limite du danger, mais jamais violentant), c'est le corps tout entier qui devient organe de réception et

de perception. La musique et la vidéo utilisent de concert le sens du toucher pour nous parvenir, se frayant un nouveau chemin et imposant leur nouvelle sensibilité.

À la différence de l'ordinaire bombardage des raves ou des discos, il y a ici intention. Tout cela est pensé et vise à quelque chose, au postulat impostulable de l'essence de l'art. Cet usage de machines est bien différent de leur utilisation vulgaire en films américains ou sur un plancher de danse.

Issu de la Section IV de *Hymnen* de Stockhausen — dont dans le fond c'est une excroissance technologique géniale — et du statisme de certains films de Warhol, de l'imagerie à la Lichtenstein (agrandissement si grand que le grain paraît au point de devenir objet) et du répétitisme californien (comme Adams quand rien ne bouge et pourtant...), l'univers de POL arrive à inventer une nouvelle aire.

Les sens et le sens, la *physis* comme le *mens* sont autant interpellés que réunis. Comme éros rejoint souvent le thanatos, il y a forcément violence ; mais il y a aussi poésie. On entre alors en un terrain toujours vierge et un terreau plus que fertile. Voilà ce qu'un tel accomplissement apporte. Ce qu'il veut dire ? Probablement autant que les contrepoints de *L'Art de la fugue*.

Devant l'impérial achèvement artistique de cette monstrueuse réussite technique, on demeure pantois. Si on ne « comprend » pas tout, on en saisit pas mal, ne serait-ce que par l'autodéfense nécessaire pour lui résister. Oui, l'œuvre est lourde, teutonne et montre bien sa filiation avec l'*Oktophonie* du gourou Stockhausen ; oui, il y a certains défauts dans la qualité de quelques photos (des mouches ou des striures). Hors de son indéniable simple effet spectacle cependant, POL s'inscrit tout à fait dans un continuum historique avec la plus grande noblesse. Si on veut que n'y freaker, pourquoi pas ; on peut aussi — c'est sa force — y réfléchir en étant bouleversé et nouvellement ému.

Ce n'est malheureusement physiquement pas fait pour tous (je me répète, l'expérience est *vraiment* éprouvante). Chaque forme d'art a ses limites ; celle-ci a, je crois, trouvé les siennes dans ses exigences sensorielles.

Si on peut réinventer le vocabulaire et les outils expressifs, on ne peut aussi aisément faire muter l'oreille. Art, si on veut. Art extrême, certes. Art, assurément, qui se rebutera à être engoncé dans l'intellectualisme de la « création ». ∎

▸ **Granular Synthesis : POL**
Kurt Hentschläger et Ulf Langheinrich.
À Montréal, à l'Usine C,
les 12 et 13 novembre 1999.

▶ LES ARTS | SAMEDI 27 NOVEMBRE 1999 | B10

Musique

Murray Schafer, iconoclaste

PAR CLÉMENT TRUDEL

L'un des ouvrages les plus répandus de R. Murray Schafer, *The Tuning of the Word*, publié à Toronto en 1977, a été traduit en français sous le titre : *Le Paysage sonore* (J.-C. Lattès, 1980). Le livre a connu des versions en italien, en allemand et en japonais. Le concept de *soundscape* qu'il a mis au point sert maintenant d'inspiration à plusieurs groupes de chercheurs. Le musicien-écologiste-pédagogue a reçu de nombreuses décorations, dont le prix Glenn-Gould pour sa contribution « à la musique et à la communication ». Yehudi Menuhin a dit de lui : « Il fait preuve d'une imagination et d'un esprit fort et généreux, d'une attitude dynamique [...] dont les aspirations sont en accord total avec les rêves et les besoins pressants de l'humanité contemporaine. »

L ORSQU'ON LUI ACCOLE l'étiquette de provocateur, Murray Schafer ne se rebiffe pas. Cet érudit non conformiste a la ténacité d'un autodidacte curieux de tout : musique, littérature, sciences, linguistique (on lui connaît une pièce, *Sun*, où le mot soleil est chanté en 36 langues), environnement, sans compter ses incursions côté mystique. Au Centennial Hall de London (Ontario), en 1980, la première partie de son *Apocalypsis (John's Vision)* a requis 500 participants lors de sa création sous la direction du compositeur.

Schafer a toujours cherché à faire les choses de manière non conventionnelle, comme s'en rendront compte les auditeurs au concert-marathon que donnera à Montréal, le 11 décembre prochain, le Quatuor Molinari, à la salle Pierre-Mercure — une exposition sur Schafer est en cours, jusqu'au 16 décembre, à la Chapelle historique du Bon Pasteur. On jouera le 11 décembre le cycle complet des sept quatuors à cordes. Le _Quatuor n° 2 (Waves)_ avait obtenu le prix Jules-Léger pour la nouvelle musique de chambre en 1978 ; Schafer s'y laisse guider par le rythme marin, lui qui fut l'un des pionniers des recherches sur l'environnement acoustique naturel et urbain et sur les effets qu'il peut entraîner sur les humains.

Le _Quatuor n° 7_ sera exécuté pour la première fois à Montréal (il fut créé il y a un an à Ottawa) avec sa scénographie complète — Guido Molinari a conçu les éléments visuels. Chacun des membres du quatuor hérite pour la circonstance d'une couleur que Schafer trouve adaptée à sa personnalité : rouge pour la violoniste Olga Ranzenhofer, vert pour la violoncelliste Sylvie Lambert, bleu pour le violoniste Johannes Jansonius et jaune pour l'alto David Quinn. Ce _Quatuor n° 7_ a aussi recours aux masques de Jerrard Smith et aux écrits d'une schizophrène (les textes remontent à 1940, à Chicago) qui tient des propos sur la musique, allant jusqu'à interrompre le quatuor : « Je veux dc la vraie musique..., pas ce que vous m'offrez là. »

Inventer le sacré

L'événement, car c'en est un, est intitulé « Le Quatuor selon Schafer » ; il coïncide avec une exposition sur le compositeur, à la Chapelle historique du Bon Pasteur.

Joint au téléphone la semaine dernière, à sa ferme d'Indian River (Ontario), Murray Schafer a confirmé son militantisme en faveur de l'écologie : « C'est ma façon à moi d'être un artiste engagé », de rapprocher les gens de l'environnement, dit-il. Il assimile certaines de ses pièces à un conte comportant une morale : « Si vous croyez qu'un esprit habite un arbre, vous ne le couperez pas ; si vous croyez qu'une princesse est captive dans les eaux de tel lac, vous ne le polluerez pas... Nous avons besoin ainsi d'inventer des endroits sacrés, ajoute-t-il, des lieux à caractère spécial, dégageant une énergie spirituelle. » Certaines des œuvres de Schafer, _La Princesse des étoiles_ notamment — qui fait partie d'un vaste cycle intitulé _Patria_ ; c'est « presque un opéra » —, doivent être jouées dans la nature et, dans ce cas précis, avant le lever du jour. « Vous devez vous lever au milieu de la nuit pour faire le pèlerinage. »

Mais il y a aussi _Music for Wilderness_ (pour 12 trombones) qui requiert une exécution autour d'un lac ; le tromboniste Alain Trudel se disait récemment intéressé à rejouer cette œuvre à laquelle il a déjà pris part à proximité d'un étang, à Halifax.

Murray Schafer est membre de Greenpeace. Il se montre sceptique sur les agissements des politiciens qui disent avoir appris les leçons découlant des sommets sur l'avenir de la planète, tel celui de Rio de Janeiro en 1992 : « Des agences influencent le gouvernement dans le sens de décisions que nous savons dommageables ; le monde des affaires recherche le profit. » Il déplore notamment qu'Ottawa ait retiré à Greenpeace, organisation jugée trop radicale et soi-disant « portée à la confrontation », la possibilité de recevoir des dons menant à des exemptions fiscales.

Dommage, soupire-t-il, que nous soyons prompts à ruiner un des grands atouts du Canada : cette _wilderness_, ces

Musique

vastes espaces qu'apprécient tant les Européens qui nous visitent.

L'artiste se glorifie de vivre dans une maison d'où il n'aperçoit aucune autre maison. Que des champs et des bois : « De temps en temps se pointe un ours, un coyote ou des oiseaux. » Il s'attarde en entrevue sur le Projet du loup, qui depuis dix ans, au mois d'août, se déroule dans les grands espaces du Nord ontarien. Soixante-quatre adultes et quelques enfants vivent alors une expérience qui a ses aspects insolites, qui ne cadre vraiment pas dans une simple veine de camping ou de pique-nique dans un parc splendide. Schafer, qui décrit ce stage comme un rituel, en fait une occasion de réfléchir à « l'harmonie à instaurer entre adultes, professionnels de divers horizons », à la symbiose avec la nature. Certains inventent des histoires, des légendes, d'autres pensent à des musiques, mais en l'absence de toute technologie. Pas le moindre magnétophone dans les bagages !

Construire des ponts

Spontanée, cette vie dans les grands espaces ? Pas du tout, précise Raymond Murray Schafer, qui en a pris l'initiative — il faut de quatre à six heures pour avoir accès à ces repaires lointains où, il le concède, peuvent surgir des réminiscences de légendes scandinaves : « Je suis un nordique... ces légendes me disent davantage que, par exemple, celles qui ont leur origine en Afrique. »

Chacun des participants au Projet du loup sait quel rôle il doit jouer, quelles responsabilités lui incombent, dans un rituel qui se termine par une réunion d'amis se prolongeant de 16 h à minuit (qu'il pleuve ou non, la convivialité passe par un repas).

Les participants convergent de quatre lacs distants de plusieurs milles où ils ont vécu leur stage. Le respect scrupuleux de l'environnement y est la règle ; rien de ce qui a été apporté ne restera sur place.

Cette année, le coût modeste de 125 $ par participant (pour une semaine, comprenant nourriture et équipement) atteste de la sobriété du Projet du loup — quatre participants sont Brésiliens et songent même à mettre sur pied dans leur pays un projet similaire. Schafer ne rejette pas la formule de l'écologiste Pierre Dansereau, qui croit que c'est par l'« austérité joyeuse » que l'humanité s'assurera de meilleurs lendemains : « Nous avons trop de choses, trop de marchandises dans nos vies, il faut apprendre à vivre le plus simplement possible dans et avec la nature. »

La variété des sujets où Murray Schafer a laissé sa trace laisse pantois. Cela va d'une étude sur *Ezra Pound and Music* à sa nomination comme membre honoraire de maintes associations écologiques (Argentine, Costa Rica, Roumanie). Ses partitions sont parfois promues au rang d'œuvres d'art et des commandes importantes lui sont parvenues du Japon —*Ko wo Kiku* (*Écoutez l'encens*) — et d'ailleurs. Distinctions et doctorats *honoris causa*, de Strasbourg par exemple, lui ont été attribués et c'est à Montréal que fut créé son *Concerto pour flûte* (avec Robert Aitken et l'OSM sous la direction de Dutoit, en 1984).

Je qualifierais ce musicien atypique né à Sarnia en 1933 de penseur. Schafer a déjà dit que ses contemporains avaient perdu le goût de se préparer longuement à écouter, à expérimenter. Sage Murray Schafer qui, pour le jeune public comme pour les adultes, persiste à vouloir construire des ponts entre le quotidien et les moments artistiques ! ∎

▸ **Le Quatuor selon Schafer**
Concerts présentés à Montréal,
à la salle Pierre-Mercure du Centre
Pierre-Péladeau, le 11 décembre 1999.
Exposition présentée à Montréal,
à la Chapelle historique du Bon Pasteur.

▶ LES ARTS | SAMEDI 29 JANVIER 2000 | B10

Disques classiques

Des diverses manières de pleurer

PAR FRANÇOIS TOUSIGNANT

Trois amis musiciens perdent un être proche ; le regretté Reinhart Paulsen, à qui est dédié cet enregistrement, fut longtemps l'agent de Martha Argerich et de Gidon Kremer. Dans la foulée des événements, à Tokyo, s'organise donc un concert, le premier en fait au cours duquel joueront en formation de trio ces trois grands complices. Mieux encore, au rang des premières : c'est la première fois qu'Argerich va jouer le très difficile *Trio op.* 50 de Tchaïkovski.

Là on comprend que le choix du programme n'est pas anodin. Tchaïkovski a composé son trio à la suite du décès de son maître et ami Nicolas Rubinstein, mort en 1881, et à la mémoire de qui il dédia son œuvre. Le même parallèle existe chez Chostakovitch. Au moment où il entreprenait le travail de composition de son *Trio op.* 67, lui aussi perdit un ami très proche, Ivan Sollertinski. Son nom est un peu oublié ; il était professeur au Conservatoire de Leningrad et fut l'un des plus ardents défenseurs comme un des plus zélés propagateurs de l'œuvre de Chostakovitch.

Rien n'est donc laissé au hasard pour que les portes de l'inspiration s'ouvrent devant l'auditoire du Sumida Triphony Hall de Tokyo en mai 1998. Heureusement pour nous, qui n'avions pu nous procurer des billets, la DGG n'a pas hésité à un peu indiscrètement planter ses micros. Hormis les circonstances préludant à l'enregistrement, on a la chance de trouver réunis sur un même disque (et si je ne m'abuse, pour la première fois dans le domaine du disque) ce que musicologues et musiciens s'accordent à nommer les deux piliers du répertoire russe du genre trio avec piano. Œuvres rares et importantes, couplées originalement, interprètes de qualité finalement réunis tous

Musique

ensemble et unité de conception — mais pas forcément de ton — président donc à la réalisation de ce qui serait peut-être un tantinet banal s'il n'y avait l'interprétation.

La conjonction de ces trois musiciens s'avère en effet encore une fois étonnante. Que de musique entend-on se déverser par nos haut-parleurs! De quelles passions se font envahir notre salle d'écoute et notre âme!

Le trio de Chostakovitch donne le ton avec son alternance de moments éthérés, de mélodies graves, de thèmes juifs — ou d'inspiration juive — et d'épisodes macabres et sardoniques. Malgré son enveloppe classique et le fait qu'on puisse dénoter une certaine complaisance dans les passages plus rapides, Chostakovitch se surpasse vraiment comme orchestrateur pour la musique de chambre. Les effets sont si finement réalisés que, si on a le droit d'être légitimement légèrement agacé par cette esthétique, il faut admettre que l'émotion naît le plus souvent dans la manière dont sont écrites les notes et de la combinatoire instrumentale du compositeur.

En ce domaine, on le sait déjà, Argerich et Kremer sont passés maîtres ès sensibilité. Misha Maïsky, au violoncelle, pouvait laisser plus songeur: on sait les excès de coups d'archet et les enflures sonores dont il est capable, frôlant souvent le mauvais goût. Or, il se passe un petit miracle. Tout l'aspect excessif et extroverti de son jeu est ici tempéré — oserai-je dire: contrôlé? — par la direction puissante et la vision plus ardente de ses acolytes.

Il en sera de même pour le Tchaïkovski. Ne serait-ce que pour cette œuvre de plus de trois quarts d'heure, l'achat du disque sera récompensé. C'est du Tchaïkovski à son meilleur. «Expérimental», le trio ne compte que deux larges mouvements, un Pezzo elegiaco (morceau élégiaque) construit en sept mouvements et un thème et variations fort développé. Entre la narrativité du premier mouvement, avec ses successions de climats et de sections sans aucun rapport avec les constructions formelles classiques, et l'originalité du travail de variations, dont l'unité tient à l'usage d'un thème curieusement très russe par sa modalité et son articulation rythmique et métrique, l'équilibre est parfait. Cela permet aux interprètes d'ouvrir les vannes. Argerich, surtout, qui a la partie la plus nourrie et virtuose. L'écriture pour piano est encore plus difficile que celles de moult concertos et elle s'en tire avec le brio nécessaire, l'élégance simple et la légèreté aisée (ah!, ces arpèges en accompagnement qui perlent sur tout le clavier...) que ce genre d'interprétation requiert.

Je dis bien «genre». Car, pour le style, on entre dans un autre territoire.

Pour les musiciens, ce qui compte ici n'est pas la prétendue fidélité à une tradition; davantage une fidélité encore plus importante à soi-même. L'adéquation entre œuvre originale et interprétation originale est idéale dans sa vérité. On sent tout ce qu'il y a de nécessaire à faire ainsi la musique, au bord du gouffre, en s'émerveillant si fort des beautés qu'on y découvre au fond qu'on ne peut s'empêcher d'y risquer le vertige.

Dans le panache, on chasse toute gratuité superficielle; dans la sentimentalité, on retrouve la sincérité gommée de sa facilité. Tchaïkovski, brisant le cadre des modèles, a produit une œuvre phare qu'il fait bon (re)découvrir. Dépassant noblement les balises standard de l'interprétation, le trio Argerich-Kremer-Maïsky se montre digne de nous la révéler.

► **Argerich — Kremer — Maïsky**
Dimitri Chostakovitch: _Trio pour violon,_
violoncelle et piano n° 2 en mi mineur, op. 67;
Piotr Ilitch Tchaïkovski: _Trio pour violon,_
violoncelle et piano en la mineur, op. 50.
Peter Kiesewetter: _Tango pathétique._
Interprètes: Gidon Kremer, violon;
Misha Maïsky, violoncelle;
Martha Argerich, piano. DGG.

La musique sacrée de Rossini, longtemps oubliée, refait surface. Son _Stabat_
Mater, quoique relativement rare, est
néanmoins resté assez populaire. Au
point où on en propose maintenant une
version « sur instruments d'époque ». Il y
a des timbales et des trombones à la
nomenclature de la partition? Soit, nous
dit le chef Marcus Creed : timbales et
trombones on entendra, haut et clair.

Le ton « époque » apporte ici un curieux
éclairage. Si autrefois, sous le couvert de
la dévotion (voire de la bigoterie), on
camouflait tant bien que mal les divers
tempéraments de cette page, comme pour
les excuser, Marcus Creed, lui, entre sans
vergogne dans les différentes humeurs de
la partition, un peu comme ce que fait
Catherine Todorovski à l'orgue dans le
même type de répertoire sacré italien du
XIXe siècle.

Les copies du vieux style baroque sont
prises comme telles. Le contraste avec les
fanfaronnes fanfares ou les roucoulades
d'opéra n'en est que plus frappant. Drôle
même. C'est ici que l'écoute au premier
degré, si elle est satisfaite par la qualité
des chanteurs et la vigueur de l'ensemble
orchestral, se complète d'un second
niveau : celui du cynisme.

Impossible de croire que Rossini avait
la foi. Il avait assez fréquenté le théâtre
pour perdre toute illusion. Mais les
fidèles, eux, toutes classes sociales

confondues, appréciaient curieusement
davantage cette esthétique lyrique que
l'austère modèle laissé par les générations
précédentes de même que le ton sérieux
des compositeurs allemands. Rossini leur
donne alors une mise en scène « specta-
culaire » au goût du jour sur des textes
dont, généralement, le sens n'a aucune
importance.

Ainsi, la mosaïque de ce collage postmoderne avant l'heure va du chant grégo-
rien à la cabalette d'opéra bouffe en passant par la polyphonie de Palestrina, le
style de Pergolèse et la musique militaire.
La Vierge, non, n'est pas très souffrante
ici.

Pour notre plus grand bonheur. Pas
besoin d'incliner le front pour apprécier.
Le plaisir de Rossini, c'est un grand sourire, celui de Marcus Creed et de ses musiciens, une grande bouffée d'air frais absolument irrésistible. L'humour au second
degré doit être parfaitement réalisé pour
fonctionner à fond et se prémunir de
toutes les critiques.

Écoutez le quatuor, par exemple. Sur les
mots « plante les clous du Calvaire dans
mon cœur, profondément », ce qu'on
entend, c'est une scène d'opéra dans
laquelle l'amant tente de séduire la soprano qui, elle, feint coquettement la résistance, alors que la basse se fait ironiquement moralisatrice, comme l'alto qui
semble jouer à la nourrice aimante. À se
bidonner autant que dans _Le Barbier..._ ou
L'Italienne...

C'est la grande réussite de cet enregistrement, dont les mérites ne s'arrêtent
pourtant pas là. Le chœur est splendide,
comme les solistes. Le mélange des voix
de femmes est impeccable et Bruce Bow-
ler est un ténor au timbre ensoleillé qui a
autant de facilité et d'assurance qu'il en
faut pour camper bien des rôles sur les

planches. Tous usent d'un maniérisme de bon aloi qui se déploie sur un orchestre absolument renversant de lumière et de bonheur. Cela fait se rendre admirativement compte que le résultat est bien meilleur que le sujet. Comme (presque) toujours chez Rossini. ∎

▶ **Gioacchino Rossini** — *Stabat Mater*
Interprètes: Krassimira Stoyanova (soprano), Petra Lang (mezzo-soprano), Bruce Fowler (ténor) et Daniel Borowski (basse). RIAS Kammerchor, Akademie für alte Musik Berlin, dir.: Marcus Creed. Harmonia Mundi France HMC.

▶ LES ARTS | SAMEDI 26 FÉVRIER 2000 | B1

Disques classiques

Aimez-vous Bach?

PAR CLÉMENT TRUDEL

À 13 ans, Pablo Casals découvre chez un marchand de musique les partitions des six *Suites pour violoncelle seul* de Jean-Sébastien Bach. Personne jusque-là n'osait les interpréter en entier. Casals prit 12 ans à incuber le tout, y revenant un peu chaque jour, et ne se sentit à même d'en livrer l'intégrale que lors d'un récital à Barcelone, en 1901. Pas étonnant de trouver sous la plume de Pau Casals — il signait toujours son prénom à la catalane — un passage sur le miracle Bach qui «ne s'est produit dans aucun autre art». Bach, qu'il décrit comme «le monument le plus haut et le plus pur de la musique de tous les temps».

EST-IL possible d'aimer Bach sans être gagné par une vénération paralysante? Bien sûr que oui, à condition de ne pas perdre de vue que ce génie à multiples facettes gagne à être fréquenté longtemps, qu'il s'agisse de ses cantates, profanes ou sacrées, de ses œuvres pour clavier, qui ont fait la célébrité notamment d'un Glenn Gould, de ses passions, de ses oratorios, de la *Messe en si* ou de sa musique de chambre et de blocs comme *L'Art de la fugue*, resté inachevé. La contralto Maureen Forrester aimait raconter que son premier réci-tal fut entièrement consacré à Bach et que c'était Gould qui était au clavier!

Il arrive que de grands interprètes, comme le violoncelliste Misha Maïsky, se montrent insatisfaits d'un enregistrement. Maisky mit 13 ans à se décider à reprendre les *Suites* dont il dit que «si la musique est ma religion, ces suites sont ma Bible». Il s'agit d'un ensemble redoutable auquel se sont attaqués avec modestie Antonio Janigro, Yo-Yo Ma, Rostropovitch, Pierre Fournier, Tortellier et tant d'autres as du violoncelle.

Toujours neuf

Le 26 septembre dernier, un *Bach toujours neuf* était à la salle Pollack — tel était le titre du *Devoir* coiffant la critique de François Tousignant — lors des deux concerts du Néerlandais Pieter Wispelwey exécutant les six *Suites*, en avant-goût de ce qui devient le marathon Bach pour l'année 2000 où l'on commémore le 250ᵉ anniversaire de sa mort : ce soir débute à la salle Pierre-Mercure un mini-festival Bach, avec les Violons du Roy ; il se termine lundi par l'intégrale des *Concertos brandebourgeois*, avec l'ensemble Arion. Dans l'après-midi du 5 mars, au Musée des beaux-arts, Bach tient une bonne place dans le concert de l'Orchestre baroque de Montréal. Le 21 mars, la Chapelle de Montréal donne la *Passion selon saint Jean* et, le 24 du même mois, Luc Beauséjour donne un récital d'orgue tout Bach.

Le 13 avril, à la salle Claude-Champagne, la Chapelle de Québec et les Elora Festival Singers livreront l'intégrale de la *Passion selon saint Matthieu*.

Des jugements admiratifs sur Bach, il n'en manque pas. Il faut commencer par ceux de ses anciens élèves et par son fils Carl Philipp Emanuel. Goethe ne lésinait pas sur les éloges, faisant de la somme du Cantor de Leipzig des « entretiens de Dieu avec lui-même, juste avant la Création », selon ce que répétait le philosophe Alain, lui aussi inconditionnel de Bach.

Arrêtons-nous là. Il n'est pas sain de transformer Bach en une sorte d'intouchable, de sommet inaccessible, même si effectivement cette œuvre comporte de nombreux sommets dont on peut isoler la *Passion selon saint Matthieu* et les six *Concertos brandebourgeois*.

Essayons de penser à l'être en chair et en os que fut Jean-Sébastien Bach, ce luthérien pieux (chorals et motets l'attestent) qui quitta à peine sa Thuringe natale tout en se tenant au courant des styles italien et français en musique. On a, de sa main, des copies d'œuvres de Couperin, de Vivaldi et d'autres musiciens de son temps. Au moins 20 de ses concertos naquirent après audition de concertos de Vivaldi ; ce fut le cas pour le célèbre *Concerto en la mineur pour quatre claviers et orchestre*.

Bach fut un musicien besogneux, envié pour le brio de ses improvisations à l'orgue, devant le vieux Reinken notamment. Il fut aussi un père de famille attristé par le décès de la moitié des vingt enfants qui lui furent donnés — la mort, il eut le temps de l'apprivoiser !

Issu d'une longue lignée de musiciens, Bach fut un artiste qui ne craignait pas de se divertir à l'Opéra de Dresde en compagnie de son fils préféré, Wilhelm Friedemann — ce dernier fut organiste brillant à Halle avant de s'adonner à la vie de bohème. Il savait incorporer à son œuvre des thèmes populaires, même si un certain Joaquim Meyer avait publié en 1726 un pamphlet contre la musique d'église théâtrale.

Bach ne serait pas vexé que Frida Boccara chante sur sa musique *L'Enfant de Rio* ni que Catherine Sauvage lance à la cantonade, entre deux de ses succès : « Jean-Sébastien, tu connais ? » Il savait se détendre avec des amis dans les brasseries !

Bach, c'est celui auquel Walt Disney pense pour une partie de *Fantasia*, où retentit la *Toccate et fugue en ré mineur* (pour orgue) orchestrée par Leopold Stokowski. Margie Gillis lui rend hommage dans une chorégraphie spéciale. Que penser du succès du trio de jazz Jacques Loussier et de ses disques *Play Bach* au fil des ans ? De Bobby McFerrin et de la turlute sur le célèbre air tiré de la *Troisième suite pour orchestre* de Bach (*Air sur la corde de sol*) ? Ce

Musique

même air servait d'indicatif à une émission (*Élévation matutinale*) que diffusait Radio-Canada dans les années 40 «pour donner une orientation chrétienne à la journée qui commence». Ceux qui cherchent à faire connaître et aimer Bach ont maintenant des outils rêvés. Que l'on songe à Patrick Barbier, à Nantes ; il a imaginé un spectacle pour enfants commençant par le *Magnificat*, que Bach répète avec ses musiciens et qui se clôt abruptement sur l'annonce qu'Anna Magdalena, sa veuve, lui a survécu dix années et est morte très pauvre. Les jeunes ont ainsi l'amorce d'un débat qui se fera en classe sur le statut de l'artiste au XVIIIᵉ siècle ! Ou encore cette troupe américaine (les Tennessee Players, de Madison) qui réalise une dramatisation musicale (morceaux pour orgue, diapositives, textes) sur les liens qui unissaient Albert Schweitzer à Bach — ce spectacle doit être donné en octobre prochain à l'église Saint-Thomas de Strasbourg.

Poésie musicale

Parmi les biographes actuels de Bach, Gilles Cantagrel est l'un de ceux qui ont le plus poussé la recherche : *Bach en son temps* et *Le Moulin et la Rivière : air et variations sur Bach*, sont deux de ses titres publiés chez Fayard.

Albert Schweitzer demeure l'un des biographes les plus compétents de J.-S. Bach. *Le Musicien poète*, publié en français en 1905 — huit ans avant que l'auteur ne termine ses études de médecine —, comportait une préface de Charles-Marie Widor. L'étude est souvent, depuis, rééditée en anglais et en d'autres langues. Schweitzer y signe une étude fouillée et met en garde contre beaucoup d'imprécisions contenues dans la toute première biographie du maître, due à Johann Niko-

laus Forkel : *Vie de Johann Sebastian Bach*, que Flammarion vient de rééditer dans sa collection «Harmoniques». Schweitzer puise abondamment dans la biographie qu'a signée à la fin du XIXᵉ siècle Philippe Spitta. Il ne craint pas de souligner certains traits moins reluisants de Bach : «âpre comme il l'était en matière d'argent» quand il s'agissait de défendre son bon droit, certes, mais «on ne saurait approuver l'emportement presque fanatique avec lequel il le défendait» (son bon droit). Évidemment, ni le Conseil ni le Consistoire de Leipzig ne pouvaient à l'époque, dans leurs démêlés avec Bach, méditer ce proverbe touareg : «Crains le noble si tu le rapetisses ; crains l'homme de rien si tu l'honores.» Bach avait besoin de thalers (ou d'écus) sonnants, il n'entendait pas brader ses talents.

On peut glaner chez le musicologue Schweitzer quelques caractéristiques de J.-S. Bach : vie bourgeoise, honnête et laborieuse... homme droit, simple, incapable d'une injustice. Et surtout homme pieux et d'une modestie qui lui fit dire un jour que quiconque s'appliquerait autant que lui atteindrait les mêmes résultats !

Voilà l'homme qui connut à Cöthen une période de production intense, jusqu'en 1723. Pour mieux réaliser son rêve d'«embellir le culte protestant», il accepta de remplacer Kuhnau à Leipzig, sachant qu'il n'y avait pas nécessairement là amélioration de son statut.

Cependant, ce créateur sait à l'occasion faire preuve d'humour, manifester de l'exaltation, voire de la jubilation, mais il est vrai que ses chants religieux sont souvent empreints de pessimisme. On est frappé de la curiosité que Bach a pour l'acoustique des salles où il se rend, pour son ouverture à la modernité — il invente la *viola pomposa* (pour enjoliver son sixième _Brandebourgeois_), prend en affection le hautbois d'amour apparu à Leipzig vers 1720, se préoccupe de faire fabriquer un clavecin-luth (vers 1740) et, lors d'une visite au roi Frédéric de Prusse, sera appelé à jouer, toujours à l'étonnement de ses auditeurs, sur la collection de pianoforte du palais.

Il n'y a pas de mode d'emploi unique pour Bach. Mais il serait bon qu'au-delà des querelles sur les instruments, authentiques ou pas, utilisés pour l'interpréter, on se laisse gagner par l'harmonie qui se dégage d'une somme de pièces que Schweitzer résumait par l'expression « poésie musicale ». ∎

▶ CULTURE ┊ LUNDI 3 AVRIL 2000 ┊ B8

Opéra

La splendeur des premiers jours

PAR FRANÇOIS TOUSIGNANT

IL EST au moins une chose à retenir de l'actuelle production de l'Opéra de Montréal (OdM) : après la belle démonstration du potentiel vocal de _Dialogues des Carmélites_ cet hiver, on peut maintenant l'allier à un excellente direction musicale et théâtrale également d'ici. Les artistes canadiens du monde de l'opéra sont maintenant capables, malgré leur relative jeunesse, de produire des spectacles professionnels de haut niveau sans avoir à quêter à l'extérieur pour trouver des voix, des acteurs ou des idées de premier ordre. En accord avec les théories de Platon en vogue à l'époque de Monteverdi, commençons donc par les paroles.

Monteverdi est homme de théâtre génial qui tombe sur un livret bien ficelé. Renaud Doucet l'a senti et communiqué.

Sa mise en scène est, à proprement parler, formidable. Il intègre sans aucun effort les divers styles figés de l'époque — le tragique (Octavie) et le genre _commedia dell'arte_ (Arnalta ou le valet) — en une unité aussi véridiquement humaine que ce que le compositeur a su réaliser avec son génie. Aucun des personnages n'est figé en caricature et il laisse place au dévoilement psychologique.

Prenant résolument le parti du théâtre vivant sur le canevas de la partition, il élabore une mise en scène où ne se trouve pas un seul trou. Mieux encore, il sait insuffler à presque tous ses acteurs le sens de leur personnage et leur ressorts humains.

À voir : Odette Beaupré (Arnalta) qui est à la fois servante émue et philosophe

Musique

bouffonne. Encore : Louise Marcotte en fraîche et amoureuse soubrette. Ne pas oublier Terence Murphy dont le larmoyant Othon ne vire jamais au pathétique et qui trouve le juste équilibre dans les revirements de son rôle. Il faut aussi féliciter la manière dont le petit intermède devant le rideau fut réussi et la présence des allégories qui ponctuent le discours scénique avec le plus grand bonheur.

Statique, l'opéra baroque ? Cette production montre qu'avec de l'inspiration, un metteur en scène qui pense sait trouver comment convaincre de la force de ses idées.

Des moments forts, il y en a plusieurs. Je retiens la mort de Sénèque, symboliquement réalisée alors que le philosophe entre dans son bain et que la gigantesque tête de Néron viens en clore l'orifice. Ou la berceuse d'Arnalta — Odette Beaupré s'y est surpassée — qui fut aussi émouvante que toujours vraie. Je m'en voudrais de ne pas souligner à la fois le jeu et le chant de Noëlla Huet en puissante impératrice. Chacune de ses présences est un festin dramatique qui culmine dans son air *Addio, Roma*. Déchue, elle se retrouve devant le rideau ; une projection bleue symbolise la mer sur laquelle elle s'exile, vêtue d'une tunique noire de pleureuse antique. L'effet musical et dramatique est aussi renversant que le chant !

Dans le fond, toute cette distribution, malgré un peu de verdeur chez certains protagonistes, est propulsée par la force de l'enthousiasme communicatif et une tenue artistique remarquable. Les seules ombres au tableau viennent de ceux sur lesquels la publicité avait le plus misé : Suzie Le Blanc en Poppée et Daniel Taylor en Néron.

La soprano a une jolie voix. Pourtant on la sent fragile dès qu'elle doit y mettre de l'intensité (je ne parle pas de volume). En plus, son jeu est moins qu'esquissé et on est loin de la présence scénique nécessaire. Celle qu'on annonce « spécialiste de l'opéra baroque » a encore à faire des classes en projection dramatique.

Il faut malheureusement dire de même de Daniel Taylor. Pour lui, jouer semble s'arrêter à être sur scène, gauchement. Si la voix est correcte dans un aigu parfois criard — cela convient parfois à l'hystérie du personnage —, belle dans le médium, on l'oublie vite tant le jeu est au mieux maladroit. Devant l'incarnation réelle et assimilée des personnages qui l'entourent, il a l'air d'un amateur qui ne comprend rien au théâtre autrement que sous forme de mise en décors et costumes d'un cadre pour que le magnifique timbre de sa voix fasse effet. C'est mince et fait paraître ses interventions bien longues.

Le plus beau reste sans conteste la direction de Yannick Nézet-Séguin. Quel chef d'opéra ! Il joue du rythme trochaïque, de la dissonance, de la pulsation de chaque tableau avec une souplesse formidable. Fidèle à l'esprit de cette musique, chaque mot, partie de vers ou phrase reçoivent leur juste tempo, leur idéale inflexion. La musique se moule à la parole et à son sens ; il nous en révèle généreusement toutes les beautés.

Sa plus grande réussite vient de la conjugaison exploit musical-exploit théâtral. Maître tant de la scène que de la fosse, il dynamise le geste théâtral avec autorité, revivifiant les conventions et gardant l'oreille bien branchée sur la précision du déroulement, chassant toute lenteur comme tout ennui. Assistons-nous à la naissance d'un vrai chef d'opéra ? On le souhaite.

La soirée se termine par le magnifique duo d'amour, un des premiers et un des plus beaux. Reprenant une image et la dotant d'une redoutable intensité, alors que Néron et Poppée se disent leur amour sur une musique éthérée, Doucet fait émerger de la pénombre de la scène des masques de mort dorés du carnaval vénitien, vêtus de bure pourpre. Sous la vitrine gracieuse des dissonances de la musique, la réalité est plurielle. Les combinaisons de toute cette production s'épanouissent en cette scène, aboutissement à donner des frissons dans le dos.

Ce contraste-là est plus qu'important : c'est la clé de voûte révélatrice de l'intelligence artistique qui fut agissante la soirée durant. Drame en musique disait Monteverdi de son œuvre. Drame il y eut, certes ! et bien joué. Aussi, beaucoup, beaucoup de musique magnifiquement interprétée. Une meilleure définition de l'opéra n'existe pas, ni de meilleure raison pour y assister. ■

▶ *L'Incoronazione di Poppea*
(Le Couronnement de Poppée)
Drame musical de Claudio Monteverdi,
sur un livret de G. F. Busenello.
Interprètes : Suzie Le Blanc, Daniel Taylor,
Noëlla Huet, Terence Murphy,
Louise Marcotte, Gregory Atkinson,
Odette Beaupré, Éthel Guéret,
Stephanie Brill, Melanie Esseltine,
Pascal Mondieig. Hommes du Chœur de
l'Opéra de Montréal, ensemble La Chapelle
de Montréal, dir. Yannick Nézet-Séguin.
Mise en scène : Renaud Doucet.
À Montréal, au Théâtre Maisonneuve, le 1er
avril 2000. Reprises les 4, 6 et 8 avril 2000.

▶ LES ARTS | SAMEDI 8 AVRIL 2000 | B1

La « goualante » des Rita Mitsouko

PAR CHRISTIAN RIOUX

PARIS ▷ Depuis déjà 20 ans, les Rita Mitsouko chantent leur coin de pays où la frénésie de Paris côtoie tous les rythmes du monde. Après sept ans de silence, voici que « Marcia » renaît. À la fois autre et même. Les fans ne s'y tromperont pas. Portrait d'un couple parisien sur musique singulière.

LORSQU'ILS DÉAMBULENT tous les deux côte à côte sur le boulevard de Rochechouart, Catherine et Fred se noient dans la foule métissée. Anorak rouge et casquette sur le front pour lui, jean classique et cheveux au vent pour elle. Les Rita Mitsouko sont comme des poissons dans cette marée humaine bigarrée où les Parisiens d'origine disparaissent parmi les Antillais, les Africains et les Arabes venus

Musique

faire leur marché comme tous les samedis matin au pied de Montmartre.

Tellement qu'on croirait entendre dans le fond de l'air les notes étouffées de *Marcia Baïla*, cet hymne au métissage musical qui a terrassé la gentille chanson française au milieu des années 80. Ici, c'est leur pays, une étonnante marmite multiethnique d'où ils ont tiré depuis 20 ans une demi-douzaine d'albums, pas tous réussis, mais qui ont à jamais modifié le paysage musical hexagonal.

Le couple n'avait plus produit de disque depuis sept ans. Depuis *Système D*, un album «qu'on n'avait pas pris le temps de bien terminer, de faire aboutir, et pour lequel on avait changé de producteur en cours de route», dit Fred Chichin. Entretemps, ils ont suivi leur petit bonhomme de chemin. Les années se sont écoulées; ils ont travaillé à gauche et à droite. Il y a eu un disque *live*, un récital de Catherine Ringer avec l'accordéoniste Richard Galliano, une collaboration avec Archie Shepp pour la bande originale d'un film de Claire Simon, des duos avec Iggy Pop et Doc Gyneco. Et puis, quand on a trois enfants...

Un beau matin, Fred et Catherine se sont aperçus qu'ils n'avaient rien produit depuis cinq ans. «On n'avait pas vu le temps passer, on n'avait rien calculé», dit Catherine Ringer. Ils se sont donc remis au travail dans leur petit studio à peine converti au numérique, dans le XIXe arrondissement, à deux pas de chez eux.

Deux ans plus tard, cela a donné *Cool frénésie*, un album étonnant qui a fait l'unanimité dès sa sortie à Paris début mars. Un disque à la fois éclaté et très personnel où les textes prennent une importance plus grande que sur les précédents sans rien abandonner du délire musical qui a fait la marque des Mitsouko bien avant Beck.

C'est peut-être qu'on n'avait pas bien écouté ce qu'ils disaient jusque-là. Avait-on compris que Marcia Baïla était le nom d'une danseuse argentine morte du cancer à 32 ans? Avait-on bien entendu lorsque Catherine Ringer hurlait: «Quel est donc ce froid que l'on sent en toi?»

Sous leurs airs frivoles, les Rita Mitsouko cachent un parcours chaotique et une histoire douloureuse qu'ils distillent à petites doses.

L'époque qui bouge

Lui est le fils d'un critique de cinéma communiste exclu du Parti en 1967 pour cause de... maoïsme. «Ça aide ensuite à se méfier des doctrines et de l'embrigadement», dit-il. Nourri de rock américain, de rhythm 'n' blues, et allergique aux variétés françaises dominées par Claude François et compagnie, il quitte l'école à 16 ans et part en tournée avec un marionnettiste pour lequel il joue de la guitare et fait des décors. Dans les années 70, avec son frère et Jean Neplin, il anime les nuits du Gibus, le temple parisien des années punk.

Il rencontre Catherine Ringer après quelques mois de prison pour une affaire de drogue, en 1979. La jeune beauté au tempérament explosif a fréquenté l'école du spectacle de Tania Balachova. Elle a pris des cours de chant avant de jouer dans quelques troupes d'avant-garde (notamment sous la direction de Iannis Xenakis).

Catherine et Fred fondent Spratz en 1979, puis les Rita Mitsouko. Rita pour Rita Hayworth et Mitsouko pour le parfum de Guerlin. Fred se défonce dans les mélanges musicaux et elle prend des poses provocantes sur scène, en mettant parfois la main dans sa culotte. Il leur faudra quatre ans pour vaincre les résistances des producteurs, qui ne voulaient rien entendre, pas même Marcia Baïla qui se vendra à 800 000 exemplaires à l'été de 1985.

« C'était l'époque qui bougeait, dit Fred Chichin. C'est vrai que la France avait beaucoup copié la chanson américaine avant. Dans les années 70, il n'y avait pas grand-chose de passionnant. » Johnny et les copains occupaient tout le terrain !

On découvrira dans Cool frénésie que Catherine Ringer est la fille d'un juif polonais qui avait toujours rêvé de devenir peintre à Paris. Avant de réaliser son rêve, il traversera miraculeusement neuf camps de concentration. « Paris était pour lui un rêve. Il y rencontra ma mère, une juive parisienne qui étudiait aux Beaux-Arts. J'ai grandi dans un milieu d'artistes. Mais les camps, c'est quelque chose qu'on n'oublie pas. Mon père pleurait souvent dans ses rêves. Je l'entendais toutes les nuits puisque nous vivions dans la même chambre. »

Ringer avait déjà parlé de son père, avec plus de pudeur, dans Le Petit Train. Le train traversait la campagne sans qu'on sache vraiment d'où il venait ni où il allait...

En fait, Catherine Ringer et Fred Chichin sont surtout de véritables artisans comme Paris sait encore en produire, qu'il s'agisse d'orfèvrerie, de pâtisserie ou de chanson. Plus parisien, tu meurs ! Le magazine culturel Les Inrockuptibles a même écrit qu'ils avaient des « trognes de Ténardier ».

Fred Chichin a cette fois-ci décidé de produire lui-même leur disque. « On a perdu pas mal de temps à chercher un producteur, dit-il. Mais les chansons étaient tellement différentes qu'on ne trouvait pas. Chaque titre exigeait sa propre ambiance. Alors, je me suis dit : pourquoi pas moi ? Fallait se jeter à l'eau. » Catherine l'a poussé un peu. Depuis, il

travaille avec Jean Neplin à la production d'un album qui sortira cet automne. Pour Cool frénésie, Chichin a fait des choses qui feraient bondir les professionnels, comme utiliser d'anciens micros pour enregistrer certaines voix.

Hors des tournées et des lancements de disques, les Rita Mitsouko disparaissent de sous les réflecteurs et préservent jalousement leur intimité. Ils refusent de vendre des T-shirts, des cartes postales et tous les colifichets habituels. Il n'y a pas longtemps, Catherine Ringer refusait de signer des autographes. « Je m'y suis faite, dit-elle. C'est la musique qui nous intéresse. Le reste, on s'en fout... » Catherine Ringer se passionne pour les rengaines sud-américaines, africaines, orientales, maghrébines autant que pour Pavarotti. « On nous a collé tellement d'étiquettes, dit-elle. On a été rock, new wave, punk, pop, world music et minimalistes — nous, minimalistes, voyons ! Aujourd'hui, nos disques se vendent sous l'étiquette "variété française". En fait, on fait des chansons ! »

Rarement Catherine Ringer aura-t-elle exploré autant de nouveaux sentiers que dans ce dernier album. Elle y excelle aussi bien dans les envolées lyriques qu'à seriner « la goualante » de bastringue, cette complainte traditionnelle qui rappelle Piaf et a pour synonyme la « gueulante ». En prononçant ces mots, « la Ringer » se met à hurler avec une voix qui fait penser à Diane Dufresne. Cool frénésie prouve qu'il est possible de donner de la voix sans faire de vocalises à tout propos et sombrer dans la mélasse lyrique et dégoulinante qui inonde les ondes depuis quelques années. « C'est la mode, dit Chichin. Faut pas s'en faire, dans deux ans, ce sera terminé ! »

En fait, on se demande bien quand est-ce qu'ils s'en font, ces deux-là. « Nous, on

Musique

est de purs Parisiens. On est immunisés de tout depuis longtemps», dit Chichin sous les rires amusés de Catherine Ringer.

Les Mitsouko sont un des rares groupes français qui trouvent le moyen de faire les grandes émissions populaires, genre *Tapis rouge*, tout en circulant dans un circuit plus marginal. Ils préparent la petite salle de La Cigale à Paris en avril, feront les FrancoFolies de Montréal cet été, la Suisse et la Belgique cet automne et ensuite le Japon, où ils ont été découverts dès le début des années 80, bien avant d'être au Top 50.

Ces jours-ci, Catherine Ringer a le début d'une nouvelle chanson sur le bout de la langue: «Une femme tronc / qui joue du trombone / avec son bonhomme.» Peut-être qu'elle en fera quelque chose. Peut-être que non. On verra.

«L'important, c'est de s'amuser, de jouer pour le plaisir», dit-elle. Fred opine du chef, comme d'habitude, avant de tourner la clef du petit bureau de leur gérant et d'aller se perdre dans la foule du boulevard de Rochechouart. ∎

▶ *Cool frénésie*
Les Rita Mitsouko
M Delabel (Virgin-EMI)

▶ LES ARTS ┃ SAMEDI 24 JUIN 2000 ┃ C1

Le jazz de tous les dangers

Paul Bley, John Zorn et les autres.

PAR SERGE TRUFFAUT

Vous serez prêts: c'est le 29 juin que s'ouvre la 21ᵉ édition du Festival international de jazz de Montréal. Elle filera un train d'enfer jusqu'au 9 juillet. Nous serons là tous les jours, il va sans dire. Cette année encore, le Festival entraînera son lot de découvertes, dont voici un aperçu. Petite incursion dans l'avant-garde du jazz.

C'EST une histoire dont les premiers balbutiements furent bégayés dans un bar qui ne s'appelait pas le Bateau ivre mais bien La Crête de la colline. En langue beatlemaniaque, soit en langue pop, cette crête de la colline à la hauteur inconnue s'appelle The Hillcrest. On précise cela non pas parce qu'on est farfelu mais pré-

cisionniste. The Hillcrest était, car il n'est plus, un club de Los Angeles dans les années 50.

Des rumeurs veulent que Raymond Chandler, l'auteur divin du *Grand Sommeil*, ait siroté son liquide favori, le dry-martini, en ce lieu. À l'époque, Chandler présent ou pas, Paul Bley était le pianiste à résidence. Tous les soirs de l'an 1957, il dirigeait, très librement il est vrai, un trio composé de Hal Gaylor à la contrebasse et Lennie McBrowne à la batterie. Succès aidant, il ajouta un quatrième lascar à sa troupe : le vibraphoniste Dave Pike.

Au bout de quelques mois, Gaylor décida d'aller voir si l'herbe était plus verte ailleurs. Comme Bley avait imposé la politique consistant à ce que celui qui met les bouts, trouve un remplaçant, Gaylor lui souffla le nom d'un jeune contrebassiste inconnu : Charlie Haden. Celui-ci était alors si petit budget, il était si fauché, qu'il arriva pieds nus à l'audition. Qu'importe ! Ses notes étaient si rondes qu'il fut engagé sur-le-champ.

Peu après, Billy Higgins, batteur alors méconnu, intégra le groupe de Bley. Le Hillcrest était situé sur Washington Boulevard, au beau milieu du ghetto noir de Los Angeles. Souvent Charles Mingus et Dexter Gordon, deux enfants de la cité des anges, se joignaient à eux. Un soir, Higgins demanda à Bley si un trompettiste et un saxophoniste de sa connaissance pouvaient monter sur la scène. Bley donna son OK ou, si on préfère, son aval comme son accord sans en avoir négocié au préalable certains principes.

Comment s'appelait le saxophoniste ? On ne le sait pas et on veut le savoir illico... Allez quoi, faites un effort... On donne sa langue au minou ? Il s'appelait Ornette Coleman. Le trompettiste... on l'a deviné... se nommait Don Cherry. L'un et l'autre venaient de débarquer à Los Angeles. Personne ne les avait entendus.

Toujours est-il que, lors de cette première rencontre, il se passa plusieurs choses simultanément. Lors du morceau d'ouverture, se souvient Paul Bley dans son autobiographie justement baptisée _Paul Bley and the Transformation of Jazz_, Cole-

man aligna ses notes de manière si désordonnée, du moins pour ceux et celles que sécurise une certaine logique esthétique, que tout un chacun fut saisi.

La deuxième chose qui se passa fut la suivante : les gens sortirent avec leurs verres sur le trottoir. Nullement décontenancé, au contraire, Paul Bley décida d'engager Coleman et Cherry et de virer Pike. En moins de deux, il se retrouva à la tête d'un groupe formé de Don Cherry à la trompette, Ornette Coleman au saxophone, Charlie Haden à la contrebasse et Billy Higgins à la batterie.

Dans les jours qui suivirent, ils jouèrent. Comme ils venaient de comprendre les mille et une manières propices à favoriser l'éclatement de cadres jugés contraignants, ils ne cessèrent pas d'en user au grand dam de l'aubergiste. Celui-ci ayant réalisé que lorsque ses clients étaient sur le trottoir, cela signifiait que les musiciens étaient sur la scène, il mit un terme à leur engagement. C'était trop tard, le mal était fait.

En Coleman, Bley trouva un frère d'armes. Un _alter ego_. Un musicien qui, comme lui, voulait faire bouger les choses. Un artiste qui estimait que dix ans après l'éclosion du bebop, il était temps d'initier et d'animer une révolution propre à élargir les horizons d'un jazz jugé trop satisfait de lui-même. En 1958, Bley produisit un album de ce groupe, soit bien avant que Coleman ne signe un contrat avec Atlantic.

Aujourd'hui, on le sait trop peu, il n'y aurait probablement pas de John Zorn, Dave Douglas, Medeski, Martin, Wood, Steve Bernstein, Bill Frisell, Don Byron et Bobo Stenson, si un soir de 1957, Bley n'avait pas décidé d'engager des musiciens qui poussaient les gens dehors. En fait, tous ces musiciens qui se produiront

Musique

dans le cadre du Festival, ne seraient pas tout à fait ce qu'ils sont, si Paul Bley n'avait pas été à l'origine du remous qui leur permet aujourd'hui de décaper autant qu'ils le veulent les notes noires ou bleues. Mieux, les Zorn et consorts ont été influencés, directement ou indirectement, par autre chose que la musique. Par une espèce d'attitude ou de philosophie que Bley s'appliqua d'avancer et de défendre dès le début des années 50 alors qu'il était à Montréal.

Paul Bley fut le fondateur de la première coopérative de musiciens en Amérique du Nord, le Jazz Workshop de Montréal. Dans les années 60, il anima la October Revolution, la Jazz Composer's Guild et autres organisations vouées à défendre farouchement la liberté esthétique des artistes. Qui plus est, il s'est toujours refusé à signer un contrat en exclusivité. Faire cela, dit-il fréquemment, c'est abandonner sa liberté. C'est devenir l'esclave des *desiderata* de producteurs obsédés par une chose et une seule : le rendement.

À bien des égards, John Zorn, probablement le musicien le plus passionnant de ce début de siècle, ressemble beaucoup à Bley. Comme Bley, il est curieux des musiques lointaines ou étranges. Comme lui, il tient farouchement à préserver son indépendance. Comme lui, il tient à faire constamment éclater les frontières, les balises. Comme lui, il a horreur des carcans. Comme lui, il est prolifique.

Les artisans de la programmation de cette 21ᵉ édition du Festival international

de jazz de Montréal ont sans le savoir, peut-être, respecté la chronologie de certains événements de l'histoire du jazz. Le 5 juillet, Paul Bley se produira en compagnie de l'immense contrebassiste Gary Peacock. Le lendemain, le pianiste suédois Bobo Stenson occupera à son tour la scène du Gesù. Et alors ? Stenson doit tout ou presque tout au pianiste montréalais.

Bley a formé Stenson, Keith Jarrett, un peu Brad Meldhau, beaucoup de musiciens associés à l'étiquette ECM. Comme lui, Zorn a formé bien des artistes présents cette année. Le pianiste John Medeski du trio-qu'il-faut-voir-cette-année, le trompettiste Dave Douglas, le trompettiste Steve Bernstein, leader du bien nommé Sex Mob, et, dans une moindre mesure, le clarinettiste Don Byron, ont grandi dans le monde de Zorn.

Dans les années 50, le jazz a évité l'asphyxie que n'aurait pas manqué de produire la répétition *ad nauseam* des pièces écrites par Bird, Dizzy, Monk et les autres. Et cela, grâce en bonne partie à Paul Bley. Dans les années 80-90, il a évité de justesse un séjour à la morgue, n'eussent été les travaux iconoclastes de Zorn qui, cette année, nous revient à la tête de Masada.

Paul Bley et John Zorn sont les deux faces d'un même visage. Celui du jazz qui refuse sa mise à mort en prenant tous les risques. Bley, Zorn, Douglas, Medeski et les autres, c'est le jazz de tous les dangers. ∎

Ann-Marie MacDonald ▷ « Tout ce qui permet de voir par les yeux des autres constitue un avantage pour un écrivain. »

Littérature

Actualité

Un archipel inachevé

Écrire en français dans le monde.

PAR LISE GAUVIN

Jusqu'à dimanche se poursuit à Moncton le VIIIᵉ Sommet de la Francophonie. Espace géographique et politique, la francophonie est avant tout un vivier culturel. Quelle forme la francophonie prend-elle dans la littérature ? Familière de ces sujets, notre collaboratrice Lise Gauvin recevait l'année dernière le prix France-Québec / Jean-Hamelin pour son ouvrage *L'Écrivain francophone à la croisée des langues*, publié à Paris, chez Karthala. Elle tente ici de répondre à cette question trop simple sur une réalité complexe.

S'IL EST difficile de savoir avec précision ce que recouvre aujourd'hui le terme de francophonie, la notion de francophonie littéraire pose également problème et recouvre un vaste ensemble hétérogène qui résiste à toute grille simplificatrice, mais dont les signes n'en attirent que davantage l'attention par leur singularité même. Créé en 1880 par le géographe Onésime Reclus pour désigner l'ensemble des populations utilisant le français, le terme qui s'est maintenu jusqu'à maintenant renvoie à un « concept non stabilisé », hésitant entre le culturel et le politique. On distingue généralement, selon le statut accordé au français, les zones où le français est langue maternelle de celles où il est langue officielle ou langue d'usage, bien que seconde (pour la plupart, les anciennes colonies françaises et, notamment, les aires créo-

lophones). À cela s'ajoutent les pays où il est encore langue privilégiée (comme en Europe centrale ou orientale). Cette classification, même sommaire, a toutefois le mérite de faire voir les disparités de situations socioculturelles dans lesquelles évoluent les écrivains dits francophones. Disparités qui se trouvent encore accusées du fait que l'usage tend à opérer de plus en plus un clivage entre les écrivains français (de France) et ceux qui écrivent en français (tous les autres). Qu'on soit ou non d'accord avec cette distinction, elle tend à s'imposer *de facto* aussi bien dans les ouvrages à vocation pédagogique (anthologies et histoires littéraires) que dans les écrits théoriques qui, comme celui de Michel Beniamino, récemment paru, tentent de problématiser l'espace littéraire francophone[1].

---

1. Michel Beniamino, *La Francophonie littéraire. Essai pour une théorie*, L'Harmattan, CNRS-La Réunion, Paris, 1999, 459 pages.

Malgré ces disparités, les écrivains francophones partagent un certain nombre de traits communs, au premier rang desquels se trouve un inconfort dans la langue qui est à la fois source de souffrance et d'invention, l'une et l'autre inextricablement liées, ainsi qu'en témoigne l'œuvre, exemplaire de ce point de vue, d'un Gaston Miron. La proximité des autres langues, la situation de diglossie dans laquelle ils se trouvent le plus souvent immergés, entraînent chez ces écrivains ce que j'ai pris l'habitude de désigner sous le nom de surconscience linguistique. Si chaque écrivain doit jusqu'à un certain point réinventer la langue, la situation des écrivains francophones a ceci de particulier que le français n'est pas pour eux un acquis, mais plutôt le lieu et l'occasion de constantes mutations et modifications. Ce qui donne le travail remarquable d'un Kourouma inventant une langue, sa propre langue d'écriture irriguée par le rythme et les manières de pensée malinké. D'une Assia Djebar, que la fréquentation de langues autres que le français, comme le berbère et l'arabe, pousse à thématiser son rapport à la langue dans des ouvrages à consonance autobiographique ou dans des récits complexes, mêlant diverses temporalités, comme *Vaste est la prison*. Sans compter les prises de position manifestaires des écrivains antillais signataires d'*Éloge de la créolité*, les Chamoiseau et Confiant tout particulièrement, dont l'œuvre, validée par la critique, convoque l'histoire pour mieux dire l'épopée au quotidien. Ou encore le discours à dessein provocant d'un Verheggen prônant la nécessité de parler « grandnègre » et de faire entendre « l'inouïversel ». Mais ces déclarations à l'emporte-pièce ne doivent pas faire oublier la fragilité même du travail d'écriture et la menace d'aphasie qui guette à tout moment ceux qui, comme France Daigle, d'Acadie, avouent écrire dans « le creux d'une langue ».

Le centre et la périphérie

Autre trait commun aux littératures francophones : leur situation dans l'institution littéraire française, situation qui, somme toute et malgré les succès des uns et des autres, reste périphérique. Ces littératures se sont développées dans des contextes historiques fort différents, adoptant parfois le modèle de littérature nationale ou se contentant de le rêver, comme ce fut le cas pour la littérature québécoise au XIXe siècle, ou de le rejeter, comme on le fit en Belgique à la même époque. Plus ou moins organisées sur le plan de l'édition, de la critique ou de la diffusion dans leur propre aire culturelle, ces littératures dépendent toujours, pour leur circulation et leur diffusion d'un pays francophone à un autre, de l'instance de légitimation que constitue le milieu éditorial parisien. Ce centralisme extrême de l'institution littéraire française expliquerait en partie le fait que les littératures francophones d'Amérique, à la différence des autres littératures américaines, n'aient pas renversé en leur faveur la dialectique du centre et de la périphérie.

D'autres facteurs interviennent également, comme, bien évidemment, celui de la masse linguistique. Mais ne nous étonnons pas de constater que, malgré les percées qu'ont pu faire certaines littératures à l'occasion d'événements majeurs, en France et ailleurs en Europe, les écrivains connus et lus dans l'ensemble de la francophonie le sont grâce aux maisons parisiennes ou françaises : le Seuil pour quelques Québécois, plusieurs Africains (Kourouma, Henri Lopès, Tahar Ben Jelloun, etc.) et un Réunionnais (Axel Gauvin) ; Gallimard pour les Antillais Chamoiseau et Glissant; Albin Michel pour Calixthe Beyala, Émile Ollivier, Assia Djebar; Grasset pour Antonine Maillet, Michel Tremblay; Stock pour Gisèle Pineau, Rachid Mimouni, Louis Hamelin; Actes Sud pour Jacques Poulin et Michel Tremblay; Robert Laffont pour Maryse Condé; Le Serpent à plumes pour Dany Laferrière, Ben Sousa et A. Waberi. Et cætera. Paradoxe de la marge qui a besoin du centre pour exister comme marge. On peut à bon droit se demander si *Éloge de la créolité* aurait connu un même retentissement s'il n'avait été publié qu'à Fort-de-France.

Une source vive

Cette situation a comme conséquence que se développe le plus souvent une critique des œuvres de la littérature francophone ignorant à peu près tout de leurs contextes d'élaboration et créant chez le public une attente qui, trop encore, a des relents d'exotisme bon marché. Mais ce centralisme a aussi pour effet de faire émerger des écrivains isolés qui, sans le soutien de l'édition française, n'auraient sans doute pas pu publier leurs textes. Tel est le cas, notamment, de A. Waberi, premier et unique romancier originaire de Djibouti[2].

La francophonie littéraire n'a pas fini de nous étonner. Soit par son extension géographique qui semble sans limites : on sait maintenant qu'il existe des poètes de presque toutes les parties du monde qui écrivent en français. Soit par l'éclairage qu'elle projette sur l'ensemble du phénomène littéraire et le renouvellement des formes et du langage dont font preuve les réalisations de ses écrivains. Ces littératures que l'on associe désormais au postcolonialisme se sont engagées dans des « esthétiques de la résistance » qui à leur tour modifient le champ littéraire[3]. Aussi ne s'agit-il pas d'y voir l'élaboration d'une sorte de Commonwealth littéraire mais plutôt la possibilité de créer par là des réseaux d'interrelations, réseaux qui, à l'image de la pensée en archipel proposée par Édouard Glissant, reposent sur des expériences diversifiées et interdépendantes. Mais un archipel inachevé, dont l'inachèvement même constitue le signe d'un devenir possible. ■

2. Voir mon article du 19 juin 1999 publié dans *Le Devoir*.
3. Voir à ce sujet l'ouvrage récent de Jean-Marc Moura, *Littératures francophones et théorie postcoloniale*, Paris, PUF, 1999, 174 pages.

▶ LIVRES | SAMEDI 18 SEPTEMBRE 1999 | D1

Contrepoint

Solitude de la poésie

PAR GILLES MARCOTTE

DE QUOI parlerai-je, dans cette chronique? Disons, pour simplifier, de littérature. La littérature, c'est un roman, un poème, à la rigueur une pièce de théâtre. Mais c'est aussi François Mauriac parlant de musique, Pierre Vadeboncœur

Littérature

ou Yves Bonnefoy de peinture, Alexis de Tocqueville étudiant la démocratie américaine, Pierre Morency parlant des oiseaux, Hubert Reeves des étoiles. La littérature, en somme, c'est tout — plus un style. On m'a dit : soyez libre. C'est là une invitation chaleureuse, amicale, touchante, mais qui n'aide pas à borner un domaine et risque même d'inspirer, au titulaire de cette liberté, une sorte de crainte inhibitrice. La liberté totale, on le sait ou on devrait le savoir, est le contraire même de la réelle, qui a besoin d'obstacles, de limites pour s'accomplir et se renouveler.

Or donc, la saison littéraire vient de commencer. La saison littéraire, c'est-à-dire la saison romanesque, puisqu'on a de la peine à entrevoir, coincées entre les briques de fiction qui ont envahi les pages des journaux, la radio (un peu), la télévision (beaucoup moins), ces plaquettes généralement assez minces qui contiennent ce qu'on appelle des poèmes. Ce n'est pas que la production, comme on dit, ne soit pas abondante, comme on le démontrait il y a quelques semaines dans les pages de ce cahier. Mais, entre la poésie et l'espace public, s'est creusé au Québec, depuis une quarantaine d'années, un véritable abîme, malgré la bonne volonté et le travail soutenu de quelques chroniqueurs. Le même abîme s'aperçoit en France, où Le Monde des livres, pour ne citer que lui, ne constate l'existence des poètes que de temps à autre et préfère en parler collectivement, évitant soigneusement le face-à-face avec les œuvres singulières. Il n'en va pas ainsi dans tous les pays. Dans le magazine The New Yorker, par exemple, que je lis de temps à autre pour les dessins et pour John Updike, les grandes masses de prose sont régulièrement trouées par des fenêtres qui contiennent des poèmes, et non pas des poèmes pour

rire, des poèmes de simple divertissement, mais de vrais poèmes, qu'il faut lire plus d'une fois. La chose s'imagine difficilement sous nos cieux un peu bas.

On a dit que c'était la faute à Mallarmé, que la poésie de langue et de tradition françaises s'était engagée avec trop de détermination dans les voies de l'abstraction. Il y a là, peut-être, un peu de vrai. Mais il faut se souvenir qu'il y eut, au Québec, un temps où la poésie faisait événement. C'était, pour le dire sommairement, au temps de l'Hexagone, durant les années 50 et 60. Un recueil de poèmes était reçu, dans les pages littéraires, avec des égards semblables à ceux qu'on avait pour le roman. Il avait droit au feuilleton principal, et non pas à une chronique spécialisée. Il était entendu qu'il pouvait apporter, parmi les discours de la société ou de la nation, une contribution essentielle. Des poètes aussi différents l'un de l'autre que Fernand Ouellette et Paul-Marie Lapointe, Jean-Guy Pilon et Michel Van Schendel, Gatien Lapointe et Paul Chamberland, Luc Perrier et Gaston Miron, composaient ensemble ce qu'on pouvait légitimement appeler une poésie québécoise. Les poètes que je viens de nommer sont encore presque tous parmi nous, et ils écrivent aujourd'hui des poèmes qui ne sont pas indignes de leurs recueils d'autrefois, mais la poésie québécoise est morte, depuis lors, à deux reprises : la première, à la fin des années 60, lorsqu'on a voulu dissocier radicalement la poésie du langage commun ; la deuxième, il y a deux ans, aux funérailles de Gaston Miron.

Ce n'est pas dire que la poésie soit morte au Québec. Le hasard des lectures me fait rencontrer assez souvent, moi qui ne suis pas régulièrement la production (je m'excuse d'employer encore une fois ce mot grossier), des poèmes d'une originalité certaine, qui ne sont pas indignes de ceux que je viens d'évoquer. Je lis, par exemple, dans le dernier numéro de la revue *Liberté*, quelques superbes sonnets de Denys Néron, d'une beauté formelle et thématique évidente au premier regard. On entre ici dans un monde complet, qui pour ainsi dire se suffit à lui-même et demande à être habité plutôt que traversé. Des sonnets, oui. Faut-il s'en étonner ? Mais cette forme n'est pas celle de nos vieux poètes, dont on s'était débarrassé peu avant d'entreprendre le grand ménage de la Révolution tranquille ; elle remonte plus haut, vers une source à la fois poétique et spirituelle véritablement archaïque, témoignant de la profondeur du temps, qui introduit dans nos langages actuels les plus nécessaires dissonances.

Je connais, à Paris, un grand poète. Il n'est pas reconnu comme tel parce que la poésie française n'est pas moins morte, au sens indiqué plus haut, que la québécoise. Il a vécu une douzaine d'années à Montréal ; il a écrit de très beaux textes sur le mont Royal, qu'il parcourait régulièrement, sur le fleuve Saint-Laurent, et on lui doit, entre autres études sur des peintres québécois, la plus belle évocation de l'œuvre de Jean-Paul Lemieux que je connaisse. Il a publié également trois beaux romans, que les véritables lecteurs n'ont pas oubliés, mais son œuvre majeure est constituée par une suite de livres contenant, chacun, environ trois cents sonnets, dont le troisième, intitulé *Registre* (Champ Vallon), est paru cette année. On imagine une sorte de gageure, de course au record Guinness, une prouesse purement technique. C'est tout le contraire que les sonnets de Robert Marteau offrent à la lecture, une poésie à la fois réglée et parfaitement détendue, qui allie para-doxalement les intérêts divers de la prose à une forme parfaitement maîtrisée.

Dans ces poèmes qui se laissent lire au jour le jour, le poète parle avec le plus grand naturel de tout ce qui fait son existence quotidienne : les promenades, l'observation fervente de la nature, les tableaux qu'il voit au Louvre ou ailleurs, la marche du monde, les occupations spirituelles. Dans ce livre, la poésie prend le risque de l'ordinaire, et, pour elle, il n'en est pas de plus grand. Il ne faut pas le lire trop vite. Il faut marcher au pas du poète, s'arrêter avec lui devant le spectacle infini du monde, s'en nourrir. « La poésie, écrit-il, est un murmure imperceptible, / Une confidence offerte aux morts, à eux dite / De mémoire... »

N'est-ce pas toute la poésie, aujourd'hui, qui est devenue ce « murmure imperceptible », à l'écart — et à l'opposé — des discours de la publicité, de la politique, voire de ce qu'on appelle aujourd'hui, à la télévision et ailleurs, la vie culturelle ? Je ne suis pas sûr qu'il faille faire des efforts démesurés pour la sortir de sa solitude, lui faire une place au soleil de la vie publique. Le pire qui puisse lui arriver, c'est d'être accommodée au goût du jour. J'ai entendu l'autre semaine, à la radio, des poèmes de Saint-Denys Garneau mis en musique par deux garçons pleins d'allant. C'était assez désolant. Il ne restait rien de la poésie de Saint-Denys Garneau dans ces chansonnettes chétives. Plutôt l'oubli, vraiment, plutôt l'isolement que ça. ■

▶ *Registre*
Robert Marteau
Champ Vallon, Seyssel (France),
1999, 228 pages.

▶ LIVRES | SAMEDI 2 OCTOBRE 1999 | D3

Romans québécois

Désir de beauté, beauté du désir

PAR ROBERT CHARTRAND

SI, POUR COMPRENDRE les romans de Pierre Samson, on tentait de mettre en rapport l'homme et l'œuvre — la technique, ancienne, a parfois fait ses preuves —, on ne serait guère avancé. Samson, du moins jusqu'à récemment, gagne sa vie en écrivant, ou plutôt en rédigeant des slogans, des énigmes, des questionnaires pour diverses émissions de télévision, et même des blagues sur mesure, bref ces viatiques qui permettent aux animateurs de donner l'impression de savoir de quoi ils parlent et de paraître spirituels ou cultivés. C'est là un travail effacé qui exige souplesse, empathie et humilité, qui sollicite cette part de l'intelligence qui est faculté d'adaptation. Or, du scripteur et du recherchiste, on ne retrouvera pas de trace dans les romans de Samson. Très personnels, à mille lieues des contraintes d'efficacité de la langue-marchandise, manifestement écrits par plaisir, ce sont des œuvres de sublimation, au double sens où l'entendent la chimie et la psychanalyse. Ce sont également des romans baroques comme le Brésil où ils se situent, ce pays sur lequel Samson a lu, qu'il s'est fait raconter par des amis et où, sauf erreur, il n'a pas mis les pieds. Le Brésil de Samson est fantasmatique à certains égards : c'est un Brésil écrit, et donc vrai même s'il n'est pas exact.

Les lieux et leur esprit sont primordiaux dans tous les livres de Samson, qu'il s'agisse de cette vaste propriété terrienne dans *Un garçon de compagnie* ou de la ville dans *Le Messie de Belém*. Dans *Il était une fois une ville*, celle qui règne, c'est, à une cinquantaine de kilomètres de Belo Horizonte, Ouro Prêto, haut lieu de l'histoire et de la culture brésilienne. Elle fut, au XVIIIe siècle, le foyer du mouvement indépendantiste et la capitale mondiale de l'or — elle fournissait quelque 80 % de la production mondiale. Ouro Prêto est également une ville d'art, dont les églises sont des chefs-d'œuvre d'architecture baroque ; il y a une vingtaine d'années, elle a d'ailleurs été déclarée par l'UNESCO partie du patrimoine de l'humanité.

Samson a fait d'Ouro Prêto un personnage à part entière de son roman ; elle en est, avec les deux personnages principaux, un des narrateurs. Elle devient même l'âme du récit, prêtant la parole à certains personnages secondaires, s'assurant que l'histoire maintient son cap, incitant même parfois le lecteur à la patience, car il faut laisser au destin le temps de s'accomplir et aux mots l'occasion de bien nous le faire sentir.

Une ville qu'on ne quitte pas
Tous les personnages du roman vivent dans cette ville-aimant, belle et cruelle

comme ses enfants, lourde de son passé glorieux, riche de ses monuments. Et s'ils s'en éloignent comme l'a fait Roberto do Nasciamento, le personnage principal, ils y reviennent inévitablement, un jour. Roberto a grandi à Ouro Prêto mais a dû la fuir en 1973. C'était sous la dictature ; le fils de famille s'était compromis avec un groupuscule de jeunes gauchistes, moins par conviction que par amour pour la jeune fille qui en était la passionaria. L'amoureux transi a vieilli depuis, mais il garde de cet épisode de sa vie un souvenir lancinant.

Ouro Prêto est ainsi parcourue à deux moments différents de la vie de Roberto : celui de sa jeunesse, 25 ans plus tôt, et aujourd'hui, alors que le journal de São Paulo pour lequel il travaille l'envoie faire une série de reportages sur les curiosités de la ville où il a grandi. Sa mission sera pour lui l'occasion d'un pèlerinage circonstanciel dans son propre passé. Roberto sillonne la ville en compagnie de Ramon, un jeune étudiant en géologie, expulsé récemment de l'université pour une affaire de mœurs et qui s'est proposé comme guide. Ramon, comme la ville elle-même, parle ; il est l'un des narrateurs du récit. Quant à Roberto, sa voix nous parvient à travers un curieux filtre, celui d'un personnage féminin fort énigmatique au départ, qui dit se nommer Nescafé, et dont on peut croire qu'elle est la conscience de Roberto, ou son moi profond, ou encore son versant lunaire. Nescafé apparaît peu à peu comme la part de féminité qui sommeille en Roberto et qui demande à se révéler au grand jour. Elle s'invente un lexique personnel, car comment dire avec les vieux mots la singularité de sa situation ? C'est ainsi qu'elle appelle « métoïcité » l'occupation clandestine à laquelle elle s'adonne dans le corps de Roberto.

Le parcours de la ville — la visite d'une dizaine de ses églises, mais aussi des quartiers mal famés et de la faune de ses habitants, la description de la pension où loge le jeune Ramon —, qui coïncide avec l'exploration de la mémoire de Roberto, se fait en quatorze temps, qui sont autant de stations du chemin de croix, comme l'indiquent les titres des chapitres. L'itinéraire spatio-temporel de Roberto est désigné comme une « montée au calvaire », entrecoupée de « vêpres », c'est-à-dire d'épisodes nocturnes. Ces divers titres ne sont pas des pieds de nez à la religion ; ils marquent plutôt la solennité de cette marche forcée du personnage vers sa propre vérité, et la douleur qui l'accompagne.

Ouro Prêto, celle d'il y a 25 ans et l'actuelle, devient alors un catalyseur qui permet à Ramon et à Roberto d'assumer leur homosexualité, en les y poussant parfois. C'est là le propos ultime, d'abord souterrain, du roman de Samson. Plutôt qu'à une plate affirmation de soi, on assiste, chez les deux hommes, à un surgissement du désir, de ce penchant réputé honteux auquel ils cèdent furtivement. Avant de se révéler sereinement, Roberto doit effectuer un long cheminement douloureux.

Il y a dans le roman de Samson une mystique du désir, l'apprentissage d'une religion païenne où la sainteté consiste à être vrai, où le regard parvient à trouver dans la laideur et l'abjection une sombre beauté, où il s'agit de reconnaître l'Autre étrange qui habite en soi. C'est une entreprise de sublimation ardue, où la volonté a moins de part que le destin.

Ceux qui connaissent l'œuvre de Jean Genet, cet écrivain scandaleux qui chanta comme nul autre ce qu'il appelait les « humeurs bouleversantes » : le sang, le sperme et les larmes, et qui ont lu ses romans ne manqueront pas d'en trouver divers échos dans celui de Pierre Samson.

À la suite de Genet, Samson chante un certain envers du monde, moins sordide cependant, sur un ton altier par quoi se manifeste le refus absolu des normes et de la morale ambiantes. Et chez lui, l'écriture est également flamboyante, qui débusque la grandeur chez les plus humbles. Voyez, parmi des dizaines d'autres, ce portrait d'un truand :

Il présentait une devanture bovine à souhait, à commencer par les naseaux larges et palpitants au-dessus d'une lippe pendante et le regard opaque de ceux qui ne distinguent, et encore, au prix d'un valeureux effort, que le noir et le blanc, ami ou victime. Le cheveu, blond et gardé ras, s'échappait ici et là en rosettes drues comme du barbelé et laissait pointer, presque triangulaires, des oreilles fines et nettement décollées. Et, malgré cette quincaillerie impressionnante clouée sur un teint laiteux, cette mauvaise tête ressemblait à une punaise fichée sur un manioc tant les muscles, dilatés par un halètement bruyant, capitonnaient le torse, y compris le cou, formi-dable colonne cannelée, garnie de jugulaires prêtes à fendre.

Au-delà du plaisir de s'adonner à une fête de mots, Samson fait surgir la part de merveilleux qui se tapit dans l'ordinaire.

Il était une fois une ville, qu'on présente comme le dernier volet de la trilogie brésilienne de Samson, est une œuvre très personnelle en dépit des réminiscences qu'elle peut suggérer. C'est un superbe objet littéraire, finement ouvragé. Volontairement, résolument exotique, voire excentrique, d'un exotisme aussi noir que brillant, il se tient presque orgueilleusement par la seule magie de son écriture.

Il vous happe dès les premières lignes et, à la toute fin, vous donne congé avec une suprême élégance. ■

▶ *Il était une fois une ville*
Pierre Samson
Les Herbes rouges, Montréal,
1999, 304 pages.

▷ LIVRES | SAMEDI 9 OCTOBRE 1999 | D1

La romancière inclusive :
Ann-Marie MacDonald

Tout est allé très vite pour Ann-Marie MacDonald. Le triomphe dès le premier roman.
Deux cent mille exemplaires écoulés pour le seul Canada anglais. Des traductions en plusieurs
langues. Et dire qu'au début l'auteur destinait son ouvrage à la scène...

PAR HERVÉ GUAY

ANN-MARIE MACDONALD était d'abord connue en tant qu'auteure dramatique. Or, de son propre aveu, cette renommée n'est rien si on la compare au respect qu'inspirent les grands romanciers du Canada anglais. Qu'importe.

Voici qu'elle a un nouveau projet en chantier. Elle le fait lire à une amie. Sa réaction ? Il lui semble qu'elle est en train, cette fois, d'écrire un roman plutôt qu'une pièce. Changement de cap. *Fall on My Knees* se métamorphose en roman, lequel est maintenant traduit en français par Lori Saint-Martin et Paul Gagné, sous un titre moins audacieux qu'en anglais : *Un parfum de cèdre.*

Ann-Marie MacDonald n'y voit pas d'inconvénient. Pour les traductions dans d'autres langues, cela s'est passé un peu de la même façon. Les maisons d'édition n'avaient rien trouvé d'équivalent au titre anglais. Rien qui puisse évoquer aussi crûment les ingrédients principaux de l'ouvrage, à savoir la religion, le sexe et la violence. En fin de parcours, Flammarion a opté pour *Un parfum de cèdre*, titre qui insiste sur la sensualité et renvoie à la culture libanaise, aussi convoquée dans cette saga multiculturelle.

Des écrivains qui ont la cote

Promue au rang de romancière respectée au Canada anglais, Ann-Marie MacDonald s'est de plus attiré les louanges de quelques-uns des plus grands journaux de Londres et de New York. De nos jours, il est vrai que, pour un écrivain, percer à Toronto veut dire — presque à coup sûr — bénéficier de l'estime dont jouit à présent la littérature canadienne sur une bonne partie de la planète. Toujours est-il que cela doit quand même faire un petit velours que de se voir traitée en égale de Margaret Atwood, de Michael Ondaatje, de Timothy Findley ou d'Ann Michaels. Cela étant, l'œuvre doit pouvoir soutenir la comparaison.

Curieuse bête d'écriture que cette jeune femme qui, pareille aux grands romanciers victoriens, mêle allégrement les genres, appelle à la rescousse le tragique et le comique, avant de tisser une sombre saga familiale à la fois enracinée dans un terreau terriblement canadien, sans oublier pour autant les immigrants qui y ont progressivement pris racine.

Comme si, à l'instar du mineur dans une galerie, elle avait choisi de promener sa lampe de poche sur une frange de la population dont la grande histoire tient rarement compte. De la sorte, MacDonald s'inscrit fort habilement dans son temps. En fait, elle invente presque un genre, le roman inclusif, pourrait-on dire, une appellation qu'elle ne récuserait pas. D'où le caractère à la fois populaire et travaillé de son écriture qui ne permet pas de la situer clairement comme auteur.

Au croisement des routes

« Je ne vois pas ça comme un choix délibéré, dit-elle. Un peu comme dans le cas d'un acteur ou du théâtre, quand on se demande : sommes-nous en train de faire du théâtre politique ou de créer du divertissement ? C'est une fausse question. Elle se pose en d'autres termes. Plus larges. Mon écriture, j'y mets délibérément plusieurs couches de sens, plusieurs niveaux. Par-dessus tout cependant, ce qui me semble transcender les classes et les sexes, c'est l'envie qu'éprouve n'importe qui de se faire raconter une histoire. »

Née dans une famille multiculturelle, d'un père écossais, d'une mère libanaise, il est dès lors moins étonnant qu'Ann-Marie MacDonald dépeigne l'île du Cap Breton au tournant du siècle davantage comme un *melting pot* que comme un sanctuaire de cornemuses et de kilts. Une chose demeure : *Un parfum de cèdre* vous fera voir l'île aux brumes et aux paysages enchanteurs telle que vous ne l'avez jamais imaginée.

Enfant, elle se rappelle avoir raffolé de *Jane Eyre*, tout en continuant à lire des contes de fées, sans trop faire de différence entre les deux genres littéraires, s'attardant surtout à ce qui était raconté. Lectures chaotiques, auxquelles s'ajoute l'influence déterminante de la télévision et des dessins animés avec, comme idole suprême, Bugs Bunny. Ce n'est que plus tard que ces juxtapositions lui paraîtront baroques. Encore que, se destinant au métier de comédienne, elle ne verra pas d'incompatibilité entre ces influences opposées et les rôles variés susceptibles de lui échoir. En outre, elle a un faible pour les situations qui connaissent des revirements soudains.

Il serait toutefois naïf de croire qu'Ann-Marie MacDonald colporte une vision de la diversité culturelle qui soit toute d'harmonie vêtue. Au contraire, le choc des mentalités provoque autant de divisions que de rapprochements dans ces pages pleines de rebondissements. Nous sommes loin du jardin de roses multiculturel vanté par la propagande de nos gouvernements.

Le chagrin contre l'oubli

La romancière considère d'ailleurs que le rire a beau être nécessaire, «c'est par le chagrin que la mémoire remonte à la surface». Selon elle, «les meilleures histoires font souvent leur lit dans le chagrin». Le plus noir, voudrait-on ajouter. Aussi, dans un registre ou l'autre, la démesure ne l'effraie pas. Déformation qui lui vient peut-être du théâtre, où évoluent souvent des êtres plus grands que nature.

Pourtant, Ann-Marie MacDonald n'est pas exactement un enfant de la balle. Elle se rapproche même dangereusement d'un pur produit de la classe moyenne. Mais elle finira par l'admettre : quelques petits détails clochent. Par exemple, une mère d'origine étrangère, qui l'a sensibilisée à la différence. Adolescente, une de ses amies lui fait remarquer que sa mère n'est pas blanche. Jusque-là, elle ne s'était pas rendu compte qu'on percevait sa mère comme une femme de couleur. Elle a beau s'en moquer éperdument, elle doit prendre acte : la chose a de l'importance pour ses amis. Sans avoir fait l'expérience de la négritude, elle dit avoir entrevu ce que cela pouvait être. Un déclic similaire se produira quand elle se rendra compte qu'elle est gaie, ce qu'elle perçoit désormais comme un atout.

«Tout ce qui permet de voir par les yeux des autres, émet-elle, constitue un avantage pour un écrivain. Qu'il s'agisse de religion, de culture, de sexualité ou encore d'une combinaison de toutes ces choses. Plus simplement, l'expérience de la compassion peut aussi jouer ce rôle. Il est très important de voir par d'autres yeux pour opérer des liens mais aussi afin de devenir sensible à diverses formes d'oppression. [...] En tant qu'artiste, le fait d'être gaie n'est qu'un élément parmi d'autres qui me permet d'avoir accès à plusieurs points de vue. Par là, je sais ce que c'est que le secret, ce que veut dire appartenir à une minorité.»

Éloge de la bigarrure

Fini le tricoté serré pour cette auteure des années 90. Selon elle, pas plus le Québec que le Canada ne peuvent prétendre être des sociétés homogènes à présent. Elles ne l'ont d'ailleurs sans doute jamais été. Et elle trouve cette diversité culturelle, vécue au jour le jour, enrichissante. Plus, en tout cas, que vingt ans auparavant, quand Toronto était encore une ville très blanche, monochrome. Par contre, elle convient que ce sera plus exigeant pour nos démocraties puisque chacun voudra avoir sa juste part du gâteau. Et c'est normal. Ce qui ne l'empêche pas de trouver des vertus à la classe moyenne.

« Quiconque est issu de la classe moyenne, dit-elle, comme Janus qui est doté de deux faces, se trouve obligé de regarder dans les deux directions. Ce qui s'est accentué chez moi du fait que nous avons souvent déménagé. Où est ma maison ? Qui sont mes amis ? Où est mon quartier ? Qui suis-je ? J'ai eu à constamment réinventer. Il en a été de même pour ma mère, née exactement au milieu de 12 enfants. D'une bonne grosse famille libanaise sans moyens. Ce fut différent pour mon père, qui aurait pu espérer davantage. Or, au moment où il était prêt à aller à l'université, il ne restait rien. Il a dû se résoudre à descendre dans la mine de charbon lui aussi. Et ce passage d'une classe à l'autre est moins inhabituel qu'on ne le croit. »

« Plus vieille, j'ai pris conscience des différences de classe, dit-elle, de ce que ça impliquait, de là où je me situais, de ce que ça voulait dire aussi. Mais j'ai grandi sans cette conscience-là. Même si aujourd'hui la chose me saute aux yeux. Par contre, je ne présume pas qu'une personne qui vient d'un milieu favorisé n'a pas une riche vie intérieure. Ni l'opposé, d'ailleurs. »

Les galeries de l'imagination

Pour s'en convaincre, il suffit de lire *Un parfum de cèdre*. Une infinie variété de couleurs de peau, de religions, de conditions économiques, de musiques et d'orientations sexuelles s'y déploie. Au centre du récit, il y a une famille libano-écossaise de confession catholique : un père et ses filles. Et les célèbres mines de charbon de cette région servent de toile de fond à ces secrets de famille, parfois à peine vraisemblables.

Du reste, Ann-Marie MacDonald aime bien comparer l'écriture à l'activité minière, l'essentiel consistant à descendre, à creuser et à extraire. Comme dans une mine. Avec ceci de particulier qu'il faut tenir compte du lecteur, dont l'écrivain doit guider l'exploration. Quitte à lui ménager de temps à autre une surprise. Mais il faut que la confiance règne de part et d'autre pour que le lecteur garde la foi. Une foi que la romancière met par moments à rude épreuve, mais jamais sans récompenser le lecteur de l'avoir suivie. ■

▸ *Un parfum de cèdre*
Ann-Marie MacDonald, traduit de l'anglais par Lori Saint-Martin et Paul Gagné, Flammarion, Montréal, 1999, 575 pages.

▶ LIVRES | SAMEDI 16 OCTOBRE 1999 | D7

Entrevue

Jean Echenoz : le « regardeur »

PAR CHRISTIAN RIOUX[1]

Après le roman historique, Jean Echenoz dit avoir inventé le roman géographique. En réalité, l'écrivain pratique l'art subtil du regard.

JE ME DEMANDAIS dans quel arrondissement de Paris habitait Jean Échenoz. À la façon ironique dont il décrit ce Paris bourgeois et froid d'où les touristes et le jet-set international ont depuis longtemps évincé les autochtones, je me disais qu'il devait nicher quelque part dans les hauteurs du XIXe ou du XXe arrondissement. Là où survit, malgré les démolitions et les rénovations sauvages des années 70, le Paris populaire et métissé d'une autre époque. Tout au plus pouvait-il habiter à l'orée de la place de la République ou de la Bastille, des quartiers encore un peu trop à la mode pour cet amoureux des petites rues tranquilles.

Je ne me trompais pas. Jean Echenoz se cache au dernier étage d'un immeuble sans ascenseur du XIXe arrondissement, juste en face d'un terrain vague et à deux pas de l'église Saint-Jean-Baptiste-de-Belleville. Sur le palier, avant de frapper, des livres entassés pêle-mêle dans une vieille bibliothèque annoncent déjà la couleur. L'écrivain n'avait plus de place à l'intérieur et les a tout bêtement rangés sur le pas de sa porte. Qu'un visiteur parte avec l'un d'eux ? « Ça me ferait plaisir », dit-il.

C'est dans ce quartier populaire où il aime traîner des heures, assis aux terrasses des cafés, que Jean Echenoz écrit depuis 20 ans des histoires qui se déroulent en Inde, en Malaisie ou au pôle Nord. « Je suis un mauvais voyageur », répète sans arrêt l'écrivain. Car le lauréat du prix Médicis 1983 (pour *Cherokee*) est d'abord et avant tout ce que Maupassant appelait un « regardeur ». Un homme pour qui l'aventure et le fantastique se cachent dans l'intimité des choses pour peu qu'on sache les regarder.

Cap sur le nord

« Regardeur », Jean Echenoz ne l'a jamais été autant que dans son dernier roman, *Je m'en vais* (Éditions de Minuit), salué unanimement par la critique. Le titre est aussi la première et la dernière phrase du livre. À un an de distance, comme s'il ne s'était rien passé, Ferrer prononce ces mots dans le même petit pavillon de banlieue. Entre les 250 pages du livre, il aura pourtant eu le temps de quitter son épouse, de partir pour le pôle Nord, d'être victime d'un infarctus, d'explorer le milieu des galeries d'art parisiennes et de vivre une sombre

---

1. Correspondant du *Devoir* à Paris.

aventure policière qui le ramènera pour ainsi dire à son point de départ.

Dès les premières pages, le héros atterrit à Montréal et enfile l'autoroute 20 pour s'embarquer, à Québec, sur le brise-glace NGCC *Des Groseilliers*. Direction : le pôle Nord. Jean Echenoz a ramassé les souvenirs de son dernier voyage à Montréal, il y a dix ans. Mais pour le vrai Nord, il a épluché tout ce qui s'est écrit sur la région et interviewé méticuleusement le photographe François Puisplat qui a publié un très beau livre sur le sujet.

« Pour moi, le pôle Nord, c'était l'exotisme minimal, là où il y a le moins d'animaux et de végétation. Le contraire de l'Inde, que j'ai déjà visitée et où se déroulait *Les Grandes Blondes*. Je n'y suis pas allé parce que j'avais trop peur du froid et peut-être surtout parce que j'avais peur d'être déçu. Mais il fallait que mon personnage passe par là. »

Il le fallait parce que le livre d'Echenoz, avant d'être un roman d'aventures, est un roman sur le temps qui passe et la désolation. Au début, Jean Echenoz ne savait pas ce que son personnage irait chercher au pôle. La lumière s'est faite en feuilletant un vieux numéro du *National Geographic* qui parlait du *Nechilik*, un bateau de commerce de 23 mètres de long, construit en 1942 et échoué dans les glaces du Grand Nord. Ferrer y trouvera des œuvres d'art inuites qui existent réellement elles aussi. Sont aussi vraies toutes les données qui concernent le *Des Groseilliers* (13 600 chevaux, 7,16 mètres de tirant d'eau), le centre spirituel qui se cache dans le sous-sol de l'aéroport de Roissy, les examens auriculoventriculaires qu'a subis l'auteur et les 35 000 platanes, 7 000 tilleuls et 13 500 marronniers plantés dans Paris. Sans oublier tout ce qui concerne le marché de l'art, pour lequel Jean Echenoz a

fait plusieurs dizaines d'entrevues qu'il a minutieusement retranscrites. Certaines phrases du livre sur les techniques de vente des galeristes lui ont été soufflées par des artistes.

« Pour moi, il est précieux d'avoir des données précises, même si je n'en retiens à la fin que 1 %. Elles constituent en quelque sorte un garde-fou qui m'est nécessaire. Mais en même temps, elles possèdent une dimension poétique. Ce n'est pas seulement un alibi, il y a une véritable poésie dans ces bouts de réalité que je ramasse par petits morceaux. C'est pourquoi je passe beaucoup de temps à regarder les gens. C'est jouissif. J'ai tendance à vampiriser la réalité. J'y trouve des choses tellement romanesques que parfois je ne peux pas les utiliser. Ç'aurait l'air inventé. »

Exemple. En remontant sa petite rue, Jean Echenoz a un jour entendu deux éboueurs qui échangeaient quelques mots. L'un d'eux a dit à l'autre : « On se demande toujours ce qu'il y a après la mort, pas avant la naissance. » Des mots prononcés entre deux poubelles mais inutilisables tellement ils ont l'air fabriqués.

Si Jean Echenoz se réfugie derrière la description du réel, c'est qu'il a surtout horreur de la psychologie, qu'il considère comme l'affaire du lecteur. Dans ses huit romans, il a mis son énergie à faire en sorte qu'elle se dégage du rapport que les personnages entretiennent avec les choses. On est parfois « tellement sollicités par le spectacle du monde qu'on en viendrait à oublier de penser à soi », dit quelque part le héros du livre.

Un œil vif et tranchant

Derrière la neutralité apparente des descriptions se cache pourtant un moraliste

Littérature

implacable qui photographie le monde moderne avec un œil vif et tranchant. C'est souvent l'affaire d'un verbe, d'un adjectif ou d'un détail. Ainsi Echenoz nous apprend-il que son héros, « reconverti dans le commerce de l'art d'autrui », se levait chaque matin et « se brossait les dents jusqu'à l'hémorragie sans jamais se regarder dans la glace, laissant cependant couler pour rien dix litres d'eau municipale froide ». De Bérangère Eisenmann, on saura simplement que c'est « une grande fille gaie, très parfumée, vraiment très gaie, vraiment trop parfumée ». De même, pour Ferrer, l'humanité féminine se divise-t-elle en deux : « Celles qui, juste après qu'on les quitte, et pas forcément pour toujours, se retournent quand on les regarde descendre l'escalier d'une bouche de métro, et celles qui, pour toujours ou pas, ne se retournent pas. »

Il arrive d'ailleurs qu'on se torde de rire en lisant Echenoz. « J'ai une ironie dont je n'arrive pas à me défaire. Pourtant, mes histoires ne sont pas drôles. Mais c'est trop facile de raconter une histoire grave de façon grave. » Sa brève description d'un monde de l'art qui a intégré toutes les révoltes vaut tous les manifestes et toutes les analyses. L'auteur aime les énigmes et les clins d'œil. Ainsi, certains des personnages de *Je m'en vais* sont tirés du livre précédent d'Echenoz, *Un an*. On y voyait Victoire se lever un matin à côté d'un homme qu'elle croyait mort. On comprendra ici pourquoi il était toujours vivant à la fin du livre : à cause d'un bloc auriculoventriculaire de deuxième degré, type Luciani-Wenckebach !

Le goût d'Echenoz pour le dépouillement a souvent été rangé du côté du nouveau roman. D'autant qu'il est un des principaux auteurs de la maison de Claude Simon et d'Alain Robbe-Grillet,

les Éditions de Minuit. « Mais moi, dit Echenoz, j'aime éperdument raconter des histoires. Je les construis comme de petits moteurs. Cela m'excite beaucoup. Je suis très attaché à une fiction rythmée et plutôt active. »

Né en 1946 à Orange, dans le sud de la France, Echenoz ne cache pas ses influences, qui vont du roman d'aventures en passant par le roman noir et le roman d'espionnage. Sans compter la Bibliothèque verte, qu'il a dévorée. Ses maîtres sont du côté de Conrad et d'Éric Ambler. Il s'est en fait retrouvé chez Minuit par hasard. Enfin, presque. Impressionné par le sérieux de la maison, il se disait : « C'est trop bien pour moi » et envoya son premier manuscrit (*Le Méridien de Greenwich*) partout ailleurs. Refusé partout, il se résigna à contacter le patron de Minuit, Jérôme Lindon, qui rappela au bout de quelques jours.

Ces jours-ci, Jean Echenoz lit *Recommandations aux promeneurs* de Jacques Réda (Gallimard, 1988). Toujours les promenades, comme celles qu'il fait depuis des années d'une porte à l'autre de Paris. Le cimetière du XIIe arrondissement où est enterré un de ses personnages, Echenoz l'a longuement arpenté et y a passé tout un après-midi. Il s'ennuie d'ailleurs de cette époque où Paris n'avait pas encore inventé le digicode, ce petit clavier à numéros qui a remplacé les concierges et qui ferme l'entrée de tous les immeubles.

« Paris est plein de tiroirs secrets. J'ai beaucoup exploré la ville et je le fais encore. C'est magnifique. On se promène et, en même temps, on peut prétendre qu'on travaille... Même qu'on travaille ! » La preuve : lorsqu'il rentre dans son petit appartement du XXe arrondissement, Jean Echenoz retranscrit minutieusement ses notes pendant des heures. Cela a parfois

l'air de poncifs, de banalités, de détails.
Et puis, à force de travail, cela devient un
roman. ∎

▶ *Je m'en vais*
Jean Echenoz
Éditions de Minuit, Paris, 1999, 252 pages.

▶ LIVRES │ SAMEDI 27 NOVEMBRE 1999 │ D1

Vie littéraire

Les solitudes abolies

PAR SHERRY SIMON[1]

Q UAND IL EST question de la littérature de langue anglaise au Québec,
est-ce l'image de Mordecai Richler qui
surgit en premier devant vos yeux ? Si c'est
le cas, un sérieux travail de rééducation
vous attend. Plusieurs générations d'écrivains de langue anglaise ont eu le temps
de s'ajouter à celle de Mordecai et de
prendre des positions idéologiques et
esthétiques à mille lieues de celles de
notre polémiste national.

La vitalité de la scène littéraire anglo-
québécoise se lit dans le nombre de livres
soumis au prix QSPELL (Quebec Society
for the Promotion of English Language
Literature) cette année et qui sera décerné
lundi : presque cent livres dans cinq catégories. Mais également dans la diversité
des genres et dans l'envergure des œuvres.
Parmi les finalistes, plusieurs auteurs de
réputation nationale, sinon internationale. C'est le cas pour les poètes Erin
Mouré, D. G. Jones et Bruce Taylor, les
écrivains Elyse Gasco, Neil Bissoondath
et Trevor Ferguson (alias John Farrow), les

traducteurs Sheila Fischman, Don Winkler et Patricia Claxton, et la mémorialiste
(et peintre) Jori Smith. Quand on ajoute à
cette liste les noms d'autres écrivains
anglo-québécois actifs sur la scène actuelle — Gail Scott, Robert Majzels, David
Homel, Linda Leith, Tess Fragoulis, Claire
Rothman, George Szantos, Anne Carson,
Mary di Michele, Michael Harris —, il est
clair que la voix littéraire anglo-québécoise se fait de plus en plus riche et nu-
ancée.

L'apport le plus frappant de cette génération d'écrivains anglo-québécois est
sans doute sa façon de réécrire la ville. La
littérature anglophone se trouve de plus
en plus à l'aise dans le Grand Montréal,
d'ouest en est. Plusieurs auteurs, dont
Gail Scott et Robert Mazjels, ont créé des
structures narratives inédites pour raconter Montréal et ses langues. Ils ont montré
qu'écrire en anglais à Montréal, c'est rester ouvert à la présence du français dans
la ville, être attentif aux dissonances
créées par la rencontre des langues.

---

[1]. Critique littéraire et professeur à l'Université Concordia.

Littérature

Dans chacun de ses romans (*Héroïne*, *Les Fiancées de la Main* et *My Paris*, ce dernier titre non encore traduit en français), Gail Scott invente un tissu langagier à la fois dense et délicat qui traduit la rencontre entre une femme et une ville. C'est dans la structure même de la phrase que cette relation sera nouée. Majzels emprunte des formes plus baroques. *City of Forgetting* réunit une bande de personnages comprenant Maisonneuve, Le Corbusier et Clytemnestre, tous «squattant» le mont Royal et infusant aux rues de la ville leurs paroles et leurs mémoires croisées.

Parmi les finalistes du prix QSPELL cette année, on retrouve ce désir de traverser la ville et ses langues. Le premier roman enjoué de Jeffrey Moore, *Prisoner in a Red-Rose Chain*, est plein d'esprit linguistique, y compris de jeux de mots bilingues. Ce roman comique, hanté par l'esprit shakespearien, se promène le long du boulevard Saint-Laurent et traverse allégrement la frontière des langues. Sous un tout autre mode, le best-seller *City of Ice*, de John Farrow (pseudonyme de Trevor Ferguson), circule dans la ville pour traiter de rapports entre motards et policiers dans la métropole du crime.

La poète Erin Mouré incarne tout à fait les nouvelles qualités de l'écriture anglo-québécoise. *A Frame of the Book* est le neuvième recueil de cette poète majeure. Comme dans ses œuvres précédentes, c'est l'énergie de la parole qui étonne chez Mouré. La phrase poétique est toujours le lieu de l'imprévu, un déploiement explosif de langues et de formes d'expression. Questions, commentaires, méta-commentaires se disputent et menacent à tout moment les cadres de l'identité. Chez Mouré, l'humour est souvent de la partie, le mélange des langues aussi. Par la présence du français et de l'espagnol dans son texte, par l'utilisation de la typogra-

phie, Mouré offre une perspective toujours décentrée sur les systèmes de signification.

Dans *Putting Down Roots. Montreal's Immigrant Writers*, Elaine Kalman Naves nous conduit dans quelques coins peu familiers de la ville littéraire. On y rencontre des auteurs de traditions et de langues diverses, parfois inconnus de leur public immédiat (mais célèbres ailleurs), écrivant en anglais et en français, ou dans les langues du sous-continent indien, en arabe, en espagnol, en hongrois, en yiddish. Le livre prend son origine dans une série de chroniques parues dans *The Gazette*, entre 1994 et 1997, et conserve son ton plutôt journalistique. Fait à noter : une tradition de plus en plus forte d'écrivains immigrants choisissent le français comme langue d'expression (Ying Chen, Marco Micone, Antonio d'Alfonso, par exemple). Il s'agit là d'une nouveauté (presque) absolue par rapport à ce qui se faisait il y a une trentaine d'années.

Charlevoix County, 1930, de Jori Smith, est une œuvre singulière. Écrite par une femme aujourd'hui âgée de plus de 90 ans, le livre est retenu au QSPELL dans la catégorie «premier livre» autant que dans la catégorie «non-fiction». Il s'agit des mémoires, rédigés il y a une vingtaine d'années, de cette peintre aujourd'hui célèbre (et amie de Gabrielle Roy), qui, à l'âge de 23 ans, avec son mari Jean Palardy, s'installe dans la région de Charlevoix. Les mémoires portent sur la période 1930-1936, où le jeune couple élit domicile dans différents endroits de la région et partage la vie des habitants, encore fort exotiques à l'époque, surtout pour cette jeune fille qui parle à peine le français. Le récit de Smith est enjoué et sensible. On sent tout l'enthousiasme qui anime le couple. Il y a un bel équilibre entre le côté ethnologique du récit et la subjectivité de l'auteure. Le langage est souvent fort beau, limpide et simple, à l'image des scènes « charmantes » qui ont tellement séduit le groupe d'artistes-ethnologues dont faisaient partie Jori Smith et Jean Palardy.

Can You Wave Bye Bye, Baby ? d'Elyse Gasco est un premier recueil très remarqué par la critique. Ce volume de nouvelles porte sur un thème unique : l'adoption. Le ton irrévérencieux du titre traduit bien la franchise des nouvelles, leur regard peu complaisant. Les sept nouvelles sont écrites à la deuxième personne mais empruntent chaque fois une perspective nouvelle sur les relations entre parents et enfant. Les métaphores qui défilent en cascade introduisent un ton très émotif.

Entre traduction et écriture

L'année dernière, on a ajouté aux quatre catégories des prix littéraires QSPELL (fiction, non-fiction, premier livre, poésie) un nouveau prix pour la traduction. Le geste était indiqué. Il y a, en fait, un rapport étroit entre traduction et écriture pour cette communauté frontalière. On se rappelle que l'écrivain anglo-québécois se double souvent d'un truchement, se mettant au service de l'autre langue, tout en s'inspirant des œuvres qu'il traduit. Robert Majzels a traduit deux romans de l'importante écrivaine acadienne France Daigle, Gail Scott le roman de France Théorêt intitulé _Laurence_. Le romancier David Homel, bien connu dans les milieux littéraires francophones — son troisième roman, _L'Évangile selon Sabbitha_, vient de paraître en traduction française —, est un traducteur prolifique dont la plus récente traduction est _Olivo, Oliva_, de Philippe Poloni. Linda Leith, romancière et coordonnatrice de l'important Festival littéraire international Métropolis bleu,

tenu à Montréal, a récemment rendu en anglais le très attachant _Voyage avec un parapluie_, de Louis Gauthier. Et le poète D. G. Jones, finaliste dans la catégorie « poésie » des prix QSPELL cette année, a traduit un grand nombre de poètes québécois, dont Paul-Marie Lapointe, Gaston Miron, Normand de Bellefeuille et Émile Martel. Participer au va-et-vient entre création et la transmission littéraires est pour l'écrivain anglo-québécois source d'enrichissement. Ce rapport facilite l'émergence de genres hybrides, tels que le texte expérimental de Gail Scott, qui a subi l'influence des auteurs de la modernité québécoise. Les noms des finalistes dans la catégorie « traduction » cette année (du français vers l'anglais, l'inverse en années alternantes) n'étonneront personne : Sheila Fischman, Don Winkler et Patricia Claxton nous donnent depuis de longues années des œuvres sensibles et justes.

L'identité de la littérature anglo-québécoise n'a pas fini de se transformer. Au cours des dernières années, la communauté s'est donné un réseau de structures de soutien : fondation de la Quebec Writers Federation en 1998 (à la suite de la fusion de deux organismes existants), la publication du _Montreal Review of Books_ deux fois l'an et l'excellente revue _Matrix_, fondée par Linda Leith et désormais publiée à l'Université Concordia (où on lit les textes de la jeune relève), l'organisation sur les scènes montréalaises de soirées de poésie en performance (« Spoken Word »), les ouvrages publiés par Vehicule Press, lectures bilingues, comme la très populaire « Write-pour-écrire ». Ces activités expriment le désir de la communauté littéraire anglo-québécoise d'habiter pleinement le territoire du Québec et de se nourrir au contact de la ville francophone. ■

208

Littérature

Ahmadou Kourouma

Maux d'Afrique

Celui que l'on considère comme l'un des plus importants écrivains africains critique, dans En attendant le vote des bêtes sauvages, la persistance de la magie, la présence de féticheurs et de coutumes ésotériques dans les officines du pouvoir.

PAR CLÉMENT TRUDEL

D'une certaine Afrique « liberticide » et « aussi riche en dictateurs kleptomanes qu'en catastrophes, aussi riche en violeurs des droits de l'homme qu'en hyènes », il ne faut pas désespérer. « Tout n'est pas négatif, même dans un autoritarisme émasculateur », soutient Ahmadou Kourouma, écrivain ivoirien dont les œuvres, truffées de sarcasmes, ont tout de même une certaine valeur documentaire. Le paradoxe de François Mitterrand et de son discours de La Baule ne lui échappe pas — lors du 16e Sommet franco-africain, en juin 1990, le président français aurait souhaité que ces dictateurs deviennent « d'angéliques démocrates » —, mais Mitterrand « ne pouvait pas se mettre à la place des peuples pour renverser ces dictateurs, il a fait ce qu'il crut bon de faire » pour que s'arriment démocratie et développement.

E N DÉNONÇANT et en se moquant, en puisant abondamment dans un riche filon de proverbes — comme dans *En attendant le vote des bêtes sauvages*, paru récemment aux Éditions du Seuil et qui a obtenu le prix Tropiques —, Ahmadou Kourouma ne perd jamais de vue le fait que « toute puissance illégitime porte, comme le tonnerre, la foudre qui brûlera sa fin malheureuse ». C'est du moins ce qu'il formulait comme souhait dans un premier roman paru en 1970, *Les Soleils des indépendances*. L'ouvrage lui avait valu le prix des Études françaises de l'Université de Montréal. L'écrivain déplore en passant que la parution initiale aux PUM des *Soleils...* — le livre a été cédé pour un franc symbolique aux Éditions du Seuil — soit

passée sous silence. C'est là pour lui un manque de reconnaissance, il le dit sans détour.

En entrevue, cet actuaire au rire communicatif décrit deux méthodes courantes pour présenter l'histoire de l'Afrique : celle du colonisateur selon qui « le nègre est incapable de réaliser quelque chose de valable » et celle des intellectuels qui, « autour de la négritude, ont voulu s'en tenir à tout ce que le Noir a fait de bien ».

Je ne suis d'aucun de ces deux camps, s'empresse d'ajouter Kourouma, qui entend présenter « comme elle est » une histoire où des chefs africains étaient esclavagistes, mais ils n'étaient pas tous tyrans, des règles existant pour limiter leurs pouvoirs.

Kourouma est peu convaincu par les historiens qui attribuent à une certaine conception fraternelle du monde, développée par la France, le fait d'avoir amené tant de ses colonisés à se faire tuer dans les combats décrétés par Paris (« Succès humain de la civilisation française », peut-on lire dans *Histoire de l'Afrique*, de R. et M. Cornevin, Petite Bibliothèque Payot, p. 343).

De la monumentale histoire générale de l'Afrique lancée par l'UNESCO en avril dernier et à laquelle 300 spécialistes ont collaboré depuis que l'idée a germé en 1963, il dit ne pas avoir pris connaissance. Il est clair que, pour lui, l'histoire a à décrire, non pas à valoriser des faits ou des personnages. Il se promet donc de vérifier l'optique nouvelle que l'UNESCO apporte à la question.

Comme intellectuel, Ahmadou Kourouma fut l'un des premiers en Afrique à fustiger les partis uniques autour desquels s'était faite la quasi-unanimité : « On croyait au départ que c'était ce qui nous permettrait de nous atteler à construire l'avenir », selon un schéma assez rapproché du pouvoir traditionnel en Afrique. À l'époque, « presque tous les Africains étaient d'accord pour ces dictatures dans la forme où ça s'installait ; on disait que le multipartisme allait disloquer nos forces ». Ce n'est que plus tard qu'on s'est « aperçu des déviations, des tendances dangereuses ».

Par sa voix aussi fut dénoncée l'excision — par l'entremise de la figure pathétique de Salimata la stérile, dans *Les Soleils des indépendances* — avant que ne voient le jour les campagnes internationales visant à abolir cette coutume barbare. Et dans *Monné, outrages et défis*, récit paru en 1990, on a droit à une satire féroce d'États modernes livrés à leurs démons, dans une épopée tragique et dérisoire narrant les séquelles de la colonisation.

La charge est souvent excessive. Elle pourrait valoir à un non-Africain des reproches de mépris. On comprend que lorsqu'il parle de Bamilékés cupides, qu'il nous énumère une désopilante orgie de décorations, il cultive l'art de forcer les traits, escomptant pouvoir corriger les mœurs en se riant des stéréotypes. « Il n'y a pas de mauvais rois, mais de mauvais courtisans », ose-t-il suggérer, pour mieux nous faire comprendre sa désapprobation des potentats et des flatteurs qui les entourent. Il faut donc se garder de prendre au premier degré une tirade comme celle voulant que « les Malinkés ont la duplicité parce qu'ils ont l'intérieur plus noir que leur peau et les dires plus blancs que leurs dents ».

Ce contre quoi Kourouma concentre ses critiques dans *En attendant le vote des bêtes sauvages*, c'est la persistance de la magie, la présence de féticheurs et de coutumes ésotériques dans les officines du pouvoir. « Ce n'est pas une caricature », insiste-t-il, même si par moments il crée des noms dérisoires, tel Bessouma (senteur de pet), ce qui fait penser aux *Âmes mortes* où Gogol forge des patronymes comme Sobakévitch (M. Chien) ou Korobotchka (petite boîte, à propos d'une femme idiote et soupçonneuse).

Dans son dernier livre, le président-chasseur-dictateur se nomme Koyaga, mais on peut y voir un mélange de traits recoupant ceux d'un Sékou Touré (Guinée), d'un Houphouët-Boigny (Côte d'Ivoire) — celui de la démesure d'une extravagante cathédrale égalant la splendeur de Saint-Pierre de Rome, à Yamoussoukro, fief de ce père des Indépendances —, d'un Mobutu (Zaïre / Congo) ou d'un Eyadéma (Togo).

Littérature

Un chef d'État cruel comme Koyaga répond à une sorte de portrait-robot; il se conforte tout de même dans le gouvernement direct grâce à des audiences concédées au bon peuple entre 4 h et 6 h du matin! Il ne perd jamais le contact avec sa maman magicienne (Nadjouma) ni avec son conseiller féticheur; on le sent équipé pour conjurer complots ou attentats, pour perpétuer son propre culte en usant de sortilèges et de tactiques invraisemblables.

Les tendances déviantes d'aspirants réformateurs — ils arrivent «à refaire ce qu'ils voulaient combattre» — ne trouvent pas grâce aux yeux de Kourouma, particulièrement depuis qu'il a vu la tournure des événements au Togo où les anti-Eyadéma (ou les anti-Koyaga), regroupés en conférence nationale souveraine, se sont «défoulés pendant six mois en mensonges vengeurs» avant d'approuver une destitution qui ne sera pas suivie d'effet, l'armée loyale au président ayant tôt fait de reprendre ses tactiques de terreur.

«Le problème africain, c'est que les moyens financiers manquent.» La conférence nationale (Lomé) a donc voulu se donner des moyens «et dans la mesure où ces gens se donnent le niveau de vie moyen qu'on a en Europe», ça devient une déviation par rapport aux besoins criants du peuple, mais «l'homme est ce qu'il est, on lui donne un peu de pouvoir, il en abuse, il en fait ses intérêts personnels».

Au fond, l'écrivain manie la dérision et lorsqu'on lui fait remarquer que le peuple des Paléos, dans son œuvre, ressemble aux Yahoos méprisés par les dominants que décrit Jonathan Swift dans *Les Voyages de Gulliver*, il n'est pas entièrement d'accord. La nuance, c'est que «les Paléos que je décris ont vraiment existé avant la colonisation, dans la dorsale de l'Afrique, qui

va du Sénégal au Soudan». Ces hommes nus avaient fui les campagnes ou s'étaient réfugiés dans les montagnes. «On disait d'eux qu'ils constituaient un réservoir d'une civilisation disparue, en avance technologiquement sur les autres Noirs» (ils construisaient même des châteaux). Kourouma tient donc à ne pas passer pour un Swift africain, même si la comparaison le flatte — pas question pour lui de se préparer une épitaphe comme l'avait fait le pasteur de Dublin aspirant à trouver enfin «un endroit où mon cœur ne sera pas brisé par l'indignation sauvage».

«Je parle de faits, de réalités qui existaient», souligne celui que l'on considère comme l'un des plus importants écrivains de l'Afrique. Il rappelle aussi que le personnage de fou du roi (le répondeur du griot) dans *En attendant le vote des bêtes sauvages* n'est pas superflu, et que c'est par lui que l'on cerne mieux toute la réalité, pour ne pas se limiter à l'autocongratulation du tyran que l'on craint, ni à son entourage qui peaufine les méthodes pour mouiller leurs barbes (empocher les pots-de-vin).

Et comme le dit le proverbe : «C'est celui qui ne l'a jamais exercé qui trouve que le pouvoir n'est pas plaisant.»

Insoumission et exil

Du plus profond de ses souvenirs d'enfance — il est né en 1927 —, Ahmadou Kourouma retrouve, indélébile, le phénomène des travaux forcés en Côte-d'Ivoire. C'est ce qui colore la toile de fond de son attachement envers son peuple, qui souffrait terriblement tandis que prospéraient les plantations de café ou de cacao vers lesquelles se dirigeaient des wagons entiers de main-d'œuvre appelée à y travailler pour presque rien durant six mois. «J'en ai été témoin, ça m'a beaucoup frappé, dit-il pudiquement, sans trop appuyer. Ils étaient forcés... on les enfermait comme des bestiaux, voilà!» L'on sent là les racines d'une insoumission qui lui valut l'exil prolongé. Jeune recrue, il refuse de prendre part à la répression contre des étudiants lors d'une émeute : «Les étudiants sont toujours impatients, aujourd'hui, ils en font beaucoup plus que nous en faisions mais la répression, alors, était très forte. Les étudiants, toujours impatients, toujours contestataires, toujours portés à vivre des années blanches» quand sont paralysés les lycées ou les universités, glisse-t-il en riant. Ce n'est pas lui qui aurait donné dans l'invective gaullienne de chienlit au sujet des contestataires de 1968. Comme forte tête, il fut sélectionné pour intégrer le contingent en Indochine, ce qui lui fournit par la suite ample matière pour peindre les abus coloniaux.

Son enfance, c'est aussi le monde suranné d'un oncle infirmier qu'on appelait Docteur en raison du rôle clé qu'il avait comme thérapeute. Il se faisait porter en hamac dans ses déplacements.

Quelle image retient-il du Français contemporain? «Il y a beaucoup de Français restés en France qui luttent pour aider les Africains à s'en sortir. Beaucoup luttent dans ce sens, mais une grande majorité de Français (vivant en Afrique) ont des intérêts liés, ce sont des exploiteurs, des colonisateurs qui souhaitent que la situation ne change pas.»

On le sent non moins sévère envers les mercenaires, utiles pour les basses besognes, comme d'exécuter un détenu. Que dit-il des programmes d'ajustements structurels, les PAS, imposés par les diplomates-banquiers du Fonds monétaire international (FMI)? Qu'ils sont la source d'interminables compressions à mettre en route : «Tout cesser, tout arrêter, interrompre ou suspendre, réduire ou rogner, couper ou tronquer, alléger ou abandonner, renoncer ou sacrifier, fermer ou déloger.» Bref, provoquer les privations de tous genres et aggraver la situation des moins nantis.

Les maux passés de l'Afrique, explique Ahmadou Kourouma, ont beaucoup à voir avec les enjeux de la Guerre froide. Les métropoles avaient tendance à pardonner bien des écarts à un leader qui, une fois son anticommunisme affiché, pouvait se permettre de bafouer des principes considérés comme incontournables dans les capitales européennes qui durent, finalement, desserrer l'étau qu'elles avaient longtemps maintenu sur ces riches territoires. Mais la chute du mur de Berlin n'a pas empêché, selon lui, que les leaders issus d'un même sérail poursuivent leurs rapines et leurs exactions.

Fréquemment, le Coran, Allah et l'Islam sont présents dans la prose d'Ahmadou Kourouma, tantôt pour baliser le grégarisme, tantôt pour compléter la description de structures de pouvoirs pas toujours ragoûtantes. Craint-il d'être épinglé comme ennemi d'Allah et visé par une condamnation maraboutique (fatwa)? «Mais non, assure-t-il, c'est bon pour les pays d'Extrême-Orient. En Afrique, on est beaucoup plus large avec la religion, on n'est pas arrivé à condamner quelqu'un pour la religion. Le Noir, par sa culture, par l'animisme, par la religion naturelle, est tolérant. Il accepte, il tolère un peu tout. Il n'est pas harcelé par l'extrémisme. Moi, je joue avec Allah, tout le monde trouve cela tout à fait normal chez moi.»

Que retire l'écrivain de tournées qui l'amènent à promouvoir la vente de ses ouvrages — au Salon du livre de Montréal

Littérature

tout dernièrement, en avril à Vues d'Afrique et lors de rencontres littéraires à Strasbourg en juin? «Ça ne m'ennuie pas, mais je sais que mes livres ne sont pas faciles pour eux, car ils parlent de problèmes africains», avec de fréquentes allusions aux grands royaumes qui existèrent bien avant la Renaissance occidentale. «J'ai beaucoup de sympathie pour eux, je ne sais pas comment ils comprennent ce que j'ai écrit, je suppose qu'ils prennent tout cela pour de la fiction alors qu'il y a beaucoup de réalités dans ce que j'y ai inséré.»

L'entretien se clôt sur une confidence d'Ahmadou Kourouma : ce qu'il déteste le plus, c'est le mensonge, ce sont les gens qui jouent l'hypocrisie. Et ce vers quoi va sa préférence? «Les gens tout simples, sans façon dans leurs contacts.» ■

▶ *En attendant le vote des bêtes sauvages*
Ahmadou Kourouma
Éditions du Seuil, coll. «Points»,
Paris, 2000, 388 pages.

▶ LIVRES | SAMEDI 15 JANVIER 2000 | D4

Le Feuilleton

Le jeu souverain de la littérature

PAR JEAN-PIERRE DENIS

À L'OCCASION du centenaire de Nabokov, né le 22 avril 1899, un grand nombre de livres sont parus, nous invitant à pénétrer encore plus avant dans la vie et l'œuvre de cet immense écrivain dont le scandale *Lolita* éclipsa un moment les mérites et, surtout, le génie, à la fois désabusé et triomphateur. Il y a en effet de l'aristocrate arrogant et, parfois même, quelque peu hautain chez cet auteur pour qui — toute vie étant une fiction mal ficelée et erratique — la littérature doit toujours compter davantage que la réalité. Lui qui aimait à distinguer parmi les écrivains les conteurs, les pédagogues et les enchanteurs se plaçait volontiers dans la dernière catégorie. Encore faudrait-il ajouter : un enchanteur désenchanté, quoique toujours brillant.

Ce que La Pléiade nous offre aujourd'hui avec ce premier tome des *Œuvres romanesques complètes* (deux autres tomes devraient suivre, publiés à deux ans d'intervalle, si tout va bien), ce sont essentiellement les œuvres que l'auteur a conçues et rédigées en russe, quel que soit d'ailleurs son lieu de résidence. Ce qui est plus surprenant, c'est que la plupart de celles-ci (à l'exception de *La Défense Loujine* et de *L'Invitation au supplice*, directement traduites du russe) ont été établies à partir des traductions anglaises effectuées entre 1937 et 1971 à l'initiative de Nabokov lui-même. On comprend alors mieux l'importance de l'immense appareil critique mis en place pour cette édition, permettant ainsi aux plus exigeants (ou aux plus amoureux de ses fans) de rétablir les versions successives des œuvres que Nabokov n'a cessé de retoucher ou de remanier — parfois profondément — tout au long de sa vie et celles des nouvelles éditions qui paraissaient. Cela donne cette étrange impression d'entrer dans une œuvre aux multiples strates et états, où les notes et commentaires critiques sont parfois aussi importants que le récit lui-même, nous livrant les clés qui nous aident à mieux en apprécier les subtilités et, souvent, le sens.

Le maître d'œuvre de cette édition, Maurice Couturier, n'a-t-il pas lui-même été happé par ce Nabokov «compliqué» à l'époque où il le découvrait, au début des années 70, en parcourant les rayons de la librairie du campus universitaire américain où il étudiait! Il était alors tombé sur une édition critique de _Lolita_ (_The Annotated Lolita_, paru chez McGraw-Hill) qui l'avait ébloui, lui révélant combien une œuvre littéraire de cette densité gagnait à être enrichie d'annotations pour être véritablement comprise et appréciée à sa juste valeur. Certains diront qu'une œuvre devrait pouvoir se défendre elle-même, en son plus simple apparat, face aux assauts du lecteur, et que l'œuvre qui a besoin d'un support critique ou érudit manque nécessairement de cette simplicité ou de cette sorte d'immédiateté que demandent la plupart des lecteurs quand ils abordent un livre de fiction. Mais, avec Nabokov, rien n'est simple, et la littérature ne se donne jamais comme la réalisation d'un

projet narratif qui obéirait à des règles définies ou attendues. Certes, empruntant aux idées du héros de _La Méprise_, Nabokov peut-il écrire que le «rêve le plus cher d'un auteur, c'est de transformer le lecteur en spectateur», mais c'est immédiatement pour lui faire ajouter qu'il n'y parvient à peu près jamais et que les «pâles organismes des héros littéraires, nourris sous la surveillance de l'auteur, se gonflent graduellement du sang vital du lecteur; de sorte que le génie d'un écrivain consiste à leur donner la faculté de s'adapter à cette (peu appétissante) nourriture et de mener ainsi une vie florissante, parfois pendant des siècles». L'art du peintre — «cette simple et brutale évidence» — que vise le héros de _La Méprise_, lui-même narrateur de ses aventures ou de ses fictions, est en fait constamment contredit et dévoyé par ses soudains coups de théâtre, ses apartés faits au lecteur, ses confessions («[...] j'aurais pu rayer cela, mais je laisse à dessein comme exemple d'un de mes traits essentiels: le mensonge allègre et inspiré»). Ainsi en va-t-il le plus souvent avec Nabokov, multipliant les pistes, les brouillant, les réinterprétant à sa façon et selon les circonstances, comme si tout cela était un jeu. Un jeu essentiellement littéraire, un mensonge inspiré. Russe, français, anglais, toutes langues qu'il maîtrisait, semblent peu lui importer; il s'est même vanté de ne penser en aucune langue, affirmant penser d'abord et essentiellement en images. Faut-il le croire toujours? Rien n'est moins sûr tant son goût pour l'affabulation est puissant, et la diversité de ses voix impressionnante. Une chose est sûre, Nabokov n'est pas un auteur facile, et au-delà (ou en deçà) de la surface de ses récits, il y a toujours l'immense champ de la littérature qui œuvre en douce, ou en cruauté. La littérature

214

Littérature

n'est-elle pas le principal personnage des romans de Nabokov, du moins leur inspiratrice la plus constante! En somme, beaucoup d'intertextualité, comme on dit dans la critique savante, et un plaisir évident et quelque peu ludique à en jouer et à s'en jouer. C'est là que prend toute son importance l'appareil critique.

Quant à la monumentale biographie dont Brian Boyd (l'un des meilleurs spécialistes de l'œuvre de Nabokov à ce qu'on dit, responsable par ailleurs du département de littérature anglaise de l'Université d'Auckland) nous livre ici le second volume, que dire sinon qu'elle est, justement, monumentale? Ce qui ne veut pas dire qu'elle soit sans défaut. Je l'ai trouvée, quant à moi, un peu longuette et parfois inutilement (ou maniaquement) détaillée. Mais peut-être était-ce une précaution nécessaire à prendre avec cet auteur sur lequel tant de rumeurs ont circulé et qui a dû si souvent rétablir les faits les plus élémentaires, notamment avec l'un de ses biographes, Andrew Field.

Comme on le voit à ce passage, la vie privée était plus que sacrée pour Nabokov: «Je déteste mettre mon nez dans la précieuse vie des grands écrivains, je déteste regarder par-dessus la palissade de ces vies — je déteste la vulgarité de l'"intérêt humain", le frou-frou des jupes et les gloussements dans les couloirs du temps — et jamais aucun biographe ne soulèvera le voile de ma vie privée.» Malheureusement pour lui, il avait fait confiance à Field, et les dernières années de sa vie ont été empoisonnées par ce bio-

graphe mégalomane qui se prenait par ailleurs pour un écrivain. «[...] l'aliénation mentale est une chose — lui écrit un jour, exaspéré, Nabokov — et le chantage en est une autre, et chantage est bien le mot qui convient à vos menaces de publier mes déclarations informelles enregistrées au cours de deux après-midi, les faux souvenirs d'étrangers et les diverses rumeurs qui sont tombées dans votre oreille négligente, si je continue d'insister pour que vous supprimiez de votre livre les erreurs factuelles, les bourdes de votre imagination et la méchanceté vulgaire qui entachent encore votre version "révisée".»

La biographie de Boyd représente cependant un avantage non négligeable pour ceux qui voudraient s'orienter dans l'œuvre nabokovienne et choisir les récits qui leur parlent le plus. Elle fournit en effet d'excellents résumés de ces récits, tout en suggérant certaines interprétations. Et, comme toujours, tout cela est extrêmement documenté. Donc, une somptueuse et monumentale introduction à la vie et à l'œuvre de Nabokov. ■

▶ *Œuvres romanesques complètes*, tome 1
Vladimir Nabokov, édition établie
sous la direction de Maurice Couturier.
Éditions Gallimard, coll. «La Pléiade», 1999,
1729 pages.

Vladimir Nabokov, 2 —
Les années américaines
Brian Boyd, traduit de l'anglais
par Philippe Delamare. Éditions Gallimard,
coll. «Biographies NRF», 1999, 826 pages.

L'unique Leonard Cohen

PAR DAVID CANTIN

De Leonard Cohen, on connaît surtout les grandes chansons et le personnage public fuyant. Pourtant, dès le premier album, paru en 1968, jusqu'à *The Future*, paru en 1992, sa carrière de chanteur n'a fait qu'empiéter sur celle du poète anglo-québécois, jusqu'à la faire oublier parfois. Dorénavant, avec le soutien de L'Hexagone, Michel Garneau tente de faire découvrir ce versant caché de l'œuvre en proposant, sous le titre *Étrange musique étrangère*, une nouvelle traduction de l'ensemble des poèmes de Cohen. Un périple hors du commun, dans cette longue quête qui ne cherche qu'à répondre à «la vérité de la solitude».

RÉTROSPECTIVE AMBITIEUSE parue chez l'éditeur torontois McClelland & Stewart en 1993, *Stranger Music* a réaffirmé la place déterminante occupée par Leonard Cohen dans le paysage des lettres anglo-québécoises. C'est à la demande de Cohen lui-même que le célèbre poète et dramaturge Michel Garneau s'est attelé à la tâche de traduire le recueil en français. Bien connu au Québec pour son cycle shakespearien, Garneau peaufine ce projet depuis environ cinq ans. «Contrairement à l'édition française de *Stranger Music*, parue chez Christian Bourgois en 1994 sous le titre *Musique d'ailleurs*, je ne voulais inclure que les poèmes et mettre de côté les textes des chansons ainsi que la prose romanesque de Cohen. Dans mon approche, en tant que poète et traducteur, il me fallait atteindre une forme de sobriété par rapport à l'original anglais. Mon objectif se devait de tendre vers la traduction la plus simplement musicale.» Dès les premières pages, on constate que l'excellent travail de Garneau surpasse de loin les traductions contestables du

Français Jean Guiloineau. Certains vont même jusqu'à dire que Cohen aurait renié cette parution, jugée prématurée, de ses poèmes en France. Il serait plutôt difficile, dans l'espace qui nous est ici imparti, de donner des exemples en nombre suffisant. Il est pourtant juste d'affirmer que *Musique d'ailleurs* souffre d'imprécisions et d'erreurs lexicales gênantes. C'est une des raisons pour lesquelles *Étrange musique étrangère* ne pouvait que refaire surface chez un éditeur montréalais afin de rendre justice à ce parcours poétique des plus constants.

Né dans le Montréal des années 30, Leonard Cohen ne cessera de se débattre avec ses origines russes et juives dans un contexte à la fois anglophone et francophone. Après des études universitaires aux universités McGill et Columbia, il publie au début de la vingtaine *Let Us Compare Mythologies* (*Comparons nos mythologies*) dans la collection «McGill Poetry Series» qu'anime alors le poète anglophone montréalais Louis Dudek.

Littérature

Ce premier recueil mettra en relief une recherche identitaire par laquelle Cohen s'engage dans l'expression d'un lyrisme empreint de tonalités faussement malicieuses. Pour Garneau, « on sent déjà dans ces poèmes de multiples clins d'œil aux grands poètes du passé, de même qu'une certaine tension qui s'inspire des formes anciennes ». Basculant de l'amour à la haine, la « réalité dionysiaque » (pour reprendre la formule de Ken Norris) de Cohen forme un contraste par rapport aux constructions rationalistes et apolliniennes d'un Dudek.

L'œuvre suggère un individu déchiré qui se moque, à travers l'éloge, de toute une tradition poétique qui va des troubadours jusqu'à T. S. Eliot. L'épouse ou l'amante deviennent alors synonymes de passion comme de destruction. Il y a une forme d'amertume dans ce timbre faussement lyrique et déjà très cynique. « J'ai entendu parler d'un homme / qui dit si beaux les mots / il prononce seulement leurs noms / les femmes se donnent à lui. » Cette strophe ne va pas sans annoncer les images percutantes qui suivront dans le combat que se livrent l'amour et la mort, le désir et la hargne.

Également écrit à Montréal, La Boîte à épices de la terre, paru en 1961, met davantage en relief le poids de l'insatisfaction amoureuse. Ces strophes s'adressent au « rite des amants » sur un ton des plus incisifs. L'écriture de Cohen y gagne aussi à travers l'ultime recours que laisse le fait de s'insurger contre soi-même. Ces « mythologies » et ces « épices » ne représentent-elles pas les contradictions d'un poète en guerre contre sa propre recherche intérieure ? Les histoires lointaines qu'il doit résoudre pour atteindre seul la plénitude et la joie ?

Faire violence à la douleur

Toujours ironique et cinglant, son troisième recueil, paru en 1964, porte le titre Des fleurs pour Hitler. Cette référence ne porte pas la trace d'un quelconque après-Auschwitz mais plutôt d'un « d'après Auschwitz ». Comme Cohen le répète dans le poème Ce que je fais ici, « je ne sais pas si le monde a menti / j'ai menti / Ne sais pas si le monde a conspiré contre l'amour / j'ai conspiré contre l'amour [...] Je refuse l'alibi universel ». Avec la volonté de prendre sur ses épaules la charge historique de tout un peuple, Cohen ne veut faire « violence à la douleur » que pour mieux s'en déprendre. Traversée par la culture biblique et hassidim de son enfance, l'œuvre subit la profonde influence d'une tradition littéraire juive montréalaise qui va de Jacob Isaac Segal à A. M. Klein. Il s'agit moins ici de références à la rue Sainte-Catherine ou au quartier juif que d'un étrange désir de courtiser l'horreur humaine en y mettant de sa détresse identitaire.

Suivront Les Parasites du ciel et Poèmes choisis 1956-1968, avant que ne s'amorce une carrière internationale grâce à des chansons que Cohen interprétera un peu partout dans le monde. Toujours selon Michel Garneau, cette popularité grandissante restera pour Cohen « la surprise de sa vie ». On dit même qu'au début il songeait à se présenter avec un masque sur scène afin de préserver un certain anonymat.

Cédant à une errance tout aussi décisive, le succès de la carrière de chanteur l'amènera loin de Montréal. Il écrit alors ses trois livres suivants à Athènes, Hydra, New York, Paris et Los Angeles. Après L'Énergie des esclaves (1972), Mort de l'homme d'une femme (1978) tout comme Le Livre de miséricorde (1984) deviennent des jalons nécessaires dans sa quête poétique. Poussant le cynisme à l'extrême, Cohen commente avec humour ses propres vers dans *Mort de l'homme d'une femme*. Une telle démarche ne peut que révéler les différences entre sa poésie et les textes de ses chansons.

Dans les poèmes en prose du *Livre de miséricorde*, Cohen exacerbe le sentiment de fascination et de répulsion qui est le sien envers la spiritualité chrétienne. Tel un Job des temps modernes, il insulte et prie ce Dieu qui le laisse seul avec son « sentiment de dépossession ». Il se tourne désormais vers ce maître qui l'entraîne dans une « lutte avec la foi ». Du reste, à la fin de *Mort de l'homme d'une femme*, Cohen en arrivera à cette définition de la poésie : « Le poème n'est pas autre chose que de l'information. C'est la Constitution du pays intérieur. Si vous le déclamez et le boursouflez d'intentions nobles, alors vous n'êtes pas mieux que les politiciens que vous détestez. Vous n'êtes qu'un brandisseur de drapeau faisant l'appel le plus mesquin à une sorte de patriotisme émotif. »

Étrange musique étrangère montre que l'inspiration poétique de Cohen est aussi ailleurs que dans ses chansons. La traduction de l'ensemble de ses poèmes par Michel Garneau restera une étape déterminante pour une meilleure connaissance des poètes anglophones du Québec. Avec Irving Layton et Louis Dudek, Leonard Cohen demeure à ce jour l'un des personnages phares de la poésie anglo-québécoise. Il suffit d'ouvrir ces pages sur ce chant d'une grande beauté amère pour s'en convaincre. ■

▸ *Étrange musique étrangère*
Leonard Cohen, traduit de l'anglais par Michel Garneau.
Éditions de L'Hexagone,
Montréal, 2000, 300 pages.

Littérature

Pourquoi lire Ferron?

PAR CAROLINE MONTPETIT

On l'appelle la Grande Ferronnerie. C'est une confrérie tacite qui travaille inlassablement sur les documents laissés pas son inspirateur. Ses membres, qui se connaissent entre eux, forment une fraternité. Ils colligent, éditent, corrigent et commentent, depuis des années, l'œuvre de celui qui les lie. Ils sont la mémoire de Jacques Ferron, mort en 1985, celle de son ironie, de son élan et aussi de sa sensibilité. Ensemble, ils assurent la pérennité de l'écrivain débridé, du médecin engagé, de l'activiste désopilant et du polémiste féroce que fut cet écrivain demeuré inimitable.

JACQUES FERRON était médecin. Cette profession, le rapprochant de la vie et de la mort, lui donnait accès à la souffrance et à la joie, matière brute qui inspire inlassablement ses écrits.

«J'éprouvais une pitié plus grande pour mes patients; leur guérison me causait une joie plus vive. Quand je recevais des honoraires, je me comparais à la fille qui, s'étant donnée de bon cœur, trouve pénible de tendre la main. L'argent que je prenais m'amoindrissait. Mes patients n'étaient pas riches. La pauvreté est la cause, avec l'humiliation de la condition inférieure, de beaucoup de maladies et de certaines morts prématurées», dit l'un de ses personnages dans *Suite à Martine*, publié avec d'autres contes dans la collection BNM (Bibliothèque du Nouveau Monde), sous la direction de Jean-Marcel Paquette.

Jacques Ferron n'aimait pas le titre de «médecin des pauvres» qui lui collait à la peau, raconte Patrick Poirier, qui a notamment dirigé les deux derniers tomes des cinq cahiers que Jacques Lanctôt Éditeur a

publiés sur l'auteur de *L'Amélanchier*. Le plus récent s'intitule *Jacques Ferron, autour des commencements*.

Engagé en même temps qu'écrivain, le médecin eut donc des sympathies communistes. Alors qu'il œuvrait en Gaspésie, il perdit même son allocation de médecin en dénonçant la Loi du cadenas de Maurice Duplessis, qui visait l'éradication des communistes, explique Pierre Cantin, autre ferronien qui travaille à l'édition de ses œuvres.

Dénoncer tous azimuts

Ferron toucha à la politique et s'en moqua aussi. N'est-il pas le fondateur, en 1963, du célèbre Parti Rhinocéros dont le programme était d'abord et avant tout une parodie de la politique fédérale? «Le Parti Rhinocéros voulait désamorcer la violence qui s'en venait avec la Crise d'octobre», dit Patrick Poirier. L'humour acerbe, la pointe d'ironie, la fantaisie ne sont-ils pas ses planches de salut? On dit même que le roman *Le Salut de l'Irlande*, paru en 1970 et qui vient tout juste d'être réédité chez

Lanctôt, était prophétique des événements d'octobre 1970.

Ferron toucha bien sûr à la médecine, et la dénonça aussi. Dans les années 1970-71, il travaille comme médecin généraliste auprès des femmes internées à l'hôpital psychiatrique Saint-Jean-de-Dieu. Ses activités quotidiennes auprès de ses patientes lui inspirent la première version du _Pas de Gamelin_, ouvrage à travers lequel il aurait voulu parler la langue de la folie. Cette entreprise, utopique, est un échec. Mais plus d'une décennie plus tard, Ferron reprend _Le Pas de Gamelin_, qui sera publié chez VLB dans le cadre de _La Conférence inachevée_, peu après sa mort.

Ici encore, le médecin ne fait pas de cadeau à la médecine. On y découvre avec horreur l'histoire de Marie, dite Mariton, cette femme jadis belle, devenue complètement apathique, internée depuis l'âge de 13 ans. « L'internement n'est jamais propice à cet âge ; il tourne au désastre le plus souvent », écrit le médecin, qui raconte ensuite que la jeune fille, qui faisait fréquemment des crises pour voir ses parents, a subi nombre de lobotomies, qui l'ont finalement réduite à un état apathique, « réduite à n'être qu'un paquet malpropre dans son cabanon de la salle Sainte-Agathe — victoire douteuse », écrit encore Ferron. Progressiste, Ferron était sensible à la cause des femmes, de ces mêmes femmes qu'il soignait. Et il défendit les sages-femmes pendant des décennies avant que les médecins ne leur reconnaissent quelque compétence en matière d'accouchements. Ferron a un côté ombre et un côté lumière, ses récits autobiographiques penchant souvent vers le premier, charriant des flots de tristesse et d'indignation contenues. Par ailleurs, les _Contes_ sont plus joyeux, porteurs de tendresse, même s'ils traduisent un certain sens de

l'absurde. « C'est le Ferron en pleine possession de ses moyens », dit Patrick Poirier.

Là, l'écrivain, enfin libéré des contraintes du réel, prend la plume pour faire chanter son imagination. Avec elle, il peut courir en toute liberté, faisant et défaisant ainsi le monde à sa guise, enfin maître de la pluie et du beau temps.

« Et j'ai fait une découverte », écrit-il à Pierre Baillargeon en mars 1948, dans une lettre publiée dans _Escarmouches_, à la Bibliothèque québécoise. « Les _Milles et Une Nuits_ ou le salut du monde par la fantaisie : voilà une Bible qui vaut bien l'autre. »

Ici, enfin, les fous bienheureux ont droit de cité, comme cette femme que met en scène le conte _Retour à Val-d'Or_ : son mari lui semble si beau qu'elle veut le garder à la maison. Comme le Jérémie du _Paysagiste_, ce simple d'esprit qui peint chaque jour pour la populace le paysage grandiose et géométrique de la Gaspésie...

Car de la réalité, de la politique en particulier peut-être, Jacques Ferron l'utopiste ne pouvait qu'être déçu, commente encore Patrick Poirier. Partisan de l'indépendance du Québec, Jacques Ferron fonda avec d'autres l'Action socialiste pour l'indépendance du Québec, le Rassemblement pour l'indépendance nationale et le Parti québécois. « Un pays, c'est plus qu'un pays et beaucoup moins, c'est le secret de ma première enfance », écrit-il dans _L'Amélanchier_. « On ne dispose que d'une étoile fixe, le point d'origine, seul repère du voyageur », dit la jeune Tinamer, héroïne de l'histoire.

Sollicité en pleine nuit, il agit comme négociateur entre le gouvernement du Québec et les felquistes impliqués dans la crise d'octobre 1970. À son arrivée, Pierre Laporte est déjà mort. Blâmant le premier

Littérature

ministre du Canada, Pierre Elliott Trudeau, pour la triste conclusion de cette affaire, il écrira, dans une lettre au *Devoir* en 1971 : « [Trudeau] a abusé la population en refusant, par lubie et par passion, de sauver Pierre Laporte. » Ses lettres aux journaux ont d'ailleurs été regroupées et publiées chez VLB.

Ainsi, Ferron vécut donc avec d'autres l'échec du premier référendum de 1980, qui le laissait une fois de plus sans pays.

Le Québec comme sujet

On a dit qu'il était affabulateur. Esprit brouillon, il écrivait d'un seul jet, à la main, emporté par l'inspiration, laissant à d'autres le soin de découvrir quel personnage public il avait voulu parodier ici et là. Du coup, certains membres de la Grande Ferronnerie passent des heures à vouloir interpréter des textes souvent mystérieux, à trifouiller chacune de ses phrases pour l'inscrire dans la vie de l'auteur et la réalité de l'époque.

Le Ciel de Québec, par exemple, roman lui aussi tout juste réédité chez Jacques Lanctôt, met en scène, dans un seul ouvrage, aussi bien le poète Saint-Denys Garneau que sa cousine et écrivaine Anne Hébert, les automatistes que Borduas, Maurice Duplessis et les « Olympiens », nommément les fédéralistes, que les « Prométhéens », soit les partisans de l'Union nationale, explique encore Pierre Cantin. Tout ce beau monde, parmi d'autres d'ailleurs, puisque le roman compte 200 personnages, est réuni dans cette fiction au cours des années 1937-38, période où le clergé au Québec est omnipotent.

Sous forme de boutade, le *Dictionnaire des œuvres littéraires du Québec*, paru chez Fides, résume ainsi cette œuvre parue en 1969 : « Pendant que les politiciens s'amusent et que les bourgeois s'interrogent,

pendant que les poètes vagissent et que les artistes modernes sont en attente de jugement, pendant que les fils de riches s'instruisent et que les classes pauvres se résignent dans l'attente d'un Rédempteur, le peuple du Québec, en 1937-38, s'accroît de toutes parts et le clergé catholique fonde de nouvelles paroisses, donnant ainsi à cette nation et à ce pays incertain cohésion, certitudes et structures, en attente d'un État véritable. »

On le voit, il y avait longtemps déjà que Jacques Ferron avait choisi le Québec et que ce Québec l'occupait totalement.

Fils de notaire, né à Louiseville en 1921, Jacques Ferron est le frère de l'écrivaine Madeleine Ferron et de la peintre Marcelle Ferron, signataire du *Refus global*. Libre-penseur, flirtant parfois avec l'anarchie, il défendit la liberté et la responsabilité individuelle qu'il a mises en pratique, écrivain de sa propre bible. « Je n'ai pas lu *Le Capital* [de Marx] et, Dieu merci, ne le lirai jamais : j'ai assez de mes idées sans m'embarrasser de celles des autres », écrivait-il à son ami Pierre Baillargeon.

Qui donc aujourd'hui vilipende, proteste, conteste, dénonce avec autant de verve et de constance dans les journaux ? C'est pour tout cela que Ferron nous manque aujourd'hui, dit Patrick Poirier. Comment expliquer qu'il ne soit pas autant lu aujourd'hui qu'il le mériterait ? C'est une question à laquelle les confrères de la Grande Ferronnerie tentent chaque jour de répondre. Mais pas plus tard que le 22 mars, le comédien Christian Vézina mettra en scène les *Contes* de Jacques Ferron à Montréal, à la salle Fred-Barry, sous le titre *Contes du maréchal Ferron*. Et du 27 au 30 septembre, les ferroniens tiendront un colloque à la Bibliothèque nationale du Québec sur l'œuvre de l'écrivain. Ce sera l'occasion de voir la pièce *Un carré de ciel*, de Michèle Magny, inspirée du *Pas de Gamelin*. Pour redécouvrir la fantaisie, l'indignation et l'esprit d'engagement présents en nous. ■

▶ *Le Ciel de Québec*
Jacques Ferron
Jacques Lanctôt Éditeur,
Montréal, 1999, 495 pages.

Jacques Ferron, autour des commencements
Sous la direction de Patrick Poirier.
Jacques Lanctôt Éditeur,
Montréal, 1999, 356 pages.

▶ LIVRES | SAMEDI 1ᵉʳ AVRIL 2000 | D1

Rencontre internationale des écrivains

L'arme des mots

PAR CAROLINE MONTPETIT

Les mots sont entre leurs mains, pour le meilleur et le pire. Témoins, responsables de leur propre liberté, celle d'écrire ou de se taire, les écrivains de l'an 2000 peuvent-ils quelque chose contre la guerre ?

C'EST sur ce thème que se penchent depuis hier une brochette d'écrivains, réunis au mont Gabriel, dans le cadre de la 28ᵉ Rencontre québécoise internationale des écrivains. Chapeautée par l'Académie des lettres du Québec, la rencontre de cette année a attiré au Québec des écrivains de l'Italie, de l'Espagne, de la Pologne, de l'Ex-Yougoslavie, de la France, des États-Unis, de la Belgique, de la Norvège, de la Suisse et de la Catalogne.

« La guerre, même si elle arrive toujours "ailleurs", est au centre du geste d'écrire. "En cet âge métallique des barbares, écri-

vait Pessõa, il nous faut prendre un soin méthodiquement exagéré de notre capacité de rêver" », écrit pour sa part Jean Royer, président de l'Académie et président des rencontres, dans le texte de présentation de l'événement.

« L'heure est arrivée du barbare. L'heure américaine. Violence, démesure, gaspillage, mercantilisme, bluff, grégarisme, la bêtise, la vulgarité, le désordre... J'allais oublier la haine, le mensonge, la suffisance », écrit Aimé Césaire, cité par Jean-Daniel Lafond, qui présentait d'ailleurs le discours inaugural des rencontres ce matin.

Littérature

Abreuvés d'images de guerre, à la télévision, faut-il donner un nom aux victimes anonymes des combats, recréer leur histoire pour que l'horreur de la guerre expose toute sa violence, ses excès?

« Je suis cet homme qui parle seul, à voix haute, dans un espace clos, devant l'écran d'un téléviseur, assailli d'images de la barbarie [...], je suis Don Quichotte aux prises avec des visions », dit encore Lafond, qui a signé le scénario du film *Le Temps des barbares*, à partir duquel il s'apprête à écrire un récit.

Certains écrivains invités ont eux-mêmes connu la guerre, d'autres l'ont même « faite ». « Si je l'ai faite, la guerre m'a défait », dit ainsi Frédéric Jacques Temple, qui a écrit *Les Eaux mortes*, trente ans après, avec encore dans les oreilles « la sauvage accélération de la mort », et *La Route de San Romano*, plus tard encore, autre évocation d'une guerre, cette fois en plus à partir d'un tableau.

« Écrire *La Route de San Romano* n'était pas pour moi le prétexte à raconter mes aventures, mais bien à me purger, s'il était possible, de toutes ces abominations qui m'avaient amputé de ma jeunesse. Il fallait que je retrouve, de sang-froid, pour mieux l'exprimer, cet état d'absence qui m'avait saisi au moment d'entrer dans la mêlée, lorsqu'il faut abandonner les anciennes manières de penser au monde, à la souffrance et à la mort », se souvient-il dans son allocution.

Pour Aline Apostolska, qui signait récemment le récit *Lettre à mes fils qui ne verront jamais la Yougoslavie*, on est impuissant devant l'horreur qui se déploie sous nos yeux, mais, quoi qu'il en soit, les écrits seront toujours « la seule trace qu'il en reste ». L'écrivain a, dit-elle, le devoir de mise en garde et le devoir de mémoire. En écrivant, fait-elle remarquer, l'écrivain

peut-il prendre le recul qui le rendra utile, non pas dans l'immédiat, mais dans la mémoire à plus long terme, au souvenir, en plus de lui permettre de se dégager de la douleur mortifère? Les médias, en crachant quotidiennement leur lot d'horreurs, que ce soit au Rwanda, en Lituanie, en Yougoslavie ou ailleurs, ne s'intéressent que brièvement aux faits. « Cela donne une image grossie du moment », dit celle qui a tenu à reconstituer, dans ses souvenirs, des fragments de la Yougoslavie d'avant la guerre. Et aussi, l'écriture donne son nom aux morts oubliés, qui ne revivront plus autrement qu'entre les lettres tracées sur une page blanche.

Pour Tecia Werbowski, écrivaine d'origine polonaise qui vit maintenant à Montréal, auteur du *Mur entre nous*, la guerre a des effets dévastateurs sur les écrivains. Parmi ceux qui arrivent à quitter la guerre pour l'exil, l'avenir n'est pas toujours rose. De Bertolt Brecht, elle dit que, « pendant six ans d'exil dans "le paradis" américain, Brecht était malheureux et très peu créatif ». « Il a dit: "On me demande sans cesse d'épeler mon nom." » Et quant à ceux qui subissent les séquelles de la guerre, la liste des suicides, après coup ou pendant les faits, est longue. Mentionnons celui du psychiatre d'origine autrichienne Bruno Bettelheim, qui fut déporté de Dachau à Brunewald, celui de Primo Levi, qui séjourna à Auschwitz, celui de Stefan Zweig et de Walter Benjamin, qui furent traqués par les nazis. Triste décompte...

En fait, poursuit Jean Royer, « une *Anthologie des écrivains morts à la guerre*, publiée en 1925, recensait cinq cents noms d'écrivains! » Et quand ils n'y ont pas laissé leur peau, plusieurs en ont fait le cœur de leur œuvre. Royer va plus loin. « Quelle est cette éthique du *Déserteur* de Boris Vian? Et cette douleur des *Feuillets* d'*Hypnos* de René Char ? Pourquoi Drieu La Rochelle a-t-il collaboré avec l'occupant allemand ? Quelle valeur devant l'histoire porte le silence de Sartre sur l'existence du Goulag ? Que penser du refus de Camus du "terrorisme civil" ? » demande-t-il.

Fondées dans les années 50 par un groupe d'écrivains québécois, désireux, selon les mots de Jean Royer, « de rendre le Québec à lui-même », Les Rencontres québécoises des écrivains ont eu d'abord pour but, sous l'impulsion de Jean-Guy Pilon et de Gaston Miron, de regrouper les écrivains et les poètes jusqu'alors isolés. D'année en année, les thèmes se succèdent, de la langue, avec *Les Insolences du frère Untel*, à la censure, avec *L'Amant de Lady Chatterley*. On y discute de littérature, mais aussi de politique, les deux étant indissociables, de l'avis de certains.

En 1972, les Rencontres s'internationalisent. Les écrivains nationaux ayant fait un premier tour de leurs préoccupations, on invite désormais des écrivains de l'étranger, pour échanger sur le thème de l'écriture, raconte Jean Royer, qui a signé un ouvrage intitulé *Dans la maison des littératures*, qui relate l'histoire des Rencontres internationales et qui a paru aux éditions de L'Hexagone. « Au début, les écrivains québécois étaient timides devant les Cortázar et les Kundera », dit Jean Royer. Au fil des ans, la littérature québécoise s'est affermie, les œuvres des écrivains d'ici sont mieux connues à l'étranger.

Cette année, le Québec accueille des représentants de 12 pays différents. L'invitation d'un Catalan, Vienç Villatoro i Lamolla, amorce le début d'une collaboration, à travers laquelle on espère traduire une dizaine d'œuvres par année, du catalan au français et vice versa, pour le bénéfice de la Catalogne et du Québec. ∎

▸ **Soirée de clôture de la 28ᵉ Rencontre québécoise internationale des écrivains**
Lectures et échanges avec douze écrivains. À Montréal, à la Chapelle historique du Bon Pasteur, le lundi 3 avril 2000.

▷ LIVRES | SAMEDI 8 AVRIL 2000 | D11

Littérature française

Secouer l'indifférence

Les sept années de Jean Rolin en Bosnie-Herzégovine.

PAR GUYLAINE MASSOUTRE

1992. « Dans un an, vous allez voir une guerre que vous n'êtes pas prêts d'oublier ! » s'écrie un jeune Serbe fanatique, responsable d'une agence de presse mais aussi des premiers bombardements sur la télévision de Sarajevo. L'homme, traducteur de Tolstoï et Genet, a enseigné la littérature comparée à l'Université de Poitiers. « C'était le début de la guerre, il faisait beau, les pertes étaient encore limitées de part et d'autre, et tout neuf le plaisir de porter des armes et de s'en servir pour imposer sa loi...» On suit bien Jean Rolin, jusqu'à la dernière page.

L'écriture peut-elle dire vrai? Grands reportages, récits témoignages, articles sensationnalistes et essais, tous ces genres «vrais» ne sont-ils pas des «manières de voir» aux œillères dont il faut se méfier? Il arrive que le *scoop* et le bidouillage d'enquête guident le crayon des as de l'urgence. De plus, reporter est un métier des plus risqués. Aussi ne sont-ils pas nombreux, ces Kaufman, Rolin, Rufin, sur les traces des Kessel et Albert Londres, à enquêter en terrain adverse, corrompu ou miné.

On en connaît pourtant, de grandes écritures: García Márquez contre le cartel de Medellín, Zola pour Dreyfus, London contre *Les Temps maudits de l'Amérique*. Journalistes et romanciers à la fois, leurs écritures se sont confrontées aux réalités qui dépassaient la fiction. Cette conviction fait la loi du genre.

D'autres ont aussi fait leur marque. Bernard-Henri Lévy a signé de brillants papiers sur l'Afrique et sur l'ex-Yougoslavie. La littéraire Annie Lebrun s'est elle aussi engagée dans la tempête parisienne lors de cette guerre en reliant sa parole de témoin et l'action politique française. Ces intellectuels ont fait voir la multiplicité des engagements, même s'il est difficile d'être lucide, publiquement, en temps de guerre. Qu'on se souvienne des reportages castristes de Régis Debray: mai 68 animait une flamme aujourd'hui bien éteinte. Au Québec, ces styles crédibles sont rares, mais Daniel Bertolino et André Payette sont des hommes qui, caméra en main, honorent le genre.

Faire l'histoire

Paul Marchand, dans *Sympathie pour le diable* (Lanctôt, 1997 et 1999), a revendiqué une écriture engagée, très proche de l'action, frappant les complaisances journalistiques d'un fort coup de poing. Comme Rolin, il a parcouru l'ex-Yougoslavie sous les bombes. Si la publication se fait à chaud, l'action dirigera les pages et l'écriture sera viscérale. Inversement, le recul humanise les visages. Mais dans ces prises de parole, le feu et le sang, la peur et le courage impriment l'émotion qui les bride comme un mors aux dents. Toute écriture directe y devient regard sans concession, parole sentie et mise à nu. Comme la photographie en gros plan.

Ce rythme, caractéristique d'une profession engagée sur le terrain avec une option internationale, est celui de Rolin, qui couvre sept ans de déplacements en Serbie et en Croatie. Le livre arrive avec un léger recul face aux faits. Rétrospectif, il prend la forme d'un journal de voyage, à la langue économe et pudique, qui ne s'attarde pas aux aléas du métier: il se consacre aux gens rencontrés. Rolin est surtout là avant les massacres, au moment où tout va basculer, tant qu'il est encore possible de circuler.

Son journal de guerre est un acte de mémoire pour les personnes entrevues, aujourd'hui mortes, émigrées, déplacées ou encore sur place. Loin du style de Jean Rouaud, qui fait advenir l'histoire à soi par des documents; loin du flamboiement épique des tableaux de Patrick Rambaut; distinct aussi des «enquêtes à la vodka» d'un Pierre Delannoy en Russie. Rolin n'est fasciné ni par les têtes fortes ni par la destruction. S'il sillonne les routes, c'est en relais, sans esprit de chasse, pour suivre un fil humain de gens qui seront ses passeurs. Leurs recommandations sont sa ligne de feu, l'avancée de son bouclier humain. Son voyage s'anime donc de visages nets, sobrement décrits, qu'on retrouve si possible d'année en année, à la manière d'un dossier médical.

Sur ce réseau, Rolin greffe la géographie, les paysages, les villes ou ce qu'il en reste. En plus de dire qui est qui, il donne le gage qu'il n'oublie personne et qu'il reviendra. La politique, la guerre, les déplacements de population, les camps et la survie quotidienne, au centre d'un monde semblable au nôtre, prennent des visages concrets, des noms propres, des personnalités. Il a reçu pour ses qualités le prestigieux prix Albert-Londres en 1988.

De tels livres sont indispensables pour secouer, entre autres, notre sens des responsabilités individuelles et collectives. Chaque vie compte. Rolin y compare son travail à celui des artistes, dont il rappelle que les œuvres sont faites pour décentrer de soi et provoquer. Pour lui, quel que soit le temps du récit, la vie se conjugue dans l'histoire au présent. ■

▶ *Campagnes*
Jean Rolin
Gallimard, Paris, 2000, 196 pages.

▶ LIVRES | SAMEDI 8 AVRIL 2000 | D14

Entrevue

« Je me fiche du Portugal ! »

Antonio Lobo Antunes aime prendre des risques, y compris celui de se faire détester en présentant un portrait peu flatteur de son pays.

PAR JOHANNE JARRY

« IL EST comme ça, M. Antunes. » Je dépose le combiné devant le réceptionniste de l'Hôtel de Suède, amusé par mon air déconcerté. L'un des plus grands écrivains de ce siècle n'a rien compris de ce que je lui ai dit au téléphone. Mon accent québécois est-il si prononcé ? Ou a-t-il simplement omis de brancher son appareil auditif ? — car Antonio Lobo Antunes souffre de surdité. Devant l'ascenseur piaffent un photographe argentin et son assistante, à qui je céderai seize minutes du temps qu'on m'alloue. J'attends un écrivain qui a répondu à des centaines de questions de journalistes et qui avoue pourtant : « Je suis incapable de parler de moi et plus incapable encore de parler de mes livres : je ne les ai pas lus, je les ai seulement écrits. » Au dernier Salon du livre de Paris, où le Portugal était à l'honneur, on le qualifie volontiers de provocateur et de séducteur. Mais Edouardo

Littérature

Lourenço, brillant essayiste portugais, dit de lui qu'il est l'écrivain qui prend le plus de risques. Y compris celui de se faire détester en faisant un portrait peu flatteur de son pays.

Devenir célèbre

Auteur de 13 romans depuis 1979, Antonio Lobo Antunes a d'abord été psychiatre, profession dont il dénonce les abus de pouvoir dans *Connaissance de l'enfer*. Il a aussi fait la guerre pendant 27 mois, en Angola, demeurée colonie portugaise jusqu'en 1975. Cette expérience, il refuse d'en parler, mais elle transparaît dans *Le Cul de Judas* (chez Métailié) et dans *La Splendeur du Portugal*, roman au titre ironique qui raconte l'agonie de l'empire colonial à travers la déchéance d'une famille. *Le Cul de Judas* l'a rendu célèbre au Portugal. Pourtant, c'est pour son éditeur français qu'il est venu à Paris. Il a refusé de faire partie de la délégation du Portugal : «Je n'ai aucun sens du patriotisme.» Célèbre (il a frôlé le prix Nobel en 1998, décerné à son concitoyen José Saramago), il semble perplexe quant à l'unanimité qui entoure son œuvre (et sa personne). «Parfois, je ne sais plus très bien ce qui est vrai», dira-t-il plus tard.

Comment écrire

Ce matin-là, devant son air fatigué, mieux vaut oublier les questions et le laisser parler. «Je n'ai pas grand-chose à dire.» Pourquoi écrit-il tous ses romans sous forme de monologues intérieurs. Choix ou nécessité? L'air embêté, mais la voix très douce: «Bon, petit à petit, très lentement, ce que vous pensez qui va être un livre, ça change. Au début, vous êtes tellement plein de certitudes, tellement convaincu que vous allez découvrir le secret de la vie et des gens, et comment écrire. Pour ten-ter d'approcher ce que vous pensez qu'un roman doit être, votre manière d'écrire commence peu à peu à changer, de livre en livre. Au fond, on corrige toujours, n'est-ce pas? On n'est pas content, mais c'est comme si on ne pouvait vivre sans cela, comme si ça justifiait notre vie. Et... ce qui n'est peut-être pas très [petit rire], très bien, vous finissez par mettre votre travail avant toute chose.»

Est-ce ce qu'il a fait? «Oui, parfois. Bon, ce n'est pas incompatible avec la vie... mais je me demande de plus en plus si ça a vraiment valu la peine de sacrifier la vie — c'est pas vraiment un sacrifice mais, en tous les cas, il y a des gens qui se plaignent — au travail. J'ai très peur de passer ma vie à tenter de trouver une façon de dire les choses, et puis, finalement, d'en rester prisonnier.» Il semble y avoir de la tristesse chez lui. «Tristesse? Non, je suis tranquille. J'ai des moments de désespoir comme tout le monde, mais jamais de tristesse.»

Dans les livres d'Antonio Lobo Antunes, il y a le désespoir... «Mes livres, ça m'étonne toujours quand on dit qu'ils sont désespérés. Pour moi, ils sont très joyeux; je ne pourrais pas vivre deux ans avec un livre si je ne me sentais pas bien avec lui. Finalement, j'ai eu beaucoup de chance dans la vie. Je fais ce que je veux, on me paie bien, et en plus de tout cela, cette unanimité, tous ces prix, ces traductions... Vous avez des rêves de gloire à vingt ans... Les rêves de gloire, c'est la chose la plus idiote du monde! Le problème que j'ai, c'est de ne pas décevoir les gens qui ont mis en moi une foi que je n'ai jamais eue.»

Tout de même, il y a le style... «La plupart des qualités qu'on vous attribue, ce sont des défauts déguisés. C'est la façon que vous avez trouvée de surmonter une difficulté que vous n'étiez pas capable de résoudre autrement. Les gens crient que c'est très original. Original ? Je mélange tout : italien, espagnol, portugais, allemand, anglais... Parfois, on me pose des questions un peu abstraites sur mes intentions. Ma seule intention, c'est de faire mon travail du mieux que je peux. Il ne faut pas être trop intelligent, parce que si vous êtes trop intelligent... »

Alors, qu'est-ce que ça prend pour écrire ? « Je ne sais pas. C'est très compliqué d'être à la fois un intellectuel et un artiste. Peut-être Gœthe... C'est difficile parce que vous ne devez pas confondre vos passions avec vos idées. »

Dans ses livres, pourtant, il n'y a pas d'idées. « Pas d'idées ? » Est-il vexé, ai-je eu tort ? Il me semble qu'il y a d'abord dans ses livres des gens qui vivent. « Ça, ce n'est pas à moi de le dire, mais le problème, c'est que vous travaillez avec des émotions. Des émotions, ça vient avant les mots, n'est-ce pas ? Le problème, c'est comment transformer les émotions en paroles, les préserver. Traduire leur intensité. Dans mes romans, l'action ne se passe jamais comme ça [il dessine une ligne droite], mais comme ça [une spirale]. Finalement, il ne se passe pas grand-chose. Ce que je voudrais, c'est qu'on voit vivre les gens. »

Simplement un territoire

La folie est très présente dans ses livres. Est-ce parce qu'il a été psychiatre ? « Je n'ai jamais pensé à cela. Je ne sais pas ce que c'est, la folie. Hier, je suis entré dans un restaurant plein de vieux messieurs et de vieilles dames seuls. Peut-être que c'est ça, la folie : la solitude, l'absence de partage, d'amour. » Silence. Ses personnages sont très critiques envers le Portugal... « Il fallait planter un décor. C'est un Portugal inventé, un territoire fictif. » Il fera

la même réponse au journaliste suivant. « J'ai mis le Portugal parce que c'est plus simple. C'est tout juste un territoire fictionnel. Ça aurait pu être Paris... » Mais la situation politique n'est pas la même au Portugal. « J'invente beaucoup, je ne fais jamais de recherches, et l'histoire, ça ne m'intéresse pas tellement. Les rues, les maisons, il faut que ça soit réel, que ça tienne. Le Portugal, vraiment, je m'en fiche ! » À voix plus basse : « Je m'en fiche. » Pause. « J'y vis maintenant comme j'ai vécu dans d'autres endroits. J'aime bien Paris, sauf que c'est trop loin de la mer. Le climat est trop froid. J'ai longtemps vécu à Berlin et je me sentais très bien là-bas. » Est-ce qu'il aurait pu écrire à partir de Berlin, changer de territoire fictionnel ? « Ça sera toujours le même territoire. Quand j'étais enfant, les gens parlaient des langues différentes dans ma famille. Il y avait des Portugais, des Brésiliens, des Allemands, mais les sentiments profonds étaient toujours les mêmes. Il n'y a aucune différence, sinon on ne serait pas ému par Mozart, par Velázquez, par Tolstoï. S'ils vous touchent, c'est qu'ils appartiennent à votre pays intérieur. »

Dans Livre de chroniques, un recueil d'articles qui paraît ces jours-ci en librairie, on retrouve l'ironie des narrateurs d'Antunes et leur nostalgie de l'enfance, qui est au cœur de son œuvre. L'enfance, quelle est son importance ? « Exactement la même que pour vous. » Fondamentale ? « Tout est fondamental, tout ce qui nous concerne. Vous n'inventez jamais rien. Vous agencez votre mémoire. L'imagination, c'est peut-être en cela qu'elle consiste : travailler avec les mots. J'adore les livres. J'ai toujours eu l'impression que le livre que j'aimais était écrit seulement pour moi. Comme si nous avions un rapport intime, qui ne regardait que nous, et qui n'était partagé par personne.» Silence. «Les livres qui vous emballent sont tellement rares. C'est comme l'amour, c'est tellement rare.» Je pense à *La Mort de Carlos Gardel*, l'histoire d'un effritement amoureux. «C'est vraiment une grande chance d'être vivant...» Le journaliste suivant prend place. «C'est fini?» Il fait penser à un enfant à qui on annonce la fin d'un jeu, «un enfant dont l'enveloppe s'est usée», comme le constate le narrateur du *Livre de chroniques*, mais encore animé du désir de brandir une fronde. Et si c'était avec son crayon qu'Antonio Lobo Antunes visait les passants que nous sommes? ■

► *Livre de chroniques*
Antonio Lobo Antunes,
traduit du portugais par Carlos Batista.
Christian Bourgois Éditeur,
Paris, 2000, 210 pages.

La plupart des romans d'Antonio Lobo Antunes sont publiés chez Christian Bourgois Éditeur. Plusieurs sont disponibles en format de poche.

► LIVRES | SAMEDI 29 AVRIL 2000 | D1

Fantaisie macabre

Trevor Ferguson

PAR CAROLINE MONTPETIT

Son œuvre est à la fois chantante et souterraine, sérieuse et humoristique, mystérieuse et surréaliste, logique et spirituelle, macabre et fantaisiste. Trevor Ferguson est de cette catégorie d'écrivains, chers à l'Amérique, qui ont appris leur métier en bourlinguant de ville en ville, plume à la main, éclairés par une lampe à l'huile dans les camps de bûcherons du nord de l'Ontario, ou sur les routes sinueuses de l'État de New York. Durant tout ce temps, le Montréalais Ferguson marchait lentement, mais sûrement, dans les traces de John Steinbeck ou de William Faulkner, avant de trouver les siennes propres, qui sont aujourd'hui inimitables.

À 16 ANS, cet anglophone, Montréalais d'origine, avait déjà prononcé ses vœux d'écriture, lui qui n'a jamais terminé son cours secondaire. Il écrirait, coûte que coûte, quitte à empiler de nombreux ouvrages avant d'être publié, quitte à rester pauvre une grande partie de sa vie. «Je ne pensais pas que ce serait aussi difficile», reconnaît-il aujourd'hui, lui à qui la gloire a ouvert ses portes au cours des derniers mois.

Déjà, adolescent, Ferguson avait quitté le nid familial et le décor familier des rues de Parc Extension, où il a grandi, pour voyager à travers le monde.

Aussi, _Le Kinkajou_, roman paru en 1989 et tout dernièrement traduit en français aux Éditions de la Pleine Lune, est-il plein d'histoires d'adolescents en cavale, de shérifs et de sectes religieuses, de pyromanes et de squelettes qui surgissent de terre pour harceler un héros au passé trouble, dont le père vient de mourir et qui hérite du coup d'une auberge au Vermont. Là, le thriller côtoie les descriptions surréalistes empruntées au monde du cirque et au mysticisme. _Le Kinkajou_, traduit par Ivan Steenhout, est une œuvre empreinte de poésie et pleine de mystère. Le style y est différent de celui de _La Ville de glace_, son premier roman policier qui vient d'être traduit chez Grasset et que Ferguson a signé du pseudonyme de John Farrow.

«Dans les romans signés Trevor Ferguson, confie l'auteur en entrevue, j'ai mis toute mon âme et tout mon cœur. Tandis que, dans _La Ville de glace_, qui est un roman policier, j'ai mis tout mon savoir-faire. Et ce n'est pas la même chose.»

Ferguson aime aller au-delà de l'expérience humaine, dans des espaces où seule peut circuler son imagination débridée. Dans cet univers-là, comme dans _Le Kinkajou_, le héros est un enfant éduqué par deux lesbiennes revendiquant toutes deux la maternité, en compagnie d'un boa et de nombreux oiseaux parlants. Les shérifs assoiffés de reconnaissance déterrent les squelettes de victimes de meurtriers qu'ils ont eux-mêmes arrêtés. Les mystiques exaltées pleurent des larmes de sang. Les hommes imitent à merveille le chant des oiseaux et les religieuses peuvent se retrouver nues dans votre lit. Bizarres, les personnages de Trevor Ferguson sont attachants, tout en étant dominés par leurs sentiments.

«Je crois que les choses fonctionnent mieux lorsque je vais plus loin que ce que je sais, dit-il, quand le livre me pousse dans des espaces ou des pensées que je n'aurais pas imaginés. Tandis que, dans le roman policier, je reste dans la vie que je connais.»

Ballottés par une vie difficile, les personnages de Ferguson cherchent la vérité en même temps qu'ils cherchent leur vérité.

«Mes personnages sont toujours impliqués dans une quête, non seulement pour reprendre le dessus sur leurs vies, mais aussi pour comprendre le monde. En fait, ils y sont obligés parce que leur vie est chaotique, c'est une vie où rien n'est simple, propre et rangé.»

Élevé à Montréal dans le quartier de Parc Extension, fils d'un pasteur protestant et d'une mère institutrice, le jeune Ferguson, né en 1947, est impressionné dès son enfance par les récits qui circulent dans ce quartier d'immigrants, de classe ouvrière, ces immigrants que sa mère s'empressait d'ailleurs d'inviter chez elle dès qu'ils débarquaient du bateau qui les avaient emmenés, en provenance d'Europe ou d'ailleurs.

«Pour cette raison, la tradition orale était importante à la maison. Et ç'a été la même chose plus tard, dans les camps de bûcherons, où il n'y avait pas de télévision et où on racontait des histoires. Pour cette raison, mon héritage littéraire en est un de fiction, mais aussi de tradition orale», dit-il.

À 14 ans, le jeune homme à l'imagination fertile prend le chemin des États-Unis, seul, pour découvrir le monde. Comme le héros du _Kinkajou_, Ferguson traverse la frontière en faisant du stop.

«Le douanier a dû me laisser passer en croyant que j'étais le fils du conducteur», se souvient-il. Mais aussitôt, le jeune Ferguson, que tout le monde cherche par ailleurs, est repéré par la police américaine. Il devra rester quelque temps sous surveillance policière, allant de prison en prison, avant d'être ramené à la frontière canadienne. Est-ce de cette expérience en prison qu'il tire cette fascination pour l'univers policier? «Peut-être», se souvient-il, avant d'ajouter que le quartier Parc Extension de sa jeunesse était aussi plein de repris de justice, comme d'ailleurs ses milieux de travail, comme le bar montréalais des Sept Frères, où il travailla ensuite avec son frère.

Car déjà, alors qu'il bûche dans l'Ouest canadien, le jeune Ferguson écrit plusieurs heures par jour, pendant que les autres travailleurs, pour la plupart immigrants, jouent au poker. «J'étais un jeune homme compliqué, se souvient-il, qui écrivait, lisait, buvait, se battait et travaillait...»

Autodidacte

Autodidacte, il apprend laborieusement la grammaire et l'orthographe, mais seulement après avoir ouvert sur le papier les chemins tortueux de ses émotions et de son imagination.

«Parfois, les gens apprennent à écrire, et en apprenant à écrire, ils se coupent de leur imagination et de leur énergie. Moi, j'ai essayé de verser mon imagination et mon énergie sur une page, et après j'ai appris comment écrire. C'est une façon difficile d'écrire, cela m'a obligé à recommencer de nombreuses fois, mais cela m'a permis de conserver une présence authentique dans mes livres», dit-il.

Avant de publier son premier roman, *Highwater Chants*, en 1977, Ferguson, âgé de 29 ans, avait plusieurs manuscrits dans ses valises.

Son second titre, *Onyx John*, traduit en français, a été célébré par la critique partout au Canada. Pourtant, Trevor Ferguson demeure mal connu dans son pays, lui que plusieurs ont pourtant identifié comme étant un des meilleurs écrivains canadiens.

«Je devais me rendre à l'évidence que je n'étais pas lu.»

Las de la pauvreté, Ferguson a donc récemment forcé le destin en décidant d'utiliser un pseudonyme, John Farrow, pour signer un roman policier dont l'intrigue se déroule à à Montréal. Ce roman, *City of Ice*, traduit sous le titre *La Ville de glace*, lui porte chance. Le manuscrit a été accepté par la maison d'édition Random House, à New York, et sera traduit en plusieurs langues.

Mais, même enrichi, Trevor Ferguson n'abandonnera pas son vrai nom pour autant. «Mon ambition principale est d'écrire, soutient celui qui a déjà conduit un taxi de nuit pour pouvoir écrire durant la journée. Et je ne peux pas écrire si je ne peux pas payer mes factures.»

Jusqu'à présent, Ferguson avait d'ailleurs pris l'habitude d'écrire une œuvre qui resterait volontairement inédite, entre chacun des romans publiés. «Pour me redonner de l'énergie et me préparer à l'autre.» Dorénavant, dit-il, il écrira peut-être un roman policier entre ses œuvres plus personnelles.

Quant à la gloire, il accepte désormais de la servir, mais seulement à certaines conditions. Ainsi, Ferguson a-t-il choisi d'habiter la ville d'Hudson, près de Montréal, où il est revenu en 1970, même si, en tant qu'anglophone, il aurait une meilleure visibilité à Toronto.

«Montréal est une ville où la vie dans les rues, la vie nocturne et la vitalité sont des sources d'inspiration pour un écrivain, dit-il. Je n'échangerais pas Montréal en tant qu'endroit pour écrire.» Pour faire carrière pourtant, vivre à Montréal pour l'anglophone Ferguson équivaut à vivre au pôle Nord, dit-il, avant d'ajouter que le public québécois, même francophone, a toujours compté plusieurs de ses fidèles lecteurs. ■

▶ *Le Kinkajou*
Trevor Ferguson, traduit de l'anglais
par Ivan Steenhout.
Éditions de la Pleine Lune,
Montréal, 2000, 436 pages.

▶ LIVRES ┆ SAMEDI 3 JUIN 2000 ┆ D1

La nation des morts

Catherine Mavrikakis

PAR CAROLINE MONTPETIT

Elle porte en elle une nation entière, un peuple de fantômes, d'âmes errantes au corps trépassé, simples souvenirs peut-être. Qui sait au fond ce que sont les morts devenus? Elle entretient avec eux une relation houleuse, leur fait la conversation, leur en veut et les aime à la fois. Essayiste et maintenant auteur d'un premier roman, *Deuils cannibales et mélancoliques*, publié aux Éditions Trois, Catherine Mavrikakis, qui est aussi professeur de littérature à l'Université Concordia, soigne la mémoire de «ses morts», comme elle les appelle, tout comme elle soigne son besoin de leur survivre. Son livre est la petite chronique d'un deuil inachevé.

CELA A COMMENCÉ avec un mort. Encore un. Un ami perdu de vue depuis des années dont la narratrice du roman a appris le décès un an après les faits, par hasard. Un ami avec qui elle s'était d'ailleurs brouillée, de qui elle a ensuite voulu se venger, même si elle l'aimait toujours. «J'ai besoin de faire payer à Hervé sa mort. J'ai besoin de l'insulter. D'aller cracher sur sa tombe, ou de faire pisser mon chien sur son épitaphe. J'ai besoin de me venger bêtement. Mais de quoi?» écrit-elle. Le sida. Parce qu'elle s'intéressait alors à l'œuvre d'Hervé Guibert, lui-même mort du sida et qui a écrit sur ce thème, Mavrikakis a rebaptisé cet ami Hervé. C'était il y a quelques années et Catherine Mavrikakis avait déjà un chapelet de morts derrière elle, des morts douloureuses et prématurées, survenues souvent par suicide ou maladie, elle qui a fréquenté la communauté homosexuelle mâle au plus fort de l'épidémie de la sinistre maladie. Cette dernière mort a réveillé toutes les autres. Elle l'a menée au roman. Du suicide, elle parle aussi sans complaisance, elle qui a subi les nombreuses tentatives de suicide de son père et qui y voit beaucoup de théâtre. « Je déteste les gens qui se suicident, des fois j'ai envie de les frapper, je sais qu'il y a de la mise en scène dans le suicide », dit-elle.

Pour les besoins du livre, l'auteur a baptisé tous ses morts Hervé. Son roman nomme la mort sans trompettes ni flon-flons, ni fausse compassion, l'aborde même avec un certain humour. Elle rappelle ses morts les uns après les autres, les confond, les compare, s'en moque, s'en ennuie, les congédie. Cela lui permet peu à peu de vivre sans eux, elle qui a déjà eu des tendances suicidaires et qui se réjouit d'être en vie. Du reste, elle dit n'emprunter une personnalité suicidaire que pour les besoins du livre.

Pour elle, la mort des autres est un défi, et elle prend le pari qu'elle les reverra peut-être un jour, même si elle n'est jamais arrivée à croire en une religion, en la vie après la mort.

« C'est un sujet qui m'a toujours un peu obsédée, ce n'est pas non plus que je sois particulièrement morbide, et j'espère que ce n'est pas cela qui ressort du texte, mais c'est aussi que j'ai connu beaucoup de gens qui sont morts, alors il y a cette proximité. Et c'est un peu parce que j'ai connu des gens qui sont morts très jeunes », dit-elle en entrevue. Elle arrive de noir vêtue, à la fois nerveuse et sûre d'elle, étonnée de l'attention qu'on lui accorde, elle qui admet avoir écrit ce livre par plaisir égoïste et pour se libérer d'une obsession. Dans son livre, elle parle d'ailleurs de certains morts comme de

« pots de colle de l'au-delà, qui demandent réparation ou quelque vague vengeance ».

Mais loin d'être une litanie nécrologique, ce livre offre en fait une réflexion sur la place, voire la présence des morts dans notre vie, nous qui n'échappons guère à la mort et qui y sommes sans cesse confrontés, de Maurice Richard à Dédé Fortin, en passant par tous les autres, plus près ou plus loin de nous, et même jusqu'aux petits animaux pleurés de notre enfance. « On est juste des vivants et il faut continuer à vivre », constate Mavrikakis. Décapant le mince vernis de la vie en société montréalaise qu'elle dépeint sans complaisance, un milieu universitaire figé et complaisant, elle démontre une rage fougueuse, une rage inassouvie, qui montre les dents à l'occasion.

« Je leur en veux d'être morts. Je sais que ce n'est pas leur faute, mais cela me fait chier qu'ils ne soient plus là [...]. La mort ne doit pas étouffer les sentiments qu'il y avait, et cela va dans tous les sens : la rage, la colère, l'amour ; elle ne doit pas figer la vie. »

Ce qu'elle a voulu faire, confie-t-elle, c'est enterrer ses morts, « mais les enterrer de façon à ce qu'ils demeurent accessibles », d'où la mélancolie qui accompagne l'ouvrage. « La mélancolie, c'est quand on n'est pas capable de faire le deuil. » L'ouvrage se penche également sur le suicide, qui est carrément en rupture avec le combat des sidéens qui ne veulent pas mourir.

« Je ne suis pas suicidaire ; je l'ai déjà été mais je le travaille. Je ne veux pas que ce livre soit un chantage au suicide », dit-elle, admettant qu'il s'inscrit dans un travail psychanalytique. « J'écris pour distraire tous les suicides et tous les morts qui nous appellent sans cesse », écrit-elle pourtant, surmontant la peur de nommer les choses.

Récit empoisonné

Née d'une mère française et d'un père grec, d'une mère rationnelle et d'un père superstitieux, Catherine Mavrikakis a grandi à Montréal. Depuis 20 ans, elle y a enseigné à différents niveaux, du secondaire à l'université. Et son livre, même si c'est une fiction, pose aussi un regard critique sur la communauté intellectuelle montréalaise, une communauté peu combative, peu engagée, dénonce-t-elle, dont la tâche est essentiellement de former des élites par la méthode des vases communicants. « Mes anciens étudiants me sapent le moral, ils me dépriment, ils m'empoisonnent la vie et finissent par me détruire... Je ne suis décidément pas bonne mère, écrit tout de go la narratrice. J'ai passé tant d'heures à leur montrer que la littérature, c'est aussi de ne pas aller à cette université, je me suis tellement épuisée à leur dire de travailler sur autre chose que Gabrielle Roy et toute l'institution littéraire bien-pensante et pas du tout engagée, que je ne veux plus rien avoir à faire avec eux. Je les maudis. »

Elle croit d'ailleurs que « le récit empoisonné est un genre qu'il nous faut réinventer ». Si le thème choisi par Catherine Mavrikakis n'est pas des plus rigolos, il n'en est pas moins quotidien, comme la mort d'ailleurs. Il mérite aussi certainement qu'on s'y attarde. Selon elle, les Occidentaux ont d'ailleurs une manière maladroite d'enterrer leurs morts. « On vit dans une société où le deuil est un petit peu du prêt-à-porter », alors que le deuil véritable s'étend souvent sur plusieurs années.

« C'est bien quand cela gagne, la vie. C'est réjouissant, dit-elle. J'aime bien les fêtes, quand on célèbre, la célébration de la vie. » Pourtant, on fait tous des arrangements avec la mort, on vit ses deuils comme on peut. Mavrikakis, elle, a décidé d'en parler, de les garder un peu avec elle, et même d'en rêver, à l'occasion. « On meurt comme on a vécu, dit-elle. L'événement ne grandit pas, il interrompt. Il n'y a rien d'éternel. ■

▶ *Deuils cannibales et mélancoliques*
Catherine Mavrikakis
Éditions Trois, Laval, 2000, 200 pages.

Charles Taylor ▷ Dans *Penser la nation québécoise*, une polémique feutrée oppose le philosophe à son collègue Michel Seymour.

Essais et ouvrages de référence

Essais québécois

Avoir du jugement

PAR LOUIS CORNELLIER

« Il a du jugement. » Il fut un temps pas si lointain où l'on définissait ainsi l'homme de bien. Du jugement, cela voulait dire de la mesure, la capacité de s'abstraire d'un environnement pour mieux évaluer une situation, une sorte d'intégrité tranquille reposant sur des assises morales solides. On entend rarement, de nos jours, un tel éloge. Le développement des savoirs pointus a relégué la notion de jugement et le flou philosophique qui l'accompagnait aux oubliettes. Voulait-on, ce faisant, affiner notre regard critique et faire ainsi progresser notre humanité ?

Opération ratée, écrit un Jacques Grand'Maison qui s'avance en moraliste indigné par « cette foire corporatiste » que sont devenues nos sociétés dites postmodernes : « Avant toute considération morale, il est question ici de cohérence culturelle et philosophique. Quand on justifie à peu près n'importe quoi, on se plonge dans une indifférenciation, une déculturation du sens, du jugement et de la conscience. »

Le diagnostic est dur : la complexification sociale qui caractérise la modernité aurait dû s'accompagner d'une progression de la faculté de juger ; elle a plutôt fait place à un processus d'« infantilisation des consciences » que d'aucuns se plaisent à qualifier de postmodernité.

« Un jugement pertinent, écrit Grand'Maison, tient à la fois d'un examen attentif au réel, d'une intelligence cultivée, d'une conscience honnête, de repères fondés et cohérents. » Or, aujourd'hui, « l'interdit de jugement devient radical », au nom d'une « morale de complaisance » dont le prêtre-sociologue se propose d'identifier les pires travers.

Quand le jugement fout le camp, pour reprendre le titre de l'ouvrage, le règne d'une certaine pop-psychologie débilitante et de la démesure prend le relais. Grand'Maison n'y va pas de main morte lorsqu'il s'agit de discréditer un psychologisme crétinisant et un penchant envers la démesure, deux phénomènes porteurs, selon lui, de tendances régressives déstructurantes, déculturantes.

Haro sur l'individualisme

Ces tendances qu'il voit à l'œuvre dans notre société plus particulièrement, ce sont l'indifférenciation des rôles, des sexes, des générations ; le syndrome de la toute-puissance (« tout et tout de suite ») ; l'illusion de la béatitude sans faille, qui revient à nier la finitude humaine ; finalement, le rejet des médiations de toutes sortes (conséquences : culte de la transparence, de l'auto-enfantement, du vécu). Le résultat, on s'en doute, ne réjouit pas l'essayiste : « Tous souffrent d'une façon

238

ou l'autre de cet individualisme forcené et anomique ennobli en autonomie personnelle comme unique repère pour évaluer et juger de tout. »

Comment en sommes-nous arrivés là ? À ce stade, on se perd en conjectures, et Grand'Maison avec nous, parce qu'il devient très difficile de distinguer les causes des conséquences et vice versa. Une hypothèse : « Mais le problème de déculturation que je soulève ici est encore plus large et plus profond. Il tient d'une fracture historique chez les générations d'après-guerre qui plus ou moins souterrainement ont pratiqué la table rase au chapitre des transmissions. » Des symptômes : une sacralisation de la vie « pour soi » entraînant la dénatalité, une négation des différences générationnelles (la marotte de Grand'Maison) qui revient à livrer les jeunes à eux-mêmes, une adhésion naïve à l'idéologie factice de la permissivité (entre autres sur le plan de l'éducation sexuelle) basée sur une confusion entre la compassion et l'abandon.

La déculturation, nous dit *Le Petit Robert*, consiste en un « abandon, [un] rejet de certaines normes culturelles ». C'est très exactement ce que vise ici Grand'Maison : « Déculturation qui n'est pas sans rapports avec l'effondrement des grands systèmes référentiels de sens, de normativité, d'intelligence culturelle et religieuse, éprouvés au cours de l'histoire dite traditionnelle et de celle de la modernité. On a peu évalué les impacts déstructurants de la dislocation des cadres de la mémoire et de la décrédibilisation de l'idée même de patrimoine historique, de tradition éprouvée, de transmission. Comment critiquer ces héritages pertinemment sans les connaître vraiment ? »

Cause ou conséquence, la distinction demeure toujours aussi difficile à établir, le jugement, faute d'assises, fout le camp, et la société s'enferme dans une logique juridique censée tenir lieu de norme absolue pour une collectivité souffrant d'anomie. La contradiction saute pourtant aux yeux : « Plus le normatif intérieur est pauvre, plus le normatif extérieur apparaîtra artificiel et même arbitraire, tout en étant réclamé pour contrer les comportements libertaires et permissifs des autres qui dérangent. »

Le droit, réclamé à cor et à cri mais pourtant reçu avec ambivalence, devient ainsi un substitut du social, du culturel, de la morale, de la coutume, de la religion et de la politique, toutes références désormais trop molles et trop floues pour charpenter les consciences individuelles et collectives. Grand'Maison s'en inquiète : « Disons-le simplement : lorsque les rapports humains se réduisent à une confrontation de droits des uns et des autres, c'est un signe qu'il se passe quelque chose de grave aussi bien dans les consciences que dans la société. »

Faisant preuve d'un certain volontarisme, quasi obligatoire dans les circonstances, le prêtre-sociologue mise sur les ressorts de la conscience : « Il est plus que temps de remettre à jour le trésor lumineux de la conscience, cette fenêtre intérieure du sens à recevoir, à créer, à réenchanter. » Et plus loin : « D'aucuns me diront que je mise beaucoup trop sur l'acteur individuel, sur sa responsabilité, son jugement. Mais comment démissionner face à cette assise première de la démocratie et de la dignité humaine ? Du coup, c'est redire l'importance capitale d'une éducation pertinente et permanente du jugement. »

Du pain sur la planche

Le problème, c'est qu'on se demande bien d'où pourrait émerger un tel sursaut éducatif, compte tenu du portrait social précédemment dépeint. Il ne faut pas être défaitiste outre mesure pour voir qu'il y a là comme une quasi-impossibilité logique. Qu'à cela ne tienne, souhaitons le redressement et travaillons-y, nous lance un Jacques Grand'Maison que sa détermination, je le dis sans rire, honore. On reconnaît là la grandeur d'un certain catholicisme engagé que tout ébranle, mais que rien ne terrasse.

Ceux qui ont lu, l'an dernier à pareille date, le petit opuscule de Grand'Maison intitulé *Au nom de la conscience*, une volée de bois vert, retrouveront ici le même propos et les mêmes thèmes, mais dans une version nettement plus élaborée. Dans cet essai plus ambitieux, l'auteur n'a pas toujours su résister à la tentation de tout dire. Les exemples se multiplient (le jugement Shaw sur la pédophilie et plusieurs autres, les parents qui veulent prénommer leur enfant Spatule, les salaires des sportifs professionnels, le phénomène du tutoiement, de l'enfant-roi, etc.), ce qui n'a rien pour déplaire, mais ils sont parfois injustes et convenus (on aura droit, par exemple, aux classiques dénonciations des cols bleus de Montréal, de la CEQ, des «énormes conventions collectives», de la dégradation de la langue et à un petit éloge inutile des écoles privées). Au surplus, la démonstration n'évite pas toujours la redondance et elle manque un peu de direction d'ensemble.

Ne boudons pas, cela dit, la richesse considérable de ce travail. La critique sociale qu'on peut y lire contient une invitation à rebâtir l'espoir que les vivants généreux n'ont pas le droit de refuser. ■

▸ *Quand le jugement fout le camp.*
Essai sur la déculturation
Jacques Grand'Maison
Éditions Fides, Montréal, 1999, 240 pages

▶ LIVRES | SAMEDI 2 OCTOBRE 1999 | D1

Luc Brisson

Le monde entier dans une caverne

PAR HÉLÈNE LE BEAU

«COMME MON GRAND-PÈRE paternel, je suis une espèce de nomade. Mais, chez moi, ce nomadisme est tempéré par un sentiment très puissant d'appartenance à la culture française et, à travers elle, à cette histoire qui part de l'Inde et qui, après avoir transité en Europe, est arrivée ici, en Amérique du Nord. Voilà pourquoi j'ai eu tendance à remonter dans le temps vers le passé et à me diriger dans l'espace vers l'est. Le morceau de terre sur lequel je respire importe peu. Jusqu'ici j'ai survécu, c'est l'essentiel. Et, dans la mesure où, dans ma vie et dans mon travail, j'ai réussi à obtenir des résultats qui me satisfont, je suis heureux. »

Rendre raison au mythe, p. 179

Rue d'Italie, au fin fond du XIIIe arrondissement, un pavillon comme il en reste peu dans Paris. Avec un jardin, îlot de paix et de verdure dans la Ville lumière phagocytée par la pollution, le bruit, la rage de demeurer le centre de la vie intellectuelle de l'Europe. Paris rive gauche, Paris village, c'est là que vit Luc Brisson depuis des lunes, impossible de l'imaginer ailleurs.

À l'heure du rendez-vous, il est toujours retenu dans les locaux du Centre national de recherche scientifique (CNRS) au Kremlin-Bicêtre. La communication qu'il donnait l'après-midi s'est prolongée. En l'attendant, Catherine son épouse, la mère de ses trois enfants, la scientifique, la matheuse, l'informaticienne, prépare les crêpes du vendredi soir. « Tout doit être prêt pour 7 h 30, pas une seconde plus tard. Luc n'a jamais vraiment quitté le séminaire... » Dans la cuisine blanche qui éclaire la nuit tombante, elle esquisse un sourire.

Finalement, le voilà. Quinze minutes de retard, c'est peu. Mais lui, si ponctuel, se confond en excuses. Sa crinière grise a pris le vent, celui du large, et depuis si longtemps. Il s'est pressé pour ne pas faire attendre la journaliste qu'il entraîne aussitôt dans sa « caverne », son antre où s'accumulent les livres, les dossiers et, sur la table de travail, le courrier de la semaine qu'il n'a pas eu le temps de lire, trop pris qu'il était par le colloque et l'organisation du départ pour Budapest le lendemain. Sur le bureau, un ordinateur aussi. Luc

Brisson est abonné au cybermonde. Impossible d'y échapper depuis qu'il a entrepris, dans la suite des travaux de Harold Cherniss, le grand platonisant américain, la tâche colossale d'établir la bibliographie de tout ce qui se publie sur Platon depuis 1950. Entre autres, car en plus d'être chercheur attitré au CNRS (fondé en 1936 par Jean Perrin, ministre du Front populaire), il est une sommité mondiale en philosophie antique, spécialiste et traducteur de l'œuvre de Platon.

Un Québec ensommeillé

Une question brûle les lèvres : cette vie consacrée à la recherche dans un domaine aussi pointu, aussi peu « rentable » que la lecture technique et herméneutique de Platon, aurait-elle été possible au Québec ? Luc Brisson ne dira ni oui ni non et rappellera qu'en 1968, date à laquelle il a entrepris son doctorat à Nanterre avec Clémence Ramnoux, le Québec émergeait à peine de sa Révolution tranquille, de son « sommeil dogmatique », et n'avait pas encore les moyens d'entretenir des chercheurs à plein temps, comme la France ou les États-Unis. « Si on m'avait offert un poste à Montréal au terme de mes études, je serais resté. Or il aurait fallu que je fasse du « piling-up », en d'autres termes, que j'attende le départ à la retraite d'un professeur avant d'espérer soumettre ma candidature, et puis j'étais très jeune, ce qui constituait un handicap. Je voulais fonder une famille et j'avais en tête tous ces projets de recherche, il était donc inconcevable de ne pas avoir de travail régulier. Alors, quand Jean Pépin m'a ouvert les portes d'une équipe de recherche autonome au CNRS, sans l'obligation d'enseigner, ce qui, de toute façon, m'était interdit puisque je n'étais pas Français, je n'ai pas hésité un instant. »

Mais pour peu que l'on s'attache à l'écoute d'un bruit à peine perceptible dans ces entretiens que Luc Brisson a accordés à Louis-André Dorion et que les éditions Liber ont rassemblés en un ouvrage passionnant, on se rend compte que l'absence de poste dans une université montréalaise n'est pas l'unique raison qui joue dans sa décision de quitter le Québec. Bien sûr, il y a la beauté de Paris — après 30 ans, il arpente encore ses rues et venelles avec le même émerveillement. Bien sûr, les possibilités de recherche sont innombrables et il peut compter sur l'accueil enthousiaste de ses collègues du CNRS. Bien sûr, il y a la réceptivité de ses maîtres et l'admiration des spécialistes de l'Antiquité, trop heureux de bénéficier du rayonnement de son travail. Mais, au delà, dirait-on, de la raison, il lui fallait à tout prix, dès 1968, « aller ailleurs, n'importe où, le plus loin possible ».

La vie est ailleurs

Paris, Oxford en Angleterre, fugitivement, puis Paris de nouveau. La vie était là. La vie comme « résistance », comme obligation de se dépasser sans cesse pour lutter contre le « handicap ». Car c'est en « infirme », en « animal de cirque » que le jeune Brisson se perçoit, d'abord enfant à Saint-Esprit, dans cet environnement où la nature est prédominante, puis, adolescent, au séminaire de Terrebonne, parmi les frères qui sentent qu'un monde s'écroule, ce monde qui les avait fait maîtres du destin de l'âme des Canadiens français. Parce que le fils aîné du boulanger est, comme son père, myope à un degré à peine imaginable. Autour de lui, tout est flou, insaisissable. Son père avait choisi de pétrir et de cuire le pain du matin à la brunante, près de la chaleur rassurante des fours, à défaut de pouvoir

travailler aux champs. Pour contrer son handicap, Luc emprunte le chemin des études et du silence. Mieux, pour se faire respecter des camarades qui s'adonnent aux sports, aux jeux violents et au règlement des conflits par la force, il décide qu'il sera le meilleur sans arrogance, prêt à aider ceux qui ne jouissent pas comme lui d'une telle facilité pour les études. La liberté est à ce prix.

La famille a tout juste de quoi faire vivre tous ses membres ? Qu'importe. Il entre au séminaire, joue à fond le jeu des futurs janissaires de l'Église avant de dire non au noviciat, non à la prêtrise, non à l'enfermement dans ces doctrines thomistes qui rendent les hommes esclaves face à la modernité. C'est un premier « non » retentissant dans cette vénérable institution. À deux ans de l'entrée à l'université, il s'inscrit à Sainte-Thérèse où, malheureusement — car il en éprouve encore le regret —, on lui refuse l'accès à l'étude des mathématiques pures, faute d'une scolarité adéquate. Le séminaire des Pères du Très-Saint-Sacrement était trop pauvre pour abriter un laboratoire de physique... Il lui faut envisager autre chose. Comme il aime écrire (ses lunettes-loupes ne sont pas un handicap), comme il s'est déjà frotté aux textes des Anciens et qu'il trouve belle la langue de Platon, il choisira la philosophie. Les ombres sur la paroi de la caverne ne lui font plus peur.

Des biens inaccessibles

La pauvreté aussi est un handicap. Si, dans la forêt, dans la nature sauvage qui entoure la région de Saint-Esprit, le fils du boulanger s'est senti fragile (combien de fois aura-t-il confondu les branches d'un érable avec les bras tendus du roi des Aulnes ?), Montréal avec ses mouvements étudiants, ses grèves, le FLQ, constitue un

Essais et ouvrages de référence

autre genre de danger. Celui, une fois de plus, de la fragilité de l'individu face au groupe, de l'exclusion, de la différence. Il aurait bien aimé connaître cette société de consommation que ses camarades combattaient pour pouvoir la vitupérer à son tour, mais chez ses parents, il n'y avait pas de voiture, pas de vacances, et lui-même devait travailler de 18 à 20 heures par jour, l'été, pour payer ses études. Sous les pavés la plage, d'accord, sauf que la mer, il l'a vue la première fois en Bretagne, à Saint-Malo, à 23 ans... Il avait entendu Bourgault plus jeune, dans un réquisitoire virulent contre le pouvoir, mais ce qu'il a retenu surtout, c'est ce hurlement de douleur, celle du loup solitaire auquel, peut-être, il s'identifiait.

Il est parti.

À Paris, comme pour tant de Québécois, il s'est de nouveau senti handicapé. Par la langue, la sienne, qu'il entendait lourde et pâteuse comparée à celle, vive et alerte, des Français. Et une fois de plus, de ce handicap, ou de ce qu'il percevait comme une faille, un défaut de fabrication, il a fait une force. Il se rend rapidement compte que cette aisance est illusoire. Dès les premiers séminaires de Clémence Ramnoux, il découvre que ses collègues doctorants connaissent bien leurs auteurs, mais dans une langue transposée, traduite. Et comme pratiquement personne ne parle l'anglais ou l'allemand, les textes critiques à l'étude sont... *made in France*. On ignore ce qui se fait aux États-Unis, en Angleterre, en Allemagne. Mais Brisson, lui, sait. Sa formation au Québec, au département de philosophie de l'Université de Montréal auprès de Vianney Décarie, Venant Cauchy et Roland Houde, lui a donné cela : une ouverture au monde. Un Québécois à Paris, certes,

mais citoyen universel ! De ce qui aurait pu constituer un problème d'identité paralysant, il a fait sa pâte, qui n'a eu besoin que d'un peu de temps pour lever et devenir le pain de tous les hellénistes français.

C'est à l'éblouissement qu'il se nourrit. Les textes de Platon l'enivrent par leur beauté. Il les scrute à la loupe, les « déciphère » amoureusement, s'y consacre à plein temps. Le mythe rencontre la raison qui à son tour renvoie au mythe. La roue tourne. Le monde est une sphère accidentée dont on peut polir les aspérités. Et quand, en 1984, une opération manque de le faire basculer du côté des purs esprits, il comprend qu'une fois de plus, son handicap (nouveau, celui-là, car il n'entend plus d'une oreille, la moitié de son visage reste paralysée et, pis que tout, pendant des mois, il est tourmenté par des nausées et des étourdissements et doit réapprendre à marcher, à distinguer la droite de la gauche), eh bien ! ce handicap sera le début de sa plus grande entreprise : la traduction de l'œuvre de Platon. Non seulement il en propose une nouvelle lecture à ses contemporains, il la rend accessible au plus grand nombre en publiant directement en format poche, dans la collection « GF » de Flammarion. Un suicide professionnel, disaient ses collègues à l'époque. Un succès retentissant qu'ils lui envient aujourd'hui. Le *Banquet* offert à moins de 10 $ avec un appareil critique digne des éditions Les Belles Lettres et à une fraction du prix, personne n'en avait jamais rêvé !

Comme Brisson n'avait jamais rêvé de revoir les couleurs, lui qui, pendant des années, a perçu le monde qui l'entoure en gris et en marron, et depuis toujours flou. « Moi qui n'arrivais plus à marcher dans la rue à la tombée de la nuit tant tout était uniformément gris, j'ai compris pour la première fois de ma vie, quand on m'a retiré le bandeau de sur les yeux, ce qu'était la luminosité, le bleu, la couleur. Je n'avais jamais su ce que représentaient les variations de lumière, jamais. Deux minuscules lentilles de plastique ont remplacé mes cristallins. Comment, dans ces conditions, ne pas devenir platonicien, ne pas considérer le sensible comme une illusion... »

Si la vrai réalité est ailleurs, comme semble l'indiquer le message essentiel de Platon, on comprend mieux que Luc Brisson ait senti la nécessité d'« être ailleurs », en tout et tout le temps. ■

▸ *Rendre raison au mythe*
Entretiens de Louis-André Dorion
avec Luc Brisson
Les Éditions Liber, coll. « De vive voix »,
Montréal, 1999, 192 pages

▷ LIVRES │ SAMEDI 6 NOVEMBRE 1999 │ D7

Essais étrangers
De notre ère festive

PAR ANTOINE ROBITAILLE

« EN TERMINANT, je vous le dis et j'insiste : allez au festival, c'est important. » C'était à la télévision communautaire. Une émission « culturelle » (en reprise pour une dixième fois) « consacrée entièrement » au Festival d'été de Québec. En nous zozotant cet ordre, l'animateur avait regardé la caméra d'un air sérieux, pénétrant, militant. Le ton était impératif. Nous avions compris : « aller au festival » constituait notre nouveau devoir de citoyen. Peu importe l'intérêt que nous portions aux différents spectacles, notre participation était toujours requise ; nous étions des conscrits de la réjouissance. Le but de cette lutte collective : faire gonfler la taille des foules. Ainsi, les médias, le lendemain, faisant écho aux estimations poli-

cières, pourraient parler d'une « marée humaine » triomphale. Le sort de la culture, et peut-être celui de la nation, était en jeu.

J'ai mieux compris ce qui s'était passé alors en lisant l'essai de Philippe Muray intitulé *Après l'histoire* (un des meilleurs qui me soient passés entre les mains depuis que je tiens cette chronique).

Une caricature
Non que j'adhère totalement à sa thèse, qui n'en est elle-même pas vraiment une d'ailleurs. C'est une hyperbole, une caricature hilarante de théorie qui déploie son analyse à grands coups de démesure, de formules géniales, de jeux de mots délirants, d'effets de style puissants, le tout

baignant dans une saine mauvaise foi. Cela ne manque pas d'efficacité. Au contraire. Et l'on se dit, en terminant le livre, que c'est peut-être là le pouvoir de l'essai, ce genre bâtard mais ô combien nécessaire en cette époque de fonctionnarisation de la pensée, notamment dans nos universités.

Mais quelle est-elle, cette thèse ? Son substrat est hégélien : l'histoire est finie. Contrairement à ce que laissait entendre, il y a dix ans, Francis Fukuyama (autre auteur s'étant risqué à cette constatation) : c'est la catastrophe. Car après l'histoire signifie, pour Muray, après l'humain. Il y a là un postulat : « Pour comprendre quelque chose à l'époque qui commence, il est indispensable de faire le pari que la métamorphose des hommes a déjà eu lieu. » Notre monde serait désormais dépourvu de « négativité ». La dynamique entre celle-ci et le « positif », qui faisait « avancer l'Histoire », s'est éteinte. Les distinctions de l'antique humanité s'effacent : féminin-masculin, droite-gauche, opposition-gouvernement, travail-vacances. Les rebelles sont couronnés (pensons à John Saul, « anticonformiste » devenu prince consort !). La politique disparaît, et les néo-politiciens — dont l'ancien ministre Jack Lang est le prototype — n'ont comme souci principal que d'organiser des « événements ».

L'obsession festive

Cela expliquerait un véritable second déluge : celui des fêtes de toutes sortes. Nous sommes entrés selon Muray dans ce « moment particulier de la civilisation [...] hyperfestive, pour autant que l'accumulation illimitée de fêtes en est devenue l'occupation la plus fervente, la consolation la plus quotidienne, donc le trait le plus saillant, le plus révoltant et le moins étudié ».

Tout le monde ne peut accéder à la sagesse hégélienne au même degré. (La fin de l'histoire est un thème un peu ésotérique ! Reste que, dans le monde des idées, le libéralisme semble bien régner en maître. La morale droit-de-l'hommiste est souvent ânonnée, même hors contexte, tel un nouveau catéchisme ; Muray le montre admirablement.)

Vu du Québec, on ne peut que souscrire au constat de « l'accumulation illimitée » de fêtes ! Plus aucune saison n'échappe au « festivisme » déchaîné. Festivals du rire, d'été, de jazz, de la bière, fêtes gourmandes, carnaval, mondial de l'accordéon, de la poésie, de la musique actuelle, etc. Nous sommes « assignés à comparaître » à toute heure du jour. Mais de toute façon, comme l'a écrit *Le Nouvel Observateur*, « si tu ne viens pas à la fête, la fête viendra à toi ». (Ce qui fait penser au début du roman *Gaîté parisienne*, de Benoît Duteurtre, ou deux personnages tentent d'échapper à la Fête de la musique à Paris.)

Le festif est partout. Muray en donne un exemple hilarant. Ayant conclu, l'an dernier, qu'une période de l'année souffrait d'un déficit festif, les autorités municipales parisiennes prirent les choses en main. On s'empressa alors de pondre le concept d'une Fête de la Seine. Le but : « réconcilier les Parisiens avec leur fleuve ». Maître ès ironie, Muray écrit : « Ce qui nous permet d'apprendre qu'ils [les Parisiens] étaient auparavant fâchés avec celui-ci, [...] qu'ils lui tournaient le dos. »

Des saturnales tous les jours

Rien de nouveau sous le soleil, dites-vous, on a toujours fêté ? Muray réplique que « cette festivation intensive n'a plus que de lointains rapports avec la festivité d'autrefois, et même avec la déjà vieille civilisation des loisirs». Elle n'est plus «un renversement provisoire de l'ordre établi; elle est l'établissement définitif d'un ordre renversé».

Auteur d'un livre (qu'on dit décapant) sur l'héritage du XIXᵉ siècle, Muray estime que l'ancêtre des néo-fêtes, c'est l'Exposition universelle de Paris de 1899. S'inspirant de son mondialisme, les fêtes d'aujourd'hui sont de plus en plus gigantesques et affichent toutes des prétentions internationales: «la Gay Pride, la Fête de la musique, la Love Parade de Berlin». Muray dénonce la Technoparade, à Paris, qui révèle selon lui la nature des néo-fêtes. D'abord, dans l'ère sans «négativité», on s'invente un dragon à terrasser. En l'occurrence, «la censure», dont on avait cru voir le bout du nez dans l'interdiction, à Paris, de quelques partys rave. En réaction, on créa la Technoparade, dont le parrain fut nul autre que... Jack Lang, dont Muray rapporte les propos, qui prennent soudain un air terriblement comique: «La techno a été maltraitée en France, entravée par des circulaires punitives.» Bref, il fallait faire quelque chose.

Autre caractéristique, la néo-fête «ne fête jamais que la fête». À cet égard, les pages et les coups de fouet de Muray sur la Coupe du monde, cette «chape de foot qui s'est abattue sur la France», sont tout simplement extraordinaires. Il y a là, assurément, un tournant, insiste Muray. Jamais l'ère hyperfestive ne s'était déployée avec autant de force. Réjouissons-nous: les «célébrations de l'an 2000» s'en viennent! «L'an 2000 sera une fête; et non plus une terreur, comme l'an 1000; il ne sera qu'une fête [...], il n'y aura aucune grande peur à ce tournant pourtant funeste entre tous. Parce que ce n'est pas une date. Parce que la peur est derrière nous. Parce que la fin du monde est terminée. Parce que l'apocalypse est une affaire classée.»

Pour Muray, tout ce qui est exagéré semble signifiant. Remarquable manière de réhabiliter l'ironie, l'humour, comme mode de compréhension du monde. Reste que la systématisation (tendance inhérente à tout hégélianisme) de quelque idée comporte des dangers. Dans *La Revue des Deux Mondes*, Muray, appliquant sa grille d'analyse aux frappes en Serbie et au Kosovo, dénonçait récemment les actions occidentales en arguant en substance que la civilisation, c'était savoir ne pas s'occuper de ce qui ne nous regarde pas. Preuve qu'à vouloir ne penser que les grandes mutations (le reste n'en vaut pas la peine); à vouloir à tout prix voir du catastrophique partout; à se croire au-dessus des déterminismes que l'on met au jour, on risque tout de même de commettre de grandes erreurs. ■

▶ *Après l'histoire*
Philippe Muray
Les Belles Lettres, Paris, 1999, 280 pages.

246

▶ LIVRES | SAMEDI 13 NOVEMBRE 1999 | D18

Essais québécois

Du rock et de Fernand Dumont

L'expérience irremplaçable d'une parution aux voix multiples.

PAR LOUIS CORNELLIER

ARGUMENT, la plus jeune des multiples revues d'idées au Québec, en est à son troisième numéro. Ambitieuse et éclectique, elle propose, cet automne, des dossiers consacrés au phénomène du rock et à la responsabilité des intellectuels contemporains de même qu'un débat plutôt corsé au sujet de l'héritage de Fernand Dumont, deux réflexions sur la nation et ses rubriques permanentes (éditorial et autres). Stimulantes ici, assommantes et prévisibles là, les contributions regroupées cette saison forment un ensemble inégal dans lequel les lecteurs puiseront à leur guise.

Du rock comme culture

Au moment où l'imminence de la fin du siècle titille la fibre récapitulative des esprits nostalgiques qui multiplient les palmarès bidon au sommet desquels figurent les niaiseries des Beatles, des Stones et autres Pink Floyd, se questionner sur la valeur du rock s'avère on ne peut plus pertinent. Culture ou imposture, demande le présentateur Antoine Robitaille?

Le romancier Gaétan Soucy, aussi professeur de philosophie, se fait tranchant : culte de la subversion sans finalité, incapable de réflexivité, fermée à tout «effort de dépassement», l'idéologie rock consacre «un enfermement dans le même», une jouissance de l'immédiateté et de la sensation qui l'excluent par le fait même du champ de la culture.

Critique en règle du phénomène rock menée au nom d'une culture humaniste, l'entrevue qu'accorde Gaétan Soucy à Isabelle Jubinville insiste sur le caractère aliénant d'une telle idéologie. Il n'y a là, il faut en convenir, rien de bien nouveau, les propos de Soucy reprenant pour l'essentiel des thèses déjà émises par Allan Bloom, Kundera et Finkielkraut. Qu'importe, la charge reste nécessaire, même si on aurait souhaité la voir ici complétée et enrichie par un regard sociologique qui manque cruellement à ce dossier.

Essayiste, parolier (pour Richard Séguin, entre autres) et lui aussi professeur de philosophie, Marc Chabot, tout en discrétion, adopte un point de vue plus prudent. «Petite culture peut-être», écrit-il au sujet du rock qu'il confond volontairement avec le pop, «prière toute croche pour raconter sa solitude ou son histoire» mais qui recèle parfois une vérité qu'il serait sot et dangereux de rejeter hors de la culture. Chabot ne convainc pas, mais il touche.

Pierre Thibault, enfin, qu'on présente comme journaliste (à _Ici_), auteur et chanteur, prend le contre-pied de Soucy. Spéculant sur la faillite des systèmes d'éducation des sociétés occidentales, sur l'indigence des médias électroniques (sans lesquels le rock, pourtant, faudrait-il ajouter, n'aurait jamais connu l'essor qui fut le sien), il conclut au caractère formateur du phénomène : « En ce sens, le rock et plus particulièrement certains de ses mouvements — notamment le punk — ont su permettre à de jeunes gens de s'éveiller à la vigilance, au doute et, finalement, à la résistance. » Qu'on me permette d'en douter, même si Thibault, avec l'exemple de Bérurier Noir à l'appui, tente de faire la démonstration de la compatibilité entre le punk et l'éveil de la conscience politique. Les membres de ce groupe étaient peut-être fort intègres, ainsi qu'il l'affirme, mais cela ne justifie pas d'élever leur tapage au rang de maïeutique.

Les héritiers de Fernand Dumont
Le débat, par moments hargneux, autour de l'héritage intellectuel de Fernand Dumont constitue le véritable moment fort de ce troisième numéro d'_Argument_. Invités à commenter le remarquable ouvrage que Jean-Philippe Warren consacrait l'an dernier à l'œuvre de Dumont (_Un supplément d'âme_, Presses de l'Université Laval, présenté ici même le 6 février 1999), Nicole Gagnon, Danièle Letocha et Serge Cantin en profitent, surtout les deux premières, pour s'adonner à la polémique.

Dans son essai d'herméneutique brillant et sensible jusqu'au lyrisme, Warren partait à la recherche des « intentions primordiales » de l'œuvre de Fernand Dumont en passant au peigne fin les

écrits de jeunesse (1947-70) du sociologue. Sa conclusion, qui situait le noyau dur de l'œuvre dans le « drame de Montmorency », est ici résumée par Daniel Jacques : « Il s'agit de montrer comment l'ensemble de ses écrits procède d'intuitions initiales qui sont demeurées, pour l'essentiel, inchangées par la suite. [...] Toute la pensée ultérieure de Dumont serait présente — pour qui sait entrevoir ses premières amorces sous le langage maladroit de l'intellectuel naissant — dans l'expérience de l'exil qui a conduit le jeune Dumont de la chaleur de la communauté familiale à la froide société des hommes. » Warren, en effet, parle de la « mauvaise conscience », des « remords », comme d'une inspiration et d'un moteur pour la pensée dumontienne, une pensée déchirée dont la parole « doit être à l'écoute d'un silence ».

La sociologue Nicole Gagnon s'insurge. Elle accuse Warren de psychologiser l'intellectuel, de l'enfermer dans les drames de sa génération, lui faisant ainsi perdre son caractère universel. Elle ajoute que l'« irritante mauvaise conscience » qui obsède Warren est un détail insignifiant, absolument inutile, voire nuisible, à la réception des travaux scientifiques de Dumont.

Faisant preuve d'une rare mauvaise foi, Danièle Letocha en rajoute en qualifiant d'« inutile » et de « dangereux » le livre de Warren. Ses arguments, à mon humble avis, ratent totalement leur cible. Ainsi, le livre de Warren serait inutile en ce que son projet entrerait en compétition avec les mémoires (_Récit d'une émigration_) de Dumont lui-même, publiés précédemment. Elle écrit : « M. Warren et son éditeur n'ont apparemment pas vu quelles difficultés soulève le projet de vouloir mieux exprimer que Dumont lui-même l'intention prétendue unique et simple qui sous-tendrait l'ensemble de son corpus. » Mais qui parle d'« exprimer mieux » et depuis quand, surtout, juge-t-on de la pertinence intrinsèque des travaux herméneutiques de l'un (Warren) à partir des mémoires de l'autre (Dumont)? L'auteur comme seul interprète autorisé de son œuvre? À ce compte, la littérature, la philosophie et les sciences humaines n'auraient pas d'histoire!

Ensuite, le livre de Warren serait dangereux en ce qu'il réduirait le penseur à l'homme, niant par le fait même le processus d'objectivation qui caractérise la pensée moderne. Letocha écrit: « Ni lui [Dumont], ni Riopelle, ni Perrault, ni Miron, ni Marcel Rioux, ni les esprits structurés en général, ne travaillent sous l'empire d'une nostalgie / angoisse d'ordre éthique et personnel. L'esprit rompt d'abord avec le vécu et transforme en impératif de pensée la fracture au prix de laquelle il accède à l'émancipation et à l'objectivité. » Que sait-elle de l'angoisse des autres, pourrait-on rétorquer, et qui parle d'« empire » au sens d'un enfermement? À Letocha qui ne jure que par Dumont s'interprétant lui-même, Warren a raison de répliquer par une citation du sociologue qui remet les choses au clair: « À ceux qu'ont agacés mes rappels épisodiques de Montmorency, je dois avouer une faute plus grave encore: même mes livres théoriques ne parlent pas d'autre chose. Les questions qui m'ont occupé, de l'épistémologie à la sociologie de la connaissance et de la culture, n'ont pas d'autre foyer. »

Serge Cantin, pour sa part, plutôt que de jouer les censeurs, ouvre un dialogue. Là où Warren parle d'unité et de continuité de l'œuvre dumontienne, Cantin

opte plutôt pour la reconnaissance de deux Dumont, le scientifique et le légendaire, qu'il s'agirait de distinguer sans nier l'un ou l'autre. L'herméneutique romantique de Warren, écrit Cantin, étendrait le Dumont légendaire à l'ensemble de l'œuvre, ce qui lui ferait manquer en partie son projet. On pourrait appliquer à cette critique l'énoncé de Warren selon lequel « les interprétations, lorsqu'elles sont appuyées, soignées et documentées, s'enrichissent mutuellement plutôt qu'elles ne s'excluent ».

Force est de conclure, devant la vigueur de cette première passe d'armes, que le débat sur l'héritage dumontien ne fait que commencer.

Des voix multiples

Ce troisième numéro consolide la position d'*Argument* dans le paysage intellectuel québécois. La revue lance des débats, en poursuit d'autres; les idées y circulent. Elle a, bien sûr, ses irritants. Ici, Daniel Jacques et Laurent-Michel Vacher reprennent leurs thèses respectives, souvent exprimées, sur la nation et le nationalisme, et n'évitent donc pas la redondance. Sur la responsabilité des intellectuels, Jean Larose, dans une mise en page agaçante, assène ses convictions mais reste néanmoins évanescent, alors que Jean Pichette est inutilement abscons. D'autres que moi, pourtant, trouveront peut-être ce qu'ils cherchent dans ces textes. C'est cela, l'expérience irremplaçable d'une parution aux voix multiples. ∎

▶ *Argument* (revue)
Volume 2, n° 1, automne 1999
Les Presses de l'Université Laval,
Sainte-Foy, 1999, 156 pages.

Essais

L'intraduisible ailleurs

PAR GUYLAINE MASSOUTRE

DANS CET ESSAI autobiographique, Nancy Huston revient sur « l'effrayant magma de l'entre-deux langues », au cœur de l'intraduisible. Il y a longtemps qu'elle a perdu le nord, 25 ans qu'elle vit à Paris. Question de langue ? Pas seulement. L'expatriée de Calgary prend aujourd'hui la mesure de son enfance, une somme de différences qui creusent des abîmes quotidiens entre elle et ses proches, tous gens d'une grande famille. Et elle universalise l'affaire.

Étrangers les uns aux autres, les mondes intérieurs d'un exilé sont « non seulement dissemblables mais hostiles et hiérarchisés. Il y a peu de points d'intersection entre eux, et vous en êtes un » : ainsi se décrit celle qui a traversé plusieurs frontières. N'est-ce pas interpeller l'exilé en chacun de nous ? Des murs opaques séparent-ils l'Europe et l'Amérique ? Avec humour, Nancy Huston témoigne de maintes situations où elle s'est livrée à des acrobaties d'interprète, avant de conclure que des mondes s'ignorent bel et bien, incapables de se rejoindre faute de références communes.

Le plus douloureux, pour un exilé, c'est le sentiment de donner un spectacle devant une salle déserte. Tout étranger en est un jour traumatisé. Il sera choqué de l'indifférence d'autrui, qui se rengorge d'une existence pleine comme un œuf. De là cette expression cinglante de l'émigré, qui recouvre une virulente protestation et une déclaration d'indépendance : « En revêtant mon masque francophone, en m'installant dans une culture étrangère, qu'ai-je fait d'autre que de me choisir libre et autonome ? J'ai déclaré aux miens : je peux, veux, dois tout faire toute seule. Sans votre aide, sans vos conseils, sans votre jugement. Je m'invente, jour après jour et année après année. » Le ton est vif, l'ouvrage stimulant.

Au-delà des grincements de dents, le propos est sérieux. L'étranger ne gère-t-il pas au quotidien la complexité des différences et la relativité des façons de penser ? Pour dire cette expérience de la tolérance, elle a recours à un néologisme qu'elle définit : « L'étrangéité est une métaphore du respect que l'on doit à l'autre. » Être exilé, c'est être au moins deux en soi. La communication y relève, dit-elle, du miracle ! La romancière jette ainsi un regard critique sur le bilinguisme, les accents, le multiculturalisme des êtres bien adaptés, qu'elle illustre d'anecdotes intimes, de cocasses échanges avec son mari, d'origine bulgare, le célèbre théoricien littéraire Tzvetan Todorov. « L'identité

Essais et ouvrages de référence

est toujours un leurre, écrit-elle, les exilés le savent mieux que les autres. »

Ainsi, elle raconte son parcours, cahin-caha, et trace un portrait universel du voyageur, franchissant les obstacles pour être d'ailleurs sans renoncer à lui-même. On y découvre une Nancy Huston qui met bas les masques, trempant sa plume dans le vinaigre pour fustiger maints comportements français auxquels elle demeure réfractaire. L'essentiel, pour elle, c'est la liberté de l'écrivain qui en découle. Elle entonne alors une ode à la littérature, la seule activité capable de repousser les limites « aussi imaginaires que nécessaires, qui dessinent et définissent notre moi ». Cet essai incisif, tout subjectif et pétillant d'actualité, est une incitation à débattre. ■

▶ *Nord perdu* suivi de *Douze France*
Nancy Huston
Actes Sud / Leméac,
Arles / Montréal, 1999, 130 pages.

▶ LIVRES | SAMEDI 19 FÉVRIER 2000 | D1

Sartre : l'enfer, c'est moi

Les deux Sartre

Un hommage paradoxal, capable de se porter au-delà des errances et des dérives et dans le fond amoureux de Sartre.

PAR GEORGES LEROUX

PARIS leur fait la fête et célèbre d'une même voix les noces de Sartre et de Bernard-Henri Lévy. Il y a certes beaucoup de raisons d'aimer *Le Siècle de Sartre* et de s'abandonner à son écriture emportée, mais il y en a aussi de nombreuses de résister à sa vitalité débridée et de chercher un peu de rigueur au milieu d'une telle pétarade.

Les vingt années qui nous séparent de la mort de Sartre ont été l'occasion de prendre la mesure d'une pensée qui s'est élaborée dans un rapport quasi direct à l'action. Dans la biographie d'Annie Cohen-Solal (Gallimard, 1989 ; réédition Folio), plusieurs apories de cette pensée étaient déjà signalées, mais jamais autant qu'ici on ne s'est trouvé en présence d'un effort pour mettre à plat ces contradictions et en comprendre la genèse. On aimera le livre de BHL pour cette raison même, car rien ne nous est épargné des erreurs et des fautes de Sartre, et Bernard-Henri Lévy n'entreprend d'aucune manière ce qui s'apparenterait à une réhabilitation. Si, contre toute attente, il aime Sartre par-delà tout ce qu'il blâme et déteste chez lui, c'est qu'il admire d'abord un style, un projet de vie, une morale personnelle qu'il identifie à sa première philosophie. En proposant à son lecteur de reparcourir l'itinéraire philosophique de Sartre, il l'invite à considérer les contradictions de la pensée de Sartre comme la trame de fond de la philosophie du XXᵉ siècle.

Mais ce projet de déposer dans l'histoire de la pensée contemporaine les contradictions qui sont associées à la pensée totalitaire excuse-t-il Sartre de tant d'aveuglement? Et suffit-il de distinguer un premier Sartre, celui des romans et de _L'Être et le Néant_, celui d'avant 1945, d'un second Sartre, emporté vers des positions toujours plus fanatiques, pour neutraliser ce qui serait l'échec de Sartre? Ce livre n'est pas simple, là où il commence par aimer, il finit par accabler, et la confusion, loin de se dissiper, ne fait que s'accroître. À certains égards, du fait même de la complexité du parcours de Sartre, il fallait peut-être commencer par là.

La volonté de comprendre

L'enquête est construite sur la base des textes et, même si la lecture en est fragmentée, le réflexe de Bernard-Henri Lévy étant toujours d'identifier le symptôme plutôt que de reconstruire l'argument, il faut reconnaître que la plongée dans l'œuvre est profonde.

Rien ne semble échapper à ce projet de comprendre comment et pourquoi le premier Sartre s'est transformé dans le second. Un concept sert ici de description principale et on ne peut pas dire qu'il soit utilisé avec beaucoup de précision: c'est celui d'humanisme. Si le premier Sartre est antihumaniste, le second le devient pleinement. Cet usage est un peu curieux, mais si on l'adopte, l'interprétation devient une hypothèse maniable. On aurait pu aussi parler d'un premier huma-

nisme de Sartre, celui de l'existentialisme, et d'un second humanisme, politique et révolutionnaire. L'humaniste est celui qui croit à une idée de l'homme et qui croit possible d'y avoir recours pour réformer l'humanité; en son point limite, cela le conduira à cautionner des purges, à louer Staline et à approuver qu'on brûle les professeurs bourgeois. Le dossier des textes est pénible, vingt années avaient fait oublier beaucoup de choses, et encore Bernard-Henri Lévy a-t-il l'intégrité de dire que ce qu'il rappelle de ce Sartre-là n'est qu'une toute petite sélection de positions abominables.

Par contraste, l'antihumanisme du premier Sartre paraît une pensée qui sort indemne de tous les naufrages du siècle. L'exagération dans l'analyse sert le propos, mais sous les traits brouillons du portrait admiratif qu'il dessine, on reconnaîtra un penseur qui appartient de plein droit à l'histoire de la philosophie. Là aussi on avait oublié l'événement Sartre, la position souveraine dans l'énoncé d'une liberté fondée dans une ontologie. De cette souveraineté, les traits antihumanistes, c'est-à-dire tout ce qui se méfie d'un concept affirmatif de l'homme, tout ce qui, dans la foulée de la pensée de Heidegger, est mise en question de la métaphysique de la subjectivité, se détachent, mais non sans confusion. Faut-il rappeler, quoi qu'en ait Bernard-Henri Lévy, que Sartre fut d'abord un penseur du sujet plein, existant, souverain dans son projet? Heidegger n'a pas manqué de dire combien il se sentait éloigné de cette existence-là. Sartre antihumaniste, c'est une manière de parler.

De ce Sartre qu'il présente comme antihumaniste, Bernard-Henri Lévy rappelle la générosité, l'autorité planétaire, le formidable ascendant; il en montre aussi la force comme intellectuel engagé dans tous les genres de l'époque. Qu'on le compare à Bataille, à Blanchot, à Merleau-Ponty, à Aron, à Camus, qu'on croise ici avec bonheur à pleines pages, on le trouvera seul à se déplacer sur tous les terrains à la fois, au point de saturer l'espace culturel de son temps. Force ou faiblesse? Une œuvre littéraire qui ne s'approfondit pas se sclérose rapidement, n'est-ce pas le jugement qu'on doit porter sur *Les Chemins de la liberté*?

Et que dire de cette phénoménologie velléitaire, qu'on ne saurait comparer à l'œuvre de Merleau-Ponty, ou même de Heidegger? Bernard-Henri Lévy sait bien que la dispersion de cette œuvre aura été sa perte, mais il réserve à la fin de son livre la tâche pénible d'avoir à le concéder : écriture exténuée, dira-t-il, de *La Critique de la raison dialectique*, échec de l'entreprise philosophique. Si donc ce premier Sartre doit s'imposer, c'est en vertu d'un projet limité, singulier, et non comme l'amorce d'une suite. Car tout dans cette suite sera rupture, renoncement et à bien des égards trahison. La querelle avec Camus n'est que l'indice le plus clair de ce renversement.

Une série de ruptures

L'enquête philosophique commence par le récit, vif et juste, des libérations opérées par Sartre, sur le double registre de la littérature et de la philosophie. Être à la fois Spinoza et Stendhal supposait qu'on se libère d'abord de Bergson et de Gide, et cela Sartre l'accomplit pleinement. Quitter Gide d'abord, rompre avec cette France littéraire d'Anouilh et de Giraudoux, cela voulait dire d'abord en finir avec ce narcissisme effréné et pour cela, s'adosser à Joyce et Céline, introduire le virus de Genet et le rire de Flaubert. Sortir

enfin des jupes de maman, ce qu'accompliront ultimement *Les Mots*.

On sera d'accord avec Bernard-Henri Lévy pour donner sa pleine portée à cette rupture et reconnaître ce qu'elle a libéré dans la littérature, la grande souveraineté de Roquentin. Mais il faut aussi compter avec une rupture philosophique d'un poids au moins égal : l'adieu au bergsonisme, la critique du naturalisme, bref le projet, après en avoir capitalisé tous les effets, de passer outre à cette pensée naturelle de la liberté. Déjouer la facticité, faire le choix de la liberté, parier pour un arrachement à la banalité de l'étant, tout cela était déjà dans Bergson, mais Sartre n'aura de cesse de le refonder dans la phénoménologie. Par Husserl d'abord, prendre le parti des choses. Par Heidegger ensuite, construire un concept d'existence. L'accrochage avec Heidegger n'est malheureusement pas discuté de manière rigoureuse, il aurait fallu pourtant, en raison de toutes les confusions sartriennes sur l'humanisme. On ne sera pas convaincu de la cohérence de ce premier Sartre antihumaniste, tel que Bernard-Henri Lévy voudrait le restituer, si les termes du débat avec Heidegger ne sont pas clarifiés.

Le premier Sartre échappe donc à la condamnation qui s'abat sur le second : parce qu'il est antihumaniste, il ne tombe pas dans les illusions d'une réforme de l'humanité, il se replie sur une ontologie modeste, fondée sur l'impénétrabilité des choses et le surplomb souverain de la conscience. Cette ontologie s'accorde avec une histoire et une politique de la liberté, alors que l'humanisme est par essence totalitaire. Le premier Sartre anticiperait donc sur toutes les pensées qui feront de la critique de l'humanisme (Althusser, Foucault, Deleuze) le fondement de la philosophie. Cette lecture est excessive, il n'y a qu'à relire ceux qui ont construit contre cette phénoménologie du sujet leur critique pour le comprendre, mais on constate qu'elle sert d'abord ici à protéger le premier Sartre des défauts du second. Et c'est là que Bernard-Henri Lévy devient plus clair. Dans la formulation plutôt raide, qui a sa faveur, l'humanisme est le principe de la métaphysique des totalitarismes. Et c'est dans cet abîme que Sartre va plonger, il va devenir humaniste. La suite du livre essaie de comprendre comment. L'expérience du camp de détention, où Sartre va se rapprocher comme jamais de la communauté, paraît ici déterminante. Après avoir démonté tout ce qui a contribué à faire de l'écrivain un homme peu critique de la collaboration, Bernard-Henri Lévy décrit l'avènement du second Sartre : plus les engagements se multiplient, plus ils semblent vouloir s'éloigner du pessimisme ontologique de la jeunesse. La rupture avec Camus se joue sur cet horizon et elle est ici racontée sans complaisance. Cet autre Sartre, c'est un intellectuel tyrannique qui se met à haïr le libre artiste qu'il a été, c'est le contempteur de Soljenitsyne, c'est le stalinien, c'est le castriste. Sartre est devenu un possédé qui fait l'éloge du terrorisme et de toutes les violences.

Bernard-Henri Lévy n'entreprend que mollement de fournir les contextes de tant d'erreurs, car son but n'est pas d'excuser mais de ressaisir ce qui du premier pourrait s'être maintenu dans le second. Et il a raison de ne pas trop nuancer en faisant appel à l'obscurité des situations présentes, car, et il le rappelle, d'autres que lui ont vu clair et vite : c'est le cas de Claude Lefort, dont l'œuvre apparaît ici grande et lucide. Une vérité serait-elle plus vraie d'avoir traversé plus d'erreurs ? Non, quand le parcours est médiocre, il faut savoir le reconnaître : d'où vient en effet, par exemple, que Georges Bataille se soit si peu trompé ?

Prenant la mesure de cette expérience cruciale de la fraternité, est-il possible de la radicaliser en haine de soi et en fraternité-terreur ? Ce livre en fait la proposition, c'est sa conclusion. L'aveu de Sartre, qu'on peut retracer dans la pièce *Bariona* qu'il fait jouer au camp, est un renoncement à la liberté primitive de sa philosophie : Sartre s'en prend au sujet souverain, il devient un « clerc révolutionnaire qui expie sa stérilité d'artiste nietzschéen ». On parvient ainsi à un moment de ce livre où Bernard-Henri Lévy esquisse pour ainsi dire son *Idiot de la famille*. Sartre devient son Flaubert, il croit pouvoir en restituer le drame fondamental, qui est celui de la haine de l'individualité, de l'impossibilité de l'assumer. Cet aveu signe en quelque sorte l'échec de sa philosophie, un échec qui est reconnu par Sartre très tôt et que rien dans la suite ne va chercher à compenser, surtout pas les *Cahiers pour une morale*. Étrange hommage final que ces chapitres sur l'aveu et sur l'échec, représentés comme la fin même de la philosophie : Sartre ne serait allé vers l'engagement politique que parce qu'il aurait reconnu que la suite de la philosophie est impossible, il ne serait devenu mao que par haine et désespoir de la pensée. Veut-on pousser jusqu'aux *Mots* ce train de pensée ? Bernard-Henri Lévy y trouve un livre mao, parce qu'en son point limite l'entreprise qui s'y joue est le meurtre de l'écrivain, un meurtre sans cesse rejoué dans l'œuvre de Sartre. N'importe quel tract sera mieux que la parole de l'écrivain morose, mieux encore que l'effort de la philosophie.

Ayant lu jusqu'au bout, on oubliera les emportements et les analyses échevelées

Essais et ouvrages de référence

de ce livre, on oubliera même qu'il pourrait s'être agi de sortir Sartre du purgatoire, et on se trouvera devant un hommage paradoxal, capable de se porter au-delà des errances et des dérives et dans le fond amoureux de Sartre. En montrant à quoi il a voulu demeurer fidèle dans sa pensée et dans sa vie, Bernard-Henri Lévy montre aussi comment il se lit lui-même

dans Sartre, comment il appréhende avec angoisse son hybridité et sur le fond de quel abîme il pourrait prétendre lui succéder. ■

▶ *Le Siècle de Sartre.*
Une enquête philosophique
Bernard-Henri Lévy
Grasset, Paris, 2000, 664 pages.

▶ LIVRES | SAMEDI 11 MARS 2000 | D4

Philosophie

Pour l'amour du monde : Hannah Arendt

PAR GEORGES LEROUX

L'ADMIRATION de Karl Jaspers pour son étude sur saint Augustin était entière et il ne faut pas s'en étonner. Quand on relit aujourd'hui ce texte de 1929, fraîchement réédité, et en particulier sa troisième partie sur la vie en commun, on ne peut s'empêcher d'y retrouver les thèmes les plus constants et les plus riches de la pensée d'Hannah Arendt. Formée auprès de Martin Heidegger, dans un milieu où la théologie chrétienne croisait la phénoménologie, elle allait demeurer en effet, comme son ami Hans Jonas qui écrivit aussi une thèse sur saint Augustin, marquée toute sa vie par la question de l'amour du prochain. Qui est cet autre moi-même que le commandement de

Dieu m'intime d'aimer d'aussi près ? Est-il toute la communauté dont je fais partie ? N'est-il que mon proche ou mon parent ? Rien ne prédisposait Hannah Arendt, qui était juive, à s'engager vers le concept chrétien d'une communauté universelle de l'amour, mais sans doute pressentait-elle que cet idéal était porteur de tout ce qui allait nourrir sa réflexion, aussi bien les échecs politiques du XXe siècle que les exigences éthiques d'un monde commun, poursuivi passionnément en tant que tel.

Ses deux principales biographes (E. Young-Bruehl, réédité chez Calmann-Lévy en 1999, et S. Courtine-Denamy, réédité chez Hachette en 1997) ont tracé son destin exceptionnel comme philosophe de notre temps ; elles ont aussi montré comment, lasse du désir d'y intervenir, Arendt a terminé son œuvre dans une méditation sur les fondements de l'action humaine, alimentée aux pensées d'Aristote et de Kant. La publication de riches correspondances (avec Karl Jaspers, Mary McCarthy, Martin Heidegger, son mari Heinrich Blücher) a également contribué à notre connaissance de ses engagements et de son itinéraire de pensée. Mais jamais autant que dans les deux livres récents de Françoise Collin et d'Étienne Tassin, deux lecteurs de longue date de son œuvre et éditeurs de ses traductions, n'avait-on eu accès en langue française à des interprétations aussi fortes de sa pensée.

Françoise Collin présente un ouvrage introductif. Elle part de la réflexion sur le totalitarisme, dont l'expérience contemporaine fut pour Arendt le déclencheur d'une réflexion sur la condition humaine et sur le mal. Si l'humanité ne va plus de soi, quelles sont les chances de l'amour et du monde commun ? Faite d'un renoncement tragique à la protection théologique de l'humanité, la pensée d'Arendt est d'abord une volonté tendue à l'extrême de maintenir l'action commune, car seule la passivité laisse au mal sa latitude. Chacun est responsable de ce monde commun, qui se fonde de manière ininterrompue dans chaque échange singulier, rendant ainsi aux identités et aux cultures plurielles leur responsabilité politique fondamentale. L'essence du totalitarisme est précisément d'annuler l'individu en le réduisant à l'état de masse indistincte. C'est sur ce fond que le mal se banalise, parce qu'il se nourrit d'abord de l'indifférence. La nécessité d'une définition d'abord politique de l'être humain se démontre donc à compter des ravages de l'esseulement, qui pave les chemins de la domination.

Décrire l'existence politique

Pour Arendt, l'humanité est d'emblée plurielle, toujours déjà engagée vers la communauté à fonder et à réinventer dans chaque action, de la plus ordinaire à la plus sublime. Toute sa pensée politique repose sur une affirmation forte, celle de sujets politiques différents, et sa valorisation des « oasis » et des petites républiques résulte d'une réflexion, sans cesse reprise, sur la citoyenneté antique qu'elle associe, quasi spontanément, à l'idée du pacte fondateur américain. C'est ainsi qu'elle élabore une méditation très sédimentée sur la personne, le privé et le public, le nous et le quelqu'un, l'identité narrative, où on perçoit d'abord le projet de décrire l'existence politique pour en tirer le sens à la fois politique et existentiel.

Françoise Collin accorde beaucoup d'importance aux positions d'Arendt sur la citoyenneté transétatique, par où elle rejoint le cosmopolitisme grec et romain. On trouvera dans son chapitre sur la pluralité et la natalité une magnifique introduction à une philosophie de la transmission et de la filiation. Il ne s'agit pas seulement d'une intégration du concept de la vie dans la philosophie politique, ce qui déjà serait considérable, mais d'une recherche de la continuité entre la forme fondamentale de la vie dans la maison (*oikia*) et la forme politique de l'agora : ont-elles quelque chose en commun ? Peut-on réfuter l'individualisme à compter précisément de la vie ?

Les lecteurs d'Arendt connaissent son insistance sur la vie active, dont elle fait le principe même de cette continuité, sous l'horizon de l'amitié et de l'agir ensemble. Ce beau livre se termine sur une esquisse

Essais et ouvrages de référence

de la réception de l'œuvre dans l'espace francophone. Personne mieux que Françoise Collin ne pouvait dresser ce bilan des études, elle qui avait fait publier la thèse sur saint Augustin et un des premiers collectifs sur l'œuvre (Cahiers du GRIF, 1985).

Étienne Tassin est un autre grand arendtien, un lecteur rigoureux et nourri au plus profond de la source grecque qui irrigue toute l'œuvre. On le connaît aussi comme lecteur de Jan Patocka et sa méditation des impasses politiques de la phénoménologie donne un relief d'une grande profondeur à sa lecture d'Arendt. Aucune communauté ne fait partie du déjà donné, chacune se fonde et en se fondant crée le politique. Il nous offre ici une étude de très grand calibre, dont le titre s'arrime à cette tradition interrompue par les horreurs du siècle. Ce trésor perdu, c'est celui de l'action politique, « sa capacité à instaurer un monde humain parce que commun ». Là où Arendt évoquait la tradition cachée, il faut désormais rechercher, contre la déstructuration du monde produite par le totalitarisme et contre la désolation de l'âge techno-scientifique, un raccord possible avec l'énergie d'instaurer.

Étienne Tassin montre avec beaucoup de clarté comment cet exercice politique de la pensée est un amour du monde, c'est-à-dire un soin porté au monde de l'existence en commun, qui est toujours plurielle. Son livre précise aussi bien le concept de philosophie à l'œuvre chez Arendt que la portée phénoménologique de son projet. C'est cette perspective qui soutient son interprétation du concept de monde, dans un chapitre remarquable où on retrouve la grande pensée de Patocka. La mondanéité et la pluralité sont le double versant de la condition humaine, mis en tension par l'action. Comme Françoise Collin, Étienne Tassin termine sa lecture sur la question de la citoyenneté et du cosmopolitisme. « L'ordre du politique, écrit-il, est celui de l'ouverture publique d'un monde commun aux étrangers. » En son point d'aboutissement, la pensée d'Arendt demeure, en dépit de sa réticence à formuler des normes et en raison même de la force de ses analyses, une leçon pour notre temps. ■

▶ *Le Concept d'amour chez saint Augustin*
Hannah Arendt, traduit de l'allemand par Anne-Sophie Astrup
Rivages poche, Paris, 1999, 184 pages.

L'homme est-il devenu superflu ?
Hannah Arendt
Françoise Collin
Éditions Odile Jacob, Paris, 1999, 332 pages.

Le Trésor perdu. Hannah Arendt,
l'intelligence de l'action politique
Étienne Tassin
Éditions Payot, « Critique de la politique », Paris, 1999, 592 pages.

Vie politique

Seize intellectuels dans la Cité

PAR CLÉMENT TRUDEL

L E QUÉBEC, cette «véritable anomalie» sur le continent, selon ce qu'affirme le théologien Gregory Baum, peut se targuer de cogiter à froid sur la nation et sur les ramifications «nationalitaires», ce qui est dans certains cas une astuce langagière pour éviter de se heurter au «nationalisme» tel que l'entendaient des prosélytes sulfureux comme Maurras ou Barrès, dans un contexte hexagonal.

Mais nous sommes en Nord-Amérique. Baum, Allemand d'origine, est l'un des quinze intellectuels invités par *Le Devoir* à réfléchir sur le thème «Penser la nation québécoise». Pour lui, la précarité d'une petite société francophone comme la nôtre constitue «un atout pour le Québec» car «l'exigence de travailler à la défense de son identité culturelle imprime d'emblée à la société québécoise un sens de la communauté porteur de solidarités permettant de faire fi des défis auxquels sont aujourd'hui confrontées les sociétés occidentales». Dans son exposé-témoignage, lors du colloque tenu le 8 octobre dernier à l'initiative du *Devoir* et du Programme d'études sur le Québec de McGill, Gregory Baum harponne l'hégémonie du marché et les contraintes qu'elle entraîne; tout compte fait, il se dit pessimiste et doute que la «solidarité mondiale au niveau de la base» (au Québec) puisse transformer le système néolibéral actuel, lequel rend le

Québec plus vulnérable «à la pression culturelle exercée par le continent nord-américain».

Après avoir traité de mondialisation et du traumatisme du référendum de 1995, Gilles Gagné conclura pour sa part: «Je suis favorable à l'indépendance du Québec parce que je suis favorable à ce qui reste de la souveraineté politique dans un système mondial qui se déploie contre elle...»

L'ouvrage collectif, lancé cette semaine à la Bibliothèque nationale du Québec, a pris sa source dans une série d'articles parus l'été dernier dans *Le Devoir*. Michel Venne assure la coordination du livre qui s'ajoute à la jeune collection «Débats» (Québec / Amérique) visant à fournir aux chercheurs des matériaux pour l'étude de sujets contemporains.

En introduction, Michel Venne constate qu'une «conception pluraliste de la société et de la nation s'est d'ores et déjà imposée dans les milieux intellectuels». En postface, Guy Rocher note qu'il s'agit, pour les intellectuels pressentis, d'une bataille de concepts entre auteurs qui peuvent osciller entre confiance et méfiance (*trust* et *mistrust*) lorsqu'ils se voient confrontés à la fédération canadienne ou à la perspective d'un Québec souverain.

Partie nulle? Non pas. Un Jocelyn Létourneau croit dans une possibilité

Essais et ouvrages de référence

d'avenir pour le Canada « si tant est que l'on reconnaît, assume et raccorde l'ambivalence d'être des Québécois et la dissonance canadienne » ; il se réfère à « un double ancrage identitaire ». Marc Chevrier, dans « Notre République en Amérique », se fait cinglant vis-à-vis de la « monarchie élective » qui coiffe le système politique canadien.

Ces universitaires, écrit Rocher, « se méfient essentiellement de tout consensus », parce qu'à leurs yeux un tel consensus risquerait de « dissimuler la domination d'un point de vue sur les autres et les compromis nécessaires pour l'accepter ».

Qu'on ne se méprenne pas, nous n'assistons pas à ce genre de bataille engagée autour du nationalisme dont Richard Arès — auteur de *Notre question nationale* — disait, dans les années 40, qu'elle « n'est pas près de finir » ! La polémique est feutrée entre le philosophe Charles Taylor et son collègue Michel Seymour sur la façon de « créer une identité politique qui serait le lieu de rassemblement de tous les Québécois » (Taylor), tout en se mesurant aux divers défis pluralistes qu'analyse Seymour, lequel fut président du Regroupement des intellectuels pour la souveraineté.

Nation en mutation, nation écartelée, nation inclusive, toutes les facettes d'un phénomène en gestation (ou déjà acquis,

selon d'autres) passent sous la loupe d'auteurs dont certains, comme Denys Delâge, insistent sur la reconnaissance d'une trinité fondatrice : Autochtones, « Français » et « Anglais », tandis que d'autres cherchent comment « sortir de la survivance » (Serge Cantin), ou se demandent s'il ne faudra pas restaurer le vocabulaire d'une nation canadienne-française. Daniel Jacques est en effet de ceux qui pensent que les nations « sont d'abord des possibles » et que « si le peuple québécois refusait de se donner un État indépendant, il faudrait alors que chacun apprenne à redevenir pleinement Canadien français ».

Ce livre atteste de 15 prises de position mûries par autant d'intellectuels ayant à cœur de relever « le défi de vivre ensemble ». On peut y trouver des filons utiles sur l'apport d'un Fernand Dumont ou d'un Hubert Aquin au débat récurrent, voire sur les points où Durham avait vu juste ! Pour l'essentiel, il nous renvoie à la nécessité de gérer ces « frictions incessantes entre forces centripètes et forces centrifuges », sans dérapage et sans pour autant « renier nos origines ». ■

▶ *Penser la nation québécoise*
Ouvrage collectif dirigé par Michel Venne.
Éditions Québec/Amérique, Montréal,
2000, 310 pages.

Entretien avec Claude Duneton

Des méfaits du snobisme français

PAR CAROLINE MONTPETIT

En France, l'homme dit crier dans le désert. Ici, on lui prête une oreille attentive. Et pour cause... Le dernier livre de Claude Duneton, *La Mort du français*, paru chez Plon, annonce ni plus ni moins que la mort dans le monde de la langue française au profit de l'anglais. Au Québec, c'est un refrain connu. Pourtant, selon Duneton, c'est au cœur même de l'Hexagone que la langue française serait le plus menacée. Écrivain, historien de la langue, le Français Claude Duneton est présent au cours de ce week-end au Salon du livre de Québec.

DUNETON n'en est pas à ses premières armes en matière de langue. Au cours des dernières années, il publiait le *Guide du français familier*, au Seuil, où l'on apprend que, dans la langue de tous les jours, un enfant est aussi un *gosse*, un *gamin*, un *môme*, un *mouflet*, un *morpion*, un *loupiot*, un *moutard*, un *lardon*, un *gniard* ou un *flo*, comme on dit ici. Amoureux de la langue, Duneton n'a pas fini de faire le procès du français tel qu'il est enseigné à l'école, le français des puristes, l'impossible français, le français bientôt victime de son propre snobisme.

Au cours des siècles, dit-il en effet, le français n'a pas su tirer parti de la langue familière, la langue parlée, la langue de tous les jours. C'est une plante en pot, qui nécessite des soins démesurément artificiels. Et c'est ce qui, croit-il, causera sa perte. Par opposition, dans les langues espagnole et anglaise, précise Duneton, ce qui se dit s'écrit... Ces langues sont des plantes de plein air, robustes et... qui se répandent de plus en plus.

« Par exemple, dire c'est "moche". C'est un mot employé à tous les stades, tous les grades, hommes et femmes de la société français. Il n'empêche que ce n'est pas un mot qui serait admis dans une composition française », explique-t-il, pour illustrer son propos. *Idem* pour les mots *bouffe*, ou *boulot*. Or ces mots, que tout le monde emploie, ne doivent pas être écrits. « Cela, c'est un handicap du français, face à l'adaptation au monde moderne », dit-il. Les Français utilisent le mot anglais *fast-food* parce que autrement il faudrait dire *bouffe rapide*, et que ce n'est pas un mot accepté. Bref, le français serait victime de sa propre préciosité...

Le français, constate-t-il, est une langue parlée par de moins en moins d'habitants de par le monde. Elle a, écrit-il « été fabriquée dès le départ par une chatoyante élite, puis travaillée au long des siècles comme un bijou par une coterie des gens du monde. Depuis le début du XVII siècle, on la choie, on la bichonne, et elle ne s'est jamais complètement intégrée aux communs de la France. Je l'ai dit, mais il faut insister sur ce point, le français ne possède aucun terreau "culturel", nulle part, sur lequel il aurait poussé, aucune assise locale : il ne tient que par de superbes ficelles dorées ».

Langue de l'aristocratie, langue bourgeoise, imposée au peuple, le français est donc demeuré, à travers les âges, une langue d'élite, différente à l'oral et à l'écrit, et, de ce fait, une langue difficile. Impériale, elle a été au cours du dernier siècle mise de force dans la bouche de paysans qui jusqu'alors parlaient, et encore il n'y a pas si longtemps, différents dialectes ou patois. Snob, la langue n'a conservé aucun de ces mots de patois. Pire, les enfants surpris à causer dans la langue de leurs grands-parents risquaient d'être punis par les gendarmes ! Résultat : les jeunes cherchent désormais dans la langue anglaise les mots qui traduisent leur réalité de tous les jours.

« Cela rend le français plus difficile d'accès. C'est comme un cheval qui a des poids sur le dos et qui va moins vite [...] Et dans les langues européennes, c'est la seule qui soit comme ça. Où il y a ce fossé entre l'écrit et l'oral », dit-il, cet écart entre la langue écrite et historique.

Les Allemands, entre autres, en ces temps de pragmatisme, se tournent donc de plus en plus vers l'anglais comme langue seconde. Et en France, on ne daigne même plus traduire les mots de vocabulaire reflétant la nouveauté. On y emploie allégrement les mots *cool, piercing, seventies,* ou encore *Fuck Chirac!*, sans parler des anglicismes.

L'exemple québécois

Au Québec, la situation est différente. Dans la langue parlée, on trouve, constate Duneton, une série d'archaïsmes qui témoignent de l'histoire et de la vie de tous les jours. Prenons par exemple les expressions *barrer la porte* ou *barrer la voiture,* courantes ici, qui sont aussi utilisées en province en France. « J'ai l'impression que toute la France des racines utilise le verbe "barrer" — mais à cause de sa connotation "populaire", le mot fait tache, il rend un son inadmissible, toute la gentry le dédaigne — nous bavons sur notre propre chemise », écrit Duneton, avant d'ajouter : « J'entends de plus en plus souvent, à Paris, cette formulation fraîche comme de l'eau de mer : "Tu as locké ma bagnole ?" ». Louis XIII lui-même ne disait-il pas *astheure* ? Or le mépris du patois par le Français a fait considérer la langue québécoise comme une langue inférieure, dit Duneton.

« Une partie des réflexions que je fais là est née de mes observations au Québec », confie-t-il en entrevue, louant les entreprises de protection du français, loi 101 et autres, menées par le Québec. En fait, Duneton pousse l'ironie, dans *La Mort du français,* jusqu'à prédire que, quand « nous aurons donné notre langue aux chiens, les Québécois ont de grandes chances de rester les seuls Français de la planète » !

L'écrivain en a contre l'élite française, qui réclame désormais que les cadres adoptent l'anglais, ou encore contre les autorités européennes qui choisissent de parler anglais entre elles. Ce serait aussi le cas des entreprises Renault, par exemple, qui exigeraient désormais que leurs cadres de direction discutent entre eux en anglais.

Cette marginalisation du français en France pourrait avoir les mêmes conséquences qu'elle a eues au Québec dans les années 60. Ainsi, un ouvrier français ne parlant pas anglais pourrait être condamné à la pauvreté toute sa vie, comme les bûcherons canadiens-français d'autrefois...

Duneton ne cache pas que son ouvrage est alarmiste. Il espère cependant qu'il ne soit pas prophétique. Pour se défendre, le français aurait besoin que s'instaure une collaboration étroite entre tous les citoyens des pays qui l'utilisent. L'auteur défend aussi becs et ongles la loi Toubon, qui en France visait la protection de l'affichage en français. Mais cette loi, qui a été largement tournée en dérision par les gens, n'est pas appliquée, déplore-t-il.

Or, à l'heure qu'il est, ajoute Duneton, ou le français meurt, ou il accepte de vivre.

Pour ce faire, il faudra qu'il abandonne le mythe d'une langue aristocratique, voire divine. En attendant, les jeunes font l'apprentissage de la vie à travers la culture américaine, nourrie d'images de cowboys et d'Indiens...

Il n'est pas possible, croit-il, d'avoir une langue dont on enseigne à l'école une forme qui n'est pas parlée, et dont la langue parlée ne peut pas être écrite. « Chez un individu, cela s'appelle la schizophrénie », conclut-il. ■

▶ LIVRES │ SAMEDI 13 MAI 2000 │ D1

Une culture à la carte

Être cultivé, aujourd'hui, ce n'est pas seulement recourir à Sophocle ou à Shakespeare pour penser l'expérience humaine, c'est aussi savoir que cette culture n'est pas la seule lecture du monde et de l'histoire.

PAR GEORGES LEROUX

Que signifie être cultivé aujourd'hui ? Peut-on produire sans risque des abrégés ou des dictionnaires de culture générale qui seraient autre chose que des découpages arbitraires dans l'infini du savoir transmis ? S'agit-il encore de normes ou seulement de connaissances ? Dans le _Dictionnaire de culture générale_, récemment publié aux PUF sous la direction de Frédéric Laupies et auquel ont collaboré une trentaine d'auteurs, la tension entre savoir et culture est exploitée au service de synthèses partielles dont le modèle est sans doute appelé à se généraliser.

L ES ENTRÉES sont de deux types : d'abord, les courants de pensée ; ensuite, les personnages et figures. À regarder ce travail de près, on constate d'abord que la culture de notre temps n'a plus rien d'organique : tout appartient au domaine de l'information, tout est transmis comme connaissance et non comme conviction ou comme patrimoine symbolique. Pour le dire autrement, tout est traité de l'extérieur et de manière isolée. S'agit-il de tout ce qu'il faut savoir? Et d'abord, pourquoi faudrait-il savoir tout cela? L'avant-propos est d'un laconisme extrême et le lecteur a donc le choix de la méthode. Le dictionnaire est un répertoire, à lui de construire sa culture en l'utilisant. On observe ensuite que toutes les cultures du passé sont télescopées dans un assemblage dépourvu de principe: le mythe grec, l'opéra wagnérien, l'histoire sainte, le roman européen défilent de manière encyclopédique. Certains articles renvoient à des textes fondateurs, d'autres non; certains sont assortis d'une érudition, d'autres non. Recenser les présences et les absences produit beaucoup d'apories, mais un constat se dégage: la culture présentée ici est européenne, il n'y a rien d'oriental, encore moins des cultures de l'Amérique ou du tiers monde. Cette délimitation n'est pas justifiée, il appartient au lecteur de l'interpréter.

Le corps principal du dictionnaire est consacré à l'histoire des idées. Bien que la méthode n'en soit aucunement présentée, le lecteur a accès à de brèves synthèses des grands courants de pensée, surtout philosophiques, qui, du platonisme au contractualisme, ont marqué l'histoire européenne et paraissent constitutifs de sa culture. Qu'est-ce qu'un courant de pensée?

C'est une position dans la culture, doctrine ou croyance, par exemple le cosmopolitisme ou le manichéisme. Mais qu'ont à voir avec ces positions des entrées sur l'Égypte et sur la linguistique? Toutes les décisions qui auraient dû être prises pour distinguer l'histoire des idées d'une encyclopédie générale n'ont pas été, on le voit, prises avec la même rigueur. Il en résulte une certaine confusion dans la notion même de culture, une confusion dont le principe se trouve dans le point de départ: ce qu'il faudrait savoir, ce qui appartient d'emblée au domaine général. Peut-on se priver d'un principe pour le déterminer?

Sous le signe de l'ouverture
Contrairement aux contenus de la culture grecque ou romantique, la culture contemporaine se caractérise en effet par son ouverture infinie. D'abord ouverture au passé, dans un processus de récapitulation de toutes les cultures de l'histoire. Le privilège de la culture grecque s'est maintenu du fait de son intégration dans le monde de Rome et dans le christianisme; il a constitué le cœur des humanités et des arts libéraux. Mais ce privilège a cessé d'être une hégémonie, et l'ouverture au passé connaît désormais une extension qui ne consent à aucune exclusion. Ensuite, ouverture sur le présent de la culture mondiale, sur l'infinie diversité du savoir, des arts, des littératures, des religions et des systèmes de pensée qui le structurent.

Tous les réflexes par lesquels une société cherche encore, comme c'est le cas de beaucoup, à encadrer cette diversité, à la contenir dans l'aire de fondations qu'elle entend contrôler, sont des réflexes devenus problématiques. Les principes mêmes qui autoriseraient le refoulement sont devenus obscurs, et le concept de postmodernité, s'il exprime quelque chose, renvoie d'abord à cette mixité des normes.

Dans un livre important (*Cultivating Humanity*, Harvard, 1997), la philosophe américaine Martha Nussbaum a cherché à formuler une position équilibrée entre le relativisme qui consisterait à accueillir sans discrimination toutes les normes et toutes les conceptions du monde et un autoritarisme crispé, figé sur d'anciennes fondations rationalistes. Cette position se rapproche de celle de Hannah Arendt dans _La Crise de la culture_ et confie à la philosophie la tâche essentielle : critiquer la culture et rendre possible la conscience des effets de la différence. Si les sociétés à _paideia_ forte sont définitivement derrière nous en raison de la somme des exclusions qui les constituent, nos sociétés n'abandonnent pas pour autant la tâche infinie de construire leur culture sur les différences qu'elles accueillent. On peut se faire une idée de cette tâche en lisant un dialogue intelligent de Jérôme Clément, président de la chaîne Arte (_La Culture expliquée à ma fille_, Seuil, 2000).

Cette ouverture infinie et critique est cependant mise sous tension par la croissance exponentielle du savoir scientifique. Toute la culture générale, dans sa diversité et dans le poids de ses normes, est désormais adossée au corpus des sciences particulières, sans qu'il paraisse pensable de se replier sur l'ancienne attitude libérale du détachement ou de l'autonomie de la culture des humanités, une culture surtout littéraire. Être cultivé, aujourd'hui, ce n'est pas seulement recourir à Sophocle ou à Shakespeare pour penser l'expérience humaine, c'est aussi savoir que cette culture n'est pas la seule lecture du monde et de l'histoire. La conjonction d'une culture fondée sur l'histoire et sur les modèles transmis et d'une culture d'abord fondée sur la connaissance scientifique produit la matrice de la culture contemporaine : l'ouverture en extension sur le passé et sur le présent s'y conjugue en effet avec la progression des savoirs. Dans ce dictionnaire, les sciences se tiennent dans les coulisses et ne contribuent pas vraiment au domaine général.

Un ouvrage comme celui-ci constitue le symptôme même de notre sortie définitive du classique. Ses personnages et figures sont un peu là au hasard, et même si nous savons que la galerie de Hegel, qui nous proposerait de les systématiser dans une histoire parfaite, n'est plus une position possible, nous savons aussi que l'arbitraire de l'héritage n'est pas non plus une position justifiée. En l'absence des principes qui rendraient légitime leur transmission, le dictionnaire qui les présente ressemble aux anciens juke-box : il faut savoir où mettre sa pièce. Télémaque, Tobie, Tristan ? Il en va de même pour l'exposition des courants de pensée : au super-marché postmoderne, toute idée qui fut (et, dans certains cas, demeure) une conviction dans la culture s'expose désormais comme une pure information. En quoi cela la destinerait-il à faire partie de la _paideia_ de chacun (c'est-à-dire de sa formation, de son éducation) ? Ce que l'encyclopédie classique pouvait justifier, aucun instrument moderne ne voudra l'entreprendre. Tous adoptent une position de surplomb : la culture générale, c'est d'abord l'ensemble des significations rendues disponibles par l'histoire et la culture du passé. La contribution du présent, tout autant que l'interprétation qui pourrait l'unifier, semble inassignable ou hors de portée.

De tels dictionnaires vont aller se multipliant tant l'anxiété suscitée par l'absence de principe de légitimité rend la connaissance de la culture elle-même angoissante : pourquoi lire ceci plutôt que cela ? Pourquoi savoir ceci plutôt que cela ? Dans l'état extrême d'ouverture, équivalent d'un éloignement absolu de tout canon comme de toute communauté organique, ces questions se déboîtent et l'individualité radicale du parcours de chacun apparaît alors comme le destin de la culture contemporaine. Chacun, dans sa liberté de lecture et de choix du sens,

264

est devant la culture comme devant un dictionnaire. À cette liberté, le dictionnaire offre un instrument, un répertoire riche, mais toujours arbitraire, et rien de plus.

Culture générale : histoire d'une notion

Dès le moment où une société entreprend d'assurer son identité, elle s'engage dans le difficile processus qui va conduire à la canonisation de la culture qui la constitue. Avant, c'est en tout cas ce qu'on veut croire, cette culture était organique, spontanée et quasi inconsciente. Après, elle devient l'objet d'un complexe travail de délimitation et d'interprétation : l'identité appelle l'exclusion de ce qui, venant d'ailleurs, est trop explicitement étranger et ne saurait être intégré ; aussi, le devoir de transmission, parce qu'il se heurte à des objets devenus opaques, provoque le développement de l'herméneutique et de la philologie. Ce modèle est celui de la Grèce, dont la culture classique, faite d'épopées, de théâtre et de philosophie, est devenue à la période romaine et alexandrine une culture canonisée. La Renaissance italienne et, plus tard, le romantisme allemand, qui voulurent se définir comme une reprise des idéaux de la culture antique, prirent le même chemin : canoniser et interpréter.

Produire le canon d'une culture organique semble toujours déjà le signal d'un certain déclin, un éloignement de sa première vitalité. Tracer les périmètres de ce qui peut prétendre prendre place dans les arts et dans les savoirs reconnus a le plus souvent pour effet d'effacer les emprunts qui avaient rendu possible ce qu'on veut croire maintenant le seul produit d'une identité. C'est aussi la nostalgie de ce qu'on croit avoir été parfaitement orga-

nique et dont on constate l'inévitable érosion dans le présent. En tout cela, il y a une forme de crispation qui est l'essence du classique et dont le réflexe le plus net est l'encyclopédie. Le romantisme allemand est loin d'avoir été la dernière de ces entreprises ; ce qu'on observe des querelles de culture aux États-Unis montre assez combien le canon de la culture y est l'enjeu fondamental de l'identité. Mais le terrain s'est déplacé puisque la culture englobe désormais la totalité du savoir, et pas seulement les grands modèles du classique. La culture générale, c'est ce qui échappe, peut-être en leur résistant, aux savoirs spécialisés.

À bien des égards, l'université aura été l'invention chrétienne la plus déterminante pour assurer la transmission du symbolisme constitutif de la culture moderne : ce qui n'y est pas enseigné ne mérite pas d'être transmis, et la définition de la culture, tant l'autorité de son contenu que les règles de son interprétation, se fonde sur la sanction de ses disciplines. À lui seul, ce fait marque la différence principale d'avec les cultures organiques du passé : parce que l'université transmet d'abord des savoirs, la culture générale est devenue tout à fait autre chose que l'imprégnation symbolique recherchée dans les sociétés qui, de la Grèce à l'Allemagne romantique, ont défini leur *paideia*, leur *Bildung*. Dans ces sociétés, il est question de la transmission de normes, de grands modèles moraux (les *Vies* de Plutarque, les romans de Goethe), d'idéaux classiques de la beauté et du service politique républicain. S'agit-il de choses que l'on sait ? On les sait, certes, mais être cultivé a d'abord pour effet qu'on saisit d'emblée le lien de signification ou de fondation entre le canon transmis de la culture et l'expérience. Bref, être cultivé, c'est pouvoir juger, précisément à compter du canon transmis et réinterprété. ■

► **Dictionnaire de culture générale**
Sous la direction de Frédéric Laupies,
Presses universitaires de France,
coll. «Major», Paris, 2000, 1126 pages.

► LIVRES | SAMEDI 3 JUIN 2000 | D4

Essais étrangers

Langue pure comme dans « pure laine » ?

PAR ANTOINE ROBITAILLE

L E SOUCI d'une langue «pure» prédispose-t-il à l'amour du sang pur, à la haine du métissage? Se passionner pour la provenance et l'histoire des mots conduit-il à l'obsession pour l'origine des gens?

Questions légitimes soulevées par l'«affaire Renaud Camus» qui a éclaté récemment en France. Rappelons les faits : dans son «journal intime» de l'année 1994, publié sous le titre *La Campagne de France*, l'écrivain Renaud Camus soulignait une surreprésentation de juifs parmi les animateurs d'une émission diffusée sur France-Culture. Propos dénoncés de façon extrêmement violente. Notamment par Laure Adler, directrice de France-Culture — qui a intenté un procès à Camus —, qui compara l'écrivain à Hitler! Devant le tollé, Fayard retira le livre des librairies. Un groupe d'écrivains, dont Dominique Noguez, publia ensuite une

pétition en soutien à Camus, affirmant que «le retrait [du] livre des librairies prive les lecteurs de la liberté de juger par eux-mêmes». Une quarantaine d'écrivains, dont Jacques Derrida et Philippe Sollers, répliquaient dans *Le Monde* par une «Déclaration des hôtes-trop-nombreux-de-la-France-de-souche» où ils dénonçaient «des opinions criminelles qui n'ont, comme telles, pas droit à l'expression». En l'absence de l'ouvrage, on doit se fier aux passages — franchement nauséabonds — cités par ceux-ci : «Nous [les Français de souche], écrit Camus, ne sommes plus désormais que des commensaux ordinaires parmi nos anciens invités», ces «individus d'autres cultures et d'autres races qui se présentaient chez nous». Ces derniers «furent trop nombreux» et un jour «cessèrent de se considérer comme des hôtes» pour «se considérer eux-mêmes comme étant chez eux».

(Dernier rebondissement : Fayard republiera le livre, les passages dits « racistes » et « antisémites » en moins.)

Dommage

Les propos scandaleux, la surenchère de dénonciations : tout cela est bien triste car au même moment paraissait un autre livre de Renaud Camus, *Répertoire des délicatesses du français contemporain*, publié chez POL, éditeur habituel de Camus, qui avait refusé *La Campagne de France*.

Il aurait été tellement plus simple que l'auteur ayant accouché de « saloperies » — le mot est de B.-H. Lévy — soit un pauvre idiot sans talent (comme c'est le cas pour la quasi-totalité des antisémites). Mais non, ce *Répertoire* est un livre délicieux, original, intelligent, nécessaire. Autant le dire tout de suite : nulle trace, ici, de ce « purelainisme à la française », maurassisme douteux qui semble exsuder de *La Campagne de France*.

Comme l'écrivait Lévy à propos de certains contempteurs de Camus : « Ah ! l'éternelle jouissance de l'imbécile qui tient enfin sa bonne raison de ne pas lire un écrivain. » Or, justement, le *Répertoire...* mériterait une grande attention. « Délicatesses », ici, signifie non seulement « finesses, élégances, raffinements » mais surtout « délicates questions, points sensibles, occasions de débats, peut-être même de disputes ».

Au premier abord, on se croit en présence d'un manuel d'antan du type « il faut dire — il ne faut pas dire ». Sorte d'ouvrage de référence, composé d'entrées classées par ordre alphabétique. Convient ici, toutefois, une lecture linéaire, d'un couvert à l'autre. Car à partir des expressions et erreurs fréquentes, à partir, aussi, du prêt-à-parler d'aujourd'hui, l'auteur dresse une véritable sociologie du français contemporain.

La forme n'a rien d'universitaire. Les prémisses non plus, puisque Camus se donne le droit de « juger », de discriminer, de défendre ses préférences. Et c'est peut-être là tout l'intérêt du livre. Les spécialistes de la langue, dans les dernières décennies, nous ont habitués à autre chose, eux qui mettent tout jugement entre parenthèses, se contentant de décrire l'« usage », nouvelle norme absolue : « Tout ce qui se dit couramment se dit à bon droit. » Camus, lui, juge, se permet un « exercice de goût ». Comme les grammairiens d'antan. Ceux-ci, cependant, évoluaient dans un monde où le jugement n'avait pas été complètement discrédité. Prôner l'usage, dans un contexte linguistique livré aux académiciens, c'était jadis se montrer révolutionnaire. La situation s'est presque inversée : prôner le goût, le style, le jugement, dans un monde livré à la double tyrannie de la langue bureaucratique et de l'idolâtrie de l'usage — où les dictionnaires sont devenus de simples « chambres d'enregistrement » du parler de l'époque —, prend des allures de subversion.

Camus apparaît comme une sorte de Persan de Montesquieu ou quelque visiteur aristocratique, perdu dans une France totalement démocratisée « à l'aube du IIIe millénaire ». Il y a du Tocqueville dans sa façon de relever les innombrables défauts du français forgé par l'ère de l'égalité radicale.

Toujours à l'écoute

Barthes — maître de R. Camus —, espionnant ses voisins de table au café, disait qu'il les « entendait ne pas s'entendre ». De même, Camus est toujours à l'écoute. Il note, interprète, transcrit avec un humour fin. Il témoigne d'un « effondrement de la syntaxe ». Pointe des combats « perdus d'avance » (par exemple, pour le vrai sens d'«énerver») et conclut : « Peut-être est-il d'autant plus honorable de le mener. » Son désespoir linguistique ne manque pas d'élégance.

La langue française d'aujourd'hui, telle que pratiquée en France (mais les critiques valent aussi pour le Québec), il la trouve rapetissante. Tout devient abréviation, à cause d'une « complaisance à vouloir toujours faire vite ». L'éventail des expressions se rétrécit. Telles des algues tueuses, des locutions comme « quelque part », « c'est vrai que » se généralisent et étouffent tout autour d'elles.

Parlant de la manie de faire de «vivre» un verbe transitif, il écrit : « Vivre est devenu, selon les cas, synonyme de ressentir, percevoir, assumer, supporter, accueillir, faire l'expérience de... »

Une idéologie du « sympa » prospère qui impose de donner l'impression, en toutes circonstances, d'«être soi-même», ce qui commande des attitudes «décontract», «relax». Il n'y a plus de professeurs mais des profs (ou bien des enseignants, ce qui n'est certainement pas un progrès!). On accepte de moins en moins

d'ajuster son discours à son interlocuteur. Tout ce qui importe, c'est «d'être compris». Or, insiste Camus, cela appauvrit terriblement non seulement la langue mais la pensée. La précision, la subtilité se meurent. Nulle surprise que, dans les écoles, la violence augmente.

On traitera Camus de réactionnaire, de conservateur. Entendus dans un sens péjoratif, les mots s'appliquent parfaitement à ses condamnables positions sur l'identité française. En matière linguistique toutefois, on doit parler d'un réfractaire prônant une nécessaire résistance. Malheureusement, la première attitude nuira à la seconde, même si, logiquement, elles n'ont aucune espèce d'affinité. ■

▶ *Répertoire des délicatesses du français contemporain*
Renaud Camus
Éditions POL, Paris, 2000, 378 pages.

La Campagne de France. Journal 1994
Renaud Camus
Éditions Fayard, Paris, 2000.

▶ LES ARTS | SAMEDI 17 JUIN 2000 | D10

Entretien

Genèse d'une nation fragile

L'historien Gérard Bouchard publie son maître livre.

PAR ROBERT DUTRISAC

Dans son dernier ouvrage, le monumental et ambitieux *Genèse des nations et cultures du Nouveau Monde*, Gérard Bouchard décrit la pensée équivoque qui a caractérisé les élites canadiennes-françaises pendant un siècle, de 1840 à 1940, engendrant le mythe dépresseur de la survivance marquée par une totale dépendance de la culture savante envers la métropole française, pourtant si distante. La Révolution tranquille, qui a jeté par-dessus bord ce schème réducteur, a-t-elle débarrassé le Québec, une fois pour toutes, de ses réflexes frileux trahissant la timidité d'une nation fragile ? Pas si sûr, répond Gérard Bouchard.

GÉRARD BOUCHARD ne cesse de s'étonner de l'attitude de la population québécoise depuis le référendum de 1995. « Le référendum qu'on est venus le plus près de gagner, c'est celui dont on s'est le plus mal remis et dont on est quasiment gênés », relève l'historien et sociologue au cours d'une longue entrevue à l'Institut interuniversitaire de recherche sur les populations, qu'il a fondé en 1971 à Chicoutimi.

« On devrait plutôt être enragés », résolus à tenir un prochain référendum le plus tôt possible, poursuit-il.« On aura vu la coupe Stanley d'assez proche pour dire : amenez-la, cette fois-là qu'on boive dedans. » Or la réaction a été tout autre. Les Québécois ne veulent pas d'un autre référendum. Jean-François Lisée parle de « la peur de l'échec » qui inhibe les Québécois. Gérard Bouchard soutient plutôt que « c'est la peur de le gagner » qui motive (ou démotive) les Québécois.

« Il reste encore une timidité chez les Franco-Québécois [il préfère ce terme à celui de Québécois francophones] de l'exercice d'une responsabilité collective éminente, celle de la gérance d'un État sans filet, où il n'y a pas d'Ottawa, où il n'y a pas d'Église non plus, dit-il. C'est un atavisme. » Le Québec ne serait pas vraiment sorti du mythe de la survi-vance, sinon il se serait installé « dans le paradigme du bâtard et de l'insolence », selon l'expression de Gérard Bouchard.

Sur le plan politique, la population est plongée dans l'inertie. Le projet de loi C-20, malgré la tentative du gouvernement québécois d'attiser la flamme, n'a pas suscité de levée de boucliers. Ni les bourses du millénaire. Ni l'Union sociale. Ni les millions de la Fondation de l'innovation, des 200 chaires universitaires, de Génome Canada, avec lesquels le fédéral « inonde » le milieu de l'éducation.

Pendant les cinq ans qui ont suivi le référendum, le Canada anglais, lui, a bougé. «Le Canada se définit dans l'insouciance du Québec, le tient pour acquis, en fait comme une sorte d'inertie. C'est quelque chose de neuf dans toute l'histoire du Canada», fait remarquer Gérard Bouchard. Auparavant, poussé par des hommes politiques comme Baldwin, Lafontaine ou Cartier, par exemple, «le Canada anglais a toujours ressenti le besoin de reconduire cette dualité d'une certaine manière, sans l'institutionnaliser. On a l'impression maintenant qu'il ne ressent plus ce besoin-là.» La classe politique canadienne fait le pari que le pays peut fonctionner sans demander leur avis aux Québécois. «Depuis cinq ans, le gouvernement Chrétien est en train de faire la preuve que ça marche très bien. Il s'agit de ne pas s'occuper d'eux [les Québécois] et ça marche», fait valoir l'historien.

Dans ce Canada gouverné sans le Québec, hors du modèle de dualité, appuyé par «une offensive extraordinaire d'empiétement» des compétences du Québec dans le domaine culturel et chez les jeunes universitaires, c'est le modèle multiculturel qui se déploie, dans lequel les «Canadiens français» ne constituent plus qu'un groupe ethnique, certes important numériquement, mais comme les autres. «C'est dans ce moule que le Canada anglophone — parce que ce sont de moins en moins des Canadiens anglais — voit la réalité politique canadienne, fait observer Gérard Bouchard. Si les Québécois laissent filer, c'est cette réalité qui va s'imposer. Ça va être quitte ou double, la souveraineté ou cette vision multiculturelle du Canada qui s'est débarrassé d'une embarrassante dualité.»

Dans son dernier ouvrage *Genèse des nations et cultures du Nouveau Monde*, qui est déjà en réimpression chez Boréal, fruit de dix ans de travail «qui aurait pris 40 ans sans Internet», Gérard Bouchard propose une démarche érudite, «manifestement très ambitieuse, téméraire même», selon ses termes. Avec cet essai d'histoire comparée, c'est un véritable chantier que l'historien ouvre à la recherche. La faiblesse du genre comparatif dans l'historiographie québécoise tient de l'emprise prolongée du pragmatisme de la survivance et du discours de la différence, avance le chercheur.

Aussi, l'étude comparative de l'histoire du Québec et des autres nations du Nouveau Monde — Bouchard y traite de l'Amérique latine, de l'Australie, de la Nouvelle-Zélande et, plus succinctement, des États-Unis et du Canada anglais — permet de débusquer les «fausses identités» ou les fausses différences dont le Québec a été affublé. C'est le cas, par exemple, de la fameuse revanche des berceaux, un phénomène de forte natalité commun à maintes collectivités neuves.

C'est le cas aussi de la Grande Noirceur. Contrairement à son frère, le premier ministre Lucien Bouchard, qui affirme, pour mieux river le clou aux orphelins de Duplessis, que le passé du Québec n'a jamais été «noir», Gérard Bouchard n'occulte pas cette réalité historique. Mais il en retrouve plusieurs exemples ailleurs. «On peut constater que de la "grande noirceur", il y en a eu partout»: le maccarthysme et l'emprise de la religion aux États-Unis, l'eugénisme et le racisme au Canada anglais, les livres à l'index en Australie (plus nombreux qu'au Québec à l'époque). «Si c'est vrai partout, pourquoi en avoir une mémoire honteuse?» s'interroge-t-il.

En comparant les différentes collectivités neuves, Gérard Bouchard met en lumière une «anomalie»: le Québec, avec Porto Rico, est la seule nation du Nouveau Monde qui n'a pas réalisé sa souveraineté. Après l'échec de l'insurrection des Patriotes, poussés par la pensée radicale dans un esprit républicain et laïc, on aura vu l'émergence en 1840 de « mythes dépresseurs» axés sur la survivance et forgés par l'historien François-Xavier Garneau, entre autres. Ce sera pour un long siècle le règne de la pensée équivoque, défaitiste, syncrétique, n'arrivant pas à surmonter ses contradictions et distillant « des mythes qui ne marchent pas », comme celui de la colonisation, un échec sur toute la ligne. Un siècle, aussi, durant lequel les élites, dans un état de dépendance envers la métropole, pratiquent une «éthique de l'imitation stérile», se coupent de la culture populaire perméable à l'américanité. «Ici, c'est presque un cas limite où on observe une forme d'antinomie» entre la culture savante et la culture populaire, estime-t-il.

L'historien oppose à cette pensée équivoque la pensée radicale, en rupture, qui abolit les termes contradictoires (on coupe la tête des rois et on se débarrasse de l'influence du clergé lors de la Révolution française), ce qu'il nomme la pensée médiatisée, qui gomme ses contradictions et produit des mythes qui marchent, comme le mythe de l'égalité des chances aux États-Unis, du « self-made man ». C'est d'ailleurs cette question qu'il entend maintenant approfondir: qu'est-ce qui fait que les nations choisissent l'une ou l'autre de ces voies pour la construction de leur imaginaire collectif?

Pour l'heure, le Québec est dans un «no man's land», devant un «carrefour de possibles». «Il y a des moteurs qui ont tourné à fond pendant 20 ou 30 ans et qui sont en train de se refroidir», observe-t-il. Sans direction face à l'horizon qu'ouvre une mondialisation encore vide de valeurs, d'idéaux, une société « en manque d'utopie», juge Gérard Bouchard, qui fait un «plaidoyer contre l'inertie». Il faudrait bien inventer ce qu'on veut défendre, se mobiliser dans un idéal qui dépasse l'égoïsme des individus. «Je suis de cette école-là.» ■

► ***Genèse des nations et cultures du Nouveau Monde***
Gérard Bouchard
Le Boréal, Montréal, 2000, 504 pages.

Essais québécois

L'homme et la guerre

PAR LOUIS CORNELLIER

ESSAYISTE CANADIEN-ANGLAIS de renom et penseur libéral engagé, Michael Ignatieff se livre, dans *L'Honneur du guerrier*, à une riche et troublante réflexion au sujet des conflits meurtriers qui ont dévasté «les épaves d'États abandonnées sur la grève par la marée descendante de la colonisation» depuis la fin de la guerre froide en 1989 et, plus encore, au sujet de l'attitude adoptée par les Occidentaux devant ces champs de la mort. En cinq chapitres rondement menés qui prennent la forme de reportages-essais, Ignatieff nous plonge au cœur du feu et du sang, mais aussi de la générosité et du courage qui ont marqué au fer rouge la dernière décennie.

D'abord, un constat: sans la télévision, notre rapport aux étrangers qui s'entre-déchirent au bout du monde (concept relatif s'il en est) serait bien ténu. Bien sûr, la télé n'a pas inventé le sentiment qui nous amène à considérer que «nous pourrions être forcés d'aider ceux pour lesquels nous ne sommes rien, ni par la parenté, ni par la citoyenneté, ni par la race, ni même par la proximité géographique», et Ignatieff rappelle que cet élargissement du concept de fraternité humaine a une longue histoire. N'empêche: aujourd'hui, la télévision est, pour la plupart, «le support privilégié par lequel les rapports moraux entre étrangers sont médiatisés».

Pour le meilleur ou pour le pire? L'un et l'autre. Sans le petit écran, les consciences risqueraient le sommeil de l'ignorance et l'on connaît les effets que peuvent avoir les actualités télévisées sur la générosité internationale. Cela dit, l'idéologie médiatique, dominée par l'obligation du spectacle renouvelé, privilégie une couverture intense des événements, mais souvent trop brève et circonstancielle. Déréalisés, privés d'ancrage historique, les conflits qui nous sont offerts en pâture échappent ainsi à notre compréhension. Le danger guette donc, en cas d'enlisement, que nous devenions blasés et décrocheurs, convaincus que «le monde est devenu trop fou pour mériter une réflexion sérieuse».

Ignatieff se désole: prête à tous les chambardements quand se produisent des événements dramatiques affectant des figures de pouvoir (Kennedy, Diana), la télévision se montre bien chiche aux heures pourtant les plus cruciales: «Si la télévision peut se délester de son horaire et transformer son discours le temps d'une noce ou de funérailles, nous pouvons lui demander d'en faire autant pour une famine ou un génocide.»

Mon ennemi, mon frère

En 1993, Ignatieff se trouve en Croatie, au milieu de gens, hier amis, voisins et collègues, aujourd'hui devenus féroces ennemis de guerre. Comment cela fut-il possible? Des antagonismes de civilisations? Hier encore, ils étaient relégués à un lointain second plan. Alors? Dans «Le narcissisme de la petite différence», Ignatieff propose une explication qui emprunte autant à la science politique et à la géopolitique qu'à la psychanalyse freudienne.

Pour aller vite, je citerai sa synthèse: «Il faut observer ici l'enchaînement des causes et des effets: d'abord l'effondrement du super-État, puis la peur hobbesienne et, seulement après, la paranoïa nationaliste, suivie de la guerre. En premier, la désintégration de l'État; en second, la paranoïa nationaliste.»

Les Serbes, les Croates et les Bosniaques, sur le plan individuel, partageaient plus d'éléments communs que distincts; c'est la revendication opportuniste, par les élites en quête de pouvoir, de privilèges réclamés au nom des différences qui a généralisé l'autisme ethnique. Ignatieff en conclut que la «fiction libérale», qui place la reconnaissance des droits de l'individu en son centre, pour contrer «les fictions meurtrières», doit pouvoir compter sur la présence d'un État légitime en mesure d'assurer le juste arbitrage entre les individus et entre les ethnies: «Aucune différence humaine n'est très importante jusqu'à ce qu'elle devienne un privilège, jusqu'à ce qu'elle devienne le point de départ de l'oppression. Le pouvoir est le vecteur qui transforme le mineur en majeur.»

La tentation isolationniste

Il y eut aussi, dans la dernière décennie du XXᵉ siècle, l'Afrique. En 1995, Ignatieff l'a parcourue en compagnie de Boutros Boutros-Ghali: Rwanda, Angola, Zaïre et Burundi. L'ONU a géré là les pots cassés et assisté, impuissante, à la déroute de «l'internationalisme libéral». Que faire, en effet, devant semblable désastre, ainsi résumé par le journaliste: «Ces patients ne refusent pas leurs médicaments. Ils mettent le feu à la clinique.» Ne reste-t-il plus qu'à succomber «au dégoût moral» qui nous intime de laisser ces «barbares» s'entre-détruire? Nos interventions n'ont-elles pas empiré les situations au point de nous faire comprendre que mieux valait ne rien faire?

Ignatieff choisit de tirer leçon en trois points. Les interventions tardives, écrit-il, ne servent à rien. Aussi, «si on n'est pas prêt à intervenir dans les premiers moments, il vaut mieux ne pas intervenir du tout». Ensuite, fidèle à sa thèse selon laquelle la désintégration des États annonce des lendemains qui déchantent, Ignatieff formule un principe: «Une histoire de sang versé — de tueries réelles et récurrentes — justifie qu'on prétende à la sécession et à l'autodétermination [...].» Dans une parenthèse inutile et déplacée, il s'empresse d'ajouter que ce n'est pas le cas du Québec. Enfin, il termine en insistant sur le fait que la question de la protection des civils constitue le principal défi à relever pour une ONU interventionniste.

Le fragile honneur du guerrier

Le plus beau et le plus saisissant chapitre de ce livre est celui, éponyme, qu'Ignatieff consacre à l'histoire et à la philosophie de la Croix-Rouge. Lancé avec le récit d'un Dunant horrifié par le sort réservé aux combattants blessés de la bataille de Solferino en 1859, il nous entraîne dans un univers de courage et de générosité qui ne va pourtant pas sans soulever quelque malaise.

La Croix-Rouge, on l'oublie souvent, n'est pas un organisme pacifiste. « Son code d'éthique, rappelle Ignatieff, est simple : rejoindre les victimes là où elles sont et enseigner aux guerriers à combattre selon les règles. » D'où l'exigence radicale de neutralité qu'elle observe et qui irrite ceux qui souhaitent une politisation des interventions.

Notre époque pacifiste, en Occident, a du mal à recevoir cette « acceptation de la guerre en tant que rituel essentiel à la société humaine, apprivoisable, mais impossible à éradiquer » qui fut et reste le génie de Dunant. Ignatieff aussi est sceptique : que vaut le code d'honneur du guerrier aux yeux des combattants qu'il dit postmodernes et qui regroupent aussi bien des milices laissées sans direction à leur barbarie que des soldats-enfants au cerveau lavé ?

Poignant éloge des hommes et des femmes qui risquent et parfois perdent leur vie au nom d'un idéal fragile, cet essai de Michael Ignatieff nous laisse avec la lumière d'une veilleuse : « La Croix-Rouge reconnaît que l'honneur du guerrier est un maigre espoir, mais ce pourrait être la ligne ténue qui sépare la guerre de la sauvagerie. Il y a un espoir corollaire : les hommes peuvent être formés à combattre avec honneur. »

Les plaies ouvertes par les guerres ethniques (ou devenues telles) se refermeront-elles un jour ? « Que signifie, pour une nation, accepter son passé ? » Il y a, écrit Ignatieff, vérité factuelle et vérité interprétative. On ne sortira pas du tunnel en criant « objectivité ».

Après l'honneur (bafoué) du guerrier, viendra-t-il enfin le temps de l'honneur de l'humain, celui de « l'héritage partagé de la démocratie de la mort » qui enseigne « la nullité profonde de toutes les luttes qui finissent par la mort, la futilité sans fin de toute tentative de venger les disparus » ? Il arrive à Michael Ignatieff de tourner les coins ronds (sur le phénomène nationaliste surtout, qu'il juge en bloc), mais sa parole compatissante interdit le quant-à-soi des consciences. C'est sa force. ■

▶ *L'Honneur du guerrier.*
Guerre ethnique et conscience moderne
Michael Ignatieff
Presses de l'Université Laval /
La Découverte, Sainte-Foy / Paris, 2000,
214 pages.

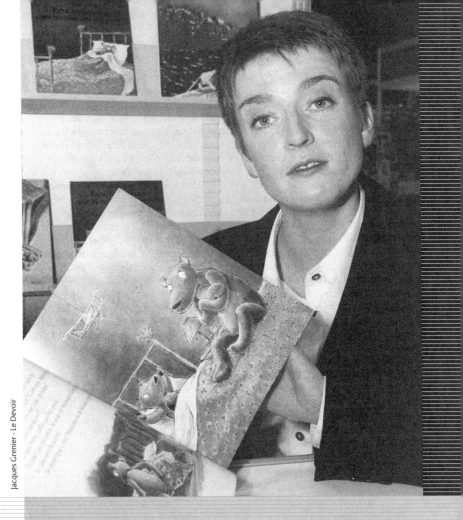

Caroline Grégoire ▷ « Je ne peux pas écrire quelque chose sans m'attacher à des personnages [...] ne serait-ce que griffonnés [...]. Et inversement, je ne peux pas inventer des personnages qui n'ont aucune histoire, aucune personnalité, aucun moyen de s'exprimer. »

Livres jeunesse et bandes dessinées

Littérature jeunesse

Henriette Major, doyenne juvénile

PAR GISÈLE DESROCHES

Elle était sur la scène du Salon du livre lors de la gaffe d'un certain animateur : « Mesdames et messieurs, à ma gauche, les auteurs pour enfants, à ma droite, les vrais auteurs... » C'était dans les années 60, mais l'anecdote court toujours. Son premier album, *Un drôle de petit cheval*, fut l'un des quatre livres pour enfants publiés au Québec en 1967, une année à marquer d'une pierre noire (quatre livres seulement !) dans l'histoire de la littérature jeunesse. Depuis, Henriette Major n'a pas cessé d'écrire pour les enfants. À l'occasion de la parution de *100 comptines*, aux Éditions Fides, une entrevue avec la doyenne des auteurs jeunesse.

HENRIETTE MAJOR fut des toutes premières luttes pour la reconnaissance de la littérature jeunesse. Une anecdote en témoigne. Au début des années 70, au Salon du livre de Québec, peu après la formation de Communication-Jeunesse, elle est estomaquée de ne trouver aucun livre québécois sur les étagères de la bibliothèque idéale installée, pour l'occasion, à l'entrée du Salon par le ministère de l'Éducation. Se voyant répondre un « Isfarien icitte ! » par le fonctionnaire chargé du projet, elle lui présente fièrement la liste des récentes publications québécoises pour la jeunesse. Pas du tout ébranlé, le fonctionnaire lui jette : « Isfarien d'bon icitte ! » Faut-il ajouter qu'elle a protesté ?

C'est dire combien les choses ont changé. « Aujourd'hui, les éditeurs publient beaucoup de livres pour les jeunes — il y en a peut-être même trop —, les enfants lisent beaucoup plus, affirme la pionnière ; et ce n'est pas la télé qui les empêche de lire ! [...] J'ai reçu tellement de lettres d'enfants lecteurs dans ma carrière ! » Lettres auxquelles elle répond toujours. Elle entretient ainsi depuis cinq ans une correspondance avec une jeune Marocaine de Casablanca, aujourd'hui âgée de 14 ans, et avec une autre de Haïti. D'autres lecteurs encore lui parlent de leurs problèmes. Un garçon (environ le tiers de ses lecteurs sont des gars) suggère le clonage des bonbons. Un autre commence par se comparer à Sophie : « "Je suis aussi méchant qu'elle !" Comment ne pas répondre à ça ! »

Cette grand-mère pleine d'élan peut se vanter d'avoir écrit pour presque trois générations de lecteurs et touché un peu à tout. Lorsqu'on décidait de vivre de sa plume dans ces années-là... Henriette Major compte une centaine de titres à son actif, dont *La Surprise de dame Chenille*, qui lui a valu, en 1971, le prix de la Canadian

Library Association, dont aussi la populaire série Sophie (*Sophie et l'apprentie sorcière*, *Sophie et le supergarçon*...) dans la collection «Pour lire» qu'elle a dirigée pendant de nombreuses années. Elle a de plus collaboré étroitement avec Claude Lafortune pour des projets aussi divers que *L'Évangile en papier* (prix Alvine-Bélisle pour la version imprimée), *Le Corps humain, Chez les Inuits, Le Règne végétal et les Insectes, La Magie du maquillage*... Des manuels scolaires (*Les Mots apprivoisés*) aux marionnettes, des entrevues insolites réalisées pour le magazine *Perspective* aux articles pour *Châtelaine*, du théâtre (*Jeux de rêves*, entre autres, fut joué sur plusieurs scènes du monde) à la télévision (scénariste à Radio-Canada et TV Ontario), Henriette Major est présente sur tous les fronts. Des projets pour adultes? Dans ses tiroirs, oui, pas encore eu le temps d'y voir.

Un lancement

Aujourd'hui, samedi, à 14 h, à la Librairie Champigny, à Montréal, aura lieu le lancement de son petit dernier: *100 comptines*, publié par les Éditions Fides. De ce très joli recueil à la couverture coussinée de 128 pages, accompagné d'un CD, l'auteure déclare sans hésiter qu'il s'agit de son plus beau livre, esthétiquement parlant. Pas moins de cinq illustrateurs, et non des moindres, y ont collaboré avec brio: Daniel Sylvestre, Luc Melanson, Céline Malépart, Pascale Constantin et Christiane Beauregard. Le plus joli de l'affaire, c'est qu'il s'agit pour la plupart de comptines populaires qui ont peut-être accompagné vos propres jeux: *Deux petits oiseaux sont sur une branche, Un éléphant sa trompe sa trompe, Une araignée sur le plancher, Turlututu chapeau pointu, Fais pipi sur le gazon*, etc. À celles-ci, l'auteure a ajouté quelques chansonnettes, des comptines originaires de

la France ou d'ailleurs dans la Francophonie, et quelques textes de son cru. Un index des thèmes et des mots clés, la liste des gestes traditionnels accompagnant certaines comptines ainsi que quelques suggestions d'exploitation pédagogique font partie du recueil.

D'Henriette Major, trois autres livres pour jeunes sont attendus cet automne; l'un chez Pierre Tisseyre, une nouvelle série dans laquelle des grands-parents olé olé se disputent l'attention de leurs petits-enfants; l'autre chez Boréal, *La Vallée des enfants*, destiné à un public de 8 à 12 ans environ; le troisième aux 400 coups, un conte illustré intitulé *Un arbre*. «J'ai plus d'idées que je peux en utiliser», dit celle qui écrit pour s'amuser. «Dans mes livres, il y a beaucoup d'action et de l'humour. C'est génial quand c'est fou! J'aime ce qui est farfelu, absurde. Je n'ai pas la fibre pédagogique très développée. D'ailleurs, je suis allergique aux téléromans!» Dans une boîte à chaussures vide rebaptisée «Boîte à idées», Henriette Major conserve sur de petits bouts de papier les idées qui lui viennent. L'une d'elles a été directement inspirée par sa petite-fille Marion. «Je lui ai demandé ce qu'elle dessinait. — Un orphelinat. — Ah oui? Et c'est quoi, un orphelinat? — Une maison pour les parents qui n'ont pas d'enfants.» L'orphelinat pour parents s'est, bien sûr, retrouvé dans la boîte à idées.

Cette fille de musicien voulait étudier les beaux-arts. Ses parents, horrifiés, ont refusé. Pensez-vous! Des âmes perdues! des modèles nus! Henriette Major a donc fait l'École normale, mais aussitôt qu'elle fut financièrement autonome, elle s'est inscrite aux cours du soir des beaux-arts. A-t-elle une idée? Elle passe à l'action.

«Un printemps, raconte-t-elle, trois de mes livres sortaient en même temps à

Paris, chez trois éditeurs différents. Or toutes les maisons ont des connotations politiques, là-bas. Par exemple, Bayard est associé aux catholiques et La Farandole aux communistes. Mais moi, je ne m'occupe pas de ça. Je prends le téléphone et rejoins le Centre culturel québécois à Paris pour leur proposer un lancement. Il y a plein de monde. Un journaliste me dit : "Alors, madame, on mange à tous les râteliers ?" Je lui réponds du tac au tac : "Non, Monsieur. Moi, je fais plutôt comme Larousse, je sème à tous vents !" »

Pour le lancement de _100 comptines_, la jeune doyenne a refusé de rester sagement assise à attendre les demandes de signatures. « Je ne suis pas Céline Dion, dit-elle presque offusquée. Les gens ne viendront pas à moi comme à une vedette ! Il faut créer un événement ! » Elle a alors proposé une fête de la comptine, un programme d'animation d'une heure en présence des illustrateurs. Ceux-ci exécuteront sur place des dessins pour les participants qui viendront dire une comptine au micro. La fête est évidemment gratuite. « Tu peux amener tes parents », précise l'invitation. ■

▸ **100 comptines**
Texte de Henriette Major,
illustrations de Christiane Beauregard,
Pascale Constantin, Céline Malépart,
Luc Melanson et Daniel Sylvestre.
Éditions Fides, Montréal, 1999, 128 pages.

▶ LIVRES | SAMEDI 30 OCTOBRE 1999 | D9

Halloween : le magicien de papier

Un jeune sorcier transforme les enfants en lecteurs.

PAR CAROLE TREMBLAY

PRENEZ un orphelin de 10 ans nommé Harry. Faites-le vivre avec son oncle, sa tante et son gros cousin aussi méchants qu'ennuyeux. Dotez-le d'une enfance horrible, à subir humiliations et privations. Tournez un peu. Quand le personnage commence à frémir, retournez la pâte et apprenez-lui la vérité sur ses origines : il est sorcier, fils de sorciers, et dès septembre il entrera à l'école de sorcellerie parfaire son éducation. (C'est tout de même mieux que de sombrer dans la drogue et la délinquance...) Décorez le tout de potions, de balais, de baguettes et de toute la quincaillerie traditionnelle de la profession. Saupoudrez quelques amis. Il ne vous reste plus qu'à intégrer le Méchant, à faire gagner le Bon et voilà, vous avez un succès de librairie. Non, pardon, il manque encore quelque chose : la magie. Celle de l'écriture, celle du dosage des ingrédients, ce petit je-ne-sais-quoi

Livres jeunesse et bandes dessinées

qui fait qu'une histoire nous emporte alors qu'une autre sent le réchauffé.

Joan K. Rowling, l'auteure de la série *Harry Potter*, détient apparemment le secret de la potion magique. Ses romans jeunesse font un malheur dans rien de moins que le monde entier. Traduits en 28 langues, vendus dans 130 pays, les trois premiers tomes d'une série qui en comptera sept se sont déjà envolés à sept millions d'exemplaires dans le monde anglo-saxon. Et on dit que les jeunes ne lisent plus...

Harry Potter est apparu en juin 1997 sur les tablettes des librairies britanniques. En moins de temps qu'il n'en faut pour dire abracadabra, le premier tome de ses aventures s'est retrouvé en tête de la liste des best-sellers. Le même phénomène paranormal a frappé à l'automne 1998, aux États-Unis. Le maléfice n'a toujours pas été désamorcé et aurait même tendance à s'aggraver : les trois premiers tomes de la vie tumultueuse du magicien de 11 ans occupaient les trois premières places du supplément littéraire du *New York Times*, le week-end dernier. *Harry Potter and the Sorcerer's Stone*, le premier épisode, entame sa 44ᵉ semaine sur la prestigieuse liste. Il a récemment cédé sa place en tête au troisième tome, *Harry Potter and the Prisoner of Azkaban*, sorti en septembre aux États-Unis, mais toujours attendu en français. Le deuxième tome, *Harry Potter and the Chamber of Secrets*, lui, maintient sa deuxième place depuis 19 semaines.

Cette apparition incongrue n'enchante pas tous les membres du beau milieu littéraire américain. Certains éditeurs se plaignent que le jeune sorcier monopolise injustement trois places avec ses potions et ses balais. Ils remettent en question le principe de mettre dans le même panier littérature jeunesse et romans pour adultes. Une petite bave de crapaud de jalousie ? Attendez qu'arrivent le film — prévu d'ici un an ou deux — et les produits dérivés... Déjà qu'on a écoulé 650 000 tatouages représentant la cicatrice en forme d'éclair que Harry porte sur le front.

C'est d'autant plus inquiétant que le sortilège se propage chez les adultes. Bloomsbury, l'éditeur britannique, a dû créer une deuxième jaquette plus « adulte » pour permettre aux grands de lire le livre dans le métro sans se rendre ridicules. Trente mille exemplaires de cette version ont déjà trouvé preneurs.

Au Canada, Harry se débrouille très bien aussi. Les listes du *Globe and Mail* et de la *Gazette* lui font une belle place dans le palmarès des meilleurs vendeurs. Seuls les petits francophones traînent encore la patte.

Pas mal pour une histoire griffonnée sur un coin de table. Mme Rowling était chômeuse à l'époque où elle a entamé le premier tome. Fraîchement divorcée, chef de famille monoparentale, elle avait l'habitude de promener sa fille en poussette dans les rues d'Édimbourg jusqu'à ce qu'elle s'endorme, puis d'entrer dans un café pour jeter sur papier quelques lignes des aventures du jeune Potter. Elle était loin de se douter que le manuscrit allait ensuite être vendu aux enchères aux États-Unis, lui offrant la plus grosse avance jamais versée à un auteur pour la jeunesse.

À défaut de découvrir la formule de Rowling (comme on dit le principe Lavoisier), on peut toujours identifier différents ingrédients gagnants. D'abord les personnages. L'orphelin mal aimé est une valeur sûre en littérature enfantine. À plus forte raison si un complot est ourdi contre lui par les forces du Mal et que le jeune héros représente le seul espoir de sauver le monde — *Star Wars*, ça vous dit quelque chose ? Ron et Hermione, les deux meilleurs amis de Harry, représentent, eux aussi, des figures qui suscitent rapidement l'adhésion. Ron est le dernier d'une famille de six garçons, tous sorciers, roux et couverts de taches de rousseur. Difficile de faire sa marque dans l'ombre des cinq aînés. Hermione, la fille du groupe, est une première de classe zélée. Au premier abord, on voudrait détester cette mademoiselle-je-sais-tout, mais son intelligence, ses connaissances et sa loyauté en font une alliée idéale. Quelle fille ne rêve pas de vivre l'aventure sans sacrifier aux succès scolaires ?

Le pensionnat crée aussi une toile de fond fantasmatique pour les enfants. Un lieu sans parents, où on peut vivre avec ses copains 24 heures sur 24. Signe des temps : contrairement à la tradition des grands collèges, le pensionnat de Poudlard est mixte. Garçons et filles s'adonnent également à la magie et il ne viendrait à personne l'idée de dire que la sorcellerie est avant tout un métier de filles.

Finalement, l'imagerie fantastique. Des générations de jeunes lecteurs, particulièrement dans le monde anglo-saxon, ont été séduites par ce genre qui leur permet d'échapper au quotidien. Qu'on pense aux écrits de Lewis Carroll, de Tolkien, de Roald Dahl et, plus récemment, de Philip Pullman. Mais contrairement à La Croisée des mondes, la trilogie de Philip Pullman, l'auteure de Harry Potter n'imagine pas de nouvelles créatures, elle compose à partir des archétypes connus des enfants. Sorciers, géants, dragons, licornes, centaures, vampires, la famille Fantastique au grand complet se retrouve au générique et chacun joue son personnage sans déroger à la règle. À Poudlard, l'école de sorcellerie, on apprend à faire des potions, à manier la baguette magique, à voler en balai. Rien que du normal, quoi. Ce qui donne sa force à la série, c'est le souffle qui balaie cet univers à la fois banal et merveilleux. C'est le mélange entre le conte et le roman d'apprentissage, le tout truffé d'humour et ponctué de rebondissements. C'est aussi le portrait minutieux d'un monde parallèle, aussi complexe que le nôtre, composé de personnages qu'on connaît le plus souvent par leur interaction ponctuelle avec le monde des humains. Comme si on soulevait une pierre pour regarder vivre les fourmis.

L'auteure compte écrire un livre pour chacune des sept années que le jeune apprenti-sorcier doit passer à Poudlard. Harry va donc vieillir d'une année à chaque nouvel épisode, évoluant avec son lectorat et développant de nouvelles facettes de sa personnalité. Comme, par exemple, son attirance pour les filles, sous l'influence des hormones. Puisque, apparemment, même les sorciers n'y échappent pas... ∎

▶ *Harry Potter à l'école des sorciers — Harry Potter et la chambre des secrets — Harry Potter et le prisonnier d'Askaban*
Joan K. Rowling, traduction de l'anglais par Jean-François Ménard.
Gallimard, coll. « Folio Junior », Paris, 1999 (coffret 3 vol.), respectivement 302, 360 et 464 pages.

282

▶ LIVRES | SAMEDI 13 NOVEMBRE 1999 | D24

Salon du livre de Montréal

Russie rouge, masses de gris

PAR DENIS LORD

Refusé pendant deux ans par les éditeurs avant d'être couronné de nombreux prix, *Ibicus* de Pascal Rabaté est un chef-d'œuvre qui fait revivre les bouleversements de la Révolution russe.

L'HISTOIRE commence par une méprise, alors qu'en 1993 Rabaté achète *Ibicus* aux puces, croyant qu'il s'agit d'un roman de Léon Tolstoï. Il y a maldonne, l'auteur se prénomme Alexis et tout rapport avec le prosateur de *Guerre et Paix* n'est qu'homonymie. Quelques mois plus tard, en mal de lecture, Rabaté dévore le bouquin en une nuit et décide au matin même de l'adapter.

Ibicus, c'est le crâne parlant qui, par la bouche d'une bohémienne, a prédit au comptable Siméon Nevzorof que, lorsque le monde s'écroulerait, il vivrait des aventures extraordinaires et deviendrait riche. Heureux hasard, les premiers souffles de la révolution d'octobre déferlent sur la Russie : mutineries, désordres et pénuries. Siméon fait fortune en volant un antiquaire anglais qui rachetait à bas prix les biens d'aristocrates fuyant le communisme. Dans le second tome, paru il y a peu, la débandade des Blancs est bien amorcée ; après s'être fait escroquer en acquérant une villa occupée par des soldats allemands et entourée de paysans revanchards, l'opportuniste Siméon côtoie la famine et la mort mais sa bonne fortune ne le quitte jamais.

Tolstoï

Voilà pour l'histoire d'*Ibicus*. Mais Alexis Tolstoï, lui, qui est-il ? «À l'origine, de dire Pascal Rabaté, c'était un Russe blanc qui s'était exilé en France en 1919 et où, après avoir fait de la propagande pour le régime tsariste, il finit par fonder Les Jalons de la Grande Réconciliation nationale avec une partie de l'intelligentsia exilée.» Tolstoï (1883-1945) retourne ensuite en Russie et monte en grade, devenant député, «écrivain-égérie de Staline» et président de l'Union des écrivains. «En France, il passe pour un stalinien, un écrivain thuriféraire du régime, mais en fait, il n'était pas plus bolchevique que moi, il a simplement profité du système.»

D'ailleurs, au yeux de Rabaté, *Ibicus* est davantage un portrait de la médiocrité qu'un livre de propagande. Est-ce autodérision, ce singulier personnage s'est lui-même représenté dans son roman, revenant au pays dans une charrette avec des portraits de Bakounine et de Kropotkine pour amadouer le commissaire du poste frontière. «Tolstoï était incroyablement connu de son vivant ; il a écrit plusieurs autres romans, de la SF entre autres, et il est l'auteur du premier scénario d'anticipation de l'histoire du cinéma russe. Rapide et incisif, il avait ce que j'appelle une écriture blanche, c'est-à-dire qu'il ne tournait pas autour du pot, n'était pas racoleur.»

Synchronisme

La découverte de ce roman se révéla un merveilleux coup du sort pour Rabaté qui, après avoir été influencé par Alexis, Buzelli et Follet, a étudié la gravure sur bois et le cinéma aux Beaux-Arts. «J'avais l'impression d'être dans un cul-de-sac, de faire quelque chose de trop classique. Le trop réaliste m'ennuie, pourquoi pas du roman-photo, tant qu'à y être? J'ai alors découvert *Ibicus*, qui se prêtait bien à du dessin expressionniste, aux déformations.»

On est frappé de plein fouet par l'immense beauté d'*Ibicus*, par ses lavis laiteux qui rendent bien (enfin, on l'imagine) la Russie déliquescente d'alors. Les perspectives, les cadrages, les gueules mornes féroces ou ahuries, tout est au quart de poil, d'une extraordinaire puissance d'évocation. L'artiste, lui, est cependant plus critique envers son travail. «Le premier tome est trop esthétisant, tape-à-l'œil; à la limite, ça fait aquarelle de bord de Loire. Le second est plus brut et épuré, j'ai travaillé en masses de gris pour que ça ressemble à la pellicule de cinéma des années 20.»

Pour réaliser cette œuvre dont le quatrième et dernier tome sortira en 2001,

Rabaté s'est littéralement imprégné de culture russe. Il a compulsé beaucoup d'ouvrages sur l'art décoratif, la révolution et les constructivistes, lu énormément de littérature russe: Boulgakov, Isaac Babel, Pasternak, Maïakovski, Akhmatova, etc.

Une quinzaine de planches sous le bras, Rabaté fait donc le tour des éditeurs. On trouve son œuvre décalée, «bizarre graphiquement», on lui demande des modifications auxquelles il se refuse. «J'ai mis deux ans avant de décider un éditeur. Curieusement, le jour où j'ai signé avec Vents d'Ouest, les autres se sont tous réveillés et m'ont recontacté. Il faut dire qu'entre-temps j'avais remporté un prix avec *Un ver dans le fruit*. Si personne n'en voulait, je mettais la bande dessinée de côté.» Curieusement aussi, six mois après la signature de son contrat, L'Esprit des Péninsules rééditait *Ibicus*; le tirage précédent datait de... 1926.

Pascal Rabaté, qui sera au Salon du livre de Montréal, vient également de publier chez Amok, sur un scénario de Angelo Zamparutti, *Un temps de Toussaint*. ∎

▸ *Ibicus*
Adaptation et illustrations de Pascal Rabaté, d'après un roman d'Alexis Tolstoï.
Vent d'Ouest (France), Issy-les-Moulineaux, vol. I, 1998, 134 pages, vol. II, 1999, 136 pages, et vol. III, 2000, 128 pages.

▶ LIVRES │ SAMEDI 11 DÉCEMBRE 1999 │ D7

Littérature jeunesse

Elle dessine et n'a pas peur des mots

PAR CAROLE TREMBLAY

Lors du dernier Salon du livre de Montréal, l'auteur-illustratrice Caroline Grégoire a remporté le prix Québec / Wallonie Bruxelles pour son album *Tonton René et tante Gilberte*, une histoire qui raconte la désolante propension des grands à s'empoisonner la vie au nom de leurs principes.

S'IL Y AVAIT une école pour les auteurs de littérature jeunesse, on y apprendrait sûrement que, pour bien raconter une histoire, il faut suivre le plus court chemin entre les deux points que sont le début et la fin. Ça pourrait sembler une règle de base, dans la mesure où on croit que la logique est un élément fondamental dans la structure d'un livre pour enfants. Mais qui le croit, à part les grands?

Heureusement, Caroline Grégoire n'a pas fréquenté cette école. Elle a bien suivi quelques cours de graphisme, de décoration et d'illustration, mais rien pour lui « formater » le cerveau selon les règles contraignantes de la norme éditoriale.

Vilain petit canin

Son aventure dans le monde de la littérature jeunesse a commencé en 1993 avec *Patate Horreur*, un chien à la tête de veau et à la queue démesurément longue. Le vilain petit canin a connu un tel succès en France et en Belgique, que les Américains l'ont traduit, qu'il a vu son étrange bouille

imprimée sur des pyjamas et des caleçons, et qu'il a rencontré l'âme sœur dans un autre album de Caroline Grégoire, *Patate Horreur et Patate Douce*. Pas mal pour une illustratrice qui prétend n'avoir pratiquement pas dessiné avant l'âge de dix-sept, dix-huit ans.

Départ en trombe, donc, pour un personnage qui avait conquis le cœur du grand Pef, à Bologne, la plus grande Foire du livre jeunesse, alors qu'il était à peine à l'état d'esquisse. Caroline Grégoire, rencontrée lors de son passage au Salon du livre de Montréal, explique qu'elle avait gagné des billets d'avion grâce à un concours. Avec les billets, elle a choisi d'aller à Bologne pour montrer son travail d'illustration à quelques éditeurs. Lorsqu'elle a présenté *Patate Horreur* à Pef, ça été le coup de foudre. « De là, j'ai bluffé, raconte-t-elle, encore étonnée de son audace, j'ai dit : "Pas de problèmes, j'ai déjà une histoire. Je vous l'envoie." »

Comme elle n'avait rien d'autre que l'esquisse du personnage, Caroline Grégoire a profité de ses cours du soir en illustration pour développer le projet. _Patate Horreur_ est devenu son travail de fin de session. À la Foire de Bologne de l'année suivante, _Patate Horreur_ a visité les kiosques avec sa maîtresse et a trouvé preneur chez Pastel, un des bons éditeurs d'albums parisiens.

Pour une auteur-illustratrice, est-ce que l'illustration vient toujours avant le texte? «Le texte et l'illustration sont créés simultanément. Je ne peux pas écrire quelque chose sans m'attacher à des personnages que je n'ai ne serait-ce que griffonnés, qui ne ressemblent encore à rien, mais qui, à moi, me parlent. Et inversement, je ne peux pas inventer des personnages qui n'ont aucune histoire, aucune personnalité, aucun moyen de s'exprimer.»

Cette simultanéité impose d'elle-même une façon de travailler. «Je prends des feuilles blanches et mon porte-mine. J'écris de manière libre ce qui me passe par la tête et puis, à un moment donné, je sens qu'il y a un petit quelque chose quelque part dans une phrase, ou il y a une idée qui me vient, puis je crayonne en même temps, juste à côté. J'écris mon histoire directement en 24 pages. Je sens qu'à partir de tel ou tel passage, il faut qu'il se passe quelque chose, je me sens proche de la fin, alors j'en arrive aux conclusions.»

Un texte bavard

Pour une illustratrice, Caroline Grégoire n'a étonnamment pas peur des mots. «Mon texte est bavard, c'est vrai, admet-elle. J'ai besoin de mettre des petites réflexions, des petits dialogues qui font passer des sentiments ou un petit quelque chose de plus.»

Et c'est ce qui crée tout le charme de ses ouvrages. Le texte est souvent une sorte de balade verbale. La narration, pas plus que les dialogues, ne sont pressés de faire progresser le récit. Il y a bien un fil rouge à l'histoire, mais pourquoi y aller directement, quand on peut cueillir des fleurs au passage?

Si elle privilégie l'axe humour-tendresse, Caroline Grégoire ne déteste pas ajouter un zeste de délinquance à ses histoires. «Je trouve souvent qu'on essaie de rendre les enfants trop sages. Parfois, je suis un peu provocante. Je me dis qu'il ne faut pas trop les enfermer. Mais ce n'est jamais méchant, je demeure toujours moralement respectable», conclut-elle en riant.

L'auteur-illustratrice n'a pas chômé depuis ses débuts. C'est son douzième album, _Tonton René et tante Gilberte_, qui vient de remporter le prix Québec / Wallonie Bruxelles. Tonton René et tante Gilberte vivent sur une ferme, à la campagne. Leur vie est simple, faite de petits plaisirs quotidiens à base d'œufs frais, de légumes du jardin et de cruches de lait tiède. De temps à autre, tonton René crée l'événement en tuant une de ses poules. Pour décider laquelle passera à la casserole de tante Gilberte, tonton René a inventé un jeu: le saute-pont. Celle qui perd se retrouve irrémédiablement au four à 350° F. Mais voilà qu'un jour la grosse rousse, la poule préférée de tonton, échoue au saute-pont. Tonton René est plongé en plein dilemme: tuer sa favorite ou faire une entorse au règlement qu'il a lui-même instauré.

«Ce que j'aime dans cette histoire, explique Caroline Grégoire, c'est le contraste entre une vie simple, saine et les règles arbitraires que s'impose le personnage. La première réaction de l'enfant, c'est de dire: "Ben, tu la tues pas cette poule, c'est ta préférée." Mais l'oncle, lui, persiste à s'empoisonner la vie au nom de ses principes. Ce qui est bien, c'est qu'il

Livres jeunesse et bandes dessinées

arrive à faire le pas. Il s'offre une liberté, il invente un nouveau règlement. »

L'idée de cette histoire lui est venue après avoir visité une ferme avec trois enfants qu'elle gardait. Pour rassurer les petits qui trouvaient qu'elle entrait avec trop peu de gêne dans un domaine privé, elle a lancé : « Ne vous en faites pas, je les connais, c'est mon oncle René et ma tante Gilberte. » La ferme faisait face à un immense poulailler. Les poules de l'his-toire, le chien, le chat ont été mis là pour plaire aux trois enfants pour qui l'histoire a été inventée. Pour qui, d'ailleurs, toutes les histoires de Caroline Grégoire sont inventées. Souhaitons qu'ils ne vieillissent pas trop vite. ■

▶ *Tonton René et tante Gilberte*
Texte et illustrations de Caroline Grégoire,
L'École des loisirs, coll. « Pastel », Paris, 1999.

▶ LIVRES ▏ SAMEDI 29 AVRIL 2000 ▏ D1

Bandes dessinées

On a marché sur Tintin

PAR DENIS LORD

MUSÉE HERGÉ, Tintin Licencing, Société Moulinsart, Fondation Hergé, Yéti Presse, Amis de Hergé, tutti quanti : le Grand Mufti lui-même n'y reconnaîtrait pas ses petits dans la plé-thore de méandres creusés par la gestion de l'héritage de Georges Remi. *Tintin et les héritiers*, c'est quelque chose comme « Tin-tin à Dallas » ou peut-être même « Objectif thune », comme l'avait titré le magazine *Les Inrockuptibles* en 1997, commentant de manière incendiaire la surcommercialisa-tion du reporter à la houppe.

Bref, c'est hommerie et compagnie — un goût amer — et, au fond, c'est un peu beaucoup pour ça qu'existent les aven-tures de Tintin, pour nous extirper, le temps de quelques bulles, de sous les che-nilles du bulldozer mercantiliste.

De l'hommerie donc, mais, il faut l'avouer, riche d'intérêt pour ceux et celles qui aiment Tintin de près ou de loin. Le journaliste belge Hugues Dayez, qui nous avait déjà donné *Le Duel Tintin-Spirou*, en fait le détail avec une limpidité admirable, une connaissance approfondie du sujet et un estimable souci d'objectivité, même si, à la lecture de son ouvrage, on conclut que l'œuvre de Hergé est aux mains d'affai-ristes un brin dictatoriaux.

Succès et succession

Du vivant de Hergé, les albums de Tintin sont traduits dans une vingtaine de langues. Il y a des adaptations au ciné, des dessins animés, des campagnes publicitaires où les personnages créés par l'auteur servent de support promotionnel pour des matelas, des imperméables, des bibelots. Les droits dérivés appartiennent aux Studios Hergé, mais c'est Le Lombard qui en possède les licences d'exploitation. Cette maison d'édition appartient à Raymond Leblanc qui, à la fin de la Seconde Guerre mondiale, a sorti Hergé de l'excommunication échue aux collaborateurs. Le Lombard publie l'hebdomadaire Tintin et Casterman les albums.

Hergé s'enrichit mais s'investit peu. Il ne dédaigne pas l'argent et la reconnaissance, mais sa santé physique et morale, sa quête intérieure et sa lassitude font en sorte qu'il ne cherche pas à retirer le maximum de profits de la vente de produits dérivés. La création d'aventures de Tintin a grandement ralenti : dans les 23 dernières années de sa vie, Hergé n'achèvera que quatre nouveaux épisodes, laissant en friche Tintin et l'Alph-Art.

Dans son testament, rédigé peu de mois avant son décès en 1983, Hergé fait de sa femme Fanny sa légataire universelle. Point. Plusieurs fois aux médias, il avait déclaré «préférer que les aventures de Tintin s'arrêtent avec lui». Du vague. Et il reste encore en plan tout l'avenir de la revue Tintin, des objets dérivés et des adaptations, un pactole substantiel.

Quand Hergé meurt, Alain Baran, son secrétaire, prend les choses en main. Fanny lui fait confiance et ne désire pas s'impliquer. Baran veut «redorer le blason de Tintin, redynamiser son image». Il acquiert les licences d'exploitation des objets dérivés, sur lesquelles il se fait plus pointilleux, met en branle la publication de L'Alph-Art, initie ou parraine différents projets d'édition, d'expositions. Il fonde plusieurs sociétés pour compartimenter les différents projets de l'empire Hergé.

L'ère Rodwell

Pendant que Baran s'escrime avec plus ou moins de succès à revitaliser l'héritage de Hergé, un autre protagoniste, un jeune homme d'affaires anglais, Nick Rodwell, gravit rapidement les échelons de l'organigramme... jusqu'à épouser la veuve de Hergé. Il a des idées, du charme et un grand pouvoir de conviction. Misant sur le négatif de Baran — ses dépenses élevées, la quasi-faillite d'une société, la fermeture du magazine Tintin reporter après seulement sept mois d'existence —, Rodwell va convaincre Fanny d'évacuer Alain Baran.

Dès lors, il devient le maître d'œuvre et s'aliène une part substantielle des libraires spécialisés, des médias et tintinophiles. Rodwell réclame des frais pour la moindre reproduction d'une case de Tintin, pèse de tout son poids pour censurer ce qui n'est pas conforme à son sens de l'orthodoxie, à l'image qu'il veut dorénavant être celle de Tintin. Sa politique de marchandisage, c'est le haut de gamme, à tel point que le moindre bidule devient inaccessible au commun des mortels.

Tintin en ce siècle

La société Moulinsart, créée par Rodwell, a racheté — très cher — tout ce qui pouvait l'être pour devenir l'unique actionnaire des débouchés de la série créée par Hergé. Casterman, qui avait le monopole des albums, appartient aujourd'hui à Flammarion. Les héritiers de Hergé sauront-ils regagner la faveur des intervenants du milieu de la bédé et des médias ?

Livres jeunesse et bandes dessinées

Seront-ils capables de donner du souffle à un imaginaire dont le dernier produit tangible et achevé, faut-il le rappeler, est *Tintin et les Picaros*, paru il y a près de 25 ans? Y aura-t-il jamais une autre aventure de Tintin? Rien n'est sûr.

Dayez ne semble pas chercher à démoniser Rodwell, même si ce dernier apparaît comme le maître de cérémonie d'une triste dramaturgie où la séduction de l'imaginaire hergéen cède le pas à une opération comptable. Points de vue variés, une quinzaine de protagonistes de la scène sont ici cités, dont Benoît Peeters, qui fut un temps directeur de la Bibliothèque Moulinsart. On ne peut que louer son apport à l'enquête, son implication, son intelligence et ses nuances. Quant à Nick et Fanny Rodwell, Dayez a reçu une lettre lui suggérant de soumettre son manuscrit à leurs avocats lorsqu'il a sollicité une entrevue avec eux.

Il faut souligner l'ingéniosité de la couverture de *Tintin et les héritiers*, signée Debie Graphic Design. Le titre se superpose à l'illustration, l'image d'une pièce au fond de laquelle un coffre-fort ouvert donne sur le château de Moulinsart. La tapisserie de la pièce imite l'intérieur bleuté des albums de Tintin, les personnages imaginaires étant remplacés par ceux de l'autre côté de la bulle, les Baran, Rodwell, De Moor et autres. Les phylactères ont toujours deux faces, merci à Dayez de nous le rappeler. ■

▶ *Tintin et les héritiers.*
Chronique de l'après-Hergé
Hugues Dayez
Kiron / Éditions du Félin, Paris / Bruxelles, 2000, 184 pages.

▶ LIVRES | SAMEDI 13 MAI 2000 | D8

Littérature jeunesse

L'histoire avec un petit H

PAR GISÈLE DESROCHES

EST-CE l'indice d'un regain d'intérêt pour l'histoire? Depuis le début de l'an 2000 les romans à caractère historique destinés aux jeunes se multiplient. Eux qui ont pratiquement été absents des catalogues «jeunesse» pendant plusieurs années, recommencent à affluer, des fins fonds du Moyen Âge jusqu'à la Seconde Guerre mondiale, en passant par la découverte du Canada.

Deux récits, quoique destinés à des publics d'âges différents, ont en effet pris pour cadre les voyages de Jacques Cartier et leur impact sur les nations amérindiennes de la terre d'accueil.

Le Vol des chimères de Josée Ouimet (Éditions Pierre Tisseyre) présente aux adolescents un Jacques Cartier plutôt tourmenté et contrarié par les pressions politiques de Donnacona qui voudrait lui faire renoncer à sa visite à Hochelaga ; un Jacques Cartier qui, malgré ses espoirs de paix donne l'ordre de tirer sur les Amérindiens et qui, par crainte d'un soulèvement des nations amérindiennes, à peine ses marins guéris des ravages du scorbut, fait embarquer de force Donnacona et ses deux fils pour les ramener en France.

Le roman suit par ailleurs les traces de Shanaway, une jeune Amérindienne offerte en cadeau par son père, chef de la bourgade d'Achelacy (Portneuf), au capitaine malouin. Les amours de Shanaway suivent la ligne fragile tracée entre les deux peuples et souffriront de l'incompréhension qui se dressera entre les deux. Plutôt mélodramatisé et comportant quelques passages douteux, le roman dégage cependant clairement les enjeux humains et politiques complexes, tout en propulsant efficacement le lecteur au cœur des univers si difficilement compatibles des Européens et des Premières Nations.

Dans _Les Bois magiques_ (La Courte Échelle), André Noël a pour sa part choisi de donner une dimension merveilleuse à son récit en ajoutant au même cadre historique (le séjour de Cartier, les deux fils de Donnacona, l'hiver rigoureux et le scorbut, etc.), un cerf blessé qui fait cadeau à une jeune Amérindienne de son vieux panache capable de guérir les enfants dans certaines conditions précises. L'amitié de Ahonque avec un jeune matelot breton permet au lecteur de suivre avec intérêt le déroulement des événe-

ments où se conjuguent sans heurt magie et histoire. Récit agréable.

D'autre part, si les jeunes n'ont pas échappé à l'engouement de leurs aînés pour le Moyen Âge, on commence à peine à trouver au Québec des textes romantiques qui leur sont destinés. Jean-Michel Lienhardt chez Soulières éditeur signe _Anne et Godefroy_, un joli roman d'amour et d'aventures qui n'est pas sans rappeler la trame de _Roméo et Juliette_, puisque les parents des jeunes tourtereaux sont ennemis jurés et feront tout pour décourager leurs amours. Les nombreux personnages sont cependant à peine esquissés au profit des événements qui se bousculent. On y retrouve la violence des passions, l'honneur au premier rang des valeurs à défendre, l'autorité incontestable du père, le mépris de la noblesse pour les paysans, l'amour de la chasse, les superstitions de sorcière, etc.

Dans _La Revanche de Jordan_, qui fait suite à _Jordan apprenti chevalier_ (Hurtubise HMH), Maryse Rouy a choisi de concentrer l'attention sur le jeune Jordan, fils de nobles châtelains partis en pèlerinage depuis maintenant deux ans. Lorsqu'enfin Jordan voit poindre au loin la bannière de ses parents, c'est pour découvrir que son père n'est pas parmi les cavaliers et que sa mère, désormais veuve, va épouser le détesté capitaine des gardes qui prend plaisir à tourmenter cruellement Jordan.

La romancière n'en est pas à son premier roman. Sa maîtrise du contexte historique permet au lecteur une immersion totale et sans réticence dans les mœurs de l'époque. Le portrait du jeune Jordan est à ce point vivant et réussi que les multiples détails historiques trouvent place tout naturellement dans un récit relevé et émouvant, sans que jamais la lecture ne soit distraite par cette irritante prétention

Livres jeunesse et bandes dessinées

didactique que maints auteurs «jeunesse» ne peuvent s'empêcher d'afficher.

Enfin, pour le bénéfice des lecteurs et lectrices de sept à neuf ans, Lucie Bergeron a concocté ce mini-roman savoureux, qui, s'il n'est pas à proprement parler «historique», n'en a pas moins pour cadre les joutes et les tournois entre apprentis chevaliers. Mais ce serait plutôt un prétexte pour aborder une bien subtile joute : celle qui se joue entre parents et enfants lorsque les premiers comptent sur les seconds pour leur faire honneur et que les seconds tremblent de la peur de décevoir de si lourdes attentes. Très habile.

Josée Ouimet offre également aux jeunes *La Peur au cœur*, roman de mœurs portant sur les horreurs de la Seconde Guerre mondiale et les ravages du nazisme, avec cette particularité que la victime est une jeune Allemande dont le père et l'oncle sont arrêtés pour activités subversives. L'intention de l'auteure était-elle de briser l'équation nazisme égale Allemands ? Si oui, c'est fait, mais l'accumulation des malheurs de l'héroïne ne suffit pas à nous la rendre sympathique et tangible. Elle semble flotter au-dessus des événements et verser des larmes sans subir de transformation, aussi vulnérable et douloureuse au début du récit qu'à la fin de la guerre. Le récit manque de profondeur, ne comporte pas de montée dramatique et souffre de raccourcis un peu simplistes. Néanmoins, il constitue une sensibilisation aux tragiques événements de la Seconde Guerre. ■

▶ *Anne Godefroy*
Texte de Jean-Michel Lienhardt
Soulières éditeur, coll. «Graffiti»,
Montréal, 2000, 196 pages.

La Peur au cœur
Texte de Josée Ouimet
Boréal, coll. «Inter», Montréal, 2000,
128 pages.

La Revanche de Jordan
Texte de Maryse Rouy
Hurtubise HMH, coll. «Atout»,
Montréal, 2000, 108 pages.

Le Tournoi des petits rois
Texte de Lucie Bergeron,
illustrations de Doris Barrette
Dominique et Cie, coll. «Carrousel»,
Montréal, 2000, 62 pages.

Les Bois magiques
Texte d'André Noël,
illustrations de Francis Back
La Courte Échelle, coll. «Roman Jeunesse»,
Montréal, 2000, 96 pages.

Le Vol des chimères
Texte de Josée Ouimet
Pierre Tisseyre, coll. «Conquêtes»,
Montréal, 2000, 224 pages.

Index

Table des matières

AGMV Marquis

MEMBRE DU GROUPE SCABRINI

Québec, Canada
2001